［澳］拉莫娜·科瓦尔 著　　胡坤　王田 译

探寻孤独斗室的灵魂
深 度 访 谈 世 界 文 学 大 师

SPEAKING VOLUMES
Conversations with Remarkable Writers

人民文学出版社

目　录

引言

访谈的艺术

访谈节目中常有这样的时刻：你屏住呼吸、忐忑不安，无法确定下一步究竟是让你当众丢脸，还是让宾主双方彼此释怀、皆大欢喜。电视直播的访谈节目，让人联想到一台外科手术，执刀医生敏捷的身手暴露在公众视野之下：他们会为你的高超技艺惊叹不已，还是会眼睁睁看着你的病人血淋淋地死去？病人甚至可能从手术台上兀自坐起，从你手中一把夺过手术刀，然后割断你的喉咙。

2001年我在爱丁堡采访戈尔·维达尔时，敏锐意识到，我正在与一个世界上最富机智、最有才气，或许也最尖刻的人对话。我紧张极了，这种状况一直持续到维达尔谈到一段引言——那是俄克拉荷马爆炸案凶手蒂莫西·麦克维格对要判他死刑的法官引用的一段话。维达尔说他记不清原话，而我则想起当天早上已经把它记了下来。我把笔记递给他，拿不准他是否会欣然接受，直到听他说"谢谢，你最好常伴我左右"时，我才松了口气。于是，观众笑了，我笑了，维达尔也笑了——一场圆满的对话就此落幕。

第二年，在同一台节目上，我又采访了维达尔的美国同胞乔伊斯·卡罗尔·欧茨。我对她的作品很感兴趣并为她的天分所倾倒。但情况看来似乎不妙，我从她那里得到的回应与其说过于简短，不如说充满轻蔑与不

1

屑，甚至抵触。我继续耐心准备——我几乎读完她所有的著作——所以我认定她无论如何都会跟我合作。最后，当我提到《黑水》（*Black Water*）和《地球上的人生沉浮》（*The Rise of Life on Earth*）时，她惊叫起来："你读过它们？太棒了，我要给你颁发奖章。以前还没人读完它们。"就在那一刻，我感觉到，我到底是有备而来。

少数作家，有的根本不接受采访，有的只同意电子邮件采访，还有的会固执己见地修改访谈记录。例如，弗拉基米尔·纳博科夫反对那种"伪造、非正式的"采访，J. M. 库切说，他反对"与完全的陌生人交流，尤其反对在采访文体惯例允许下，一个陌生人（指采访者）跨越陌生人对话的合理界限，与另一个陌生人（指被访者）的交流"。本书中你找不到这种作家。这里的访谈，都是为播映而作，与那些愿意和优秀的读者、聪慧的观众以及外部世界保持密切联系的作家共同完成。

这些作家乐于走出充满传奇色彩的孤独斗室，侃侃而谈究竟是何种力量使其孤军奋战。其中一些人认为作家就是公众知识分子，他们乐于与公众分享思想。对另一些作家而言，也许采访已成为直接表达世界观的唯一方式，或许他们通过采访把所知所学传递给广大受众——又或许他们仅仅享受被关注。不论他们对采访的态度如何，正如像诺曼·梅勒、戈尔·维达尔和伊夫林·沃（Evelyn Waugh）等作家创作的访谈式滑稽模仿作品所证明的——采访总使一些作家感到兴奋，他们都写过嘲弄性的访谈作品，他们甚至还"采访过"自己。

什么是文学访谈呢？它既不是一次随意交流，也不是简单呈现作家作品中引人注目的特征。它是一件舞台作品，是一笔公开清点，是一种外科手术式的探寻，也是一次艰难的高危行为。采访者怎敢问出如此私密的问题呢？对已在作品中将自己灵魂袒露无遗的作家来说，他们又期盼什么？毕竟这里的采访大都在舞台背景下进行：在录播室里，在参加文学艺术节的观众面前，或在作家本人家中。因此，他们根本不会受到伏击。从作家坐在椅子上面对采访者的那一刻起，采访便得到了默许。

有史可稽，最早的文学访谈之一可追溯到 1618 年，当时霍桑登的德拉蒙德（William Drummond of Hawthornden）采访了本·琼森。德拉蒙德把本描述为"一个伟大的情人和孤芳自赏者；一个不断嘲讽并谴责他人的人；一个宁肯失去一位朋友也不愿放过一次戏谑的人……一个受臆想控制的人。"现如今，大多数保持高调的作家，在形象常年暴露于新媒体和出版宣传后，已学会在公开场合不再夸夸其谈。自1618年以来，观众一直享受看到和听到作家访谈带来的片刻欢愉，或者至少一些发人深省的东西。

我采访过的每一位文学界国际知名人士，此前他们早已受访过多次，因此能让访谈难忘就成为一种荣耀。要激起他们的兴致，要么凭借精心设计的问题；要么仰仗访谈采取的特殊方式。迫使被访者不得不设身处地地思考，而非照本宣科。有时采访会碰到这种时刻：你与被访者都同意采用亲切的谈话方式；而采访某些作家时，则像一场击剑比赛，需要充分调动意志和力量。此时此刻，谨慎使用沉默发生了作用，谁先缄默不语，谁先打开话题，都会产生不同效果。

如同一位访澳演员和另一位演员（作为采访者）之间所进行的公众"对话"中所报道的那样，采访者说，他熟知被访者："采访不是审讯。我们一同来到市政厅，谁也不知道下面会发生什么——接下来将会是一场爵士乐表演。希望以相同的调门开始，以不同的音高结束。"

以上陈述总是向我敲响警钟。这是个信号——采访者对他的熟人也是可能的对手提问时或许会恼怒。采访者准备不足的事实表明，他把仔细研究作家生平和作品看成一种强加，并希望观众把他也当被访者——这样他就有平等的机会谈论自己。偶尔也会出现这样的情形：访谈中两位作家陷入争执而无人调停（因此评价对方作品时如何保持心态平衡和冷静尤为重要），而事实上，双方甚至根本就没有读过对方的只言片语。

冒然进行采访却不做任何功课，常令我想起《纽约客》上弗兰克·科塞姆创作的一幅手术室漫画——画面上医生和护士团团围住手术台。一名医生说："让我们现在开始切开皮肤，看看会怎样。"这与我想做的截然相反。

我的部分任务就是要轻松地引出采访的第一个问题，而被访作家早有类似经历。我对此总是斟酌再三，初次会晤后我常会改变问题，或者我会让它多少显得正式些（最好牢记：即便是即兴爵士乐，也建立在高度纯熟地掌握音乐技巧和反复排练的基础上）。正式采访前我与哈罗德·品特碰了头，他在被诊断为喉癌后刚做了一次大手术。他问我是否要讨论病情，我说已经准备好一个相关问题。他说愿意先谈它，我同意他的请求。我很乐意就他准备好的敏感话题进行访谈。品特甚至还专程带来他的新诗《癌细胞》，并请我当众朗诵，接下来是一场小型即兴演出。我对访谈中那些插曲特别在意。这场由哈罗德·品特亲手执导的访谈节目，成为我职业生涯中不期而遇的一次乐事。

在采访前我先与托妮·莫里森会面，我称她为教授，并询问她愿意怎样被介绍给观众，此前我看过好几个关于她的访谈，在节目中，莫里森纠正了采访者对她的介绍用辞，致使整个访谈极为不顺。莫里森教授更愿被称作"获得诺贝尔文学奖的第一个美国黑人女性"。她说她十分感激我对这一称呼的敏感，并向我解释她特别在意的原因：在种族歧视的岁月里，老年黑人妇女常被那些素不相识却拥有权力的白人直呼其名。所以，在涉及称谓的各种情境中，我都倾向于用源自澳州本土的平等主义调和抚平这一切，尽我所能实现观众最受益的对话效果。

以下是意大利记者奥里阿娜·法拉奇的观点："我向他们挑衅，因为我自己也身陷其中。我的采访活动从不是冷冰冰的，因为我已经爱上了坐在我面前的这个人，即便我曾恨过他（她）。对我来说，采访是一个爱情故事，是一场战斗，是一次交媾。"

我既不愿与我的采访对象战斗，也不愿与他们交媾。我想做的就是通过知性、细腻以及探索性的对话来展示坐在我面前的采访对象是谁，他们在想什么，以及他们将传递怎样的智慧。

为何我们总希望收到自己喜欢的作家的信呢？因为阅读是一种私密行为，就好像作家本人在我们耳边、床头或我们喜欢的椅子上低述他们的故事。讲述也可以发生在我们的差旅途中。通过倾听作家讲述，近距离邂逅和观察他们是令人神往的时刻。当然，这种近距离观察会产生一种希冀，即获得真正的智慧，因为作家本身就是世间万象和人类自身的密切观察者。我本人也寻求智慧，这是我喜欢同上了年纪的作家谈话的原因。但是，智慧并不一定与年龄俱进，甚至也不一定与描述世界的笔力俱进——有时，即使这些不受束缚、最为敏锐的世界观察家们也不能冷静自视，或看清自己如何与世界交融。

为完成本书所需的研究，我意外发现自己还喜欢阅读其他访谈作品：例如，就疾病缠身问题采访西格蒙德·弗洛伊德；就查尔斯·卓别林是否应从事发声画面制作（即有声电影）采访萧伯纳以及关于本尼托·墨索里尼谈论其父的采访（夜色中他的铁匠父亲为他大声朗诵马基雅维利的《君主论》片段，彼时他们依偎在铁匠铺的炉火旁，喝着自家酿制的葡萄酒）。

1930 年乔治·西尔韦斯特·韦埃莱克（George Sylvester Vierek）为撰写大作《伟人一瞥》（Glimpses of the Great）拜访弗洛伊德，大声好奇地问后者本人的"情结"是什么。弗洛伊德告诉他，一次严肃的精神分析至少要用一两年甚至三年。与此同时，弗洛伊德还说："你把大把年华贡献给了猎狮行动——你年复一年地追寻与你同时代的杰出人士，他们都比你年长，其中包括罗斯福总统、德国皇帝、兴登堡、阿里斯蒂德·白里安、福熙元帅……乔治·伯纳德·萧。"

"这是我工作的一部分啊"，韦埃莱克回答道。弗洛伊德反驳道："但这也是你的个人爱好。伟人只是象征。你在追寻你的内心。你追寻伟人来取代你的父亲。这是你本人父亲情结的一部分。"或许每一个渴望聆听并亲眼目睹伟大作家的人，都在追寻一位伟大的男性或女性来取代自己的父母。

北美评论家休·肯纳写了一些关于文学现代主义的深刻评论。他是美国和爱尔兰现代主义作家的研究权威，尤其以研究埃兹拉·庞德和詹姆斯·乔伊斯闻名。他的绝大部分见闻都源自一手资料，皆因他恪守埃兹拉·庞德"访问你同时代伟人"的训谕得以实现。庞德为肯纳写了推荐信，而他这位学生凭借坚韧不拔的热情就此踏上伟大之旅，并与文学圈的许多人交上朋友，其中包括 T. S. 艾略特、瓦恩德海姆·刘易斯、塞缪尔·贝克特、威廉·卡洛斯·威廉斯。

在《异国他乡的社会》（The Elsewhere Community）一书出版之际，在哈维·布卢姆的采访中，肯纳谈到他与埃兹拉·庞德和马歇尔·麦克卢汉（Marshall McLuhan）① 首次见面的情形。尽管麦克卢汉认为庞德有狂热倾向，可肯纳还是从庞德身上发现了某种特质并延续了与他的友谊。这种意外发现珍宝的本领，锻造出了他与此后许多人的友谊。

"你要知道"，肯纳对布卢姆讲道，"你获得一种奇妙的关联，一环接一环。你对提供这种联系的人感激不已，却大可不必让他说明一切。这正是马歇尔的问题。去那儿之前，马歇尔已经知道是怎么回事，而我则想看看自己究竟能发现什么。"

意外发现珍宝的本领，构成本书许多访谈的开端。举例说，如果我没有旅行去纽约看朋友，就永远不会去哈伯尔弗朗特参加多伦多文学艺术节。在那儿我偶遇费思·利德尔，她正担任爱丁堡国际图书节的主席。我们相遇前，她曾在墨尔本小住了几个月，她还记得曾听过我那时的"读书与写作"节目。于是她邀请我前往爱丁堡主持一些现场采访，我欣然接受。

类似举动引出了此后数年我与世界顶级作家的绝妙对话以及几段伟大的友谊。在我眼前呈现了一张杰出人士名录，我可以根据内心愿望进行选择。我能与自己仰慕的人交谈，他们的作品给我带来全新体验，使我完全沉浸在充满惊喜的新思想和新场景的世界中。

许多伟大作家年轻时都曾周游世界，投入到新闻报道和游记写作的崇高事业中。其中卢迪亚·吉卜林就曾用下面的方式报道他对马克·吐温的采访：

"你们那些人，是一帮让人鄙视的家伙。有些是政府专员，有些是副总督，有些还曾获维多利亚十字勋章，还有少数拥有与总督并肩散步的特权。然而，在一个金色的早晨，我见了马克·吐温本人，我与他握手，抽了一支雪茄——不，两支，是和他一起抽的，并与他聊了两个多小时！你们得明白，我并非瞧不起你们。我只是为你们感到遗憾，从总督本人至下，为你们感到遗憾。为了抚平你们的嫉妒心理，并证明我仍然把你们视

---

① 西方传播学巨匠，代表作《理解媒介》，被称为二十世纪最具原创性的媒介理论家，以"媒介就是人体的延伸"等论断而著称。

作同类，我将告诉你们有关这次谈话的一切。"

这是一位年轻人真实思想的喷涌，后来他本人却避不接受访谈。采访马克·吐温发生在1889年，吉卜林当时正在印度日报《先锋报》供职，同时周游世界。

吉卜林继续写道："那是一个值得纪念的时刻，我约到了马克·吐温。相比之下，钓到一只十二磅重的大麻哈鱼也无足轻重。他款待我的情形好像在说，在某种特定情况下，我可能与他同样伟大。"

后来，马克·吐温也评价吉卜林给他留下了深刻印象：

"对我，对于整个世界来说，他还完全是个陌生人，这种情形持续了一年之久，之后他就突然有名，并且还是举世闻名。从那天起，直到现在，他的闻名始终独一无二——是唯一真实的，而非象征性的。但凡他有任何评论，声音立刻传遍全球。他的声音是现实中存在的唯一一种不通过船只和铁路，而通过一流工具——电报传播的声音。"

吉卜林离开新闻记者行当，转而成为著名作家，最初他遇到了几个挫折。（他的作品可能遭受差评，他也可能遭遇鲁莽的采访。）因此我引用吉卜林的第二段话，作为本书引言的铭文。

在我追寻伟大作家的旅程中，我曾与约瑟夫·海勒在他阳光明媚的可以俯瞰纽约中央公园的公寓里共进下午茶；我曾与莱斯·穆瑞在他家厨房餐桌上共享新鲜的带壳对虾；我还曾与身体非常虚弱、耳聋且几近失明的朱迪斯·莱特在她堪培拉的小公寓里小心交谈。在这种情境下与作家会面，会给对话增加特别的亲近感，还能沉浸在产生伟大美妙事物的氛围中。

在《信众——伊斯兰之旅》（Among the Believers—an Islamic Journey）一书中，V. S. 奈保尔写道，他为与同道会僧侣团首领见面旅行到海得拉巴^①，该僧侣团成员与世隔绝，生活在沙漠中，救济穷人。等僧侣团首领到来时，一名年轻英俊的男子为奈保尔及其同伴提供了食物，奈保尔想知道，这个年轻人为何选择牺牲和奉献的生活，于是请他讲讲——然而，这次采访并没有按预期展开：

> "他已经在僧侣团里待了一年。再过一年，他准备离开。终生奉献不成问题……各种经历飘荡在他的思绪之间：他似乎没有任何目标。他是个徒步旅行者。透过他的经历，可以了解欧洲中世纪徒步旅行者的生活。沙漠里那个宗教团体只是他生命驿路上的一站，它帮他完成了一段生命旅程。毫无疑问，在巴基斯坦，随着向内和向外的移民运动——会有许多人像他一样，随波逐流地流逝生命。"

所以奈保尔并未了解他想要的东西——一个奉献者的自述——他了解的只是一名徒步旅行者的精神状态而已。当然，你应当对听到的故事保持开放心态，而不是只接受你所期待的故事。但一般说来，作家习惯于叙述，并且通常叙述他们自己的生活与工作。假如你能够克服天生的羞涩和怀疑心理，他们就会对你滔滔不绝。

这本谈话集中的访谈大多发生在加拿大的蒙特利尔、遍布澳大利亚的城市以及英国爱丁堡和切尔滕纳姆的文学艺术节上。文学艺术节会让你全神贯注——参加公开访谈的人大都是作家的狂热追捧者，他们渴望看到作家本人并亲耳倾听作家的谈话。通过倾听观众的声音你能准确判断访谈节目的温度——即通过他们的笑声、叹息声以及在座椅上挪动身体的声音——有时在试探与冒犯观众的过程之间存在一条微妙的界线，因为观众不想让他们的偶像受到任何挑衅。有时因地而异，被当地人约定俗成的礼仪与敏锐的采访者要提及的问题之间，应当采取的尺度不好把握，主要取决于采访所在的城市。有时尽管要冒险，但还是要迎难而上，尤其当你知道抵抗的背后是一座故事宝库时。

---

① 指位于印度河东岸的巴基斯坦南部城市。

我的理念是，访谈要厘清人们感兴趣的是作家，而非采访者。简短的提问和方向性的引导，要比采访者为显示自己的聪明和阅读量所作的专访更重要。

另一个技巧是要仔细聆听，尤其注意聆听对话的开始——那些作家的旁白、口误、眼神、手势甚至一次停顿。这些都是引向新领域的通道，都会引起你和作家设身处地地思考。

这里的访谈文本与《巴黎评论》上刊载的不同。后者经作家更订并最终确定，这样的文本可能很迷人。而本书中的访谈则更加即兴，是当时语言炼金术的产物，经历了紧张的准备，在一种自然和强烈的好奇心驱使下、一种完全陶醉于作家世界与作品阅读的狂喜之中而成的。

再次研读访谈文本，我一次次被里面的各种问题所吸引，它们关涉到：人该怎样评价自己的生命，怎样获取智慧，怎样直面死亡，爱的意义是什么，一本书能否改变历史进程。而这一切，都是通过对语言非同寻常的使用实现的。

对于这些旨意宏大的问题，伟大的作家们给出了最好的答案并为我们带来了欢乐。

拉莫娜·科瓦尔

墨尔本

2010 年 4 月

约瑟夫·海勒

Joseph Heller

美国小说家和回忆录作家约瑟夫·海勒是一位荒诞派大师，他第一部也是他最负盛名的小说《第二十二条军规》（*Catch*－22）的标题，已融入英语，成为荒诞与不合逻辑的代名词。

在第二次世界大战期间，当海勒小说的主人公尤索林被要求在飞行中执行额外的危险轰炸任务时，唯一逃避任务的办法是假装精神失常。但如果精神失常，他就不想停止飞行——想要停飞说明他一定心智健全，因此，他不得不继续飞行。这就是《第二十二条军规》中不可逾越的困境。

如今，这部小说已被视为经典。海勒接着又创作了六部更具黑色幽默的小说，其中包括《最后一幕》（*Closing Time*），这部小说描绘了尤索林、邪恶的米洛·曼德宾德尔以及海勒第一部小说中其他人物的地狱历程，背景放在战后美国，就在纽约。

在他的回忆录《今与昔》（*Now and Then*）里，你能读到许多关于特定地点的描写，在海勒小说里你时常可以找到这些地方的影子，尤其是科尼岛，海勒在那里长大，那里有多少他的成长经历啊！

1998年10月，我与约瑟夫·海勒在他位于上曼哈顿西角、俯瞰中央公园的公寓里展开访谈。尽管第二年，即1999年12月，他因心脏病突发过世，但访谈时七十五岁的他还是面色光润，显得魅力十足、精神矍铄，并愿意谈论他的写作生涯。他的妻子瓦莱丽，在另一间屋里休息，海勒养的一只白色小狗陪着她。海勒为我端上咖啡，我先问了他一个问题，即通过阅读他的作品是否可以了解美国。

约瑟夫·海勒：在我所有的小说中，中心人物总是极其困惑并与他们所处的环境不合，而他们的环境构成整个美国。我想你无法通过我来了解美国，除非你得出结论：美国无法被了解。我不了解这个国家。我熟悉纽约市；而这个国家其他地方对我来说就很陌生，尤其现在在政治上。

拉莫娜·科瓦尔：好的，我们可以先谈谈荒诞派吗？因为"第二十二条军规"已成为该词条的一部分。我们用它指代荒诞，从某种意义上说，用它来指代一种自逐其尾的矛盾，知道是你创造了这个术语，一定使你无比自豪。

答：它当然使我无比自豪，而且迟至今日，每当我听到或看到它时都会感到一种愉悦。这种感觉出现在我第一部小说《第二十二条军规》的创作中，那时各种事物很难搞懂，特别在战争和战后形势下。它真的是部战后小说，让我想起作为战后情况出现在里面的绝大多数态度和困惑，而不是我的战争经历。我为写出它而自豪，我为这个词自豪，随着时间的推移，它的使用率越来越高，这表明，这个专有名词及其应用情境是永恒的。

问：你在整个生命中甚至入伍前在科尼岛的成长岁月里，总能发现生活是荒谬的，对吗？你感觉你看到的生活图景完全迥异于他人吗？你觉得这荒谬吗？

答：如果说是，那将十分有益并令人难忘。但答案是否定的。我不知道写《第二十二条军规》前我在想什么。我的确认为，我的性格，像你，也像每个人一样，并未随着岁月改变多少——我们就是早先的我们。但如果没有自觉地思考生命的真义，那我几乎是我本来的样子。我总是拥有可被称作幽默感的东西，说说俏皮话，搞搞恶作剧，我对恶作剧和俏皮话总采用一种违反常情的方式。我不怎么关心社会，作为小孩，很多东西我都不会关心。没那么多可关心的。

即便在军队里，我也不关心政治。我甚至都想不起来，当德国人向我开枪时我曾恨过他们。直到我二十二岁退役开始上大学时，我才开始批判地思考。可是幽默就在那儿，当我想起一些早期的短篇——有些出版了，有些没有——我后来作品的许多要素都出现了：是现实、政治的情形与奇异怪诞的情形的融合体。在短篇中，现实和奇异怪诞常常交融。

问：尽管你在回忆录《今与昔》中曾说，战后你进行文学研究时写的短篇小说过于情节化——我现在援引你的话——会经常不可思议地采取带讽刺味的神赐手段，站在有德行和被压迫的人一边。所以你的世界观和鉴赏力，如果用达尔文进化论术语描述的话，到底发生了什么变化，使得这部小说里的剥削者获胜，米洛·曼德宾德尔之徒得到一切，好人和有功之人却一无所获？

答：那时的情形为，根据达尔文进化论，我的看法发展了，现实主义就是现实主义，该发生的一定会发生。在生活中真实发生的是，有德行的一方通常没有成功，而成功的一方通常没有德行——他们缺乏良知。这就是年纪很轻并相信奇迹的人与受过教育、有点成熟并相信世界上根本没有奇迹这回事的人之间的区别。

问：但一定存在这一瞬间，从此一切都发生了，因为我们在谈论以下事实：你经过战争、从战场返回、开始读大学，你已经拥有全部那些在成长中、从小男孩到男人的过程中塑造你的经历。从你写那些短篇的一刻起，一定发生了什么——这种幻象，这种阴暗，突然向你袭来。

答：我不这么认为。短篇中呈现的阴暗不得不与困境中的人物相关，而且短篇的结局通常是皆大欢喜，尽管我的小说结局不会这样。发生在《第二十二条军规》里的，也就是我后来的这部长篇，就是从虚构的云层中跳出来——即我们认为的那种过度虚构的暗晦——更贴近现实主义、生活的现实，更依靠小说这种文体表现手段，而非不同寻常的内容：奇迹般的结局，皆大欢喜的结局。

我真的认为，你会在我所有的书里发现，我总是同情那些被压迫和被剥削的人，并且我憎恶那些自私、任性、对我笔下的主人公或富有同情心的人物面对的问题视而不见的人。我认为那些态度从未改变。我认为，确曾发生的是，我对小说或者说对小说应怎样及能怎样的态度成熟了。

问：那小说应怎样呢？

答：小说可以是约瑟夫·海勒的小说那样，可以是约翰·厄普代克所认为的那样，也可以是戈尔·维达尔所认为的那样。我们所有人都彼此不同。我们能想起来的严肃作家，不论是澳大利亚还是美国的，我们的作品彼此之间差别非常非常大。我写不出菲利普·罗斯（Phillip Roth）的小说，他也写不出我的小说。我们俩都写不出索尔·贝娄或帕特里克·怀特（Patrick White）的小说。小说创作应当现实地处理你生活中的各种状况。

我的政治小说《好如黄金》（Good as Gold）写在克林顿丑闻发生很久以前。我对那时的所作所为感到愧疚，因为，如果现在仍要我写，那么我的意见肯定会中肯许多。

问：但多年以前，你在事情发生前就采用这种方式写作·⋯⋯它们真的发生了，接下来当你回顾并反思时，你会感到多么不寻常·⋯⋯想想作品是哪年出版的吗？你这才意识到这部作品很久很久以前就出版了。就拿《好如黄金》来说，如果有人按你那时所说行事，我想每个人会不得不成为无政府主义者，没有人会相信总统权力、任何政权或那些寻求政权的人，不是吗？我是说，你试图发起一场革命吗？

答：我无法在这个国家发起一场革命。我们组织得不好。而且可惜的是，我认为，我们的政治制度，或许要算一切可能实现的世界中最好的那种。它很糟糕，而且随着每次选举越变越糟；但如果你让我设想或构建另一套替代制度，我做不到。我认为，华盛顿那些人，多半不像《好如黄金》中描写的那样，满心恶意、荒谬愚蠢，然而今天，我们了解他们现在和过去是什么样的人，这里面甚至包括总统先生。尽管很难严肃地想象他们，但我们不得不严肃看待他们的所作所为，我们看到我们的议会领袖，我们的两大政治党派，在意识形态方面都变质到可怕的地步。但他们就是政府；这非常不幸，可我们确实需要某种形式的政府。

我确实发现，我的小说《最后一幕》——很大程度上，更严肃地接近我所有小说中十分相似的主题——在欧洲诸国，他们认为所讨论的情形与他们自己的完全相同，在小范围的英国、德国和瑞典尤其如此。他们认识到，政府只能是人类而不是超人类的政府。有些人在政治上成功，就如同他人在竞技体育中成功一样；但他们都只是人类一员。

问：在《最后一幕》中，你塑造了一个总统形象，如果没记错的话，他有一个绰号，叫"小阴茎儿"。

答：是的，是叫"小阴茎儿"。这个绰号，他本人似乎还挺喜欢，而且这个绰号可用来称呼从那时直到今天的众多美国总统。小说中的总统原型是可能成为总统的丹·奎亚尔（Dan Quayle），后来的副总统奎亚尔，其中许多对话都来自他所受的采访。从那时起我会毫不犹豫地用这个绰号去看待我们的总统们，包括现任总统——克林顿并不小，并不短，我认为他是个大阴茎儿，这里我当然不是说性方面。我觉得他非常笨拙，在许多方面甚至还很蠢，他严重低估了美国人民的智力，因此他几乎受到每个人的谴责。

但那就是美国的政治制度。我们确实拥有自由。我是说，我有写作的自由，我有和你谈话并阐明我关于大小阴茎想法的自由——我不会因为谈论此事而受到任何惩罚和处罚，这种感觉可以说是美国非常好的一件事。我想在澳大利亚也一样，你可以就一位公众人物说三道四而无须担心被提起诉讼或遭到监禁。

［在小说《最后一幕》中，海勒描写了这样一个世界，它位于纽约大街上一个名叫"权威港"的公交终点站，俯瞰着海拔较低的康尼岛主题公

园，穷人和流浪汉在这里生活。这座城市的超级富豪们决定举办一场奢华的社交婚礼，就因为之前根本没有人想到过。海勒描写了一个比例严重失调的见鬼婚礼的喧闹场面——婚礼蛋糕"高四十四英尺，重一千五百磅，花费一百一十一点七万美元。"大家都认为蛋糕无法保留在大都会博物馆是个遗憾。我请海勒为我朗诵了那段。]

问：你读这段时难道不觉得滑稽吗？

答：我觉得棒极了。那时我并没有意识到会那么好。那是典型的纽约社会。我们比以前拥有更多百万富翁——我们更自由地使用亿万富翁这个词，因为现在很多人坐拥数亿家产，尤其那些新富们；他们的生活非常奢侈和公众化。因此即便在纽约这儿，你也能发现最糟糕的贫困与穷奢极欲的消费几乎摩肩擦踵。在《最后一幕》中，我决定把这些全放到同一座建筑物里。后来我被告知，对公交终点站的描写极其精准。那里住着流浪汉、妓女、私奔女孩、吸毒成瘾者和异装癖者——那里每天还有二十万人上下班，其中大部分人并未受到打扰或遭受性骚扰。唯一从那个站点漏掉的将是那些大富豪，因为他们从不乘坐公交车出行。

于是我把一场大都会艺术博物馆的婚礼原型移到这儿来，因此你可以用一种超现实主义的方式获得我对纽约社会几乎各阶层的看法。这场婚礼本身取自大都会博物馆举行的一场婚礼招待会——我拿了婚礼项目单，把鲜花数目加倍翻番：如果出现一百多打玫瑰，我就改成一百万支，其它东西一概如此。然而，这又一次是一种海勒式的现实观点，夸大地强调许多事物。

问：看起来你喜欢的每本书、钦慕的作家和历史人物们，每个人似乎都在那里——比如小说《威尼斯之死》中的阿申巴赫，那里还有个叫乔伊·海勒的人物。

答：在《最后一幕》中，我的确尝试融合许多世界，包括文学世界，其中出现许多文学人物，比如好兵帅克和阿申巴赫，以及许多作家，像库特·冯纳格特，在这儿作为冯纳格特本人出现。于是在公交终点站下的底层社会中，你看到几类已故作家——那些醉醺醺的和那些清醒的作家，还有那些抑郁的作家。让我吃惊的是，怎么会有这么多著名的欧美作家出现这样那样的崩溃。所以，文学生涯中的确存在某种潜在危险；我总是劝阻孩子们不要追求文学或与之联姻。（可你一定要让我说，我儿子刚有一部小说要被接受出版了！）然而，文学生涯中有某些东西的确并几乎不可避免地导致一种不幸的结局。我不知道它是什么。不管怎么说，我努力把这种结局带进《最后一幕》。于是最终发生或可能最终会发生那场大灾难，影响整个世界，影响的不仅仅是那些被践踏、被剥削的人，也影响到那个富人世界和所有其他人。

这部小说有两个结局，就像那本书里同时有两部小说存在一样。其中一个是典型浪漫、欢快、不真实、虚构的结局，里面的人物从安全中进入一个随时都会遭到攻击的世界中，与他所爱的女人幽会。我想我描写了不现实的想法，即他们会永远快乐地生活。另一个结局关于真实人物萨米·辛格，主要基于我本人的生活。他与我年纪相仿，七十岁左右，假期飞去澳洲度假，他妻子死了，他极度孤独，他知道他的生命就要终结，即使不是那天，也会在未来五年或十年内——正如乔伊·海勒所知，他的生命已走到尽头，即使不是今天，也会在下个十年或五十年内。

问：我希望不是今天。

答：不是今天，也不在采访中。

问：时间在这部小说里也非常重要，因为你游戏时间，你往前往后走。你说最近已放弃阅读维特根斯坦、萨特和其他哲学著作了。但近年来，你一直深入钻研新达尔文主义①，你还对量子力学和物理学感兴趣。我想知道，你是否也对时空间关系感兴趣呢？

答：不，一点也不。事实上，我还搞不懂时空连续体或时间维度是什么意思。我一直试图把握存在主义的含义，而现在我经常在报纸上看到那

———————————
① 由德国动物学家魏斯曼提出的新进化学说，反对达尔文获得性遗传的思想，同时又接受自然选择的一般概念，提出了种质论。

个词作为形容词使用：存在主义的体验。其实我不知道它的含义。

我一直对科学感兴趣。我认为，我想说的就是已经放弃理解萨特、维特根斯坦或量子力学的企图。我对物理学不可能理解得很深。但科学确实以它那种非常表层的方式使我感兴趣。我也对天文学新闻感兴趣。我想我在《最后一幕》里说过，从时间和空间方面来说，世界已经变得比我们以前想象的大得多。从病毒、夸克和原子碎片方面来说，世界又变得比我们以前想象的小得多。

问：说说新达尔文主义好吗？什么使你对它感兴趣？

答：我也说不清。我只是对这种理论提供的解释感兴趣。可能因为我的愤世嫉俗，即感到我们太过自负，其实我们无权这样，我还感到，自然而然发生在我们身上的每件事几乎都是前定的。现在我还对另一个领域感兴趣，尽管还未能理解它。这就是进化心理学——即我们如何感觉、如何思考，甚至我们的行为，包括我们的性格和个性在内，其实都不在我们掌控中。爱德华·欧·威尔逊所著的书《共同静默》（Consilence）超出我的理解，但其中第三章非常有趣，确实吸引了我，因为他论述了一些脑科专家的结论。他指出好像显而易见的事实：我们无法控制自己的大脑，大脑在我们存在前就存在，大脑的一切是来自基因遗传和经验的结果。大脑用我们无法控制的方式处理一切，你和我做的一切都是大脑在自我表达，我们无法控制它。

问：那我们的所作所为就无法选择吗？也不存在道德选择吗？

答：没错。结论是道德选择或自由意志这类东西从未存在过。连存在的最小可能性也没有。牛津大学一位年轻的哲学家撰文称，不能证明任何人做出的任何决定是出自他本人。想想看，要驳倒他真的很难。

我知道你不喜欢听这些话，当然犹太人不喜欢听，基督徒也不喜欢听，心理学家根本就不听——我这么说的结论是，我现在用的每个词不是我选的。我的大脑选了它们，而我却无法控制。

科学伦理的思维方式前进的方向，除了可测量的物理量子理论外，还有进化心理学——如果身体发育了，大脑发育了，在特定点上，即使我们不能控制，道德也必然要发展，这看起来几乎显而易见。新达尔文主义者中曾有过一场大辩论，可能你已经注意到，争论焦点就是所谓的动物利他主义——只有个体放弃自己的生命，群体才能活下去——这是否真的是利他主义或另一种情况，即基因在寻找一种通过让个别动物或生物自我牺牲保护更多基因的方式。

问：但威尔逊的批评者说，你知道人类不是蚂蚁，威尔逊的问题在于他把社会性昆虫的结论应用到人身上了。

答：嗯，这点我无从争辩。我不是社会理论家，也不是生物学家；我能告诉你的只是威尔逊和其他人在社会生物学领域争论。我无法让自己相信——正如你和你的听众都无法做到的那样——我们对于自己的言行和性格都无法控制。我们无法让自己相信这一点。但不能因为我们自己不相信，就意味着事实不是这样。我愿意用这种观点论辩，但我无法让自己接受。

问：你花了大量时间分析，我指的是你在写《今与昔》时，而且你说有些事非常有趣，你说你认为，真正能从分析中获益的人，是那些看来完全不需要分析的人。

答：我真的认为，大多数精神分析学家现在也同意这一观点，十年或二十年前当他们停止治疗严重精神错乱的病人时就应该会同意。作为治疗方案，人们对精神分析的看法似乎一落千丈。我在上面花的时间不多——我想那只是一种持续两年半时间的介入治疗，我想我受益了，但还没到我的治疗师所认为的那种程度。我接受精神分析治疗，主要是为了让自己在最终导致离婚的婚姻破裂中保持镇静，但我认为，精神分析专家将告诉你，人需要相当坚韧的个性来接受精神分析。接受精神分析的人，不能无法集中精力，也不能轻易屈从于感情困扰。

问：那精神分析活动对你有什么用呢？

答：它使我忙碌，同时也提供一个地方让我打发那两年半时间，还为我带来了一些人，使我可以向其引述我与当时妻子的争论。她有一连串心理治疗专家，她向我诉说他们对她的建议和他们对我的谴责，于是我想我也应该有自己的治疗专家。

问：不过你是把他逗乐了。你写到，你在那儿如何治疗以及整个治疗过程中你如何讲笑话。

答：嗯，我会梦到笑话，我们非常努力地进入弗洛伊德式的情境中，一周四次，完全是自由联想。我们很少能实现那种效果。我很少能达到那种效果；我只是喜欢聊天、开玩笑并做他许可的梦。

问：那这对你的写作有什么用呢？你认为这种活动对你有益，还是会妨碍你呢？那时你使用你创作用的那部分大脑吗？

答：不，我认为这种活动对我的写作没有任何作用，我认为战争本身对我的写作也没什么作用。1981年那会儿我得了一种叫格林巴里综合症（Guillain－Barré syndrome）① 的病，我认为这没影响我的写作。我想我根本没用过它，我们正在讨论精神分析，自从我进行精神分析以来，我几乎没有受益。有许多让人惊异的地方，我指的是梦境会与我们的经历相似，它们即将变化的方式，还有发生在我身上的各种健忘。但这些惊异，变成我和其他人脑袋里正发生和将发生的有趣玩意。我认为我没用过它。所以我不喜欢现实主义小说，尽管我描写各种现实情境，但我的小说在结构上都不是现实主义的；它们主要在精神而非感情上是真实的。

问：但你钻到各种人物的脑袋里并创作出了非常非常真实的人物，那要对人类境况相当了解才行啊。

答：噢，我的确了解人类状况，即政治境遇及其余一切。另一方面，我的小说并不适合拍成电影，因为它们常常违背小说创作的基本法则。在

---

① 一种罕见的影响人体神经系统的自体免疫紊乱。

《第二十二条军规》里，你对尤索林一无所知，小说也没有所谓的三维人物。在第二部小说《出了毛病》（*Something Happened*）里，我赋予第一个完美人物比常人更了解自己的特质。我没有试图表现虚构的人物，他们都是真实的。

在经典小说里——我是说托尔斯泰、陀思妥耶夫斯基，甚至是狄更斯的小说——人物的言语、穿着和职业，都是构成小说不可或缺的细节；我摒弃了，其他人也摒弃了，对社会现实中真实细节的关注。我认为这种关注不再必要，既然我们有了电视和摄影。这不仅仅是我个人所见。我是说，小说自身已进入所谓的现代主义和后现代主义阶段。我不知道后现代主义是什么；我想我可能就是个后现代主义者。

问：噢，我认为《出了毛病》是一部非常后现代的小说，它是哪一年写的，19……

答：它出版于1974年，是的，1974年。

问：我们给一部小说开个头，接着我们又去写另一部，一部接一部，我们就会有一整套由小说主人公承载的不同主题。

答：但从十九世纪开始，一直延续到二十世纪的经典小说，与现在写的小说类型之间，依然存在差别。当下那种旧式小说（那种以"很久以前"开头的小说）还有，而且还常付梓了，故事好像真发生过一样；而在我的小说里，我想甚至在《第二十二条军规》中，我试图让读者明白，事情并不按它被呈现地那样发生。在《好如黄金》里，我把这部小说称为小说本身——我认为在《出了毛病》里我也会那么做——在《最后一幕》里，我用我的真名以一个小孩的面目出现。这就是想与读者在潜意识里几乎达成一种协定：这是我写的小说，你完全不必认真的认为，它在精准表现人们的行事方式，甚至是犹太人家中的情形。在《好如黄金》里，你也用不着认为华盛顿人就那么做。

问：你的《天晓得》（*God Knows*），是关于大卫王与《旧约》的一本书，是为对宗教不太感兴趣的人写的，你非常非常细致地读《旧约》，乃至你在这本书里重述许多旧约故事。

答：其实《旧约》里宗教成分相当少。我认为犹太教始于完成《圣经·旧约》时。我还认为犹太教在巴比伦囚房时最初是被镇压的。正如我们所知，《圣经·旧约》中几乎没有宗教成分，也没有犹太教，确定无疑的是，在大卫王朝也没有宗教。那时人们从不谈论节日，庆典时会有游行，在庙宇中聚会，只要与庙宇有关，就吹喇叭和宰杀牲畜。

这样大卫王是犹太人，至少他在《旧约》中是犹太人，但我对犹太教没那么痴迷，所以《天晓得》这部小说里没多少宗教成分；里面有一种非常现代、当代的道德观。我说过，《旧约》里没有多少宗教成分。假使上帝对亚伯（亚伯拉罕的昵称）说，"咱们来签订契约"，如果你认为它是宗教，它就是。那么上帝究竟与大卫王谈过话吗？我不确定上帝是否那么做了；嗯，他的确……

问：不，不，不，大卫王没和上帝谈话，还记得吗，大卫王对上帝感到厌烦并被阻止与他谈话。

答：是啊，但《圣经》中也记载，有一回上帝曾指点他战争策略——取回指南针、包围敌军、伏击敌军或其它什么的。我想这就是上帝最后一次和大卫谈话。但上帝与大卫谈话——那不是宗教，在东方宗教中类似情况屡见不鲜。

我对宗教习俗不感兴趣。我想谈一下耶稣受难。我要说说米开朗基罗的大卫雕像，在这儿他是异教徒。但我要做出如下评论：他怎会让我裸体站在公众面前？如果他知道我们犹太人对赤身裸体的反应，他就绝不会这么做。根本就没那么多宗教成分，这都是我对有些古怪和不那么可信的圣经故事细节的胡诌。

问：你在《今与昔》中写道，你汲取的主要哲学教训是，对一切确定思想信念的东西，你要学会抱以怀疑主义的态度，并用苏格拉底式的恶意对待它们，尤其对于你最喜欢的哲学老师的言论。现在你认为你的哲学体验让你能更贴近地质疑人生吗？

答：不，我认为，要质疑或抱有怀疑态度的决定就是那样的。我在哲学课上就轻松掌握了此道，对各种学说的怀疑正是这门课的部分内容，有时我碰到一位哲学教师，他在政治方面相当活跃，或者说他渴望政治讨论，但他试图为自己的观点辩护时总显得让人难以信服。

我身上的怀疑者天性要追溯到我在《画下此景》（*Picture This*）中引用的一位希腊人的话。那话这么说——我们从来就一无所知，我们甚至不知道自己是否知道。因此我认为任何立场——道德立场抑或政治立场——都会遭到嘲笑和奚落，如果有人想这么做。当人们对理想充满激情时，是激情本身让他们充满了激情，而不是智慧或无懈可击的逻辑。

问：你拈出智慧这个话题，我很高兴，我正想与你谈。你觉得你现在是否已经获得智慧？

答：不，我认为我获得的唯一智慧就是对他人的思想和观点持怀疑态度。我倾向于永葆怀疑之心；我不喜欢任何人自以为是。我也不喜欢不容异说，自以为是的人对他人很不宽容。这就是我与所有宗教信仰保持距离的原因之一。我想，在这个国家，还有澳大利亚，情况都一样，大多数宗教都有潜在的不容异说，而这种态度很容易变成迫害。在纽约，就有一些犹太教极端正统派分子，我对他们的恐惧不亚于对纳粹组织。

问：那么关于善呢？你认为有善的必要吗？

答：噢，那当然了。我在所有作品中，都是菩萨心肠并且多愁善感；我作品中的人物，不论受到盘剥还是恐吓，都相当温厚，而那些烦扰他们的人身上的冷酷无情，就像他们的本能一样。千真万确，我喜欢善良的人，我喜欢好人，我喜欢富有幽默感的人。我会因为他们的遭遇而难过，当然还不至于大发雷霆。我是说，巴尔干半岛上发生的一切都是恐怖的，但已经发生了——我现在讨论的是科索沃和波斯尼亚，还有以色列和中东其它国家正发生的事，以及阿富汗的塔利班和其他派别正发生的事——把这些当做现实思考简直太可怕了，但也会有另一种感受，没人对此能有所作为，对我来说，解决之道就是回到达尔文主义。对当今许多重大现实问题，没人能通过行动改变什么。

问：下面这个问题关乎记忆，关乎长时记忆和各种评论。在《今与昔》中，读到你依旧记得那些不好的评论，我很开心。对于《第二十二条军规》，有夸奖，也有贬斥，你对它们至今不能忘怀。

答：我不会刻意忘掉它们。我仍能记起那些好评，类似评论很多，它们经过一段时间才出来，总是不期而遇——《世界电讯报》的一位政论专栏作家，他可是一个反动分子，一个共和党人，一天他突然写了一整栏关于《第二十二条军规》的文字，从论述《第二十二条军规》怎样才能永垂不朽写起。就像我们看到的这样。我本来可以在《今与昔》中引用这些话，但未免显得自夸；倒是引入一些尖酸刻薄的评论更有趣。当我和听众谈话时，我经常会引用关于《第二十二条军规》很差劲的评论。我现在可以欣然谈论那些糟糕的评论，因为《第二十二条军规》已经受住考验了，如果它被淘汰，我想我就不会这么坦荡。那些评论出来时就让人非常心烦——我用的两篇评论来自《纽约时报》和《星期日泰晤士报》——它们太伤人了，首先它们伤了我的自尊心，其次它们对这部小说的销售有非常大的负面影响，影响人们对它的接受。

问：你谈的另一个文学问题是，你认为，你习惯开始创作一部小说时花很长时间。

答：是的，《第二十二条军规》和我所有的作品都如此。我开始地非常缓慢，带有试探性质。直到完成每部作品的三分之一后，我才清楚整部作品到底要写什么，接下来我会回头改写已经写好的三分之一或四分之一，然后一直写到小说结束。所以我的作品开始总是进展很慢，到了中间和结尾速度就加快了，这或许是好事。我知道对于电影剧本和戏剧创作来说，这最好不过了：开始时你不得不放慢速度。我开始创作时总是努力探索。毫无例外，对我来说，开始下手时我的作品总是大到无法掌控，只有付诸笔端后，才能看出哪儿累赘，哪儿不成比例；当我再次修改时，我会尝试让它们各自找到合适的边界。

问：你写作时会开怀大笑吗？

答：我写作时不会大笑。有时过了好几周当重读已写的东西时，我会笑。如果我在写一件有趣的东西，我就会领会它。当我脑海中闪现一个念头时，我可能会自己笑出来。写作时我不笑，因为写作是一件苦差。谈话脱口就来，思考相对轻松；而落笔纸上，使言为心声，则是个非常艰苦的过程。仅凭讲个笑话，你还算不上风趣；你不得不逐渐到这一步。

我知道当我和迈克·尼克尔斯对话时，他是《第二十二条军规》的电影剧本作家，我觉到他们要遇到麻烦了，对他们来说，改编整部小说比原来想象的要难得多。他们遇到的困难之一就是，他们喜欢小说的某章，我记不清哪一章，我认为那章的趣味体现在最后几句中，而一部电影里没有留给扩展对话的空间。那么他们最后的工作之一就是，不得不删掉那一章。这种情况发生过两次——很难构建一个好笑话。说俏皮话是一回事，你把三句俏皮话排队后，对读者而言未必好笑；我认为这儿必须具备叙述的进程感才行。

问：恰恰在善行这点上，在《最后一幕》中，你写到尤索林，因为理所应当，《最后一幕》是重温《第二十二条军规》，或看看多年后那些人物身上发生了什么。你写道："他从自己一辈子所持的怀疑论中学到一种信念，即便是一种极天真的信念，说到底，也比一无所有的荒原更肥沃。"

答：是的，我不得不再次承认一件事——尽管我本人不能拥有信仰，那种不加疑问的信仰，或其它什么，我的确认识到，如果我能，那我的境遇会好得多。而且显而易见，我认识的许多朋友，都是虔诚的宗教信徒——他们通常是我朋友的父母，都是天主教徒——随着年龄增长，他们对其生存状态和宗教信仰多么满足，当他们年老体衰时，他们对自身存在的消亡似乎并未感到任何烦扰。我想有些人，不论是充满热情的共和党人、民主党人，还是共产主义者、无政府主义者，甚至那些强烈反对堕胎的人，他们也有信仰。我并不认为它是道德的，但我认为，能有某种信仰，以及相信生命和来生，总比什么都不信好得多。

问：这就是《第二十二条军规》，不是吗？

答：是的，没错。在《出了毛病》里，我记得有人曾说过，我希望我能再一次信仰上帝。在 T. S. 艾略特的一首诗里，他谈及站在教堂外面的人，他们希望自己能进教堂祷告，但却不能。我们希望能够信仰上帝，希望能够了解上帝的存在。但相信上帝不是说我希望曾有过上帝，只是说我相信上帝存在和有来生，上帝眷顾我们，这只是暂时的。拥有坚定的信仰一定很愉快。但我不曾拥有，你也没有，几乎非常少的人拥有它。

问：你相信爱情吗？

答：我相信爱情，但我对爱情有自己的观点，那就是我非常非常强烈地认为——它不会持久。爱在延续，接下来规则就变了。我相信，生命中任何一种经历，甚至小说得到好评，也不能同你在恋爱最初阶段看到的持续激情相比。我记得，在我的小说中至少有两次大卫王说，如果坠入爱河的机会再次来临，抓住它。这是我给你、你们的观众和我自己的建议。尽管随着岁月的流逝，机会越来越少。

乔伊斯·卡罗尔·欧茨

Joyce Carol Oates

乔伊斯·卡罗尔·欧茨作为美国文坛历史小说家的地位至今未被认可。有人认为，作为艺术家，她比诺曼·梅勒、戈尔·维达尔、约翰·厄普代克和索·贝娄伟大——她是一位能同时驾驭大小场面的大师。历史著作《民族》的作者亨利·路易斯·盖茨（Henry Lewis Gates）说，未来的考古学家只有通过欧茨的作品才能拼齐美国战后全景。谈及欧茨可观的文学产出，约翰·厄普代克曾说，乔伊斯·卡罗尔·欧茨"需要饥渴的读者，只有一群维多利亚时代的文字食客才配得上她惊人的生产力和她不知疲倦的自我陶醉。"然而陶醉的不只她自己。她的作品使读者迷醉，甚至窒息。

欧茨已经写过二十多部长篇和短篇小说、诗、剧作、散文和文学评论集。欧茨得不到认可，也许因为她的低调，也许因为她的自律和勤奋，甚或因为她的女性身份。

她的小说《金发美人》（*Blonde*），一部关于诺玛·珍妮·贝克的自传体小说——诺玛即后来的玛丽莲·梦露——大获成功。在书中，她记录了一个被遗忘的女孩当时的生活情形，这种女孩常出现在她笔下。但不同于凯瑟琳和凯莉斯们——此前她的两部小说《地球上的人生沉浮》和《黑水》里的女性形象，诺玛天生丽质，靠美貌为生和出名（欧茨小说的另一类主题）。可惜她的名声并未使她摆脱悲剧般的香消玉损。

欧茨的作品可以是一副描绘美国思想和世纪的道德、情感地图。所有美国女孩，美国家庭，美国人对于飞黄腾达和电影的痴迷，美国社会中各阶级和职业、贪污腐败、政治、种族——以及新世界生活的阴暗面在她作品中随处可见。2006年6月左右，在爱丁堡，我微笑着提醒她在1972年说过，她有巴尔扎克般的雄心壮志，想在一本书里容纳整个世界（我想她认为美国就是整个世界）。我问她是否还想这么做。

乔伊斯·卡罗尔·欧茨：可能是。我的旧我时常萦绕心头，挥之不去。

拉莫娜·科瓦尔：你不喜欢吗？

答：我不喜欢，因此我忧虑地倾听，对了，1972年我说过什么？

问：你不再希望把整个世界浓缩到一本书中去吗？

答：我不知这是否合适。毕竟我缺少如饥似渴的读者。也许在座的会是。

问：在我看来，他们热血澎湃。

答：约翰·厄普代克说过我需要如饥似渴的读者。显然，他拥有那样的读者。我也很想。

问：你说把整个世界都浓缩到一本书里是什么意思？

答：我也忘了。说那话时，我只有二十六岁。我说了许多奇怪的话，这些话后来都被加了引号。你要特别小心。你知道，律师们经常说，决不要把一切落到纸上，那么我们其余人就别再讲话了。

问：好了，我们别谈论你年轻时了。怎么样？

答：好，我不讲了。

问：能在一瞬间发生的事情，会让故事从光明转向黑暗的事情，还有潜伏在事物令人愉快的表面下的危险——在我看来，这些就是出现在你的故事、你的许多小说中使人摒止呼吸的时刻。

答：有问题吗？

问：是的，嗯，这真的就是一种对话。你想让我问个问题吗？

答：哦，是的。我正等你问呢。我也有另一面。我是普林斯顿大学教授。我们在普林斯顿都幽默感十足，因此我想我们都养成从大的方面思考人生的习惯，主要以悲观的基调，带着悲剧历史感，感到这个世界也许并非可能实现的最好世界。但我想在短期内，从某种家庭观点来看，喜剧和传奇必定非常可信，人们看了会高兴，等等。因此这是一种双重意义。人们见到我总是很惊讶。首先他们说，"你还活着啊？我们都以为你几年前在伦敦把头搁进炉子里中毒身亡了呢。"人们真是那么跟我说的。当人们从我还活着中回过神来时，他们又惊讶地发现我并不总是悲观的。

问：你对正常生活的描写中，好像总是存在混乱将要发生的可能性。接下来我们知道了。作为读者，我们能感受到它，但你笔下的人物却常常不知道，接着事情真的发生了，再接下来一切似乎靠谱的事都发生了。我想这儿的一切，有点儿刘易斯·卡罗尔的写作风格，我也读到，爱丽丝系列游记对你小时候影响很大。

答：的确很大。

问：告诉我是什么影响。这应当是个很不错的问题。

答：嗯，《爱丽丝漫游奇境记》以及《爱丽丝镜中奇遇》是别人送我的第一本真正的书。那本书似乎开本很大，它非常精美，有插图，还有别致的封面。我那时大概才八岁，因此它对我有种象征意味。我现在还留着它。其实这本书没有我当年感觉的那么大，它也就"这么"大，可我却记得它很大。我想这是我真正读过的第一本书，所以就记住了。即便现在，每当我翻开其中一页，我就想起过去的一切。我非常认同爱丽丝。虽然我在纽约北部一个极其荒凉的农场长大，和爱丽丝的经历完全不同——她是典型的英国人，拥有一种"废话少说"的觉悟；在小说里她没有家，基本是独自过日子。这都与我迥异：八岁时我总是被家人包围着，受到家人的保护，同时也受到家庭的控制。

因此，几乎所有爱丽丝遇到的事，穿衣镜里的世界与仙境王国都和我的世界完全相反。我说过，我们依靠一个小农场为生。我的差事就是喂鸡，我做的就是那类事。我不知道这儿是否有人喂过鸡，而鸡被那些不了解它的人视作浪漫玩意。我的整个世界就是喂鸡等事。那时我读了这本书，我获得对另一个世界的感受，我的心怦怦跳，原来想象空间也可能存在。我也想写书，因为我太喜欢这本书了，我想续写它。我认为喜欢写作的人都是从喜欢阅读开始。我们最初都是被弹到他人作品语言和想象的世界中去的。就我而言，那个"他"就是刘易斯·卡罗尔。

问：我对你作品中的另一种东西很感兴趣，那就是意识。在你的很多作品中，另一层面的东西贯穿其中，通常采用斜体——理性的声音，头脑中的声音，死人的声音，以及我们自以为听到的声音。你一直对许多声音感兴趣——能谈谈吗？

答：那是因为我用斜体字思考。

问：那是怎么回事？

答：嗯，是这样的，我用罗马体讲话时，打字机纸带就工作了。我想，对公众的言语表达有时有意识，而有时又无意识；另一个声音闯入，像有人在肩头轻拍，"其实你是说……"

问：斜体字在说什么？

答：实际上它不起作用，已经停下来了。

问：这样很好。听起来有点复杂。

答：我总这么想——我确信许多人都这么想，许多作家常这么想——

我在这儿干吗？你常这么想吗？昨天飞机上我就这么想过，在另一架飞机上，在排队两个小时、向前挪步等待通过安检时我也想那个问题——你知道，这种小问题在你脑中掠过。同时你微笑着，做着和爱丽丝一样的事——咬紧上唇。

问：所以这一切出现在你的作品里，因为你的人物脑中也有这么一条打字机纸带。

答：是的。

问：那里有个幽灵。

答：很难逃过。

问：你是一个长期的窃听者吗？

答：不，不完全是。

问：那声音听起来像控诉，但用的正是你写的对话方式。

答：如果你真的偷听了人们谈话，你会觉得很无聊。它不像一本书或一首诗那么有趣，这也是我们根本不想听的原因，我们情愿阅读，比如简·奥斯汀或弗吉尼亚·伍尔夫，你看确有高尚之音。我有时无意中听到别人谈话，但我没有刻意偷听。

问：你作品中另一个主题是女性的脆弱，你真是个有趣的人，你有某种幽默感，可你却写了许多天真的年轻女性，如《黑水》献词"献给凯莉斯姐妹们"，和《地球上的人生沉浮》献词"献给凯瑟琳姐妹们"。

答：你看过这两本书吗？

问：看过。你写过许多书；我也读过许多。

答：太棒了，我要给你发一枚奖章。

问：那太好了。

答：没人看完过那些书。就我和编辑读完了，仅此而已。

问：那我想谈谈这两本书。我觉得它们非常非常棒。两个完全不同的女孩子来自完全不同的地方。你能说一下年轻女子的脆弱、单纯无知和罗曼司以及有时发现自己陷入的可怕结局吗？

答：嗯，可以确定，过去的大量事实表明，这类特质通常为女性专有，但却非女性专利，因此我也会把我的主人公写成一位年轻男士，甚至一位上了年纪的男子。但统计数据表明，女人和女孩最脆弱、最易受伤，于是我写了她们。我想我们的确带着天真烂漫的理想主义，满怀希望地看待他人。我们在她们身上投射我们的欲望，这些欲望可能非常荒谬或虚幻，就像人们的向往和追求。我认为写作源于渴望和乡愁。一些最伟大的诗篇，如大多数爱尔兰诗歌，如此美妙，是对可能不复存在的世界的向往。我的多数作品出自这种向往。

问：在长篇巨制《金发美人》里，你写了诺玛·珍妮·贝克，这个卑微的金发女孩后来成为玛丽莲·梦露，一个典型的欧茨女性：来自工人阶级家庭，天生浪漫，面对世界的不公平对待时仍满怀希望。不过，诺玛比可怜的凯瑟琳要幸运，前者美丽动人的姿色是她进入拒凯瑟琳们于门外的浮华尘世的通行证。

答：是啊，我以一种奇怪的方式非常认同诺玛·珍妮·贝克。当然诺玛后来出落成玛丽莲·梦露，对诺玛来说，玛丽莲·梦露的名字总是带引号，她只是诺玛扮演一个角色。此外她还演了许多角色，就像许多女人和年轻女孩一样，因为我们习惯于一种角色——比如你非常甜美、漂亮和可爱，你就会赢得最多的笑脸，你也会习惯它。如果你像伊夫林·沃那样言辞苛刻、爱挖苦人，人们就会对你皱眉。假设你是个四岁孩子，人们真不希望你发展那种爱挖苦人的秉性，你就会抑制它。但以后它还冒出来。

我曾在一本书里看到诺玛的这张照片，照片摄于1946年她十七岁时，那会儿她还是高中生。她有一头深褐色卷发——绝不是漂白的金色——她的微笑甜美迷人并充满希望，她颈子上带着一个小巧的心形盒式项链坠。这和海报上玛丽莲·梦露的招牌形象相比，完全判若两人，令人吃惊——后者顶着一头假发似的金发，满身珠光宝气，戴着贴颈的项链和夸张的耳环，浓妆艳抹。怎么能把这两人联系起来呢？1953 年《绅士爱美人》（*Gentlemen Prefer Blondes*）风靡一时。剧中她的形象——如今已成为一种偶像标志，极不真实——似乎定格在 1953 年，虽然这个女人活到 1962年。在这期间，她逐渐衰老，越来越抑郁，离永远的偶像越来越远，这个偶像反倒有点像一种嘲弄的对象。

这也是当作家的一个优点：你不必走出家门，像演员一样面对观众。

那些印在书籍护封上的各种旧照片，尽管它们看上去永远不像你想得那么糟，随着岁月流逝，多少有些陈旧——恰好是一种庄重感。但我看到她的照片时想的却是，这是怎样一个悲剧啊。她有美好的向往和炙热的渴望；可她又那么脆弱，她被塑造成眼前的公众艺人形象，这形象非常卖座，然而去世时她却一贫如洗——她据称是自杀身亡——她银行账户上的钱竟还不够支付她的葬礼费用。实际上，她的尸体被马车拉到乡下停尸房，安放在一个小房间里——这就是这个名噪一时的女人的命运。紧接着，世界各地的出版物上都登载她的照片，标题是"女星亲手结束了自己生命"。她太有名了，每个人都在看她的照片，边看边想——她到底为什么自杀呢？

因此，写一部关于诺玛·珍妮·贝克的小说会把你带回那一刻，但却不能超越它。我没有超越她的死亡。她那幅摄于 1946 年的照片，使我想起和我一同上初高中的女生们，以及生活在更早年代的女孩们，像我母亲那个年代；我想讲述她们未被人讲过的故事，因为名人的故事与此大不相同。这里说的是玛丽莲·梦露的故事，关乎她的公众形象而非真情实景。我雄心勃勃，想根据她的人生经历使她复现，因为我觉得玛丽莲·梦露一直受人诽谤和误解。举例来说——哎呀，我不能再说了，我总是在说玛丽莲·梦露……

问：不，你说吧，我们一直在听呢。

答：我认为她是一个相当出色的女演员，星途无限。从某种程度上说，她从未得到适合她演绎的角色；电影公司总让她扮演少女。后来她长大了，不能再演少女。她想演有深度的角色，成人角色，而电影公司仍让她扮演稚气未脱的少女形象，她二十岁时已经把这种角色演得炉火纯青。人们或许没有注意到，玛丽莲·梦露也是一位职业女性：她十五六岁就开始工作了。除孕期外，她总是在工作。她一直不间断地工作，接拍了一部又一部电影，使她精疲力竭——中间她本该休息几天，但她又投入到下一部中。只有怀孕后她身体不太好才停了一段工作。

问：你在那本书里专门写到神话及其结构——玛丽莲的神话，名人文化——在《人到中年》（*Middle Age*）中，你讲述了无性天使亚当的神话，它根据小说《黑水》中凯利脑中的参议员形象创造。我认为这是美国人的特长——以制造名人为乐。你能谈谈《人到中年》吗？谈谈小说里那个人物。

答：你描述得有趣，也让人着迷——你认为它是美国人的专利吗？

问：是的，我认为是这样的，理所应当嘛，美国影响我们。我们都看你们的电视节目。

答：我想，从某种意义上说，这是美国的东西——在二十世纪美国的大众偶像市场中，资本主义的消费者复制体系棒极了。可在我看来，与其说是美国的东西，不如说是一种人类偏好，不管我们将它投射在玛丽莲·梦露或艾尔维斯·普莱斯利身上，还是圣母玛利亚身上。我不想激怒任何人，但你身边一定有偶像，谁又知道圣母玛利亚到底长什么样？对吗？我是说，有人已经艺术地表达了思想，因此我要说，它是人类共有而非美国人独有的。但我们太富侵略性、太可憎了，我们似乎只有在我们的大众文化中才能实现自己的偶像，在某种意义上，这是一种非常非常可怕的文化，它也让我们尴尬。它像浮萍一样似乎已经占据全世界。你知道什么是浮萍吗？在池塘里，它突然蔓延开来。

我不看电视，真的——我其实根本不知道在演什么；我也不听流行音乐，因此我无权评论。我不想一无所知就大发评论；我试着去了解。我努力看别人说好看的节目，我努力去看——这完全不能与阅读相提并论。我宁愿重读查尔斯·狄更斯的小说，也不愿看几万亿人正收看的电视节目。

问：还是聊聊你的《人到中年》吧。

答：嗯，在《人到中年》中，我想呈现社区里一个有点像苏格拉底的人物。我想有人会说，苏格拉底有点像我的一个男主角。他被后人广泛认为是西方哲学的奠基者。人们与苏格拉底争执，也与柏拉图争执，比方说，我就不赞成《理想国》。但同时苏格拉底也引发我的好奇心。他是一个通过问答法探求真理和智慧的伟大人物，他是启发学生思考的教师典范——我认为，苏格拉底问答法也可以用作自我分析。没有人像苏格拉底对话中的人物一样被动了，由此看来，柏拉图写的苏格拉底对话录可能成为文本、小说或新的文学作品。

但我想，如果能把这么一个人——一个能够刺穿某些幻想并唤醒人们为自己命运深度思考的人——带到社区中，比如说我现在居住的新泽西普林斯顿社区，将多么令人兴奋和令人关注啊！与此同时，他来自他们的社会之外——那个世界与我现在所处的有点相似，却更加严峻。我来自一个受愚昧和暴行约束的世界。我生活在这个世界里——新泽西的普林斯顿，它是非常富足的郊区，这儿甚至连提高嗓门说话都不合时宜，也不明智。

我来自一个世界，我还记得它，在那里成为男子汉就要在身体上具备非常强的攻击性，即使在打斗中放弃对抗也绝不诉诸律师。在我们的世界里，你们不会打斗：你们唤来律师，或者采用类似的圆滑办法解决问题。这也是我作品中提到拳击、庆典及批判性评论的原因——以挽歌的形式——描述失去阳刚之气的失落世界。这个世界还存在，但它作为一种价值观已不复存在。我们社会不再有价值观，而过去却有。

所有那些事都让我想起一个人，亚当，他来自那个社会（类似普林斯顿）之外，因为我觉得自己来自那个社会以外。在普林斯顿许多人都如此。他们来自受人尊敬的中上层社会边缘。我有个非常好的作家朋友——罗素·班克斯（Russell Banks），我们会彼此开玩笑——他是个乡下人，我的出身与他相似——比方说，我们会自嘲，我们现在到普林斯顿干什么来了？接下来，我想我们都得到了大学教授职位，讲座教授，是的，好极了，但从某种意义上讲，又像是海市蜃楼——金光灿灿、若隐若现的幻境世界，它基于鸡蛋壳般脆弱的经济外壳，一瞬间就会完全消失。

大萧条时期我还是个孩子，那时的事多不记得了。可是我的父母却从那时艰难地挨过来。他们俩智商都很高，尤其是我父亲。他们那时读七八年级，却不得不辍学。如果我生活在那个时代，或者我们也经过大萧条，我们就一定不会把经济缓冲措施看作是一种更深入、更原始的生活现实。

问：《人到中年》里的人都生活富足。

答：是的，他们全都衣食无忧，现实生活中我也有这样的朋友，我想表现的是，他们这些生活富足的人，也会成为悲剧性人物。许多评论——即便正面的评论——会说："乔伊斯·卡罗尔·欧茨让我们关注这些卑劣的人。"他们是我的朋友，而且……

问：尽管你在小说前面说过，这些人不是普林斯顿的。

答：这儿不是对号入座。小说中的人物会成为复合体。我喜欢描写各种事件胜过人物。这事在普林斯顿已经不是秘密——完全公开，而不是通过闲言碎语传播——有一位男士，他在这所大学大名鼎鼎，他妻子离开他，公开和另一个男人私奔了。他们都是公众人物，这桩风流韵事也是非常公开的；根本就不是什么秘密。那位被妻子抛弃的男士一度陷入颓废。然而不久之后，他就和一位稍年轻些的女士发生了一段新恋情，那位女士也是教授，实际上——让我想到心理学，也许还有遗传学，这真让人激动——她后来怀孕了，生了孩子。

因此，我那位朋友，一位曾被妻子抛弃的男子，曾当众感到耻辱，突然在五十五岁时有了孩子，他整个生活变了。他不再垂头丧气、郁郁寡欢，而变成一位溺爱孩子的父亲。他的第一段婚姻已成为过眼云烟，我想周围的人不会喜欢这个小不点来到，但是他如今却因此容光焕发。我想把这种现象写下来——这名男子，一度那么失落，一度在公众面前蒙羞，后来他又遇到一段新感情，又赶上意外怀孕。孩子出生了，感情曝光了，他却非常高兴。他很疼爱这个孩子，现在孩子应该有三四岁了吧。这就是人们在普林斯顿谈论的事，因为大家都认识这位男士，他们会说，"这可真是个精彩的故事。"这名男子喜欢他的小孩，这个故事违背那种希望女人堕胎、不想承认孩子或冷酷无情的男子奉行的老套做法。这名男子温情脉脉并充满爱心。因此他出现在我的小说中——确切地说，是这种想法出现在小说中，而不是他本人，因为小说中的男子性格粗暴，职业是律师。而我现实生活中的那位朋友可不是律师。

但我最钟爱的故事却发生在几年前——简直太令人兴奋了——当时我在签售书籍（我写了本儿童读物《快来认识一下松饼猫》（Come and Meet Muffin）——我的第一本儿童读物，讲述一只名叫松饼的猫的故事，借此赤裸裸地表现我的多愁善感），我对生活抱持一种悲观情绪，因此我就写了这种多愁善感，什么猫咪之间的谈话啦，什么圆满的结局啦，等等。我就此开始作为儿童书作家的新生活，并外出参加一些小型签售活动。有一次，我和一位女士一起签名售书，她也出版了一本儿童书。我非常喜欢她；她来自普林斯顿西区——那儿是富人区。这些富人生活在小城堡里，经济萧条和衰退与他们绝缘。她十分友善（可能是五六十岁），后来她开始向我讲述她生活的全新进展。

她说："我和动物非常亲近，尤其那些被人遗弃、伤害和虐待的动物们。"她感兴趣的是狗，她弯下身子像小女孩似的嗲嗲地说，"我在家里养了十一只狗狗呢。"我说道，"哇，天哪，十一只狗对我来说可不少呀。"她接着又嗲嗲地说，"我丈夫以为只有十只。"我说，"噢，你们住在哪儿呢?"她说出某处房屋的名字，好像在霍奇大街上，那里的房子可是豪宅。我想，那里的狗恐怕每只都有自己的卧室和浴室吧。她又说，"是的，它们住在侧厅，而我丈夫以为只有十只，我希望他永远都不要发现其实是十一只。"

我觉得她太有趣了。她的孩子们都已长大成人，离她而去。为了不让自己感到孤独或哀伤，她写了本儿童书，她开始了一种新生活——带回家那么多受伤的狗，还给地方慈善机构捐钱。因此，我一定会写到她。在这部小说里，我给了她七只狗。她只能养那么多。

问：她不会认出这是以她为原型的。

答：她写信给我——她知道我写的不是她，她的信非常友好。你知道吗，她被逗乐了，她深知我的素材出自哪里。但有趣的是（这也是女孩子才会明白的事），我在哈珀·柯林斯出版公司的编辑丹尼尔·郝泼恩，一位诗人兼编辑，他对此很质疑——一方面，他不喜欢狗——他说，"七只狗？不可能，不会有人养七只狗。"这时我可以说，"有的。有位女士就养了十一只狗。就在那儿，你这头男性沙文主义的笨猪。就是十一只狗。"

问：我还想和你谈一下你作品中呈现的人的身体感受。我知道你是个跑步爱好者。你花时间跑步并在奔跑中思考写作，你在马路上跑得汗流浃背时获得了创作的灵感。最明显的例子就是，你允许读者栖息到你笔下各种人物的身体里去——你似乎洞悉你小说中人物的内心——对《地球上的人生沉浮》中凯瑟琳自然流产的那段描写，让我的心都提到嗓子眼了，让我心跳加速，对文本如此反应真少见。你作品里这种让人感同身受的特质——就好像你真的想象自己钻进人物身体里了。你是这么做的吗？

答：是的，我是这么做的。但我并不觉得那有什么与众不同。只要你能冥想他人，就可以做到。你竟然读过《地球上的人生沉浮》，这让我吃惊不小，基本上没人读过它。

问：我认为那是部伟大的作品，一部真正伟大的作品。我真的认为。

答：哦，谢谢。对我来说，这是部典型的底特律小说。它具备这座堕落城市特有的刚性节奏，它是一座让人伤感的城市。这部小说节奏感很强，节奏就蕴藏在语言中。我本来可以让小说发生在另一座城市，但这部小说属于底特律，这座卑鄙、邪恶的城市。连底特律街道的名字都充满诗意。凯瑟琳和她家人住在一家汽车旅馆里，他们接受救济；还有德昆德街，在我眼里，这些街道很像……我猜你会把这叫做身体感受。我根本无法写作，除非我看到人们在哪儿，他们在哪儿住——我不得不熟悉这条街，我不得不感受它的氛围。之后我对它感到非常非常兴奋。我跑步时，有时会在一个能看到房屋、某种景致或什么的地方，我的心跳就加速。一想到这儿曾发生过什么事，我就很兴奋。我在构思一部小说——我身处小说场景中，不久前故事就在这儿发生。我围着这个地方跑步并观察它，想想我的人物都在什么位置，多么令人激动啊！我猜，你又要说，这是一种身体感受。

我对别人而不是对我自己感兴趣。我很少写我这样的人。《人到中年》是例外，里面一些人物有点像我。但多数情况下，我笔下的人物都关于凯瑟琳或和我完全不同的人。我曾写过一部名为《异类》（Zombie）的短篇，描写了一个连环杀手的故事。他一点也不像我们那样使用语言，也不像我们多数人想的那样非常有意识地使用语言。他根本不思考。他有各种感情和冲动，头脑中还充斥着不同的图像、幻象和直觉。我觉得，他是一个深受潜意识奴役的人，即全部性取向以暴力为主要特征，攻击那些孤弱无助的人。当写到他会四处张望并看到像我自己这样的人，看到一个女人时，对我来说颇有趣味——他对女人不感兴趣——想象一下这样的人会怎样观察女人，用他那种有失尊严并刺穿幻想的眼光。因此，对我来说，他的身体感受和心智活动是神秘的统一体。

问：在你的小说《黑水》中，你写了一个年轻聪明的女人，她在六十年代的一次宴会上结识了一位民主党参议员，一个老头。宴会结束后她就钻进他的小汽车，与他逃之夭夭。结果，车子开进河里，他们出了车祸，老议员逃离现场，把姑娘留在那儿等死。你是怎么钻到那个溺水姑娘身体里的呢？

答：嗯，1967年我生活在密歇根州的底特律。帕科迪克事件发生在1967年7月，成了所有报纸头条，因为特德·肯尼迪（Ted Kennedy）一直被公认为民主党总统候选人，他有很大的胜算可能。于是查帕科迪克事件成为美国历史上的一桩丑闻。你们都知道这个事件的大致情况，假如再读一些相关报道，你们就会知道它是怎样一桩丑闻了。如此不公正——他最终被指控为行为不当。显而易见，指控应该更为严厉。

肯尼迪开车，玛丽·乔·科派克坐在车上。可能因为喝了酒，在玛撒葡萄园，肯尼迪把车子开出了位于查帕科迪克的一座窄桥。我大概去年去看过那座桥。我写这部小说有相当一段时间了。肯尼迪从车里游了出来，他后来声称，他曾想游回去救她。她被安全气囊卡在车里，最终，她很可能是窒息而死，而不是溺水身亡。这股黑水，在我想象中，这股黑水一点点滴下来——但在窒息前她仍然存活了几小时。他声称他试图去救她。可实际上他却逃离了现场——附近就有一间民房，他没有走进屋说，"快拨911。"他消失了好几个钟头。我们说他离开现场长达四小时或七小时；时间可真不短。他就是逃走了。他给他的律师打了电话——他可是肯尼迪家族一员，他给他的律师打了电话。

所有报纸的头版头条上，铺天盖地都是特德·肯尼迪。诸如现在他还会参加竞选吗？或者不会？他会被当众耻笑和鄙视吗？最终，他因离开事故现场被指控为行为不当，从而轻松逃过严惩，因为大家太支持他了——他是肯尼迪家族一员。

我还想以受害者身份讲述整个故事。我没有写玛丽·乔·科派克，她对我可能也不太感兴趣。她是个党派工作者。她是个志愿者，一个虔诚的天主教徒——一个自愿发传单的姑娘——能在肯尼迪家族一员身边工作使她非常兴奋。我写的这个女孩有点像我在普林斯顿大学的学生：她非常聪慧、非常理想化。她甚至在高年级论文写作中取得 A$^+$ 的好成绩。普林斯顿大学年轻学生身上的理想主义让我感到非常吃惊。当然，他们都天资聪颖，不然怎么能考进普林斯顿？但他们又是如此理想化。近年来，尽管政治腐化变质、丑闻与糗事层出不穷，但那些学生仍然是理想主义者。那部短篇里的凯莉·凯莱赫也是位理想主义者——正因为她的理想主义，她受到这位民主党自由派权力的影响，特德·肯尼迪就是这种人。这就是我创作这部小说的全部理由。

问：没准备好采访罗莎蒙德·史密斯之前就采访乔伊斯·卡罗尔·欧茨，的确比较困难。自 1987 年以来，你已经有八本署名罗莎蒙德·史密斯的著作问世。你为什么用这个笔名呢？

答：嗯，在我生命中某个阶段，我想我环顾四周并自以为是古生物雷龙——它拖着一条大长尾巴，艰难地跋涉在泥泞和沼泽中，而那条长尾巴好比是我的全部作品。在美国，人们使用"全部作品"这个词时，总是用斜体，这隐含着某种轻微的嘲笑。我的全部作品正在泥泞中跋涉，每当我受到评论时，他们会说，她已经写了其他九千九百本书，他们会把它们全列出来。那时我还没到中年呢，噢，天哪，这是怎么回事？

因此我想，我会砍掉那条尾巴——我对此兴奋不已——我要写一部全新的小说，一部短的、适合拍成电影的小说。我不要再做欧茨做的那些事了——所有研究、沉重的题材以及对生活的悲观感受，等等。在我的作品中这些声音已响过多次。我主要想写部惊悚或悬疑小说，这类小说只有一个情节，每一章都推动情节往前发展。我还会写双胞胎。罗莎蒙德·史密斯所有的小说都关于双胞胎。

我那时太兴奋了，因为我感觉又回到了十四岁。一个朋友是我的代理人——其实她还不是我真正的代理人，我的代理人在纽约，是位上了年纪的女士。我朋友（她住在新泽西州的潘宁顿）说，"喂，乔伊斯，你觉得你应当这样做吗？"我说，"噢，为什么不呢？没人会知道的。"我兴奋极了。于是她把这些作品交给了出版商，我们就得到第一个机会，尽管报酬并不丰厚。这部书稿由西蒙和舒斯特出版公司出版了。没人知道是我写的。我真不知道该怎么形容当时的兴奋；我只是感到我被赋予一个新机会。然后一切都出错了，对此我深感遗憾。即使现在，每当想到这件事，我的心情都十分低落，因为它有个不幸的结局。

问：因为你被踢出局了。

答：可是我永远搞不明白。我不知道发生了什么。

问：但你还是用这个笔名写了更多的小说。

答：嗯，你知道，人们会这么做。一个不知羞耻的人会这么做。我需要一件写着"毫无羞耻心"或类似话的 T 恤衫。那时发生的事是这样的，一天，像往常一样，我正伏案工作——写那种长故事。在大量调查研究的基础上，我致力于创作一部具有多层次故事情节的小说——这时电话铃响了。电话是我真正的编辑威廉姆·亚伯拉罕斯打来的。他七十五岁，是纽约的一名著名图书编辑，我非常敬畏他。他说，"乔伊斯，看你都做了什么？"我整个人就彻底蔫了。我感觉自己就好像只有四岁大。那种感觉一下把我带回童年，就像父亲或母亲正在对你说话——你感觉自己被击垮了，带着负罪感——尽管你已经记不清你到底做了什么，你只记得你的确做过什么。于是我说，"比尔，我做什么了？"他回答道，"看看报纸吧。罗莎蒙德·史密斯的名字就在上面登着呢。你下个月就要出一部新书，我们不惜重金进行推广。"我说，"天哪，他们怎么知道那个笔名的呢？"后来我发现原来是闲话专栏爆的料。

接着我真正的代理人也打来电话，这位女士就像我母亲一样——你要知道，编辑就像父亲，而代理人则像母亲。她说，"乔伊斯，你怎么能这么做？你还有其他代理人吗？你怎么能这么做？"我被这种局面弄得十分难过，但我明白，我这是活该。我没有表现出自己无可责难的样子。我不能那么做。回顾这一切，我认为我实在太轻率了。但我想起来我多么无辜时，所有这一切都好像——怎么会有人知道那个笔名呢？我想当前的问题涉及笔名侵权或别的什么，或者关于收入所得税。我也不太清楚。我要把问题查清楚。

问：可你曾写道——我希望你能承认这一点——你从未看到"闲人免入"的标语，即使有，它也不是唤起你悖逆之血的号令。

答：是这样的。

问："张贴在树和栅栏上的类似标语也好像在喊，快进来吧。"

答：这段引言真令人心酸。你抓住了我的精髓。看来她已经读过我所有的作品——我投降。这群狼，用某种方式向你展示它们的喉咙：我是你的了。是的，千真万确。我确有那种感受。

问：这就是具有强烈的反抗情结。

答：是的，没错。就像《爱丽丝漫游奇境记》中所描写的，爱丽丝穿过穿衣镜，走入奇异王国，而其他人却无法做到那一点。

问：你曾说过，写作是要激起某些人愤怒的谴责，你指的是那些不写小说的人，或者是不用你那种方式写小说的人，以及那些会把你看作危险人物的人。我必须说我读过大量关于你的评论，它们对于你的创作甚丰并且质量上乘感到头疼。

答：是呀，我也受不了。这也是我想用笔名罗莎蒙德·史密斯逃脱的东西，之后我不得不更换笔名。我能理解这种烦恼；我很有同情心。我也是个受虐狂。

问：什么意思，你是个受虐狂？
答：绝大多数艺术家都是受虐狂。

问：什么？你想受苦？
答：并不是说你想受苦，而是你要学着忍受。拳击手得忍受痛苦。一名拳击手，即使日常训练中，也要经受许多磨练。这种训练让人精疲力尽。要成为一位作家，你也许不得不写很多根本得不到任何稿酬的东西。你不得不心甘情愿去创作一部小说——就像驾驶一辆卡车横穿整个美国，长途运输，来来回回。

对了，我得说，诗人们是坐着写作的——他们不愿听到这样的评论——但是，诗人们的确只需工作个把小时。当然强度非常大，我们都知道济慈和莎士比亚，还有其他巨匠，等等。但是诗人们，我认为，不在他们之列。诗人搞的不是长途运输，而且他们无需服用安非他明刺激中枢神经系统。他们不在文稿的右侧空白处修改，然后又回去。我们可以说，诗人做的事很简单——其成品居中，篇幅短，押韵，等等。但就我的职业而言，小说创作的确就像长途运输的活儿。

你还要有点受虐狂倾向，因为你也许写上数十年，而你的作品还没发表过。如果你每天花上个把小时写诗，即使最后没发表，想必你也不会因此自杀吧——你可以说，嗯，我已经尽力了。我已经像艾米丽·狄金森那样创作诗歌了，可是没能奏效。我得转行干别的了。基本上都可以找到一个安身立命之所。

我认识一些写小说的人。我曾经阅读过不少小说手稿，都还不错；但没人愿意出版，因为它们没有市场。他们的作品没有二十一世纪的商业化气息——这些作品在1951年或1962年也许会出版，可现在它们却无法付梓了，因为现在市场竞争太激烈、太残酷。因此，付出了那么多的心血……我总是鼓励我的学生写短篇或中篇，而不是长篇巨制，因为创作长篇小说的代价实在太高了。大多数作家都是受虐狂，他们会互相谈论并付之一笑。下次采访作家时，让他（得是男性作家）背出关于他的作品差评，你就会发现这种情形。他一定背得出来。

问：那你背不出吗？

答：你知道，关于我的评论实在太多了。我已经记不清了。但是对于男士们而言——我发现男性的自我那么奇妙和动人，实在太有意思了，也太具有讽刺意味了——所以他们会记得。他们都是赫赫有名的人；美国百万富翁级的小说家多的是。他们能背出那些差评里的每个字，他们还知道这些评论的出处和发表时间，等等。在数十年后你不得不受虐到能牢牢记住它们的地步。

问：你仍认为你的墓志铭上应该写下"她真的尽力了"吗？

答："她真的尽力了。"很好，那是可能的。艾米丽·狄金森的墓志铭很精彩。她的碑文上写着"召回"，"召回"是出版界术语，意味着一部作品因为某些错误而被退给作者，这被称作"召回"。因此，我应该在自己碑文上写下"剩书，削价待售"或"少量库存"之类的字眼。

马里奥·巴尔加斯·略萨

Mario Vargas Llosa

我们时代最伟大的作家之一，马里奥·巴尔加斯·略萨，他生于秘鲁，把自己描述为一个"淘气爱哭的孩子，纯洁如百合"，而今他已成为一位世界公民。他是一位小说家、艺术评论家、文学评论家、足球评论员、电影迷、政论家、自传作家、短篇小说家和剧作家，甚至也是一位引人注目的失败的政治家。但通过我们的访谈你会看到，这种描述只能成为一种赞誉。

他的小说《公羊的节日》（*The Feast of the Goat*）再现了拉斐尔·特鲁希略大元帅在多米尼加共和国实施独裁统治的最后岁月。就是他，特鲁希略，这个残暴专横腐败的领导人在1961年到达政治权力顶峰，但恰好在遭到暗杀之前，他的健康状况与日俱下。我们在小说中也会看到刺客们的故事，其中几人过去是他的支持者。还有第三个故事，关于一位特鲁希略失宠重臣的女儿，她在美国经历了长期自愿流放后返回圣多明各。她的故事主要讲述的是失去天真。2003年，我在爱丁堡采访了马里奥·巴尔加斯·略萨，我从探讨"失去天真"开始提问，略萨对这个主题的钟情似乎由来已久。

马里奥·巴尔加斯·略萨：噢，是的，我对这个主题很感兴趣。我写这部小说的想法始于 1975 年。那时我去多米尼加共和国，制作一部由我的小说改编的电影，我在那儿待了七八个月。在此期间，我听到许多故事，看过许多证词——也阅读了关于特鲁希略时代三十一年的大量生活描述，那是独裁统治的三十一年——我被吸引住了，也有些惊恐，因为特鲁希略的独裁统治就像拉丁美洲威权体制的高峰，即一种极权、独裁和大男人现象。

我认为特鲁希略以最极端的方式表达了这种政治现象的全部野蛮、暴行和扭曲。从此我开始阅读并做笔记，这是一项非常非常艰巨的研究。

问：你笔下的特鲁希略是对这位独裁者的研究。一场权力和羞辱之舞——自我蒙羞指向他的阳痿，他的膀胱失控，还有支持者带给他的耻辱。你能谈谈权力和耻辱怎样统一在这类人物身上吗？

答：我认为，独裁统治最让人沮丧的一面是：任何独裁统治，当你展开调查、深入研究并一步步接近该现象时，你会发现，如果没有许多帮凶，独裁统治就绝不可能实现。许许多多的帮凶啊！独裁统治的实现，在特定情况下——在多数情况下出于各种原因，主要来自社会的支持。但在特定时刻，社会中相当多的人似乎决定放弃他们的自由权利、参与社会和政治生活的权利并把这些权利交给一个大人物。离开这种放弃，我认为，特鲁希略以及历史上所有这些大独裁者都不可能存在。

问：但他羞辱了身边那些人，特别那些追随他的人。

答：是的。特鲁希略不是个有教养的人。他非常缺乏教养。但他拥有很多独裁者具备的那种直觉，他能很快发现人性的弱点。他知道每个人的弱点在哪里，他利用这一点破坏他们之间的独立性。比如说，他赢得完全控制权的手段之一，就是在甚至是他最亲密的合作者周围制造一种完全不安全的氛围。即便他最亲近的人——不是他的朋友，因为我认为他根本就不会有朋友——那些最亲密的合作者也深知他们的职位并不稳固，得不到特鲁希略的信任；一切都在变化，今天无法预料明天。这也是他们彼此争斗不已的原因：向特鲁希略表示，他们在低三下四和顶礼膜拜方面无与伦比。

但社会中这种东西延伸到相当巨大的范围内。在特定时刻，特鲁希略对社会的控制，使他可以做出非常疯狂和荒谬的事，并使整个社会接受。比如说，当他任命自己长子为将军时，我想他长子当时只有十一岁——当街举行了盛大的官方庆典和军队游行。全体国民就在那儿，为这个十一岁男孩欢呼，为多米尼加共和国军队最年轻的将军喝彩。该场面滑稽可笑，同时也非常非常可悲。

人们极度腐败。即使反对派也卷入这种滑稽生活中。我认为这不仅是特鲁希略也是所有独裁统治者最悲哀的一面：灵魂的堕落也是一种独裁统治。

问：作为作家，你选择从内而外展示这个人物，他是一个失败、阳痿、荒淫无度的人。为什么展示他健康状况的每况日下至关重要呢？

答：我之所以描写特鲁希略生命的最后阶段，是因为我不想让人觉得他是怪物，就好比某种非人类。我认为这是独裁者小说的重大失误之一，这些小说展示的独裁者好像根本就不是人。不，我想要展现的是他是一个人，他逐渐变成怪物，因为他积累了使他转变为怪物的权力。

拥有极权的人会变成怪物。我想把他从怪物还原成人的做法就是把晚年的特鲁希略呈现给读者，那时他身边的一切都开始崩塌、瓦解。他被多年来一直支持他的天主教会所抛弃。他被美国所抛弃。阴谋在多米尼加共和国随处可见，特鲁希略由此深感来自多方的威胁。另一方面，在身体上，他一直为自己拥有的力量自豪不已，他过去是个充满男子气概的人，可晚年却成了阳痿。

所以他在他认为是自己权力象征的性能力这点上被刺痛了。这也是人们称他为"El Chivo"（山羊）的原因。在多米尼加共和国，山羊是性欲的象征。所以我认为该称呼表现了他这个阶段的生命状态，也是他生命尽头的状态。这比描写处在权力顶峰的他更加人性化，那时他是个十足的恶魔。

问：在这本书里你绝对是掌握时间的大师。我们知道下面会发生什么，因为那是基于已经发生的事，同时我们也知道下面将出现一次暗杀；你在这一进程中试图制造悬疑和神秘气息。即使在该书第一部分中，我认为你写作的方式——回忆、映射和关于以前是否到过那儿的种种质疑——是和时间做游戏。我想问，你在本书中是怎样把握时间的。

答：我认为时间总是小说的产物。小说中的时间就像创造出的人物一样。小说中的时间永远不同于现实生活。是的，它是你创造出来的，是你为小说的特定目标创造出来的。在某些阶段，生活飞速向前；而在某些阶段，它停下来、返回、倒退——或者跳跃。这一切都是创造。

时间是非常人为的产物。我想这也是小说家用来创建小说整体印象的方法之一，即某种具有审美趣味的、自成一体的要素。对我来说，呈现一个完全封闭的故事相当相当重要，这就可以把一切都囊括在故事中。为了达到这个目的，我不得不虚构一位叙述者——我要权衡故事中将告知哪些内容，哪些内容仅仅需要暗示或干脆不提。因此我不得不创造出时间概念，一种按时间顺序排列的结构，我要说，这是写小说时让人非常激动的事。

问：每本书都创造不同的时间吗？

答：噢，是的，因为我认为并不存在两个一模一样的故事。

问：你笔下的特鲁希略痛恨艺术和诗歌。

答：但他还是很愿意被诗人环绕。特鲁希略最不同寻常、最滑稽的方面就是，他妻子是多米尼加历史上最受欢迎的多米尼加作家。而事实上，她根本就没写过什么书——她的秘书，一个西班牙流放者，为她写了一个剧本和一部论述道德思想的书。这部戏剧在特鲁希略统治期间一直上演，而那本书，就是特鲁希略夫人挂名的那本书，则在中学和大学被广泛研读。甚至还出现一份由当时所有重要作家和知识界才俊签名的请愿书，要求将诺贝尔文学奖授予特鲁希略夫人。[笑声]

问：你难道不认为鄙视艺术和诗歌是独裁者必需的手段吗？

答：不一定这样。有的独裁者就可以证明。

问：他们也许会偏爱某种类型的艺术和诗歌。那些不会对他们产生威胁的？

答：让我告诉你一则轶事。在阿尔及利亚战争期间，我曾在法国做过几年记者。你还记得马苏上校（Colonel Massu）① 吗？他是帕帕斯地区的最高长官。他推行恐怖主义，最后他公开废止严刑拷打。他说折磨人非常有用，这会让我们获取信息；我们停止恐怖主义，我们就救了许多条命。他还说，拷打只能少量使用，为证明这一点，我本人就经历了一次马苏上校的严刑拷打。

我记得在一次公开采访中，他那时已经退休了，他开始谈论所有他读过的书。让我吃惊的是，他说自己是波德莱尔的崇拜者。他还亲眼见过吉恩·科克图（Jean Cocteau），他们的关系还不错。你知道吗，这个虐待狂，他对于文学的评论并非一无是处。我想你甚至可以让自己变成一个有教养的人，同时也变成一个虐待狂和恶魔。我认为我们没有必要非把独裁者神秘化。独裁者开始时也是普通人，他们因为不断聚积的权力变成恶魔，而那些权力是从社会大众手中通过某种方式移交到他们手中的。

问：但他们已经养成一种习惯，就是当艺术家、作家和他们政见不同时，他们就会将前者投入狱中。

答：的确如此。这是独裁统治的一个典型方面。但与此同时，我们还应该记得有些艺术家和作家与独裁者们相处得很好。我们一定也不能神化作家。

问：尤其不能神化出席爱丁堡书展的作家们。你在《给一位青年小说

---

① 现代法国最著名的军事人物之一，后来成为将军。他参加过解放巴黎的战斗，参加过解决苏伊士运河危机，在印度支那以及阿尔及利亚的法国战役中战斗过。马苏率领的是伞兵部队，后来担任帕帕斯地区的最高军事长官。

家的信》中说，"虚构人物和故事的倾向，源于对生活本身的反叛、抗拒和批判。"你能告诉我们促使你虚构故事的反判来自何处吗？

答：我想说的是，如果你献身于虚构另一种生活的话，导致混乱的首因很可能是你对现实生活及现实世界的某种不满。如果你对你的生活完全满意，你就不会被促使去虚构别样的生活。我认为，这种情况也适用于读者。我想那些非常渴望文学的读者一定对现实世界产生了某种失望情绪：他们寻找只有虚构的文学世界才能给予他们的东西。我所说的反抗情绪，就是寻找天命。当然，产生它的理由可能各式各样。你成为一个反抗者，是因为你的慷慨大方和你发现现实世界中充满不公正。或许你会是一个非常自私的人，但你仍然可以成为一个反抗者。

问：那你是怎样的呢？

答：我无法描述自己。正如博尔赫斯所说，当你在镜中审视自己时，你不知道自己的脸长什么样，只有别人才知道。这么说吧，我本人总是觉察到我天命背后隐藏的秘密。这就是对这个世界的某种排斥，对另一个世界和生活的某种渴望。我认为，如果没有这种感觉，或者说没有这种对现存世界和生活的批判态度，我就不可能成为作家。

在我的印象中，所有作家和艺术家或多或少都是这样。我想这不一定是清醒的认识和看法。是的，我想多数情况下都是这样的，你根本不知道你有这种天命——你想写东西，想虚构故事，或想画画。但当你在纸上随便乱写时，我想你一定会发现创造者与时代或社会之间的某种不相容，或者有时只是个很小的问题就会彻底毁掉这个人与世界之间的联系。

问：你的作品《水中鱼》（A Fish in the Water）是本很有趣的书，书中一半篇幅记述了你早期的生活，另一半记述了你当年决定竞选秘鲁总统的前期准备情况。这本书的确非常有趣，书里有一章是你的回忆录，也就是自传，而另一章则是政治讨论。但很重要的一点是，你在这本书里谈到你父亲的缺席——你小时候最初还以为你父亲已经过世了，可后来他又出现了。他回到你母亲身边，把你从一直生活的母亲家庭里带走，突然他就成了你的父亲——但他同时也是你母亲感情的竞争者。

答：完全正确。

问：这看起来非常重要，因为你讲述一个故事的同时又讲述另一个故事。

答：是的，我想这是我生命中的一段非常痛苦的经历。我父母已经离婚了，可是我母亲的家族非常虔诚。他们是天主教徒，他们对于离婚这样的事深感耻辱，因此他们没有告诉我。他们告诉我说我父亲已经去世了。一直到十岁，我都对父亲过世的事深信不疑。我十岁那年，突然有一天，我母亲告诉我，"我想你知道你父亲还活着吧"——其实我根本就不知道——因此，这对我来说太出乎意料了！你知道吗，我认为我还没有完全从这件事中恢复过来。

所以，这就是为什么我在回忆录开始时就叙述它，完全是因为我的生活彻底改变了。此前我是一个被包括母亲、外祖父在内的母亲家所有人宠坏的孩子，这是一个信奉圣经的家族。这么说吧，我被宠得感觉整个世界都像天堂。可是当我搬去和父亲一起住时，一切都变了。我父亲非常专制独裁，我们之间非常冷漠，形同陌路。因此我认为，就在那会儿，当我和父亲一起生活时，我发现了真实的世界。我发现现实世界不是天堂，也不是乐园。

问：你那时就开始构思故事了吗？

答：还没有。我年幼时就开始阅读和写作，当然就像游戏一样。但我觉得从某种程度上讲，我和父亲之间那种非常艰难的关系对我的文学生涯至关重要。我感到十分孤单——和父亲生活在一起，我发现的一件事就是孤独。此前我一直生活在这个大家庭里：舅舅们，姨妈们，表兄妹们，就像圣经里描述的大家庭。可突然间，我去和父亲住，当然是他先把母亲从我身边夺走。所以我感到寂寞无比，最大的避难所就是文学。那时文学对我来说不仅仅是消遣，远胜于此。在那里我可以找到快乐——我在现实世界中根本不幸福，但当我沉浸在奇异世界的冒险之旅中时，沉浸在非比寻常的生活中时，我觉得幸福极了。我觉得那时我的天命感很强。

另一方面，我的父亲，一个非常实际并且白手起家的人，发现我写了首小诗后，他表现得非常紧张，接着便极力反对。他不希望他有一个诗人儿子。那对他来说太可怕了。因此，文学对我来说就是公然反抗这种权威的一种方式，非常间接的；但现在我可以非常清楚地看到这一点。写作成为一种自我辩论、一种反抗他霸权的手段。因此，在某种程度上，我父亲，那个惧怕自己儿子成为作家的人，竟然是成就我写作生涯的关键人物。〔笑声〕

问：我赞成。当你决定公然反抗他时，你一定读了不少心目中大师级小说家的作品——这些小说家对你一生都很重要。你好像十五岁就读了海明威、萨特、加缪和福克纳。你当时那么小，却找到一份在当地报纸上报道刑事犯罪的记者工作。但那是一种什么样的生活啊——你和其他记者闲荡，酗酒，逛妓院。〔笑声〕

答：是的！那是我一生中唯一经历过的波希米亚生活——我十五岁就过着波希米亚生活。你明白吗，因为我想当作家，我那时不知该怎么安排我的生活，对一个秘鲁男孩来说，要说出"我要成为一名作家，并且只想成为作家"这样的话简直不可思议。这种想法完全不可能实现；也不存在。作家每逢周日和节假日都要舞文弄墨，但生活中却不得不专注于一些严肃的事。

所以我问自己，我要干什么呀？当一名律师或一位教师？我上学时就问自己，为什么不当记者呢？我和父亲说了这个想法，他说，嗯，你知道当记者是怎么回事吗？他那时是一家新闻机构的主管，他告诉我，"放暑假时我会安排你到一家报社工作。"

就这样我开始为《编年史》工作，这是首都利马的一家报馆。接下来三个半月里，我成了一名记者。记者生涯是一种非常波希米亚式的活动——你在晚上工作，当我开始为刑事案件调查部工作时，当然我就不得不探查利马的下层社会。这对于一个男孩来说实在是一种奇妙的经历。这是我人生中第一次真正的冒险，类似于我热衷的和我人生中经历的那些文学探险。

问：所以你决定在写过多本政治作品后竞选秘鲁总统——你的作品涉及革命、乌托邦、谎言、牺牲，以及欺骗——我想知道，你为什么选择去做这件事？至少从表面上看，你已经想象出政治中所有可能发生的事。接下来你决定让自己投身于这个世界——我想因为这是不是就像置身于你自己的小说中呢？

答：嗯，我的妻子也这么说。［笑声］我妻子说我参加竞选是因为我想写一部关于真实世界的小说。不，我不认为这是理由。那是秘鲁历史上一段非常非常困难的时期——我们有过"光辉道路"，一个恐怖组织；我们有过平民总统，他几乎把秘鲁经济给毁了；我们遭受过极度的通货膨胀。在这届平民党政府执政的五年中，我们的通货膨胀率达到百分之两百万——三个货币单位消失了。因此，我们拥有的本来就非常脆弱的民主真的瓦解了。

正是这个冲突推动我参与到职业政治中——这是我从来没有想到过的。这很可能是一个重大错误。在这场政治运动中我认识到的一件要事就是，我根本不具备成为成功政治家的各种手腕和欲望。我肯定再不会干这种事了；但我也不懊悔，因为对作家来说，没有糟糕的人生经历。所有人生经历都非常有用，使人受益。我学到不少东西——例如，我对政治有了很多了解。

问：但书中你也说过，只是在后来，你沮丧地发现，现实中的政治活动"几乎无一例外充满了花招、秘密计划、阴谋、偏执、背叛，以及大量算计，充满了愤世嫉俗和各种骗局"。

答：嗯，在政治活动中果真如此，这都是我亲身经历过的。我认为对作家来说这是非常有趣、非常受益的。对作家来说，政治以它最好的面目出现：各种理念、计划、对新社会的想象、变革和知识分子的讨论。可实际的政治活动却完全不是这样，特别当你争取权力时，这就是政治活动。我发现了政治活动另一面的实际用途，这对我一直都很有用。相比我以前的政治经验，我现在有了更实际的政治看法。

我认为成功的政治家必须对权力有一种欲望——一种贪婪的欲望。我不是这样的人：我一生一直非常不信任权力。我觉得权力代表一种威胁，权力就是敌人，权力应当受到控制，应当对权力抽税，应当减少权力。你知道吗，这也是为什么我是自由主义者。我是一个古典意义上的自由主义者，因为自由主义者怀疑权力，认为权力是人类苦难的根源之一，权力应当得到控制，应当被缩减。

我想在政治活动中，许多错误——我犯了许许多多的错误——很可能就来自对权力这种本能的不信任。我认为，恰恰相反，在政治活动中你不得不呈现出的就是，你要得到权力的想法，你对权力的需要，因为这将改变一切，改变人民的生活……我却从没这么想过。另一方面，我认为我在政治活动的许多方面都表现得像知识分子——即表现出更多的怀疑、限制，而不是人民想从领导人那里获得的绝对真理。很可能我在政治上失败的主要原因就是缺少对权力的欲望。

索尔·贝娄

Saul Bellow

1998 年元旦我与索尔·贝娄之间的这段对话在波士顿大学录制，这位八十三岁高龄的诺贝尔文学奖获得者仍能与那里"大学教授计划"的项目学生亲切交谈。说到几部他的小说，他是《晃来晃去的人》（*Dangling Man*）、《奥吉·玛奇历险记》（*The Adventures of Augie March*）、《雨王汉德森》（*Henderson the Rain King*）、《赫尔佐格》（*Herzog*）、《洪堡的礼物》（*Humboldt's Gift*），以及《萨姆勒先生的行星》（*Mr. Sammler's Planet*）的作者。当我采访贝娄时，他的小说《真实》（*The Actual*）刚出版没几个月。它的主人公哈利·特莱尔曼，是一名中年男子，返回到贝娄许多小说设置的同一地点：芝加哥。哈利从远东某些肮脏的商业交易中脱身返回后，对自己一生单恋的艾米·伍斯特林感到很难过。她就是该小说名字里说到的"真实"。她嫁给了哈利的老校友，之后又与他离婚——现在哈利·特莱尔曼有机会和她在一起了。艾米老了许多，坦率地讲，她不是个非常有吸引力的角色。

我认为，当哈利·特莱尔曼决定重新和她交往时，他渴望得到那种初恋的单纯与天真。我采访索尔·贝娄时，我问他是否认为，对那种简单的爱的渴望驱使我们人类走到最后。

索尔·贝娄：我不知道到底该如何描述我在《真实》中看到的一切。我看到的情况有点像这样：这是我一生爱着的女人，我了解她的缺点，我俩都比过去大多了，对我而言，除了承认她非常吸引我之外，实在没什么好做的了，她所有的缺点，以及我所有的缺点，当然……嗯，在墓穴的边缘，他请求她嫁给他。这并非一种屈服，就像对长期依恋感觉的确认；一种他无法摆脱的依恋。这个女人的面孔、身体，时刻萦绕在他心头，于是他接受了。

拉莫娜·科瓦尔：对他所深爱的年轻女子穿着浣熊皮外套的记忆，以及浣熊皮外套的味道，在你作品的其它地方也出现过。我认为，在《洪堡的礼物》中，就有一个穿浣熊皮外套的女人。告诉我那种味道——那是什么味道？我没有闻到过。

答：嗯，一股地道的潮湿的皮子味道。

问：还有潮湿的女人？

答：嗯，对此我无话可说。你的意思是，我闻到的皮子味道混着女人的味道吗？嗯，也许吧，我不知道。一个人不能控制所有这些东西，当我们降生到这个世界上发现的所有这些奇怪的安排，我对它们不负责。

问：但显而易见，这股萦绕心头的浣熊皮外套的味道陪伴了你好久。

答：嗯，我想是的。《真实》这个故事并不是关于我。它是别人的故事，但故事中也有我的成分。我想浣熊皮外套就是我的一部分，就像普鲁斯特笔下的玛德琳蛋糕一样。

问：另一件事是关于你所爱的人。正如你所说，他们站在坟墓的边缘——有点儿像他们自己的坟墓，但实际上不是他们的坟墓，而是他们坟墓的隐喻。然而，他们的确是在同一块墓地里，那个你所爱的人正掘出她死去丈夫的遗骸并准备重葬。类似行为在《洪堡的礼物》中也出现过。移动死人有什么用意吗？

答：嗯，我还没有想过它与《洪堡的礼物》的相似性。我现在都忘了……噢，对了，当然，他们是把洪堡移到一个更好的地方，一个更好的位置。另一方面，还有杰伊·伍斯特林，他在和人们玩花招，他让人死后把他埋在憎恨他的岳母旁边。他的岳父还活着，尽管已经日暮西山，他的女儿不得不把那块墓地腾出来为她即将辞世的父亲的葬礼做准备。因此就有必要重葬杰伊了——你知道，那恰恰是他要开的玩笑。

问：但还存在一种来世的感受，一种荒唐的来世，生命在那儿继续。

答：噢，我不知道是否有来世，但我喜欢幻想它。我坚信，对于我身边的死者，我希望至少能表达一种观点——不是与他们重聚，上帝知道，那是在期盼永恒，我们根本就不能容忍彼此在一起待两三个钟头以上。这也是我一直想的，真的。

问：比起你年轻那会儿，你现在更虔诚吗？

答：我想我一直很虔诚。即便我是一个自然主义者，一个唯物主义者，一个马克思主义者——不论你喜欢怎么称呼——这些都与我的真实信仰无关。我发现在我心底还有其它信仰，位于潜意识和前意识之间的某个地方……和显意识本身。我不是完全理解这些东西，但是我不再否认自己具有这些思想。

问：是什么使你不再否认它们呢？

答：嗯，自然科学一直非常擅于揭示生命里面最深的细微之处，并继续向我们闪烁炫目的光芒。我持续的、潜在的各种信念，那些我从不愿意承认的信念，现在我愿意承认。我不知道它们是我的信念还是喜好。

问：说喜好是因为如果拥有某种东西后，你下一个阶段的生活就会更平静或舒服吗？

答：不是，我根本就不想让自己舒服。我倒非常习惯不舒服。在精神层面上，我过着一种非常斯巴达式的生活，它根本没对我造成任何不适。

死之前我也不想与我的上帝达成和解，完全不是这样。不，我只是准备承认，我整个生命中那些反复出现的思想就在那儿。我不知道它们是由什么构成的，但它们就在那儿。

问：你能告诉我它们是什么吗？哪些思想反复出现？

答：嗯，就像艾米的坚持不懈，在他的生命中——我又忘了，他叫什么来着？

问：哈利·特莱尔曼。

答：哈利·特莱尔曼。我忘了。

问：你已经创造出这么多人物……

答：我只是已经到了现在他们所谓上了年纪的时刻。这是一种记忆的暂时中断。

问：哈利·特莱尔曼对他年轻时爱情的执着想法就是你要讨论的吗？

答：是的。不用解释，它永远在那儿悬着——它已经是你生命的一部分，它属于那种永恒的背景，有时会一路向前，你就不得不接受它。我本人就是这样。我不知道为什么我应当努力保持一致，或让自己符合任何一种信仰。

问：对我来说，你对你笔下人物的每个想法以及他们的各种反应、他们对人性复杂性的普遍看法，一直是你作品中最根本的部分，我想知道你在人类学方面接受的早期训练，以及那种正式的思想体系（如果有的话）如何影响你的写作生涯？

答：嗯，人类学自然而然地来到我身边，因为我在芝加哥长大——也就是说，一群原始村落包围着各种工业——因此每个人都是异乡人。异国情调变成我的现实世界。于是在推进对原始社会的研究中，我不用跑很远才能找到下一个研究对象。最后让我感到失望的是，人类学，我把它放弃了——或者说它抛弃了我。不管怎么说，在第二次世界大战前我们分道扬镳。

问：作为一名美国长大的犹太人，你感到"他性"了吗？你的父母来自美国之外的某个地方，这种情况让你想知道到底是什么样的特殊群体使他们与众不同或彼此相同了吗？

答：嗯，我想我一定觉得自己像个野人。很可能。至于其它感受，或不同的，或同类的，那对犹太人并不新鲜——不论走到哪儿，他们都是"其他"。这没有使我很苦恼。总的说来，我认为我生活幸福，几乎在生命中的任何情境中我都非常舒服。只要不生病躺在医院，或被囚狱中，我就不难得到满足。

问：你曾想过自己生活在非洲、新几内亚或其它充满异国情调的地方吗？这是在研究人类学过程中你看待自己的方式吗？你曾想退回到某片丛林中去吗？

答：嗯，我曾在许多人类学家手下学习过。其中一位是拉德克利夫·布朗，他非常优秀，是最杰出的人类学家之一。我多数时间是和一个名叫麦尔维尔·J. 赫斯科维慈（Melville J. Herskovitz）的男子共同研究，他专门研究西非——南美丛林中的黑人来自西非，许多逃亡的西非黑人奴隶在南美和西印度群岛开辟了大块的殖民地。他认为那里有许多过去美国黑人遗留下来的痕迹——他会用胶片向我们展示，西非农民用锄犁地，美国黑人在生产流水线上工作，他们有一些相同的动作和姿势。因此他认为存在某种梯度，认为在新世界（the New World）① 黑人和黑人的习俗——甚至肌肉动作、生理行为——都不同程度地保留下来了；在美利坚合众国的北部地区（这种情况减弱了），如果你去远离卡罗莱纳州海岸的海岛，你仍能找到更像非洲人而不是美洲人的人种。

---

① 是西半球所使用的名称之一，具体是指美洲，有时也包括大洋洲。这个词起源于十六世纪初欧洲探险家发现美洲后不久。

问：你相信这点吗？

答：是的，我深信不疑。今天我认为美国黑人不是非裔美洲人——我认为他们就是美洲人。

问：在你一次演讲中，我想是十年以前，你谈到当代那种同时既在场又缺席的状况。我想知道，这种无法忍受的注意力分散状态——可真是现代困境——怎样影响作家写出的故事类型。按照你的说法，你处于一种完全倚靠自己控制注意力的行业中。

答：嗯，这种注意力分散的状况在美国就更变本加厉了。人们不再看印在纸上的文字。如果不是一幅画，忘了它吧。因此，在技术进步的社会里，读写能力存在这种长久的威胁，在那里人们只会被印在纸上的文字适度地分散注意力。

当然处于我这种状况下的每位作家都非常清楚，他只能指望有限的大众。并非他的作品不是面向每个人。实际上，作家作品一定得面向每个人，但并不是每个人都愿意接受它，甚至容忍它。生活在一个有两亿七千万居民的国家中的妙事之一就是，最起码有一百万或五十万人，对我的作品感兴趣。我对有五十万人就已经相当满意了。对于这样的国家，还有一件妙事就是它有相当多的少数民族，数量众多。

问：尽管你笔下的人物都极其精神散乱，就像摩西·赫尔佐格，他精神散乱地让人吃惊和气恼，在他碎片般的分裂心理中散落各种想法——你在六十年代初写下那种状况，这让我突然想到，九十年代，可能我们所有人都有这种人格分裂，可怜的赫尔佐格三十五年前是那样。

答：嗯，那并不是真的分裂；那是一种类似杂技的行为——生活在许多地方或经历复杂情况和境遇。这就像哈里特·比彻·斯陀夫人的《汤姆叔叔的小屋》里的伊莱扎踩着浮冰穿过河一样。这个可爱的黑人小女孩，从一块浮冰跳到另一块浮冰上来穿越冰河。我觉得自己就是这样。它是可行的，能做到。

问：你也曾说，并不是要作家或画家去拯救文明——那种描述是你唯一的任务。但千真万确，不论我来自何方，人们总会问作家最好的生活方式是什么，生命中重要的是什么。作家引领各种社会运动。人们相信作家应告诉他们该做什么和该怎样生活，对此你怎么认为？

答：嗯，部分是事有先例，十九世纪那些伟大的作家——他们中一些人，应该说许多人——的确开出了各种良方。托尔斯泰用卢梭主义教学，每个人都有这类计划——就是狄更斯也有关于幸福的计划，等等——而公众把它们都吸收了。公众很希望有人告诉他该做什么。类似的事情不再被人相信了；我认为作家已经明显不被理会了。没人知道该怎样生活在当下，现在根本就没有可称之为"高高在上"的事物存在，我想根本不存在。最近克林顿总统的事就表明这一点，如果没有别的什么的话。他认为他高高在上。

问：或许他高高在上太久了。

答：嗯，他……我不愿意越过他自己的陈述，他说他没有通奸。但我认为，拥有那么多权力本身就是一种春药，我认为现在没那么多人愿意——如今，对任何人一切都被允许——去拒绝这种优势，或任何优势。

问：你认为你可能创造出一个像克林顿总统的人物来吗？或者，你可能认为那样太荒谬吗？

答：我认为克林顿总统是一个很有代表性的美国人。不论你如何改变观察角度，你都能看到克林顿人物主题的各种变化形式。

问：那为什么每个人都会那么震惊，或者说至少媒体如此呢？

答：我认为他们并没有那么震惊。我觉得他们更多的是愉悦，这里面包括新闻媒体。当那条能说明问题的脏内裤挂出来见光时，公众在观看，新闻媒体也过得很愉快。

问：你是说他们受了性刺激？

答：是的，他们受了性刺激，他们想原谅总统。今天在美国那可是件大事——去原谅而不去评判。人们说，不要判断。嗯，根本就没有不变的道德观，这很容易发觉。

问：两星期前，你在波士顿大学开了一个研讨班，在研讨班上你把自我和灵魂区别开来，你认为这是现代美国人过去没有做的。你能谈谈吗？

答：嗯，没有人再承认灵魂了。灵魂是个被限定在音乐上的词，灵魂音乐；或者被限定在食物上，灵魂食物，等等。但事实是，灵魂在现代世界里没有得到确认。我们举自然科学为例，它告诉我们，大自然根本没有灵魂；既然我们都从属于大自然的序列，我们又怎么会有灵魂呢？但另一方面，我一直无法消除自己关于确有灵魂存在的信仰——但那是一种更崇高的秩序，把你本人重新整理并打进一个体积较小、被称作"自我"的包裹里就容易多了。我想这就是大多数人看待自己的方式——我的自我是这样，我的自我是那样——灵魂一词可以被容忍，却不受鼓励。

问：你曾说，作为小说家你还根本没做过你想做的事——我想那些在世界上还远未获得成功的作家听到这话会深感沮丧——那么你认为你想做什么呢？

答：嗯，我想对我的系统、我的精神系统来一次彻底的净化；我想祈祷那些深沉、伟大的情感。但是，我们生活的这个世界鼓励趣味胜过严肃。我不介意进入到这种状况中去，真的。我不想把我的灵魂，或者我自己，完全暴露于成百上千的公众面前，甚至数以百万的公众面前。

问：尽管作为小说家，这是你在一生都在做的事——向我们展示你的头脑和心灵中的景象。

答：是的——存在于我和公众之间的是我的艺术。存在于我和广播听众之间的不是艺术。

问：那大可争辩……查利·斯特里在《洪堡的礼物》中说道，他回到芝加哥去书写厌烦的情绪。如果来波士顿，他又会写什么呢？

答：波士顿没有芝加哥那么无趣——至少想到这座城市时，还不至于那么乏味。我想，在这个国家的大部分地区，你会发现人们都觉得他们在非常乏味的地方过着非常乏味的日子。当然，他们也有孤独感，这也是一种乏味感——个人的孤独感，切断与他人的联系，等等。当然，广播与电影，尤其是电视，在某种程度上把社会汇聚起来。人们的分离感比过去少得多——他们通过看电视享受集体感，当国家出现一桩大丑闻时，他们享受这种感觉。所有这些都是人们已被剥夺的合群感……波士顿是一座非常自我满足的城市。它把自己视为，我不知道是不是这样，可能是新英格兰的灵魂。在这里生活很惬意；它比起多数中西部城市更彻底地实现了人性化。感觉它好像比其它多数地方更有文化。现在我禁不住要为它诡辩几句——我认为，比起其它地方来，它并不是更有文化。我认为它只是有各种各样的纪念碑，或者具有文化外显的标志；至于真正的文化，嗯，那是另外一回事。

问：你怎样看待你与学生共度的时光？许多作家会憎恨脱离写作的时间。

答：有些作家认为自己与彻底的孤独情投意合，我，我自己，从不这样，我总是遭遇作家写作的这种奇怪情境——也就是说，他独自待在某个角落里，陷入完全的孤独。每过一段时间我都觉得需要一次人性的沐浴。这就是去乘地铁、逛闹市和混在人群中——待在大学里更让人惬意，那儿到处都是年轻人，至少学生是，你感到对他们而言，你代表了某种相当有价值的东西。它对我的士气很有好处；它给我帮助。

很难在现代美国城市中找到一群对文学感兴趣的人——现在的美国作家们见面时，他们之间保留着"非工作时间谈论本行的话"的习惯，在我看来，他们不那么频繁会面。他们生活在那么分散的地方——要么在西雅图，要么在迈阿密、佛罗里达——因此作家之间没什么交流。从这个角度来说，大学的确是理想的地方，因为你安排自己的时间——大学有点像十八世纪作家的赞助人——就是到时间了，你来谈论简·奥斯汀、陀斯妥耶夫斯基、巴尔扎克、莎士比亚，或别的什么人。能与一屋子青年人谈论

《李尔王》真是太棒了。

问：最后，很多人也许认为，荣获诺贝尔文学奖是世界给这个作家的一种完全确定的声明。但这也是一种短暂的感受，兴高采烈是暂时的，还有许多事情为证明自己你不得不去做。

答：我想这种想法相当普遍，尤其在新闻记者中，当你获得像诺贝尔奖这样的奖后，你的生命就终结了，你再没有什么要说的了。这很常见，我经常碰到这种事，尽管我不喜欢。但我的作家职业与各种奖项无关。只是因为斯德哥尔摩有些人觉得我该得这个奖罢了——我对此十分感激，顺便说一句，我不想恩将仇报——这对我根本没多大影响，仅此而已。是的，没有影响。

问：那么你对写作是不是还想挑战一下，就是下面要写的东西？

答：噢，那要比获得许多奖都重要得多——甚至是大奖。你不能让这种东西使你分神。它的确有讨厌的一面，因为你已经变成了一位，他们是怎么称呼你的，一位权威吗？人们问你各种各样的问题，好像你知道所有答案。我不知道所有答案。我只知道我自己的答案。

附言：

当我离开索尔·贝娄的办公室时，他说我与他小说中的一个人物同名——拉莫娜，小说《赫尔佐格》中的纽约花商——接着，我们用意第绪语（Yiddish）交谈了几句。他对我是犹太人感到惊讶。他说，如果再年轻些，他就和我约会。我说他已经结婚，他说，我们或许可以在"Yener Veldt"（彼岸）里，或者说下辈子，再约会吧。我俩都同意这种说法，然后我向他告别了。当年晚些时候，他第五任妻子詹妮斯·弗雷德曼（比他小四十三岁）生下他最小的孩子。索尔·贝娄于2005年去世，享年八十九岁。

诺曼·梅勒

Norman Mailer

诺曼·梅勒于2007年辞世，通过新闻工作、观点，以及关于政治、历史和流行文化的文章，他对二十世纪的美国生活大声疾呼。他的大量作品足以让读者退缩——从他关于埃及的鸿篇巨制《古老的夜晚》（*Ancient Evenings*）；他的美国中央情报局调查报告《哈洛特的鬼魂》（*Harlot's Ghost*）；他的盖里·吉尔茂（Gary Gilmore）[①] 谋杀案小说《侩子手之歌》（*The Executioner's Song*）；直至他最后一部小说《森林城堡》（*The Castle in the Forest*），这本书讲述希特勒的童年，出版于2007年。《裸者与死者》（*The Naked and the Dead*）出版于1948年，是梅勒的处女作，被公认为有史以来最伟大的战争小说之一。

尽管梅勒愿以其小说为后人所铭记，但是他的新闻工作得到的评价更高。在汤姆·沃尔夫（Tom Wolfe）眼里，梅勒是六十年代"新新闻主义"的先驱之一。他的小说《夜晚的军队》（*Armies of the Night*）实写1967年华盛顿的反越战大游行，还有《月亮上的火》（*Of a Fire on the Moon*）报道人类首次登月行动，都以小说家的慧眼和真诚写就。

[①] 穷凶极恶的美国罪犯，因其罪行被判死刑。

我在 2000 年爱丁堡读书节上采访他时，他刚出版《儿子眼中的福音书》(*The Gospel according to the Son*)，在书中他用耶稣基督第一人称重述《新约》。

那年他七十七岁，这位顶着喝烧酒、玩拳击以及追女人名声的作家，却说他对制衡更感兴趣，对政治殊少兴趣，不碰毒品，并且曾经写声明撇清了自己与性革命的关系。我从提问他对说明真相的努力开始访谈。

诺曼·梅勒：发现真相和熟悉一个女人一样简单——近乎不可能。你知道，真相是一个谜。我们接近真相，却从未发现它。我一个好朋友是个令人着迷的作家；他写作时极其费劲。他聪明异常，趣味高雅，因此他写作时非常艰难，因为他每写一个句子都会想到纪德或塞万提斯会怎样写出一个更好的句子来。他一天写两百或四百字，伏案十二到十四个小时，可他的书却不怎么样。

有一次我对他说，"你为什么要坚持写作？你可以做许多其它事啊。"他惊恐地看着我说，"我不得不坚持写作，因为我了解真相的唯一时刻就是在握笔时。"他这番话，我想了好些年，真是这样的——你经常会写点什么并在特定时刻自言自语——这是真的，我怎么知道的呢？这并不是说它就是"真相"。它意味着你在某时某刻察觉到你已经出现在真相面前，因为我认为对作家来说，真相就是那些特别虔诚的人的优雅。

我热爱小说，因为小说与历史、随笔、传记或其它文学形式相比，是一种接近真相的更好途径——主要因为小说（如果它是好的）坚持拥有某种你能感受到的内部结构。当你破坏了那种结构时，你就会感到——这种成分属不属于小说。小说结尾时，你觉得你没写出真相。你觉得就像写了一座"空间站"，在这里人们可能离真相更近点了。

拉莫娜·科瓦尔：你曾说，不讲真相是有害的——我认为《鹿苑》(*The Deer Park*)里有一段话写道，"经验如果不传给他人就一定会自我消亡，比经验丢失更糟糕"——那你是被迫说出真相了。

答：不，没人逼你说出真相——尤其你结婚后，更没人逼你说出真相，因为婚姻有许多优点和美德，现在没必要探讨这种情况，但婚姻的确有一个非常可怕的缺点。如果你结婚了，你有了室友，你就不能再像以前告诉室友那样对妻子或同伴讲出真相了，因为你要和她生活一辈子。无法说出真相的另一个原因是，最终，我确定生命中最强烈的情感之一——在七十七岁时——是人们用来防护自我时具有的情感。大多数人在构建耐用的自我以越过生活中的障碍时，遭遇到极大的困难。无论何时你告诉人们真相，你就是在伤害自我，自我是由你自身的小扭曲和谎言组成的安乐窝。

问：嗯，你从布鲁克林一个善良的犹太小男孩开始，到成为哈佛大学的一名优等生，你有一位真正相信你的母亲，我认为那有益于滋养你的这个自我。

答：噢，没错；但麻烦的是，我的自我失去了平衡，因为在家我是一切，出门我却成了另一个人。每个人都有一个伤感的故事。我的自我的伤感就是，我不得不找到一种与我的一个而非两个自我共同生活的方式。

问：或者说服世界像你母亲一样想。

答：是的，嗯，这也是我为什么想当作家。

问：那你这种坚定的信念到底多重要？

答：噢，她是个了不起的女性——出众、勤奋、乐观、充满爱心。如果我冲进德克萨斯州的一个塔，用枪把下面的二十个学生射倒在地，我母亲一定会说，"你们到底做了什么，让诺曼如此心烦意乱？"这就是她的邪恶。

问：在我读《儿子眼中的福音书》时，我想到耶稣——他也有一位极其看重自己儿子的母亲，所以我想你当然最适合写这本书。

答：嗯，问题是，每当你开始写一本书时，书中既有让你感到舒服的地方，也有让你感到不舒服的地方，你在那儿推搡和绷紧。我记得格雷厄姆·格林（Graham Green）在哪里写过，他本能地写出一些人物，他可以与他们周旋；他也会写出让他伤脑筋的人物，他不得不总在他们身上费笔墨。每当他读到一篇关于他小说的评论时，评论家会说人物刻画得很精细，他（格林）自己一定为这个人物艰难斗争过，此时格林会自言自语道，"真是费时又费力。"

因此这部小说既有轻松的部分，也有非常困难的部分。在《儿子眼中的福音书》中，对我来说，最轻松的部分是母子关系，我对那部分感到愉快，因为书中剩余内容就不那么轻松了。

问：你有这样的雄心壮志。你处理这么庞大的主题。我对你能说这些话感到敬畏——"我要选择古埃及的宇宙学，我要就这个主题写一本大书"或"我正要研究美国中央情报局"或"我要考察一下美国政治情况"。这些都是雄心勃勃的计划。

答：是的，但它们不是以那种方式开始的。它们总是开始于我要写一本两百页快书的想法。举例来说，那本古埃及小说《古老的夜晚》一共用了十一年才完成，这种成就并非你想象得那么了不起，十一年是一段相当长的写作生涯。但我开始时壮志凌云，以为我要尝试写一部世界历史小说。我将从埃及开始，写一章埃及，一章希腊，一章罗马，一直写到中世纪……我这样想，那将成为一部了不起的小说。当然，我开始研究古埃及，从未停止，不光是这十一年。

换句话说，你开始写一本书时，想着它要成为一种书，而书写成时却完全变了样——这就是小说让人感到有趣的地方。在一部真正优秀的小说中，你并不是事先指定它的形式然后全部展开。至少我永远不会这么做。你先进到小说里，接下来最理想的是，你得到了某种活着的东西。这些人物对你是真实的，就像你身边的人一样真实，那时他们就开始有自己的生命了——这不但是你写小说时一个非常好的信号，而且也是一个可怕的信号，因为他们没有你精明，他们也会犯可怕的错误！但最后，当你让小说行进时，就会发生让你始料不及的各种变化。

问：我想和你谈谈真相、真实、小说，以及新闻写作，因为你在用小说方法写非虚构作品和用真人写小说这两方面都是先驱。让我们先谈谈非虚构作品。你如何实现那个跳跃的？即写东西好像写小说一样并让诺曼甲或这名记者在作品中用第三人称。

　　答：作为年轻作家，我成长在《时代》杂志的阴影下，那时在美国《时代》杂志代表一种完全客观的存在。例如，那些为《时代》杂志写故事的人甚至都不让人登出他们的名字。我现在谈的是五十年代早期的事儿。因此阅读那本杂志时你会获得这种印象，这是唯一存在的真理，唯一的真相就在这里，用不着再去别处找了。这就是你要的真相。既然整个过程中他们说了一些关于我的令人憎恶的事情，我也知道它们并不真实——坏到不能再坏，可我没那么坏——所以我本能地知道，他们做的事一定有错。

　　当我开始报道几件事时，尤其是 1960 年的民主党大会，我注意到记者们——由于工作性质，他们一般都是孤独的人——全聚在一起交换他们彼此的印象。那几乎像个故事市场："我不能用这个故事，因为我的编辑不让它通过，所以我把它给你；现在我在这儿做个记号，你欠我一个故事，要么这一趟，要么下一趟，我们再碰头。"

　　因此，我开始意识到，这些故事有一种公共性，它们往往与真实无关。特别是，他们喝酒时已经决定，杰克·肯尼迪是一头驴，他是一头富有的驴，一个被大富翁惯坏的男孩，一点儿也没有见识，他们还觉得这是个玩笑。作为一个天真无邪的人来到这里，我意识到他们恬不知耻，他们完全错了——肯尼迪年轻、生气勃勃、浑身充满活力，最重要的是，他英俊潇洒并拥有一位漂亮的妻子。我对美国很了解，知道在美国动机中，电影和政治一样，是一种最没威慑的力量。所以我就理解，在艾森豪威尔和玛米·艾森豪威尔之后，当真相大白于天下后，他们还能镇定自若，他们说肯尼迪会对美国习俗产生巨大影响，于是我就那样写了下来。

　　在此过程中和自从我有充裕的时间写作以来（比起所有不得不每天提交自己报道的记者，我有一个优势：我有三周时间写我的故事），我就初露头角了。我擅长什么呢？我擅长描写，至少在那段岁月里我是这样的，我用很长的篇幅描写人们看上去什么样——当时参加民主党大会的那帮歹徒看上去什么样，以及被雇来支持各式各样候选人的女孩看上去什么样。我一直这么写。我还记得四年后写到金水酒女郎时，她们看上去像是骑在马上的妓女，我觉得很有趣。那是公开的，我拥有全部自由。

小说家却没有任何自由。他们总是担心他们的故事向哪儿发展，因为如果你在自己的故事中犯了一个错误，你把你故事的主人公，男主人公或女主人公，放在给定章节的错误位置上，在你意识到你犯了下一个可怕的错误前，你已经浪费了六个月，你并不充分了解故事里的人物接下来要干什么。

但这里仿佛得到神的眷顾或上帝的旨意，你写下这个故事，你得到了它，你对于故事本身可以放松了，因此在世界上有各种机会使你献身于各种细节。所以这是一个细节的盛宴，我特别喜欢它。这是一种简单的新闻报道——时至今日我还拥有，不是轻视，而是……某种不太把它当回事的态度。我总觉得我的小说比新闻报道对我更重要，因为新闻报道容易得多：故事给了你，写作的一半困难就解决了。

问：那为什么用第三人称写你本人呢？

答：让我倒过来回答这个问题。在写作中第三人称和第一人称绝不相同，就像音乐中的大调和小调，我不敢说孰重孰轻，因为在特定情境中，第一人称可能更多成为大调，而在其它情境中，第三人称更多成为大调。问题在于，你不得不拥有一种读者、事件和你本人的觉悟，以及明白什么才能构建最佳的三者关系。

在我写《儿子眼中的福音书》时，人们对我说，"你怎么有勇气用第一人称写耶稣？"就我所知，我说我使用第一人称完全是一个实际的决定，因为我希望耶稣是书中最具影响力的这个人，而不是耶稣上帝之子。我总觉得他是真正强有力的分裂人格的首例，因为一方面他是一名男子，另一方面他又是上帝之子。于是我想，我还没准备好去写上帝之子，但或许我可以写写这名男子。现在要做到这一点，你不得不具备实感性——第一人称的那种力量就能给你实感性。从你挑出一本书、有人在说"我"的那一刻起，读者立刻会跳到"我"里面去，并感到自在。现在你会对"我"感到厌烦，是因为这是一种受束缚的形式，但至少刚开始时，使用第一人称你总会觉得容易切入。

这就是我在书中使用第一人称的原因。如果我在书中使用第三人称，那就会和《福音书》混为一谈，人们读这本书时就会十分困扰，因为他们会搞不清，哪一部分是作者写的，哪一部分来自《福音书》——而耶稣在这里面又置身何处呢？而用第一人称，你不是接受它，就是拒绝它；我总是在这种假定情况下写作——如果挑选了我写的一本书的人中只有百分之五十拒绝阅读，那么我就算写了一本好书。（因为我所认为的惹人心神不安的书，一定是一本大多数人都会接受的书。）

我在新闻报道中使用第三人称，因为我觉得人们不得不试图（这又要回到《时代》杂志）去打破那种记者是一只客观的眼睛的观念，因为这恰好不是真的。每一个人都透过他们的偏狭，透过他们的偏见，透过他们的主张，透过他们的需要观察事物。对我来说，如果在书中呈现自己，用第三人称写自己，读者会察觉到一个正在注视事件发生的人——这就是我们在生活中随时使用的观察方式，通过与朋友闲聊。如果一个朋友给我们讲了另一个朋友的故事，因为我们非常了解讲故事的人，我们可以对自己说，他或她对于这个或那个根本不了解，对发生的事我比他们知道得多多了。另一方面，当我们感觉这位朋友拥有某种权威时，我们会非常仔细地听——也是因为我们了解他。我认为记者对于读者来说，应当是一位"有见识的"朋友，而不是一位"知识渊博的"朋友，我就是要这种新闻报道。事实上，在某种程度上，这种报道在美国承袭下来。

在《乡村的声音》（*Village Voice*）中，我也作为书中一角出现，我们开始具有一种跑到另一个极端的风格。如果你在《乡村的声音》里选出一篇典型的故事来读，它有一万字，其中八千字关于作家本人，另外两千字关于事件。那就是滥用。我觉得矫正的办法是你知道故事的讲述者是谁，你也能客观看待他们——第三人称在给出真实情况的客观感方面棒极了。

问：你在用第三人称说出真相方面从不落于人后；你说出一些非常具有暴露性的东西。第三人称有时也不好用。

答：你知道，秘诀是，你对自己暴露得越多，你就不得不继续前走得更远。在出版物中暴露自己，是一个缺点，同时也几乎算是一个优点了。人们说，"我认识他，我很熟悉他，他刚在他的那本书里露过面——我正打算对他做点什么！"但等他们接近你时，你又是另一个样子——你可能已经对自己做了他们要对你做的事。

不，我不担心这种情况。我发现，这与其它合理的生活方式一样。如果你不想让人太接近你，处理你自己这边有两种方式。一种是隐身，多数人都这么做。另一种是——开始是危险的，因为你不知道你在做什么——如果你已经对外亮出全部，可以这么说，你就不再是那个人；你已经走开了。

问：但在某种意义上，你的读者很可能在想，这个家伙正告诉我有关他本人的残酷真相——他也很可能在告诉我他正描述的残酷真相。

答：你说得对极了。这就是这种做法的优点——如果你不是为自己辩护，这样做的确支持你攻击他人。

问：你是一位真相的积极支持者，但似乎受到睾丸激素的刺激。

答：睾丸激素。噢，那个我不了解。睾丸激素从来都不够用。

问：你在《自我标榜》（*Advertisements for Myself*）中说过，二十世纪唯一有意义和天赋的革命将是性革命。你如何看待发生在二十世纪末的性革命——或二十一世纪初的性革命。

答：我认为事情在这些边缘地带变得有点庸俗了。我现在上了年纪，所以我自然不再把自己看作是性革命的主角了，因此我对它批评得更多。上了岁数，如果你打算让自己保持适度的舒适，你会不自觉地在一切观点上变得温和起来；你对平衡着迷。因此我想，那场性革命处于对立面时也最有用，因为性是这么阴暗、顽强、复杂、让人兴奋、荒谬并常处于堕落边缘的一系列活动。性行为中存在这么多的污染物——权力欲望，并非真爱的爱的实感——你能进入到性的各种复杂情形中，无穷无尽。

因此，最好出现某种东西能使性变得崇高。以前，变得崇高就是我们在与体制战斗。我们认为，在性解放的过程中，我们会解放全人类——男人和女人们将会变得更好、更幸福，可怕的、正在失去活力的组织会减少。所以这一切发生了。现在性在美国很猛烈，就像全欧洲一样，但这不再意味着什么。换句话说，如果一个人有享受性爱的能力和欲望，他就比以前更容易得到满足——只是它不再那么崇高。于是，我不再惊恐地看待这种镇压出现的可能性，如果出现，那我们可以在更高的层面重新来场性革命！

但现在，一方面一切都太容易了；另一方面，由于新技术的出现，一切又比过去难得多。过去我们花在惊慌失措的时间，以咒骂不好好工作的机器结束；我们花在修复我们的灵魂与这些机器上的时间，正开始接管我们的性能力。

问：你如何评价男性运动？
答：什么男性运动？妇女已经赢了一切。

问：不，在你国家里兴起的男性运动——关于重返男子汉气概。
答：美国的男人已经进了他们的地下室，他们把金属盖拉过来盖上了。我们让妇女在美国的风景中狂奔。她们在照管一切。她们不懂她们永远不会拥有真正的权力，因为现在在美国拥有真正权力的人是这些公司主管——他们精明，他们是高调的平庸之才。关于平庸有一点：你能从有权力的人那儿获得权力，因为他们抓住各种真正的机会，这也就是他们怎样变得有权力和他们自豪之处，这种人占多数——但你无法从根深蒂固的平庸之才手中夺取权力。他们一天工作二十四小时，看着他们的权力。所以现在妇女们身上都穿着漂亮的黑色小套装，手里拎着笔记本电脑。她们登上各种喷气式飞机，侵入到企业内部，慢慢升到越来越高的级别——但她们永远不会到达权力顶峰，因为那些掌握实权的平庸之才在那儿，他们在戏耍她们。为获取公司的物质利益，妇女们的革命已经被出卖了。但男人们都躲在地下把自己藏起来。

在今日美国，很可能反女性主义的感受要比反犹太人主义强烈得多，同样也是秘密进行的。

问：可你们已经有了新的副总统候选人约瑟夫·莱伯曼（Joseph Lieber-man）。

答：这非常吸引人，因为美国人头一回要从选举学习，而不是仅仅决定谁将成为下一届总统。我们要学的是——比起我们每个个体所认为的那样，美国或多或少是一个反犹太人的国家吗？换句话说，如果戈尔获胜，那就给出了一个确定的信号，美国被埋葬的反犹太人主义还不是那么猖狂；如果他败得很惨，那就说明情况恰好相反。

问：你怎么想？

答：我没有想法；我有问题。我对结果很好奇。

问：经过这么多年你还是对美国政治充满好奇心？

答：没那么浓厚。最终美国政治正在被社团主义吸纳和吞噬。现在是大企业思维掌控美国。我认为今日美国国家生活肮脏的小秘密是看重总统职位的思想观念。这可与英国的君主立宪制相比——大概到了在英国停止君主立宪制的时候了，说到实际政治权力时，它变得神圣不可侵犯。过去他们将国君砍了头。现在他们不会向往这么做；他们会说，"不要将那些可怜的鸡奸者斩首，他们从来没有对我们做过什么。"

相同的事情将在美国发生。比起我的时代我能记起的任何两位候选人来说，我们现在的候选人在意识形态上更接近，原因是他们根本不在乎。每个人都将服务于大企业，大企业也将决定外交政策是什么，经济政策又是什么——他们将迟早接管我们的艺术政策（尽管他们不擅此道）。目前，他们仅满足于确保卖出的大部分书都是畅销书，而且这些书不会改善人的心智。

问：你的国家怎么样？这让我想起，不论我走到哪儿，总感觉它是一个很自恋的国家。

答：我的上帝啊，美利坚的自我陶醉。让人反感透顶！我们是世界上最伟大最强大的国家，我们有世界上最多的钱，我们有大量的资源可以开发——但是我们就像一个巨人，如果遇到一个身高只有自己一半的人，就害怕他或她窥视自己的裤裆！这真让人恶心。里根是最差的。他就是那位魔笛手①。他丧失了二百五十名美国海军陆战队队员，他们在黎巴嫩轰炸中丧生。两天后他下令入侵格林纳达，那不过是个相当于爱丁堡两倍面积的小岛。他说，"我们正在与共产主义战斗。"那儿有一千二百名古巴建筑工人，他派出了一千八百名海军陆战队队员，所以当然在大约一天半后，他们占领了那个小岛。他说，"我们现在已经雪越南之耻，美国又胜了。"正如有人曾经所说，"我希望我能吃得更多，这样我才能吐得更多。"

问：但是你热爱美利坚，你写了好多关于她的作品。

答：这就像一位你想扔出窗外的妻子，却又半途把她救下来。

问：你的小说中多次出现让人头晕的场面，正是这种扔出窗外的举动。

答：每个人都有自己的小专长。

问：你还能记得想把某人从那里扔出去的第一扇窗户吗？还是你想把自己也扔出去？

答：我从来不想把自己扔出窗外。我那时害怕，或许在我身上会有鼓励把自己扔出窗外的力量，但我从来不想到窗外去。遭受眩晕的人明显同时会在两个魔咒控制下——一个要保护自己，一个要挑战未知。低挡墙和窗户可能是难以克服的障碍，尤其年轻时。

问：当你因为吸毒发狂时。

---

① 穿花衣的吹笛手，德国传说中的人物，被请来驱逐镇上的老鼠，却拿不到报酬，因而吹笛子把镇上的小孩拐走。

答：三十五年来我从未因吸毒之类的东西发狂过呢。

问：我对你用自己的大脑所做的那些冒险很感兴趣。让你冒险去写作的到底是什么呢？

答：我们都让大脑冒险，时时刻刻，就像我们对待自己的身体一样。我记得自己在五十到五十八岁之间进行过最严格的拳击训练。我那时每周六常去一家体育馆练拳，之后我们会出去吃午餐，热狗或汉堡包，喝橘子汁，有时还喝点儿啤酒。我们会坐着聊天。我记得曾说，"周六下午如果头不疼感觉会怎样啊（因为我们总在周六上午练拳）？"因为那一定会——你打了几个回合后就会头疼，因为头上挨了几下。接着我想，这种头疼比起我每晚自动跑出去狂喝滥饮后的头疼要轻得多。多年来我一直靠酗酒轰炸我的大脑，让它感觉迟钝，今天我的大脑还不是它应当的那样。比如说，百分之八十是因为烈性酒，百分之二十是因为拳击。但另一方面，你也从中得到了某种东西。

在某种意义上，我们每个人都是自己的通货：为获取自身的新潜力，我们把我们的身体和头脑当钱花。有时我们赢，有时我们输；但这就是我们都在做的事，时时刻刻支出自己并发现新资源。这就是我们感到相对快乐时——但当我们支出自己却不再发现新资源时，我们就感到沮丧。如果你愿意探究的话，存在一种内部灵魂经济学。

问：小说《搏斗》（*The Fight*）深情描述了搏斗时的动作设计，非同寻常。你从哪里获得那种能力：把事情拆成越来越小的事件并且描述整件事就像它正在发生那样？比如一场拳击比赛。

答：嗯，仅仅通过观看搏斗你还做不到。其中有很多技巧。我记得我曾搞到一部关于搏斗的电影，我研究那部电影，研究了个把钟头。我肯定用了二十五个小时观看那场搏斗。这就像你要拿到《芬尼根守灵》里的五页并要略读一遍一样——如同观看过一次搏斗。

头一遍会让你拥有所有阅读的兴奋，但你开始并不知道这五页到底说了什么。你不得不仔细研究它们，研究再研究。那个水平的拳击手们，也在许多高层次上工作，在心理、生理和智力上，也在情感、自信和恐惧上，使你实在不得不一遍遍反复研究才行。这就是那些故事产生的过程——里面有大量工作要做；就像把镶嵌画拼起来一样。

问：我想知道这是否来自于你作为一名工程师所受的训练。

答：可能吧。我不知道。我认为我是非常结构性的。我喜欢观察事物，看它们怎样拼在一起。可能是那样的。工程学确实是有帮助的。

问：你是怎么开始攻读工程学学位的？

答：当我还是孩子时，我经常制作飞机模型。我想成为一名航空学工程师，于是我就去了哈佛。当时我有两个选择：我可以去麻省理工学院，那样我很可能会成为一位航空学工程师；或去哈佛，我明白那里的教育对于想成为一名工程师并不好。但住在布鲁克林我那个街区的女孩们对麻省理工学院几乎没有任何反应——可当我说我可能去哈佛时，她们欢欣鼓舞，都用全新的眼光看我。我那时十六岁，我具备十六岁少年的动因。因此最终我去哈佛读工程学。我很快就对它厌烦了，尽量少上课，而去上写作课。我大学毕业时成绩糟得很。工程学我一点不记得；写作课却上得好——但很多东西我都不是在哈佛学的。

问：说到那本有关探月工程的书——我知道你被里面的人物所吸引，但你是不是也受到其中工程学部分的激励呢？

答：我写《月亮上的火》时，那是关于阿波罗十一号登月飞行的书，我学过的工程学可备我不时之需，因为你要理解正在发生的事就得读大量非常枯燥、内容艰深的手册，这时工程学就帮了忙。就像如果决定以后要尝试翻译拉丁语诗歌，你上高中时就得学拉丁语一样。

问：谈谈那本搏斗的书好吗？里面写到你对拳击和尚武精神的着迷？

答：到武士在人类中完全消失时，技术世界将一统天下。这两者从根本上是对立的，因为技术是从外部控制，而武士的全部概念是，武士要立刻并直接控制他的——现在你也可以说成她的——环境。在与环境作战的过程中武士战胜或战败。这是关于战争、暴力和搏斗的基本概念。该思想认为，你是这个联系的世界中一个自由的灵魂；你不是外部"使之成为"的东西。而技术就是这样——它告诉你怎样生活，甚至怎样呼吸。一家真正技术性饭店的标志就是你不能开窗。迟早有人会从饭店窗户里扔出一块砖，这将成为丑闻。

问：因此你认为在技术设计方面有种种必然性。我们不能设计出一种以人类为中心的技术吗？

答：不，我们不能。我倒愿意走那么远。

问：为什么？

答：因为那是从外空来到我们这里。〔笑声〕不。这样说吧：在人类本性方面存在两种完全对抗的欲望。其中一种是个性、自由、接近一个人的心智、永恒和基本原理的普遍感受。这只是事情的一面。事情的另一面就是要控制环境，这样不论在哪里对任何人永远不会有危险。这一点遗漏了对这个事实的关注——我们出生和死亡——我们的生活根本就是个未解之谜，因为没人知道我们死时将去何方。技术试图告诉你："你永远不会死，相信技术，你能活一百五十或两百岁，而且和五十岁左右的人身体状态一样。"这就是技术最基本的承诺。这完全是错的。你不能不劳而获——这是能量守恒法则。

问：你觉得高明吗？

答：高明？这是我的缺点，是的。〔笑声〕

问：上了点岁数是怎样的？你觉得你现在更了解世界吗？

答：是的。维持你前进的事是，大概每隔五年左右你就会脱毛，换一套新的思想观念，比旧的那套有趣得多。客观讲，它们也不会更有趣。如果你把它们写下来，你会沮丧地看到它们比那些旧思想还要无趣。但既然你不经常这么做，你只是活在那些新思想里，会有你活着的感觉。如果你老了你的思维还活跃着，你就会感到生机勃勃。

问：在你的国家正发生一些事，让你去想"我是在做梦吧？或这个真的发生了吗？"我读到你的美国政治分析报告中的最后一件事是阐释你对美国总统及他在性方面的小过失的看法。那是个非常有趣的故事，很难粉饰，在描述清教主义和"随你怎样都行"之间的美国分裂方面几乎是非常独特的。

答：我对克林顿的评价不是很高，我对他深感失望。我还以为他会成为一位了不起的总统呢。从你对政治满怀热情的那一刻起，有人就建议你要很快悲观起来，要不这样，你就会愤世嫉俗。政客们注定要让你失望。这种工作就是这样，就像工程师对于他们用来工作的精密设备过时感到失望一样。每种职业都有不好的东西。在政治中，政客一定会让你失望，因为他不得不妥协，他不得不与通常他不愿打交道的人妥协，因此你在政治中得不到纯洁。

对于克林顿我没有多少好话。我想他的确改善了美国黑人与白人的关系，这是他了不起的成就。至于其它工作，我认为他在经济方面相当走运，他讨好这些大公司和取消穷人福利的方式真是可怕，但他从未取消大公司的福利。这是他的主要罪行——他成了大公司的人，并把民主党弄得离共和党更近了。这是历史的趋势，就像我说的，因为美国的趋势就是支持大公司从政客手中全面接管政府——确实如此，从某种程度上说，用一种以前他们没有用过的方式运行这个国家。克林顿就是那种情形的一部分。就与这股潮流抗衡而言，他不是个强势的人，他随波逐流。

至于莫尼卡·莱温斯基事件，我为他感到遗憾。我的同志，我的兄弟啊。那种事我也干过。你知道，总统就是囚徒。一位非常聪慧的女士一次向我指出，他生活在一座安全保障最低的监狱里，全美最好、安全保障最低的监狱——白宫。但不论怎么说，它是一座监狱。每隔十五分钟，保安部门会计时监控他在哪儿，在和谁说话，这是这座监狱的元素：你一直被监控。因此，一名好的囚犯会做什么呢？一名好的囚犯就会尽他或她所能打破各种规则——你拥有尊严的唯一方式就是反抗既定规则。所以当他开始做那件事时，他就是在反抗既定规则——你会怎样界定这件事的性质呢？——与莫尼卡·莱温斯基发生的那个"非平行"事件。他不是做这种事的第一位总统。他不是第一个做这种事的大公司执行官。他也不是街上在两个垃圾箱之间做这种事的第一个家伙。男人做它。女人做它。

这不是恐怖的地方。恐怖的是他们的虔诚——他怎敢玷污总统这个职位？这儿是这些人，他们进行破坏美国全部森林、污染海洋的石油交易，而且他们说克林顿在玷污总统职位。美国的伪善意味着，你需要再来一顿大餐才能把你上顿吃的全忘掉。

问：你还是无政府主义者吗？
答：不，我是左翼保守派。

问：什么是左翼保守派？
答：让人悲哀的是，我永远不能解释它。它不是自由主义的保守派——不是出于这个原因我站在左派右翼一边。大概最接近的事实是我更倾向于站在保守主义左翼一边。我认为太多非同一般的东西都被破坏了。举例来说，当你来到爱丁堡这座不平常的城市时，因为它是我知道的唯一一座能给我带来过去感受的城市。现在欧洲就这么一座城市，这很可悲。在所有其它城市，包括伦敦在内，你能看到高耸入云的现代建筑已经完全破坏了过去的感受。所以在那种意义上，我主要是个保守派。我认为，如果我们丧失了对过去的感受，那我们就丧失了比我们认为的多得多的东西。多数保守主义者，如果有任何可取之处的话（但他们多是可怕的），他们本质上是凭直觉的——他们感到"那棵树具有某种不可名状的伟大的东西"。当事态到了为了保护那棵树而去反对通过此处的公路时，他们通常会让公路优先，因为最终他们的朋友们（也都是保守主义者）会找到他们说："听着，不要妨碍那条公路。那对许多人来说意味着好多钱。"

问题在于，保守主义被可怕地玷污了——被金钱和贪婪玷污了。而且左派主义受到政治正确性的禁锢，因为左派基本上老是无权——他们已经愤怒了一个世纪，以至于他们的整体态度是："这就是你应该采取的生活方式，这就是你要的生活方式。如果我们掌权，你们是些该死的右派弟兄，这就是你将成为的那种方式。"那非常可怕。那是新独裁主义。左派观点的精彩之处在于这种思想：我们都是平等的，我们中任何人都不应该生活得比其他人更好。这涉及实际问题，因为如果每个人生活在同一水平上，你就会降低到前苏联的水平，我们都清楚那会儿情况并不怎么样。那些都是实际问题。但事实是，左派从来就不会认为，一个人的年收入应当是其他人的一万倍。

因此，在这两者之间，我还在坚持尝试找到某种有意义的方式——正如你所看到的，我不是非常成功。零零碎碎，不成系统；但是这件事非常复杂。

问：它是件镶嵌工艺品，不是吗？

答：是一件一直颤动的镶嵌工艺品。

问：我能把话题稍微换一下吗？因为我真的对你十岁时写的这部三万五千字的小说感兴趣。

答：那不是三万五千字。

问：我读到的就那么长。

答：里面写的事实大部分都不真实。

问：噢，好的。不管有多少字，对一个十岁的孩子来说，它可是够血腥的。它叫《火星人入侵》。

答：是啊，大概有一万字。

问：那就是一万字吧。

答：很难估计，因为是写在笔记本上的，在那段时光，我对写作的真正乐趣常常是用连字号写。我写"th－"时把"e"写在下一行，这让我非常开心。我母亲看后会说，"你真是太聪明了。"

问：在这部《火星人入侵》里，你看到后来兴趣的萌芽了吗？

答：没有，那时我想当工程师。这只是我的爱好；接下来好多年我都不写了。我十一岁时扔下了笔！

问：你还记得你在受诫礼①上的演讲吗？你说你想追随犹太思想家的足迹，比如摩西·迈蒙尼德（Moses Maimonides）和卡尔·马克思。

答：是的。我有一个激进的希伯来语学校的老师，他在教我做受诫礼辅导，是他偷偷带进了马克思。在一次保守的犹太教徒聚会上，尔后有位拉比走到我母亲跟前说："梅勒夫人，我拿不准，马克思这个名字是否应当再用。"我对我母亲说，"那时你说了什么？"我母亲说："我什么都没说，但我想，我不会把它排除在外。"她对政治没什么想法；然而就她个人而言，她觉得任何一个伟大的犹太人都是优秀的。那是她的基本看法。

问：犹太人的生活对你到底有多重要？

答：那绝对流淌在我的血液中。我非常相信转世投胎之说，几天前我发现许多正统派犹太教徒也相信它。但在形式上它几乎没什么意义——二十五年中我从未参加过犹太教徒聚会。对此，我既不夸耀也不道歉；只是因为我对犹太教正统派不感兴趣，犹太教徒的保守改革因其伦理文化使我厌烦。你无法区别他们的教徒聚会和滑雪者的小旅馆聚会。

问：你相信转世投胎。你觉得你以前来过这儿吗？

答：我不知道。这是每个人开始对转世投胎之说感兴趣时自问的问题。你不知道你是否是第一次出世，或者你是否已经出世很久了。每天你得到许多暗示。有时我认为，对，这是我的第一次轮回，我太傻了。其它时候我又想，我一定是个古老的灵魂。

---

① 犹太男孩十三岁时进行的成人仪式。

戴维·马洛夫

David Malouf

　　戴维·马洛夫已经为他的读者带来了数十年的欢乐，从四十年前他出版第一部诗歌集起，他又创作了故事集、长篇和中篇小说、歌剧脚本以及自传作品等。

　　马洛夫的作品获奖众多，包括 1993 年《记起巴比伦》（*Remembering Babylon*）得到布克奖提名，1996 年 5 月这本书又获得首届国际 IMPAC 都柏林文学奖。2000 年，戴维的作品被授予两年一届的纽斯塔特国际文学奖，由此加入包括诺贝尔文学奖得主加布里埃尔·加西亚·马尔克斯、切斯拉夫·米沃什（Czeslaw Milosz）以及奥克塔维奥·帕斯（Octavio Paz）在内的作家群体，2008 年他又凭借短篇小说集《故事全集》（*The Complete Stories*）获得首届亚澳文学奖。

　　他早先的一部短篇故事集《梦的素材》（*Dream Stuff*）将我们带到 2000 年 3 月在墨尔本的圣基尔达市政厅录制的对话中。他从朗读一个五旬节派教徒家庭故事《越来越近》（*Closer*）开始了那次对话。故事中小女孩艾米在讲述她叔叔查尔斯的故事，他是个同性恋，艾米的家人都避着他。

　　拉莫娜·科瓦尔：我们能否谈谈儿童的视角——是什么吸引你从这个角

度讲述故事？是儿童有时能切入生活本质的纯真让你用那个声音的吗？

戴维·马洛夫：我认为，事实上儿童并不知道她在说什么。她觉得她已经掌握一种语言，使她能说出她要说的一切——正是这种《圣经》般的语言——她能用一种儿童不该了解的方式说出各种各样的事。但这诱使她提出各种问题，她只能用非常简单的语言提问。这也就是我们知道的正在发生的事与我们感觉到正在发生的事之间的分歧，她提的这种问题——将整个故事衔接起来。另外事实上，她使用的语言非常简单。她讲出那些我们不期望任何人听的话——比如说他的心碎了，或他的心要难过死了，或别的什么——她能说那种话是因为它是一种简单、直来直去却具有英雄色彩的《圣经》语言。因此那些词语带着余音伫立在故事中。如果你不得不用更复杂但却令人厌倦的声音来处理所有那些材料，你就根本无法获得这种余音。

问：这是一个如此悲伤的故事。当你最先想到它时，你想到讲述它的孩子呢，还是不得不想到一种叙述它的方式呢？

答：我想我总是透过这个孩子的眼睛看这个故事，透过这个孩子的声音听这个故事。我认为我在某一时刻可能会让一个男孩作为故事的叙述者，接着我决定让一个女孩来叙述；完全凭感觉。我无法想象这个故事由她的一个兄弟来讲述。我认为那是她的故事，我认为部分原因还包括她可以更多地告诉我们女人的感受。故事里有一种强烈的没有被说明的东西，因为她看不出男人看这一切和女人看这一切之间的差异有多大。

问：但那位祖母的感受最强烈。

答：是的。还有那位母亲——她抗议过好几回，都被她丈夫相当坚决地压制了——对她应当有那种观点非常震惊，并让那个小女孩或那两兄弟知道她的震惊。

问：另一个故事《在辛德勒家里》（*At Schindlers'*），由小男孩杰克讲述，观察他父亲在外参战时他母亲的行为。还有一个故事叫《黑土地的国度》（*Black Soil Country*），后来收在集子里，也由一个孩子讲述，这次是个十二岁的男孩。

答：一个鬼魂。

问：一个年轻的鬼魂。

答：一个一百五十岁的小男孩。

问：所以这个集子中三个故事都是从年轻人的视角展开叙述的。

答：是的。你总是不能解释这种事，但我认为，在我九岁或十岁时发生的事，这些事把现在对我重要的许多事凑到一起。那里面许多事都与我那时所处的风景有关，里面许多事都与那种光有关——几乎每当我想重新唤醒我身上的某种情感并探究它们时，我就发现某些事是必要的——属于那个时候的那种光。因此我认为这是那时你的认识能力所具备的流动性，大约九岁或十岁时——主要是非评判性的，非常强烈，并充满某种道德热忱，但却不是评判的——这可能吸引我到我叙述者的特定时刻里去。

《黑土地的国度》的声音很奇怪，因为它讲了一个十岁男孩和一个一百五十岁鬼魂的故事——就是鬼，如果你愿意这么叫。我希望人们能把这个故事看到对一个十岁或十二岁孩子为什么说这些事和理解这些事感到不奇怪时为止。他在开始第一段就说，他是一个鬼魂，但你也许没有听到。辛德勒家的故事有点不同，因为你会在故事里看到一个十岁的故事叙事者，但其叙述中有种从后来所知往回看的特质。他会经历一个更加戏剧化的发现过程——关于情境是怎样的，会发生什么，以及发生的一切将来对他意味什么——与另外两个男孩相比的话。

问：九岁或十岁时发生在你身上的事情——它们是关于九岁或十岁的事，还是关于过去男孩时的你？

答：噢，那总是不可能说出来。现在我自己也有了大大小小开始到那个年龄的侄孙和侄孙女。我印象最深的是他们扪心自问的问题和他们准备去发现的事情。对于一个八九岁或十岁孩子幼小的心灵在想些什么，我认为我们了解地非常有限。那里面发生了很多事。很少有相当重大的问题还没有盘旋在那些小孩子的头脑中，他们正试图解决这些问题。注视、倾听他们并试图把你放在他们的位置上是非常有趣的。环顾我们现在认为我们熟悉的这个非常非常复杂的世界——经常也是陌生的，我们也相当困惑——接着想，没什么阅历的人从中可以看懂多少呢？答案是，很多。

问：他们会问什么问题？我想那也是小说家关于故事的问题，对吗？

答：他们会问关于人与人之间的关系问题，以及这些关系的基础。我父母之间真正的关系是什么？这个叔叔为什么这样？或者这个阿姨为什么那样？在他们（这里指的是那些成人）一定知道但我却不知道的紧张时刻，这里随时会发生些什么？到底在发生什么？我能完全记得，作为一个很熟练的小窃听者，故意把自己放在假装关注的什么事上，其实在听正在发生的事。我在三十年代和四十年代初长大成人，那时好多事仍发生在这幢房子里，女士们每天下午都来喝茶。她们谈论得最多的是她们的丈夫，如果你是个五六岁的小孩会被允许待在屋子的角落里，你会时常看到有人的眉毛竖起来。我母亲会说，"看，你到楼下浴盆那里看看能不能找到什么东西吧"——你知道要说真正重要的事情了，你就装作走向门口。

我想我们所有人都有兴趣，我们都是窃听者，小孩是非常非常熟练的窃听者。被允许在女人世界待过一阵儿的小男孩，到五六岁或七岁时会很快意识到他们最终被隔离在那儿发生的一些事情之外。当你努力听、想发现它究竟是什么并试着回想时，你说："我发现不了"，或"你真的想知道吗？"因为男孩们被关在门外的时刻真的到了，接下来那里发生的一切对作家来说非常重要——大概对所有男人都是重要的，真的——但是作家特别需要知道男人不在身边时，女人们到底在谈论什么，那些小男孩不算在内。

问：你现在还是窃听者吗？

答：噢，是的。我喜欢听人们乘公共汽车和上下电梯时的谈话。一位作家需要的一切，通常是最琐屑的片段，一个句子。亨利·詹姆斯老这么说。某部庞大的小说将出现，有人会说，"这部小说从哪儿来的？"他会说是无意中听到的一小段对话，如"于是，她突然离开了他"等等。亨利·詹姆斯说作家就是不放过任何东西的人，我认为这是我们听过的评说作家最棒的话。你当然清楚"不放过任何东西"这话的全部内涵。

问：这部小说集叫《梦的素材》，我读里面的每个故事时，每次我都会想到跟梦境相关的一点事，我说，"啊哈"，我还做了一小段笔记。每个故事都提到一个梦，或梦的一个片段，或某种半睡半醒的时刻。我们能谈谈梦吗？故事何时需要梦境呢？

答：我们大概用生命的三分之一睡觉，很多时间就这样流逝了——我们没被封闭起来，这段时间也不是空白的。这是我们生活的另一个世界，真正生活着的。我对使用梦境诠释故事中的任何东西不太感兴趣。我想我们一点也不能诠释各种梦境。我不相信任何一种对梦的诠释体系，不论来自弗洛伊德、荣格或其他什么人。我认为梦都是我们学着如何前进的瞬间。

问：那么它们是消息喽……

答：它们是各种各样的消息，是的，但它们也是各种小的操练场景，在这些场景中，我们学着如何做下一步要做的那些难事。我想这就是这些故事中经常发生的梦境。梦境是小说里主人公对前进和怎样前进做出真正决定的时刻。

问：那你认为，它们是我们的潜意识制造出来的吗？它们是我们意识的一部分告诉另一部分，下面该做什么吗？

答：我认为我们比你说的更完整——我认为，我们清醒时也有潜意识的时刻，我们做事时，我们身体的其它部分说，现在做这个。但我认为，我们度过三分之一生命的这个世界是一个做出各种决定、进行艰难调整的地方，每个瞬间我们都会有意识地对自己说，"我想我应该辞掉这份工作，再找一份新的"，或者"我认为这段关系真走到尽头了。"清醒时，我们会想这些事，但我认为我们在生命三分之一的不清醒时间里也会想那些事，也会处理那些事。

问：为什么它们看上去如此荒谬？为什么梦境是如此惊人的愚蠢？为什么在梦里会出现龙虾和类似东西？

答：我认为那是因为世界就像这一大堆感觉材料向我们扑来——我们看到的，我们听到的，我们闻到的和我们摸到的。清醒时，我们学会挡住一切没有逻辑的事物。我们清醒的思维过程是联系的，但它同样也是逻辑的：我们在上面勾画出一条线。当睡着时，我们不这么做；我认为我们的睡眠过程仅仅是联系的。我对我们做梦的种种方式感兴趣。我对自己感到惊异，例如，对我的梦境中频现的关于空间的梦感到惊讶。我做过好多好多梦，梦见自己正在乘大货轮或在旅馆中；梦里有许多事都和找到正确的门有关；到处是走廊、楼梯和电梯——这些似乎都是我过去用来解决问题的一部分意象，其中一些无疑都进入我的故事了。但我认为我们大概都有不同的意象池供我们使用，它们来自某处我们的实际经历。如果我们回去看我们的梦，它们都是由不同的戏剧形式、不同的戏剧区域和不同的场景组成——每种情况下戏剧都不同。

问：你打算写一部全都关于梦的故事集吗？还是你在写了许多故事后注意到每个你挑出来放在一起的故事中都有这种梦幻因素？

答：不。我有一大堆好长时间一直搁在我抽屉里的故事——放得最久的恐怕有十五六年了。最近我一直在写它们，它们都代表我最近的工作，但都不是最近构思的。有时把东西保存得这么久很好，因为你最初写的东西能帮你把这个故事如何展开看得更清楚，但特别的是——这是最让我感兴趣的地方——它仍从属于你的作品。

我现在的确只把写作当做唯一的工作，我以前常说——你获得关于一部小说的好想法，然后你开始写它，你意识到这是关于一部小说的一个好想法，却不是你的好想法，也不是你的好想法之一。当人们问你在为谁写作时，我现在的确感到这一点。我会说，我为那些小说而写。它们构成一种同伴关系，它们知道什么属于那里，它们知道什么延伸着它们，那些故事是相同的。我只对那些开始写就从属于整个作品的故事感兴趣，因此把它们放到一起时，我没有给出标题。我把这些故事按时间顺序模糊地放在一起，除了我专门想把《黑土地的国度》这个回溯到一百五十年前的故事放在有关澳大利亚两百周年庆的故事前。其中一个故事叫《梦的素材》，但我真想不到它必然会把人们的注意力如此强烈地引到其它故事的梦里。这有几分偶然。我从未想到过，是的，每个故事里都有一个梦。但我写的每部小说里也都有一个梦。

问：是的，都有。

答：小说《想象的生活》（*An Imaginary Life*）本身就是一个梦。

问：这本集子最后一个故事《伟大的日子》（*The Great Day*）里，克莱姆——他遭遇了一场给他留下某种单纯的事故——拥有包括以下思想在内的关于世界和宇宙的精彩理论，即认为一切从未失去，所有的人和动物以及世上发生的各种事，都以某种方式存在，尽管我们不一定看得到。我想这是否是马洛夫本人在谈论一点他自己的哲学呢？

答：我认为你会找到那个短语——什么也没丢或任何东西都没失去——在我的作品中非常频繁地出现，我认为这就是我感受强烈的地方；不是按照克莱姆谈论其意义的任何方式出现，而是按照几乎一切都能复活的那种方式出现，至少在记忆中。那些记忆中复活的东西，让它们再次呈现和存在，其实本质上是一种人类活动，这是许多作品写到的，肯定是我作品的内容，也是许多艺术的内容。这是关于让各种事物在当下并以我们的感受能充分接受的方式完全为我所用，否则，这一切都将消逝。

问：我们为什么去做？

答：因为我们愿意相信，过去没有丢失，过去没有被擦去，而是以某种方式存在于当下和我们身体中。你知道，我总想，在澳大利亚这种没有一部漫长的文字历史的地方，你学会的事情之一就是，你要像充分想象她的过去那样，尽可能多地想象未来。其中一件在这个国家已经完全走样的事，从我们做事的方式来说，就是我们现在的确在想，"从现在起的两百年后会发生什么？"——因为最终我们已经完全了解过去漫长的两百年中所发生的事。我认为那种定位我们自身的方式——将当下定位为完全包含过去的某种东西，或者是你尽可能重新提起、兑现、想象的东西，但那也包含未来——我想这是你老了能看到的事。

问：最后几个故事，《伟大的日子》和《黑土地的国度》，关注这个国家里作为白人的生存状态，关注对发生过的移民和大屠杀历史的了解。你写的许多故事中有许多鬼魂，但你如何看待这两个故事中的那些老鬼魂是应当怎样得到妥善安息的？

答：让他们安息对我来说似乎没有比确认他们的存在重要。需要安息的是还存在的敌意——或那种还未清账的感觉，或那种耻辱感，或那种负罪感，或那种怨恨感——完全认出那些鬼魂并让他们说话，让他们成为正在发生的事件的一部分，似乎对我来说，是让我们与过去，与那些用不同方式感受和看待过去的人，实现和解的一种方式。

问：用什么样的方式完全认出呢？

答：要充分认识到底发生了什么和谁负责，还要充分认识它来自哪种可怕的困惑，以及识别来自哪种怨恨和贪欲——因为我认为，发生的许多事都是由错误、无序和误解造成的。承认所有这一切是幸福的，同时也承认过去对人们的生活有影响、过去怎样使他们难以面对今天是幸福的。我认为这里有大量素材，即便我们采取道德观念，或捶胸顿足，或采取其它方式，它们都将无法弥补。我认为有些事比那复杂和含糊得多。

问：那么这个过程中作家的职责又是什么？

答：我认为，作家没有什么不同于他人的职责。我想，有时一些作家会认为，那是他们需要为自己谈论的部分，但我想作家并没有任何特殊的社会责任，或成为国家、民族道德良知的特殊需求，或那种类型的东西。

我认为如果你感觉到，它就会进入作品；如果你没有感觉到，那就不必勉为其难。

问：但我们的确想从作家那里得到智慧，不是吗？
答：非常不明智。

问：在这本书里灌木丛是个极大的存在。在好几个故事里，令人吃惊的暴力事件都发生在灌木丛中，但《杰克灯笼来了》（*Jacko's Reach*）这个故事是发生在一个澳大利亚小镇上一小片灌木丛中的感情考古，认为人类需要一片荒地，需要保留一片荒地。我想知道是否你曾到过那儿，经常光顾那儿，并已成为灌木丛的一部分了？你认为这是你生活经历的必要组成吗？

答：那一小片灌木丛是出现在第一个故事中的灌木丛的变形，因为我在斯卡这个小镇里度过了我的大部分童年，你可以从海岸出发到一个叫"欺骗"的海湾（我觉得自己在一个叫"欺骗"海湾旁长大真棒）。你可以到达"欺骗"海湾，从位于斯卡镇的海岸出发，要么走我们说的"港湾之路"——这条路沿着海岸线（但在海水退潮时才能走），要么走"灌木丛路"——意味着要穿过很一小片灌木丛，我现在意识到，它对那个地方所有儿童的神话来说极其重要。这就是《杰克灯笼来了》故事的真正出处。

那时我只是在想那种方式，我们多用混凝土把这些东西盖住并把它们变成像大型购物中心的那种东西。我真的很喜欢大型购物中心，我从不反对大型购物中心；但有时我们需要那些大片的野地。它和发生在我孩提时代那幢屋子下我的神话的意图完全相同——它就是你能去的地方，那里适用另一些规则，那里可以发现其它地方发现不了的事，这里你丢失各种东西，要不是一只奇幻的手镯，要不是你的天真，或其它什么东西。而且我们确实需要这些东西。

有时在我们身为城市居住者的生活和其它某个世界之间，人们做出巨大的划分，后者可以说是田园世界，好像我们不能以最方便的方式在这两者之间移动，好像那种绿色世界理念对于我们生活在城市里的人，没有对于许多一直生活在那里的人那么重要。我认为，我们就是在我们作为公民和作为自由野性的动物的两种观念之间前后移动的人——这是我们生命中始终进行的对话。那是想象世界中进行的对话。

问：但在好几个故事中你都在郊外或坐着篷车旅行——两个退休的人正在周游全国，他们计划去周游所有的灌木地带——接着可怕的事发生了。相当震惊！你营建了一种幸福的家庭生活，突然不幸的事发生了。

答：你的生活一定不得不与其他人发生联系，这一切（你在大城市里可以很清楚地看到）都建立在你对非书面契约的信任上——就是说你能在城市里的街上停留，你能走到这条街上去，你周围将是一千个你以前从未见过、不认识、与之没有任何联系的人，但作为纽带的同一份契约未经签署，却同时为双方所接受。现在如果突然有人经过你身边，向你脸上狠狠打去并抢走你的包，那么这份契约就全毁了。这个故事部分讲的是毁掉那份契约，但也在讲一则澳大利亚流行甚广的神话——如果你出门走在路上，跨出你自己身处的郊区，加入行进的人群中（这些人大概构成今天生活在卧龙岗或纽卡斯尔的众多人口），那时你就置身于另一座城市中了，这里也有需要协商的其他各种契约。我们知道，人们在澳大利亚偏远地方的路上，在野营地或其它什么地方被杀死，很常见，这样说吧，要比英国或法国常见，而与美国相同。就像美国一样，这里地域广大，人们喜欢走到路上，它代表了外面真正的风险，因为那份契约可以很容易被取消，很容易就被出现的什么人给毁了。

问：最好待在家里看书。

答：是的，但是安全并不总是我们需要的。

问：我想知道，你是怎么工作的，用你诗人的耳朵听语言，用你的眼睛看细节，带着讲故事和推动叙述前进的需求——你是否发现，当一种强制命令推动你时，你句子中出现的那些细节，与你所陷入句子的精致构造之间，有一种张力？

答：我已经得出结论，最后人们真正感兴趣的还是实际的写作。他们也许不一定这样对自己说，但他们选择一位作家而不是另一位，是因为他们在响应那位作家的独特乐感，吸引他们的是那样写作的独特语气，那样写作的细节的特殊密集性，那样写作的感官材料的广度。他们不经常说那是他们回应作品的原因。他们说，"我喜欢他讲的这种故事"，或"我喜欢这些书的节奏"。但我认为根本不是那样。我早已得出结论，当人们说他们无法放下一本书，他们的意思并不是说，他们对接下来发生的事情感兴趣；他们的意思其实是，他们已经对作家的声音感到着迷，他们对作家在作品中建立的关系感到着迷，他们不想破坏它。这就是我在阅读时感受到的，现在我相信，这一切就是读者与作品之间建立关系时发生的事。

问：如果你一定要把你在作品中试图创作的音乐与作曲家的音乐相比，那你会想到谁呢？

答：拉莫娜，这个问题很怪。

问：是很怪。

答：我可能会想到某位像肖邦的作曲家。肖邦的音乐作品执拗，厚重，丰富，清晰，但同时他的音乐作品气氛融洽、小而舒适——即便选择大尺度的结构，他的音乐还能保持很小的篇幅。

P. D. 詹姆斯

P. D. James

菲利斯·多萝茜·詹姆斯创作了诗人侦探亚当·达尔戈赖什为主人公的系列小说。她的处女作《蒙上她的脸》（*Cover Her Face*）出版于1962年，这部小说的创作历时三年，与此同时她在伦敦担任公务员并独自抚养两个孩子。纵观她的写作生涯，她几度供职于政府机构的经历为她的小说背景提供了大量素材。

她的悬疑小说既畅销又好评如潮，通常是各种"封闭空间嫌疑犯"题材。她喜欢把他们置身于小镇、乡村庄园或封闭的社区内——像遵循某种宗教指令，比如她2001年的小说《死于神旨》（*Death in Holy Orders*）的故事背景。之前一年，她出版了自传《认真耕耘的岁月》（*Time to be in Earnest*），这是她生命中一年的记录，其中有她对过去的感想作为对各种事情的纪念。她的几部作品都拍成了电视剧或电影，P. D. 詹姆斯也赢得"犯罪女王"的头衔。1983年她被任命为大英帝国行政检察官，1991年她被封为荷兰庄园詹姆斯女伯爵。

2003年我在爱丁堡采访她时，她刚出版了她的第十八部小说《谋杀室》（*The Murder Room*），在这部小说中患有官能障碍疾病的达尔戈赖什找到了他心仪的女孩。这部小说设定在一家位于汉普斯泰德·希斯的私人小博物馆中，那里有一个二十年代、三十年代最臭名昭著的命案展室。这份家族产业由杜佩依家族的兄妹三人共同拥有，需要他们共同签署新租契，但其中身为精神病医师的内维尔·杜佩依拒绝签字。不久有人发现他在自己燃烧的车里烧焦了。他的死亡方式让我们想起三十年代发生的令人发指的谋杀案之——而这只是第一宗模仿杀人案罢了。

当 P. D. 詹姆斯朗读了该小说中的一段时，她解释说，有一个在博物馆工作的人恰好也在军情五处（MI5)① 兼差，因此大英帝国内政部和唐宁街十号都希望这宗谋杀案早日结案。所以达尔戈赖什被请到警局。

拉莫娜·科瓦尔：《谋杀室》这部小说和这家博物馆的前提是，某些罪行或凶案，只有在特定条件下和在特定历史时期才会发生——在特定时刻释放它们自己的社会条件。

P. D. 詹姆斯：是的。这家博物馆的创始人（在两次世界大战期间博物馆被用于供奉神灵，所以不完全开放）也感知到这一点——他发现，那些最臭名昭著的凶杀都无缘无故发生在它们绝对典型的时代，而且它们真的不可能发生在其它时代。我想在某种程度上他是对的。我们还可以把结论再延伸，比如当你想起维多利亚时代那些骇人听闻的凶杀案时——想想格拉斯哥市发生的玛德琳·史密斯案。那个年代女人只能因为通奸或虐待罪才能与丈夫离婚，只能因为通奸罪才能提出离婚。根据"已婚疯女财产权法案（The Mad Women's Property Act)"②，妇女结婚后一切财产归丈夫所有，那么离婚意味着她要为社会所不容。离婚意味着她的社会生活或其它生活的终结。

于是你就非常清楚为什么那个时代妇女为得到少许砒霜被引诱去浸透捕蝇纸。[笑声] 我并不是为那个时代找托词，当然那种事现在也不会发生。现在如果被一个非常残酷的丈夫所困扰，你可以相对轻松地跟他分居或离婚。但维多利亚时代的妇女做不到。我在小说中展现的最臭名昭著的是汤普森—拜沃特斯案件（the Thompson—Bywaters Case)，尽管它不

---

① 英国最富神秘色彩的谍报机构。

② 实际上指英国 1883 年通过的已婚妇女财产权法案，该法案对已婚女性持歧视态度，不保护妇女的财产权，在这儿詹姆斯故意改动了一个字眼，进行讽刺。

是仿犯罪小说。这是个著名的案子，汤普森夫人是一位充满幻想和极度浪漫的女士，却有一位非常木讷的丈夫——尽管如达尔戈赖什所说，为人木讷并不意味着应该被杀［笑声］——汤普森夫人爱上了一个更年轻的海员。他们爱得激情似火，她给他写了好些非常不明智和非常荒诞的信，信上说要是她丈夫死了就好了。她已经试过把玻璃磨碎并放入她丈夫的食物中，但没有什么效果。当拜沃特斯回家休假时，他碰到汤普森太太和丈夫刚从剧院回来，就把汤普森先生刺死了。汤普森太太吓坏了。警方很快逮捕了拜沃特斯，不幸的是，他保留着所有汤普森太太写给他的信，这些信被当庭朗读。

现在我认为，正如达尔戈赖什所说，精神病学医生应该能识别出其中的荒诞成分——有很多证据表明，汤普森太太实际上没有试图杀害她丈夫。拜沃特斯说，他没有告诉汤普森太太他要杀她丈夫；汤普森太太对此也一无所知。但最终汤普森太太还是被判罪并执行吊刑。这是一个非常可怕的案子。正如小说中描写的那样，当汤普森太太被关在死牢中时，她突然意识到外面的世界和她想象中的世界无关，在现实世界里，人们会逮捕你并把你吊死。这种认识让她彻底疯了。法官对她的做法十分反感，而陪审团真正判她的罪是她与一个年轻男子私通，我想今天这种情况不会发生。事实上，我相信也不会有这种罪。但那个案件在那个时代非常非常典型。所有发生在《谋杀室》里的案件，都是真实案件，无论如何都可以算是第一次世界大战以前那些年里发生的典型案件。所以，我认为那位老杜佩依，他设置这间陈列展品的"谋杀室"，很可能是意识到某些非常有趣的事。

问：那么你本来可以选择任何历史时刻说明社会现状。是什么使你对这个特定时代感兴趣呢？

答：这个时代很有意思，因为我真的认为应该有一家专门的维多利亚时代的博物馆，我本人对这个时代非常着迷。在早期小说《皮肤下的骷髅头》（*The Skull Beneath the Skin*）里我就意识到这一点，其中一个人物生活在城堡里并收集了不少维多利亚时代极其有趣的展品，但我不想再那么做。所以我认为我们要有另外一个时期，当然这个时期我经历过（我出生在二十年代）。对我来说它相当有趣，在战前那个令人头脑发热的岁月里，所有人都知道大战将临——有一段这么短暂的和平时期，当时普遍有种对第一次世界大战的可怕悲剧的伤感情绪，而第二次世界大战离我们也越来越近。所以我认为我应该选择这段年代。

问：那些年你还是孩子、年轻女性和青少年。

答：是的。我在第一次世界大战结束后的第二年出生，我父母认识许多在一战中被无辜杀害的孩子和成年人。这真是一个几乎所有人都被第一次世界大战的阴霾所笼罩的时代。

问：那你想过自己再回到那个时代吗？你曾试着记起你成长岁月中出现在报纸上的内容吗？

答：是的，我想我还能记起许多；但我真要做很多研究去搞清它，特别是对那个年代的艺术。其中一个展馆是艺术馆，我不太了解战争中的艺术——我学到了很多有趣的东西。当然其中一幅画是破解第一桩谋杀案的线索。我的作品中总是不止有一个谋杀。［笑声］

问：你一定读过三十年代的谋杀悬疑小说。

答：是的。

问：它们不同于你的悬疑小说。他们喜欢比你放入更多的情节。

答：嗯，当然他们完全不同——我仍然愉快地阅读多萝茜·L. 塞耶斯（Dorothy L. Sayers），还有马乔里·奥林海姆（Marjory Allingham）。因为我认为他俩都是杰出的作家——但他们的侦探小说的确和我的完全不同。首先这些小说中总是有一个叫彼得爵士的业余侦探，他很明显总是受警方欢迎，而你总让可怜的老帕金森们做那些乏味的累活。这是第一点不同之处。如果可爱的观众中有人站出来，手持匕首指向脖颈时，爱丁堡刑事侦查科的警察肯定不会说，"我们真幸运，詹姆斯夫人竟然也在这儿。"［笑声］小说家不必为司法科学太烦心，不是吗？看看那儿发生的事吧。非比寻常。其中一件是两人几小时内在校园里被枪杀，看来那名全科医师在诊室中将子弹从两人身上取出后断定子弹来自同一把手枪。好嘛，他连一台对比显微镜都没有就做出判断，更别说由一位法庭官提交一份妥帖的尸检报告了。

我想我们现在还是更现实些吧——我们不得不这样，因为我们的读者已经相当老练了。他们都了解司法科学——还有DNA。DNA已经改变了犯罪小说。

问：我在英国时一直收看当地电视节目，我没有看到许多尸体解剖，也没有看到在世界上哪个地方挖出那么多死尸或残骸类的东西！

答：我想我会说，一些我很欣赏的作家，能走得更远，能让一些骇人听闻的或技术的东西征服读者。我们真正感兴趣的是人类和他们对这些事的反应——我想阅读这些小说使我们了解所有的计算机和技术；但我对人物更感兴趣。我觉得人们还是应当关注这个。

问：在这本书里，就像在你的其它作品里一样，有一种威胁。你已经感觉到这家博物馆要关门——内维尔不想签租约是因为他认为博物馆不再重要了。有一种现代意识，现代的经商方式，经济唯理意识。这些东西正在侵蚀你创造的世界，而且有人不得不死去。

答：是的，这儿你绝对正确。在某种意义上，这是一本关于时代的小说，关于那些完全沉浸在过去、只对过去感兴趣的人。对于其中一些人物来说，这本书讲述他们的过去，同时也讲述他们的过去如何撞击并对他们的现在投下巨大的阴影。内维尔的工作过度疲劳，他要处理各种可怕的问题——他觉得这个国家不能正确对待它的精神疾病并觉得，"看在上帝的份上，我是绝不会对只同过去打交道的博物馆感兴趣的。"而且我认为他父亲对他非常刻薄，我认为他也想切断那种联系。不管怎样，他坚定不移地拒绝签字。其他人却坚信他一定会签，所以他成了第一个受害者。我们从故事开头就知道，他躲不过这一劫。

问：反思你那种思想，有时某些罪行会以某种方式发生：谋杀动机，它们总是相同吗？你能归纳一下吗？

答：现实中的凶杀和虚构的谋杀完全不同。现实中的凶杀，其动机通常是愤怒，有时它的结果是杀戮而不是谋杀。如果看看英国和威尔士的犯罪统计数据——苏格兰的统计数据系统不同（我所有的苏格兰朋友都说苏格兰法律要比英格兰法律好），所以这项统计没有收集苏格兰数据——就可以肯定，英国和威尔士的犯罪统计数据表明，谋杀还是很罕见的，百分之八十被谋杀的女性都是被她们的丈夫、情人或男友杀害。因此，这主要是一种家庭罪行。其实有一个年龄段的犯罪特别突出——要高出十三倍——比它最近的下一个年龄段危险得多。你能猜出是哪个年龄段吗？

问：是儿童吗？

答：是一岁以下的婴儿。这实在是匪夷所思。当然我们还有其它可怕的犯罪，比如拐卖和弑杀儿童，感谢上帝，虽不常见，可这些案件确实很吓人并难以侦破。但大部分凶杀案都是受愤怒驱使，人们被逼到他们的极限，性嫉妒也是非常强的犯罪动机。我认为相对其它凶杀案，更复杂凶杀案的杀人动机是利益，是钱。我记起书里说当达尔戈赖什还是一名新上任的侦探警员时，他的巡视员告诉他可以用字母 L 打头的四个英文单词总结出四类凶杀动机："Love"（爱情），"Lust"（肉欲），"Loathing"（憎恨），"Lucre"（金钱）。达尔戈赖什说人们会告诉你犯罪最强烈的动机就是憎恨，但事实并非如此。最强烈也最危险的犯罪动机，就是爱情。人们出于对别人的爱而行事，或是为了帮助别人，或是出于对别人的嫉妒。我认为人类真的没有非常大的改变。

问：能够犯谋杀罪的那类人——每个人都会成为那类人吗？

答：不。实话说，我不这么认为。我认为我们都能杀人，可这是两码事。为了保护我的外孙，或为了保护任何一个我认为处于危险中的儿童，我一定会杀人。我想，如果我午夜醒来时发现我们友善的强奸犯邻居就在床边，而我手持武器，我不会给他太多机会。［笑声］但如果想到对另一个人的有预谋杀害时，这就是谋杀罪——我们不知道，因为我们不知道多少成功的谋杀没有得到质疑。但我认为这可能非常罕见。而杀人却另当别论，我们人人都可以杀人。我会犯下凶杀罪吗？我想是不会的。

问：我记得你说过，如果杀人你会采取非常简单的方式。而且你不准备改变你的小说。

答：对。说我创作的小说会给人们灌输一些想法没有用。在我创作的那类小说里，人们总能发现这一点。[笑声]那种想法，"噢，我读了阿加莎·克莉斯蒂（Agatha Christie）的一件非常有趣的事，我要去模仿"，或 P. D. 詹姆斯的——那你一定太不明智了。

问：我养了一只猫，我一共养过两只猫，你曾说，"我记不起我看过哪部小说的杀人犯养过猫，或喜欢猫。"

答：是的，他们好像都养狗。[笑声]我也不知道这是为什么，但这绝对没错。他们似乎都养狗，但我没读过哪部小说的杀人犯曾养猫。

问：那养猫是一种伪装了。[笑声]

答：我认为一只有识别力的猫不会委身与杀人犯共处一室，所以你还是放弃这个想法吧。说得简单些：假设你有一位上了年纪、非常富有的丈夫，他不愿去世时把他的一千万遗产留给你。如果你们出去散步到一处滩头堡，周围没有人，你把他推了下去，当警察来到现场时，你痛哭流涕地说，"嗯，他想看什么东西。他以为他看见了悬崖边的一朵花。"（你当时的确选了一处有花的地方）"我对他说，'亲爱的，不要走近悬崖边，'突然他就不见了。他掉了下去。"现在如果你坚持说你说的百分之百是事实，那么谁能证明你说的不是事实呢？尽管非常可疑，但必须有合理疑点，尤其对于风情万种的你。[笑声]因此，你很可能逃脱处罚。但如果你试着更聪明的话……

问：听众当中如果有哪位是上了年纪的丈夫，我希望以后还能看见你们［笑声］。你的许多作品都设在秋天。

答：啊，是的，它是个好季节。

问：为什么？

答：黑暗降临。秋天还给人一种感受——尽管这是个可爱的季节——一种对它的忧愁感，它是垂死的年华。但这里我想到泰利，他就是那个发现尸体的人，他从成人夜校班回家（这事不该发生在一个夏天），开车经过这段漆黑的道路时发现了尸体。我想让这座博物馆非常神秘。它就坐落在石南丛林边，几英里外的伦敦灯火是它的背景。这里与世隔绝，照明很差，只有一条车道通向此处。故事发生在这么可爱的日子再合适不过了。

问：你常把故事设在英格兰东部地区，但这次你却选了伦敦。

答：我想该有个故事发生在伦敦了。

问：我不知道是否因为我来自澳大利亚，但这本书里交通事故实在太多。

答：哦，天哪！［笑声］你还没有在伦敦待过！在伦敦交通事故司空见惯。爱丁堡有时交通事故也很多。

问：但这些旅程是安排好的，还有地铁和火车……

答：是的，没错。如今在伦敦四处逛逛可真难啊。地铁会出故障，这也是关键时刻情节的一部分——达尔戈赖什要去见情人——他没赶到那里，因为地铁出故障了。地铁真会出故障，这一点使小说具有现实性。这点不同于三十年代，我想也不同于多萝茜·L. 塞耶斯在小说《五条红鲱鱼》（*The Five Red Herrings*）里能表现的那样，即情节完全依靠故事人物，他们在公交车和火车说它们要出发时搭乘它们［笑声］。现在你永远不会那么做，因此书里出现了许多交通事故。

问：你曾说，你在心理上非常适合创作侦探小说。

答：是的，我想我可能是这样的。我不确信是我们选择了体裁；但我认为体裁选择了我们。我在想约翰·勒卡雷。我认为他是个非常好的小说家，显而易见，他非常痴迷于描写欺诈和背信弃义。不仅包括对他人的背信弃义，还包括对自己的背信弃义。我知道这么做的原因——他自己解释过，例如在他与他父亲的关系中。这是真正让他激动的地方，也是他创作小说的动力，尤其他的第一批冷战小说，是多么精彩和让人激动啊。你再想想安妮塔·布鲁克纳（Anita Brookner），我总是带着极大的兴趣读她的小说，从小说《湖滨旅馆》（*Hotel du Lac*）开始，后来的小说几乎总是关于一个沉默寡言、聪慧过人的女士，不知怎么，在爱情中她总是输在比她更狡黠的姐妹手中。

问：那几乎促使我说——可能纵观你的人生，侦探小说是否是一种整理世界的方式，让世界可被理解并从混乱中理出头绪。是你与母亲之间的关系促使你那样的吗？

答：不，我想与之无关。我想我对暴力有一种相当原始的恐惧，这也是我总要和它较量的原因。你说得对，侦探小说可以从混乱中理出头绪。它带来了某种正义——只关乎人类、不完美的正义——从非正义中抽离出来。侦探小说是一种非常正式的小说，用巨大的关怀整合，用巨大的关怀构建。我认为所有这一切吸引了我。不知何故，它一定是一种从生活、宇宙和现实得到某种秩序的欲望——我认为这是我的性格造成的。

问：可你早年的生活一定有点混乱。

答：不开心。我认为作家年轻时经历过许多无法忍受的不幸可能是件好事［笑声］。

问：亚当·达尔戈赖什是一个这么自律和内向的人。他不是你今天在大街上会见到的那个家伙，在固定的地方工作。他其实不是一个武打戏演员，是吗？

答：拉莫娜，你所说的用一种非常文雅的方式表述为，"他真是一个值得信赖的警察吗?"嗯,我怎么看不出他为什么就不是呢。我认为我们总是把各种各样的人定型。在内政部时,我得和许多非常高层的警官打交道,他们多数人为智力超群的精英。我觉得达尔戈赖什是可信的。有趣的是,在这部小说里,他解释了他当警察的原因。也许在小说中他是第一次直接说他生命中的挚爱是诗歌。但他不想当职业诗人。一想到当职业诗人就要写诗,就要四处吟读诗歌,除了当诗人以外别无他事,他就烦。他想生活在现实世界中,尤其想生活在一个阳刚气十足的世界中,完全不同于乡村牧师教区、公立学校和他享受过的特权养育。他想"跳出那里"。是那种经历给了他诗歌的素材。他在上部小说里,你知道就是在那部叫《等待诉讼的案件》(*A Case to Answer*)的小说里,他认为和他打交道的人把他当成一个了不起的诗人,这是个悲剧。这就是他喜欢当警察的原因。

问:那么他在用自己的人生经历写诗啦。

答:他利用自己的人生经历,如果我们是作家我想也会这么做。我充分利用了在卫生服务部门和内政部工作的经历;这也是我非常了解这些高级政府公务员办事方式的原因——因为我知道他们的行事风格,这对我的写作帮助很大。因此,我觉得达尔戈赖什的警察经历对于他的诗人事业很有好处,这也是他想要的一种结果。可现在我面对这个人人都会面临的巨大问题——我想他越来越清楚,尽管他保留自己的隐私,然而他的工作却迫使他不得不,有时几乎野蛮地打破他人即嫌疑犯的隐私。这对他来说是个道德难题。现在他又骑虎难下——他陷入爱河中,他也有了他的私人生活。他还能真为别人的事全力以赴吗?我们将拭目以待。[笑声]

问:英国广播公司是一个发生命案的理想场所吗?

答:嗯,当然,它应该是,因为你有所有那些隔音效果非常好的房间。可我想我还得在那里秘密工作很长时间。

问:那你在会议室的经历没给你带来任何优势吗?

答:是啊。我当然可以干掉英国广播公司的主管,那么当上那里的主管会是现实的［笑声］。可我想我一旦走出会议室，可能就没那么简单了。通常我会得到暗示，甚至人们会拿着他们希望我选中的受害者名单来找我。

问：我知道你当地方法官时并没有插手这类案子，但你难道不觉得，你作为作家和母亲的双重身份改变了审判室里的行事方式吗？

答：我想没有。实际上，我们只是处理一些无关紧要的案子，你不能把人送进监狱超过六个月，你会度过漫长乏味的整个下午。当你面前坐着第十二个被告时，他把车停在禁停的运毒场所外面，他解释说他冲进去是为他的邻居、孩子、岳母或他自己获得救命的毒品……但我认为作家无论有哪种经历都是好的。作为地方法官你看到人们经常身处独特的境遇中，在某种意义上，做地方法官也会有他自己的乐趣。

我记得有一个案子（我忍不住说它），一个性格十分恶毒的老绅士与他的儿媳一同外出，他们来到一家酒吧，她拿起一个很重的平底大玻璃杯砸到他脑袋上。她因为攻击他人而出庭受审。这个恶毒的老头说："尊敬的阁下，她会告诉你们，我把她叫做荡妇和婊子，可我从没叫过——你们要当心啊，尊敬的阁下，她的确是个婊子。"［笑声］。在这种情况下你很难拉长脸。

问：你怎么想起写自传的呢？是因为写自传比写侦探小说容易吗？还是另有原因（你是个内向的人，不喜欢暴露太多）？

答：不，这就是我写自传的原因，没错，因为很多人不停地找上门来对我说，他们已经得到为我写传记的授权。他们想来和我讨论这件事，而我根本不需要传记。后来他们不约而同地向我表明，等我死了，他们无论如何都会这么做。但我想，好吧，我活着可不是为了担心这件事。我又想也许我应该写些什么，比如说我的自传。我决定写一年日记，利用日记的条目回忆数年前当天发生的事，我也可以回忆我的童年、我写的第一部作品和别的什么。一切看起来进展顺利，但必须小心——这本自传不会讲太多。

问：你没有谈论你的孩子。

答：没有。他们很注重个人隐私。他们不喜欢被议论。他们也不喜欢被拍照。他们讨厌所有这些，讨厌极了。所以当你扫一眼索引时，就会发现我写我的猫咪远远多于写我的女儿。

问：你那只猫怎样了？

答：已经死了。

问：哦，节目结束时竟然问了个这么糟糕的问题。

答：她得了老猫都会得的那种病，最后不得不去兽医那里。太让人伤心了。我认为我在波莉·霍布斯临终时做得不够好，因为我早该带她去看医生；但是你总是抱有一丝希望，不是吗？她葬在了她过去常翻越的栅栏旁的花园里。

问：你最近又养猫了吗？

答：没有。我还没从悲伤中缓过来，再养一只会确实不够厚道。我没有刻意选波莉；是她选了我。很显然，她决定离家出走，于是她就走了。她在大街上来回走着，寻找那个能给她提供最好猫粮或随便什么吃食的人，我被选中了。

问：当然，因为你没有养猫，你立刻就成了怀疑对象。

答：我也没有养狗。尽管我喜欢狗，无论如何，现实生活中很多杀人犯可都养过狗啊。

约翰·莫蒂默

John Mortimer

约翰·莫蒂默先生是一位杰出的剧作家、小说家和前执业大律师——也是世界公认人物兰博·贝利的创作者，这个人物被写得坚韧、意志顽强，他对自由和陪审团制度持有永恒的信念，更不用说他对有疗效、有益健康的香槟品质也持有永恒的信念。

莫蒂默的剧作包括《与父亲一起的旅程》（*A Voyage round My Father*）、兰博戏剧，以及对伊夫林·沃的《重访布莱兹海德》（*Brideshead Revisited*）的改编。2003 年当我与他在爱丁堡国际图书艺术节上对话时，他已八十岁高龄，正舒舒服服地坐在轮椅里，旁边一瓶打开的香槟酒，酒杯已斟满——一大杯香槟，正如你看到的，他每天清晨六点准时把它放在身边。

我告诉他，他是我所采访过的第一个手持香槟酒并不时啜饮的人。

约翰·莫蒂默：噢，嗯，我希望这没关系吧。我在广播五频道做过一档节目。这档节目有一位主持人，当你坐好时其他人来了。这时一支男孩乐队进来了，乐队的头儿刚戒完毒。主持人说道，"噢，你做得很棒，你戒了毒，你结束了戒毒疗程。"我们大家都肃静了，默默祈祷了两分钟左右，接着主持人对我说，"你对什么东西上瘾吗？"我说，"不，我对任何东西都不上瘾。我就是早上六点钟喝我的第一杯香槟。"结果现场安静得可怕。他问，"你咨询过这个吗？"我说，"嗯，不，我没有咨询过。"他又问，"嗯，这种情形持续多久了？"我说，"从我能喝得起第一杯香槟到现在。"因此这只是我的嗜好。

拉莫娜·科瓦尔：你不担心这对长寿有影响吗？
答：不担心，我想这种情形会持续到我死。

问：你说，"普遍误认为自由选择在年老时带来智慧、宽容和信赖。"你说，"一些最严重的不端行为、犯罪和蠢事都是不负责的老人干的。"
答：是的。

问：你不负责吗？
答：完全不负责，我想。是的。但我不希望我犯太多罪并干太多蠢事。我认为年老并没有带来智慧。我想我在同一段里说过，聪颖的少年胜过领取十份工资的妇女，或缔结不满意良缘的新婚老人。

问：你也说过对人年老的体会，人虽然身体变弱、能力减退，但感觉还是和十一岁时一样。
答：我认为人们没变。我想如果你往任何一所学校的操场看去，你能看到小律师和小盗贼。你准确知道他们将成为什么样的人，就是这样。我不认为你会改变。当你老了，你确实拥有许多不经历就不可能有的记忆，这在我是一种很好的慰藉。但我认为，年老并不一定带来智慧。

问：你十一岁时对诗歌和戏剧感兴趣，对吗？
答：嗯，实际上，我在十一岁时有件烦心的事。那时我因为一副单片眼镜而写作——我想成为博迪·伍斯特（Bertie Wooster）①，真的。后来我想成为弗莱德·阿斯泰尔（Fred Astaire），可我无法实现，因为我既不会跳舞也不会唱歌。但我会在用餐时穿上无尾礼服，并戴上这副单片眼镜。我真的感到有点烦。

问：这是一种卖弄，还是整个家庭都要做这种事？

答：我是家中唯一的孩子，所以我生活在幻想中，我的生活只有想象出来的同伴。我认为，只有一个孩子就是不一样，因为你不得不编造出一些人来填满你的世界，我认为我总是两个人。戴单片眼镜时我总感到烦心，与此同时，我也是那个可被感知的自我，他说，"你认为你到底在做什么呢？"你知道吗，指的就是戴单片眼镜时。

问：我很想知道你在艺术和戏剧上最初的好奇心，因为你说在这方面你根本没有得到你父母的鼓励。

答：嗯，因为我十六岁时父亲失明了，我不得不大声向他朗读，于是我就读了大量诗歌和平常我根本就不会看的东西给他听。但有两类读物我根本用不着去读，那就是夏洛克·福尔摩斯侦探故事集和莎士比亚戏剧——我父亲记住了所有的莎士比亚戏剧，而且总是不恰当地引用。有些人孤独时会哼哼小调，而我的父亲则会吟诵莎士比亚。每当厨师给他端上早餐时，我父亲总对她说，"宁芙女神②啊，为我的罪恶向你祈祷吧。"那位厨师会说，"这是您的早餐。"每次看到我时（我五岁左右他还能看见），他总是说，"处决是否已经愉快地完成了？"嗯，这对于一个五岁孩子来说还真难回答。他也喜欢把莎士比亚语录引用到完全不同的事上去。《约翰王》中被引用的一句话说的是狱卒胡伯特不得不挖出小亚瑟的双眼。行刑的人站在幕后，胡伯特的台词是，"当我的双脚踏上这片土地时，冲上去捆住那个男孩。"我父亲过去常说，"冲上去捆住那个男孩——听起来就像出

_____

① 英国作家 P. G. 沃德豪斯笔下的人物，富有并无所事事。
② 希腊、罗马神话中以美丽女子形象出现的小女神，有时化身为树、水和山等自然之物。

自不满的律师事务所。"所以每次他见到不相识的事务律师时都会说，"你是来自'冲上去捆住那个男孩'吗？"

我们以前每年常去叫"纪念莎士比亚剧院"的地方，看那里上演的全部戏剧。我们不是最让人满意的观众：因为我父亲喜欢六道菜的晚餐，我们常在剧目开始差不多二十五分钟后才到达剧院前排座位。但是，一旦我父亲让人把场景解释给他听后，他对演员真是莫大的帮助——他能比演员早五秒钟说出所有台词。所以我是在奇怪的莎士比亚引言环境中长大的。

问：但我想你从来没有真正得到过你想要的父母的表扬，它与你作为职业作家相关。你说，你母亲认为你做的大多数事都很滑稽，她说，"噢，对你来说事情总是一样的，前进一步，后退一步。"

答：他们的确来看我的首次表演了。他们不是滥竽充数。一天我打电话给我母亲，我说，"妈妈，你知道我这周一直在干什么吗？"她说，"不知道，你在干什么？"我说，"嗯，我在担任法官。"她笑得扔掉了电话。她说，"你担任法官？荒唐的想法，你到底在干什么？"她对极了。他们一直坐到我没完没了的表演结束——我扮演哈姆雷特、麦克白、奥塞罗和李尔王。因为我是家中唯一的小孩，我不得不同我自己决斗，我不得不给自己端上有毒的圣酒，我不得不像母亲那样对我自己示爱。这对他们来说一定非常乏味，但他们都坐在那里一动不动。接着我表演了所有我喜欢的戏，我不得不既扮演弗莱德·阿斯泰尔又扮演金格尔·罗杰斯（Ginger Rogers）[1]。

问：但他们不希望你放弃法律，是吗？

答：是的。我告诉父亲我想当作家，他说，"你会成为作家。你会成为一般成功的作家，但想想如果你当作家你的妻子就会过的那种生活吧。"因为作家总是待在家里，穿着睡衣，煮着茶，寻章摘句。他又说，"去找一份能让你走出家门的工作。去给一些人办离婚吧。"（这就是我父亲的差事）。

---

[1] 美国著名歌舞女演员，是弗莱德·阿斯泰尔的舞伴，二人多年同台演出。

"并不难。"于是我就这么做了。我去成了一名离婚案件事务律师。

问：他想让你总是有退路。

答：他想让我把办离婚案作为退路。因为他过去是一名非常出名的离婚案件律师——当我完成法律专业学习、穿上律师服并完全倚靠处理通奸、施暴以及故意忽视案件的收入为生时——他认为处理通奸是一件可当做退路的好事。但我必须告诉你，我接手办的第一个案子，证明那时关于离婚的法律是怎样惊人的愚蠢，那次我为一位丈夫出庭辩护。现如今，如果你想离婚，你直接到邮局，填写表格，然后就万事大吉了。然而对待通奸之类的案子，你就不得不相当认真的求证了。那次我代理的家伙，就发现找出与他妻子通奸的人比登天还难，于是他下作到采用令人震惊的权宜之计——戴上一幅墨镜，在脸上贴上胡须，爬进他自己的活动房屋，假扮他妻子的奸夫。他最后竟然因为妨碍司法公正而锒铛入狱。我认为这就有点过了。我的意思是，你不能脸上贴着假胡子与自己的老婆睡在一起……

问：你父亲办理离婚案的工作使你对女人有多少了解？

答：他的工作主要让我明白，这个世界上根本没有普通人，还有在每幢郊区的房子中都正发生着世界上最异乎寻常的事。同时这一切也棒极了，因为中年妇女会跑来向我（我那时才二十一岁）倾诉衷肠，告诉我她们所有的秘密。我只是感慨，婚姻造就了世上最离奇的结果。

问：那么这让你盼着结婚吗？

答：是的，我想我可以试一下。我在很年轻时就试过了。我记起早先经办的一桩离婚案，我记得那是英国乡村的一个典型的星期天下午——那个教区牧师正努力用一把教堂司事用来挖墓坑的铁锹撞击他的卧室门，因为在卧室里他妻子正在与家庭巡回护士私通。那时我想，"哇噢，这可真是典型的英国乡村啊。"接下来他们就离婚了，我打算办理他们的监护案。我说，"孩子们需要一位父亲。他们在生活中需要一个男人。"那位妻子说，"这没问题。这个巡回护士已经做了变性手术。"所以你并不知道在每个乡村教区真正发生着什么。

问：你早年作为电影剧本作家的经历非常有趣，因为为拍电影写作对你来说似乎是这样的：你可以年复一年地写却没人看到你的作品。

答：嗯，我经历了一场最不英勇的战争。战争开始时，我对我父亲说，"我无法决定，我是想成为一名拒服役者还是一名喷火式战斗机飞行员。"那时我父亲说了句让我难忘的话。他说，"要避免任何从事英勇行为的诱惑。"我认为这非常明智，于是我在一家政府单位成了一名脚本作者。最先我担任第四助理导演。我们主要制作战争片，那时我大概十九岁，我是那儿有过的最差的助理导演。我以为它是个非常高的头衔，但我发现，我要做的就是给导演倒茶并在每个镜头开拍前喊一声"请安静"。当我非常轻非常老练地说"请安静"时，我紧张极了，就像现在这样，他们一点都没注意到。他们继续示爱、吊膀子，玩二十一点。于是我发火了，说"安静，你们这帮杂种！"但他们所有人继续罢工。后来，我在去利物浦的路上弄丢了二十七个负责照明的电工，于是他们说，"你可真是我们有过的最差的助理导演，但也许你愿意当电影剧本作家。"

劳利·李（Laurie Lee），好家伙，是电影剧本作家，他想走因为他厌倦了我们正打的那场仗——他喜欢西班牙战争，但对它又不太感兴趣。他说，"如果你去瓦特福德车站写一篇相关的稿子，你就能接我的班。"于是我就写下这篇关于瓦特福德车站的非常糟糕的稿子，他急着让我接班，就说"写得好极了。"于是我成了电影剧本作家，我得到一身咔叽布制服，上面有"电影剧本作家"的字样。因此我清楚了自己的身份。实际上，那是非常快乐的日子。我为政府写了德文郡男孩的有趣剧本，还写了如何节省面包以及怎样倒垃圾的剧本。我在战争结束前一直为政府写那种剧本。

然后战争结束了。我们都在潘伍德工作室，棒极了。一天我去军中福利社领取午餐，我前面站着一个修女，她往自己碟子里堆满了几乎各种食物。她转过身来对我说，"我想是当处女让你欲火中烧。"我看着这个修女，感到相当困惑，后来才知道她不是一位真的修女——她只是电影《黑水仙》（*Black Narcissus*）里的临时演员，战争已经结束，我们开始正常拍电影了。

问：你在《濒临毁灭》（*Clinging to the Wreckage*）里说，战争是诗歌的年代，那时你写过受奥登影响的民歌，但你又放弃了。你说你希望诗歌只适合古代，就像在花园里度过每天一样。诗歌为你重新铺平道路了吗？

答：没有，令人遗憾的是没有。我在牛津写过几首诗，奥登风格的诗。但是很遗憾，没有这样。我能写诗，我却不能真正地写诗。

问：说到你父亲的日记，那是他向你母亲口述的，你说，"我能准确地找到1942年豌豆产量歉收的原因，和他们对付玫瑰花蚜虫的方法，但是，当我结婚、生子、离婚、被法庭传唤时，我就很难发现什么。尽管大部分事实就在某处。"可实际上，在你近期回忆录《睡鼠的夏天》（*The Summer of a Dormouse*）中，你本人在这本书快结束时有点趋向植物学了。你注意到了吗？

答：我父亲是伟大的花园建设者，他在我住的地方创造了一个美丽的花园，他本人看不见，我们就不得不将这一切解释给他听。但他还是外出，摆弄花草。我们得告诉他花花草草长什么样。这座花园还在那儿。但我没有他那样的园艺热情；他真是一位伟大、有创造性的园艺师。下面就是他日记的内容："吃我们自己的西红柿。松鸦们已经吃掉了豌豆。约翰有了一个宝宝。"这大概是看待生命的一种合理方式。

问：可显而易见，你很喜欢这座花园，你非常喜欢在这座花园里回忆他，在这座花园里回忆你的母亲。

答：嗯，我的经历很罕见——现在我认为罕见——生活在我童年时代的房子里并在这儿有了孩子，他们在我童年的房子里玩耍。太多东西在我生命中的那座房子里消逝，那是一种毒品。对我父亲来说，那就是一种毒品，因为他对园艺，要比对办离婚案更感兴趣，真的，后来他连伦敦都不去了。

问：我想知道，你是否认为兰博对于人的教育做过巨大贡献——对观察的大众，对阅读的大众——关于公平和正义问题以及刑法，因为你真的讨论了非常严肃的问题。

答：杰弗里·罗伯逊（Geoffre Robertson）说兰博已经更改了法律。我不十分确定他是否把兰博抬得有点高。我构想兰博主要是因为我想要创作一个人物使我老年时保持活力，像麦格莱特（Maigret）[①]、夏洛克·福尔摩斯或其他什么人物。但同时我也想写所有那些我坚信的伟大道义——它们正受到现任政府的猛烈攻击，在其它许多不要脸的政府那儿也一样——关于受你的同辈检验，关于疑罪从无，关于警察局不应制造更多不必要的证据。这些伟大的原则没有受到政客尊重，他们真的想控制一切，而这些伟大的道义也没有出现在公众名单之首，它们只存在于刑事犯罪律师那里。只有一些毫无同情心的法庭才高举这些伟大道义，所以我想说，律师们并非都是腰缠万贯、肥猫似的说谎者。他们也服务于一个有用的目的。

问：在最近一本书《兰博与享乐之路》（*Rumpole and the Primrose Path*）里，你真把这些问题看成隐私。

答：使兰博保持活力的（人们说柯南·道尔已经对夏洛克·福尔摩斯感到厌倦了）是你可以把今天报纸上的任何问题拿来，写出一个关于它的兰博故事。所以，兰博故事系列并不都是关于我处理过的案子，但它们涉及正在发生的一切。举例来说，警界头目经常说所有的辩护律师都是江湖骗子，代表他们的客户撒谎；于是，我在那本书里写了一个兰博故事，说的是一位伦敦高级警官被指控谋杀。他迫切地需要兰博来为他辩护。

问：兰博说，高居我们国民重要财富榜单的是莎士比亚戏剧、草本植物花坛、疑罪从无的伟大道义和英式早餐。那么你是如何看待二十一世纪早期英国的？

答：英式早餐已经完全消失了。莎士比亚戏剧还没有消失，只是学校

[①] 巡查官，法国侦探乔治·西蒙侬笔下的巴黎侦探。

里不再教它们，真的，我想是这样的。他们有点怕他的戏剧，是因为他是一位死去的英国白人作家。乔治·奥威尔也是这样，但在学校里每天都要阅读乔治·奥威尔，不是吗？而且现在在英国未经审判你就会被关起来。这里没有人身保护法令。他们正试图砍掉陪审团——他们说陪审团不能理解案件，他们太蠢了。他们隐瞒了事实：即通过对每项可能的违法行为实施强制性法律制裁响应 999 紧急电话诉求，但没有警察这么做。他们试着分散公众对这一事实的关注。我想这太让人伤心了。所以兰博要起来反抗它。

问：你曾说，人在度过大部分生命时，都不会想到死亡，那些早逝的人一定会对临终的演出手足无措。"现在我正想了解如何进行表演，和死亡到底何时到来。还有，你是否有时间说出几句难忘的遗言来？"

答：关于我父亲的临终，我有一段非比寻常的经历，因为我眼睁睁地看着他死去。他的临终遗言是……他想洗个澡，我说："不行，爸爸，你不能起床洗澡。"他非常愤怒，说："我要起来。"我说："别生气。"他说："当我快死的时候，我总是很生气。"我不知道他说这番话是一时兴起，还是对自己全部生命的概括。我亲眼目睹那一切发生，然后他死了。接下来的十年、十五年后，在同一间卧室的同一张床上，我在《与父亲一起的旅程》(Voyage round My Father) 里看到劳伦斯·奥利弗 (Laurence Oliver) 表演了相同的一幕，劳伦斯·奥利弗说，"当我快死的时候，我总是很生气。"

我认为那是对一位作家生命的异乎寻常的隐喻，你看到某件极重要的事发生，然后你看到这一切由演员们再次表现出来。但我不知道，他是否是一时兴起说出那句话。我想我会说，"辩护结束了"，但现在我可能不会这么说。谁知道我怎么死呢？我刚好写完这本关于我生命中最喜欢东西的书，留给我的后代们，在书里有相当大的篇幅关于蒙山。蒙田曾开出一张人们怎样死去的单子。不论他是谁——好像是埃斯库罗斯——他总是被告知他会死于快倒塌的房屋下，所以他从不靠近摇摇晃晃的房子。但他实际上被头顶一只鹰丢下的龟壳砸死，这种事可能发生在我们任何人身上。

然后蒙田又列出一张死于女人大腿之间的人的名单，其中包括教皇克莱门特五世。不，我不知道我会怎么死。

问：你看上去不像很担心的样子。
答：我担心了吗？

问：不，你看上去一点也不担心。你似乎很享受你的晚年。
答：我的临终？我想人们不怕死亡，他们怕的是他们要死去的那种方式，难道你不这样认为吗？

问：你坐在轮椅里似乎很舒服？
答：是的。你觉得我可以撑到节目结束吗？

问：我想可以。你做得很棒。你想让我把脉吗？
答：当然可以。

伊恩·麦克尤恩

Ian McEwan

　　伊恩·麦克尤恩创作的长篇和短篇小说曾获得萨默塞特·毛姆文学奖、威特布莱德文学奖，以及布克奖。2002年，当我在爱丁堡采访他时，正逢他身处佳境，他的小说《赎罪》（*Atonement*）被誉为他最好的作品。麦克尤恩的早期作品中包含对凶杀、乱伦、施虐受虐狂和野孩子的描写，但小说《赎罪》描写的却是一位女作家试图弥补自己从儿童向成年人过渡时所犯下的一桩道德错误。一位评论家曾说："翻开麦克尤恩的早期作品，读者肯定知道，残暴的事情一定要发生。"或许今天马上要降临一场大灾难。但不论读者对这部新作的期许如何，伊恩·麦克尤恩都被视为当今最好的英语作家之一。

　　在那个阴雨连绵夏天的爱丁堡文学艺术节上，我与他谈起写作、伦理、科学和爱情时，他异常活跃。我们从《赎罪》谈起，这是一个关于感知问题的故事，人们赋予其间发生的各种事件以不同的意义。《赎罪》或许是一个关于"不可靠的目击者"或"不可靠的叙述者"的故事。我向麦克尤恩提出，许多故事和其它小说创作已触及该领域：人们试图弄清他人在想什么或实际在说什么时犯的错。我问他在这个世界里是否感到相当困惑。

伊恩·麦克尤恩：我看到有一个陷阱已经逼近。如果我说不是，那会非常傲慢。如果我说是，那我看起来会相当困惑。

拉莫娜·科瓦尔：显然你不明白我的问题到底是什么。

答：是的，我已经迷糊了。在小说《赎罪》的某个情节中，布里奥妮把她的想法作为对虚构事情的真实发现，即不一定简单地把生活看作——像她认为的那样——一场善恶之间终生进行的曲棍球比赛，但生活中许多问题确实是由于误解产生的。在这方面，我认为有两种看待语言的方式。要么你可以把语言看作雷区，这儿会发生各种各样的社会和个人灾难。要么——我认为这些事情互不排斥——你把语言看作最特别的装备，凭借它让气流通过你喉咙里的一小块组织，你能使你心中所想通过心灵感应传递给另一个人。

现在我要相信语言是第二种神奇的视角，同时我想探究仅仅由误解造成的、导致完全好心的人破裂或彼此交恶时发生的所有悲喜剧结果。准确地讲，正如你所说，这就是一部小说：关于感知力的各种问题。布里奥妮目睹了一件我们都已经参与的事——即罗比与塞西莉娅站在喷泉旁——而且她误解了这一切。布里奥妮的误解，在文学方面主要取材于小说《诺桑觉寺》里的凯瑟琳·莫兰。在那部小说里，凯瑟琳·莫兰透过哥特式小说的棱镜重塑她所看到的全部事件。我十七岁时读了《诺桑觉寺》，它给我留下了极其深刻的印象。那时我刚开始涉足文学，我想了很久，"对于一个被文学迷住心窍的人来说，他（她）总能找到一部长篇或短篇对号入座，结果却把一切都搞错了。"

问：布里奥妮在想，其他人是否和她感受一样；他们是否看上去真实地对待他们自己，就像她真实地对待她自己一样。她在胡乱想，其他人真实地存在着，而且你确实能把自己放在他们的位置上。写小说是一种能使人们彼此有同理心的方式吗？

答：我认为，在所有艺术形式当中，小说最能让我们栖息在他人的心灵中。我认为它比戏剧做得好，也比电影好。在过去三四百年间，小说已经发展出种种复杂的体例，不但能表现各种精神状态而且能表现时间的变迁。如果你像我这样看待小说，把小说当做对人类本性、人类状况的调查研究，那么这种研究的主要工具就不得不展示——以某种方式在字里行间——他人的那种能够诉诸于感官的"被感受到"的感觉。

童年时代每个人一定都有这种缓慢的认识——分阶段，有小幅跳跃和开始，有时进两步、退一步——他人和你对自己的敏感是一样的。这是一个非常惊人的发现。我记得大概十岁时，我经历了生命中第一次真实的瞬间，即一想到每个人都同我一样真实就觉得非常惊慌。

问：你十岁时发生了什么？

答：我母亲上班途中把我丢在海滩边上。我那时在北非。那是在清晨，是在地中海式的春天里，我拥有自己的一天。没有任何朋友——我也不知道为什么，在那天——我有那些小小顿悟中的一个，意识到"我就是我自己"，同时我想，好吧，每个人都必须感受到这个。每个人都必须想，"我就是我自己。"我想，它对孩子来说是个可怕的念头，感觉其他人的存在构成我们道德规范的基础。我想，你不能对他人表现得残酷，如果你完全意识到这对别人来说会怎样。换句话说，你可以把残酷看成想象力的失败，看成同理心的失败。那回到小说作为一种艺术形式的话题，我认为小说最重要的就在于它能给我们其他心灵的感觉。

问：你可真是钻到那个小女孩脑袋里去了。对此我很吃惊。她写的折磨人的剧本，她使用的大词和笨拙的句子——

答：那个剧本不至于那么糟吧。［笑声］

问：就像这样，"这是天真的阿拉贝拉的故事，她和外面来的一个家伙跑了。"

答：伙计……

问：对不起，伙计。我只想表现得更像英国人。哦，阿拉贝拉，伙计。我现在准备好了。[笑声]"对微缩画的品味，对秘密的热忱，还有对完全掌控微观世界的需要。"这也是一个成年作家头脑中发生的事吗？

答：是的，在某种意义上。成年作家不会再以完全一样的方式攻击和辱骂字典了。不过，语言是写作的乐趣之一，我认为这一点被一些小说家低估了，他们继承了浪漫主义传统，想让人们相信，他们在极大的痛苦中写作。我想，没被经常说起的或说得不够多的是，许多作家就像许多艺术家一样，沉浸在一种自我愉悦的美好形式中。当一切顺利时，根本不存在什么痛苦。我想，如果更多的人知道，一旦你学会写这种特定的小说，就会多么接近陶醉的状态，那么我想每个人都会去写小说——那么我们所有人都要忍受比现在多得多的小说。那种愉悦部分是因为它是一种秘密的愉悦。这个秘密很难分享；我对它没有十足的把握。在我的日常生活中，我爱人是一位编辑和记者，她在《卫报》工作，像所有在报刊编辑部工作的人一样，办公室生活总是充满了令人难以置信的复杂和阴谋。她的日常生活看起来很充实；你知道，当一天结束时，我问她，"今天怎么样啊？"——已发生了一千件事。而等到我的一天结束时，无事汇报。[笑声]

为了平衡这种场面，每隔几个月，当我写一本书时，我俩找个时间——通常在假期或周末，在我们非常大的圆丘沙发上，那种你可以爬进去的巨型沙发，脱掉鞋子，拿上一杯酒——我把目前已完成的六七千字读给她听。这是我诉说的唯一方式，嗯，这是我要做的事，这是我的办公室生活。但在这儿，秘密构成了快乐的一部分。而且绝对规则是，我不寻求赞扬，我不需要鼓励，我当然也不需要任何批评。[笑声]

这非常古怪——我想，所有作家都曾有过这种永不消失的奇怪感受，关于那些与你一起生活了两三年或三四年的人物，你给他们起了名字，通常努力为他们挑个不太显眼的名字，除非写某种道德剧时，你才不会有这种感受。我与你在这儿对话，你谈起布里奥妮，好像她是个真人——在各种人物从隐秘空间转到公众空间的那一刻，我没有失去过我的快乐。我记得在一档广播节目中，我与许多读者群相聚；他们分别来自不同的乡镇。我要谈论的是《爱无可忍》（*Enduring Love*），有两三个读者群来自英格兰北部。那场对话主要按这样的谈话方式进行，"嗯，我不喜欢克拉丽莎"，然后其他人就说，"嗯，我觉得她没那么坏，而那个乔，我觉得他是一个……"尽管我认为这绝不是谈论小说的方式，我还是从中感到巨大的快乐，也就是说，这些人物最终完全离开我独立存在了。

问：你对布里奥妮完全失控于她的剧本时的反应的描写，你对她的表亲之间角色分配的描写，你对她的冲动的描写，如下，"想要逃跑，栖身于树篱之间，以啃食浆果为生，不与任何人说话，在一个冬天的破晓时分，一个长着胡子的护林人发现了她蜷缩在一棵巨大的橡树下，赤着脚，死了，却那么美丽——或许她可能穿着系粉红丝带的轻便芭蕾舞鞋。（一段描绘少女时代愤怒之情的神来之笔）。你是从哪儿获得的灵感呢？

答：哦，男孩也会大动肝火，尽管男孩不会（当众）穿系粉红丝带的轻便芭蕾舞鞋，不难想起——我发现也很难忘记——受到攻击时的那种痛苦/欢乐、辛酸/甜蜜并存的感受，那种地狱般、毁灭性却又十分美妙的感受。能唤起那种感受是一种乐趣。

问：你必须被发现并接受观察，是吗？人们必须了解这种生活。

答：我把生活遭到毁灭的场景描写出来，却不为人们所注意，那简直没有任何意义。我的意思是说，这样描写的意义在于，让某人感觉很糟，这正是让布里奥妮逡巡不前的原因——实际上，是感觉到洛拉的控制冷酷无情，是感觉那种控制将不起作用；是感觉到她能冲出屋去，洛拉甚至都不会注意到，所以在那里攻击将会徒劳。但那种情形就像清楚地表达并表露感受的另一个小角落，确实我在阅读中获得的乐趣不一定是我亲眼见到某种新事物，而是亲眼见到某种熟悉却未见描述过的事物。对我来说，我想所有小说中做得最好的，仍然是《尤利西斯》，该作品中到处都是日常生活的片段——布鲁姆在买些腰子，那些腰子透过包装纸的冰冷，有你能想到的各种东西，"是的，我需要那种清楚的表达。"那是一种真正的快乐。

所以，当人们说，一位男性小说家怎能描写出一位姑娘生闷气的样子呢，这个问题对我来说非同寻常，因为生闷气是人的事，根本不是小姑娘独有的。

问：以前你是什么样的孩子呢？你像布里奥妮吗？你曾有过充沛的想象力和致力于写作的雄心壮志吗？

答：我是深藏不露的那种人。我在这点上像布里奥妮，我过去常借来家里的打字机——我是说我母亲的打字机，我想我从没见过她用它打字。我喜欢把纸卷进打字机里，然后我就卡住了，因为我想写，但我却没有任何东西可写。于是我开始写秘密日记，有时夜以继日地写，然后又把它们都忘了。当我还是孩子时，我脸上长满了雀斑，就像布里奥妮的堂兄弟一样，脸色苍白，而且非常害羞，我与我母亲非常亲近，却非常惹我父亲烦。他认为男孩不该与母亲太亲近。我在班上非常平庸，一声不吭，痛恨当众讲话——你看，这就是我付出的代价，我只能干这个了。[笑声]十六岁前从没有人说我聪明，之后有人说我很聪明时，我就开始变得聪明起来了。

问：谁告诉你的？

答：我是那种作家之一，我们都曾有一个非常优秀的英语教师在合适的年龄为我提供所有这些书。

问：那时候看了哪些书呢？

答：第一代浪漫主义诗人最先使我感到狂喜，比如济慈、华兹华斯、柯勒律治。另一个大的刺激就是读《荒原》，老师使我们相信，它不过是爵士乐时代人人都能读的诗罢了，至于这首诗的更多意义，你完全用不着自寻烦恼。于是他让我们大段大段背它。我现在背不出了，但我还是可以在脑中听到，"新开的紫丁香繁盛无比／她采了钵儿紫丁香在她房里，"我似乎总能感受到它有种切分不明显的音调感。我认为，这个小窍门，就如同许多优秀的英语老师（开启年轻心智的整个民族的男人和女人们）教会我们的那样——用一句话来说就是，赏析诗句不是无趣的，它能给你带来快乐。而且不要感到威胁；你也能拥有它。允许你们进入诗的殿堂。这就是狂喜。

问：你接受著名小说家、评论家兼创意写作课老师马尔科姆·布拉德伯里指导的那个阶段，感觉如何？你是布拉德伯里的首名弟子；实际上，短期内你还是他唯一的学生。

答：是的，那时还没开什么课。我那时二十一岁，刚刚在苏塞克斯大学读完英语语言文学学位课程，正四处寻找，想在什么地方读个文学硕士。我靠搭便车游遍了整个意大利。那时有点晚了，都已经九月份了，我还没有找到一所大学去读，我翻遍了一大摞入学手册，看能否找到一所学校读个当代文学和文学理论的硕士——七十年代，这个专业还不像现在这么难读——而且你也可以交上几篇小说。我给在英格兰东部的这所大学打了电话，令人惊异的是，我几乎马上接通了马尔科姆·布拉德伯里本人。他说，"好，过来见我吧。"于是我借了我父亲的汽车，从米德沃勒普驱车赶到诺威奇，布拉德伯里说，"好的，我想看看你的小说，如果你能在两周内交给我的话。"我开车回家，写了两篇小说——非常非常可怕的故事。

问：它们是你写过的第一批东西吗？

答：是的。我还写过其它东西。我写过一个广播剧。你知道，我写过那种人物知道他们存在于剧本中的那种剧作。

问：就像布里奥妮的剧作吗？

答：是的。嗯，比布里奥妮写得差多了——甚至都不押韵。那一年我有一段对我来说非常幸运的闲暇时间。写作教程已经结束了，布拉德伯里在电话那端告诉我。他说道，"这是头一年，我们已经开了小说元素这门课（你可以交上自己的作品）。还没有人申请，但如果你想来的话，我们将拿你做实验。"

于是我就去那儿和另外十二个学生一起上课，他们将主要精力集中在比较文学和美国现代文学方面，而我仅仅把它当做是我写小说的一年。那是我在青年时代作为成人的第一个真正的选择——此前我都是这个教育系统的产品。我占了诺威奇边上一所大房子里的一个小房间。我疯狂地写作——头脑中充斥着浪漫主义的感受——我一直写到破晓。每隔三四周我会与马尔科姆会面二十分钟，通常在一个小酒吧。那时他总是很忙。看过我的作品后，他会说，"好的，我喜欢那个。"他从不给出任何真正的评论，他只是说，"这很好，我想你写的方向对，下面你要做什么？"我会说，"嗯，我想写一篇小说，是关于一个强奸了他姐姐的十三岁男孩。"他会说，"哦，我什么时候能读到它？"

换句话说，他对我的指导，在道义方面完全中立，同时他将我引到对我造成巨大影响的写作道路上。也正是那一年，我读了所有那些我至今仰慕和信任的美国作家的全部作品：约翰·厄普代克、菲利普·罗斯、索尔·贝娄，在我心目中，过去三十年他们在英语小说创作上似乎一直占统治地位。我也读了威廉·巴勒斯和诺曼·梅勒的作品。我对标准英语主流小说的基本结构感到很不耐烦，与那些感情充沛、使人冲动的美国作家相比，前者显得灰暗、没有抱负，后者则语言大胆、充满自由精神。

问：是因为他们没有你成长时受到的那种英国式约束吗？

答：是的，同时他们对于小说能成什么样有一种民主的、多元主义的感觉。索尔·贝娄笔下的各种人物在街上自由自在并能以一种他称作"静水流深"的方式思考。你无须去探索贝娄笔下的上流、中流、下流以及游移其间的各阶层人物。他们不过是二十世纪的人，贝娄在探索其生存状况。

相比之下我写的故事都是细小的东西，但我认为，我确实想彰显我的勇气。我确实需要鲜艳的色彩，确实想有点野蛮的东西，我想那是反应性的。多年后，人们会说，"噢，你写作明显是想使人们震惊"，我不接受这种说法。但现在我意识到了，其实可能就是这样，不是有意识的追求，而是反应性的作品，相对于当时英国小说文雅、声调和谐和流行的文风来说。那种小说过分注意阶级和社会流动性问题、家具看上去什么样，以及如何描写挂毯。我对此感到相当不耐烦。

问：当你说你准备使人震惊时，你想到了谁？

答：那还不是个十分自觉的想法。当我把我的故事给马尔科姆·布拉德伯里看时——这之后，我又给了安格斯·威尔逊（Angus Wilson）看，他接过了夏天那个学期的讲座，我也把故事传给个把朋友看——没人感到震惊。对于所有我那些搞文学研究的二十岁出头的朋友来说，猥亵早已不算什么。有教养的猥亵行为就是教人们如何在晚上自娱自乐。[笑声]在那种环境中，我的小说不可能让任何人感到震惊。

问：你父母怎样？

答：我寄给我父母一本《最初的爱情，最后的仪式》（*First Love, Last Rites*），我父亲那时还在英国军队服役当军官，他的分寸感还在与他作为父亲的骄傲感斗争。最终是父亲的骄傲感获胜——我父亲订了几十本《最初的爱情，最后的仪式》并把书全都送给他的长官。[笑声]所以当我去看望我父母时，我就有机会与军官们一起喝一杯。从布兰钦索普上校轻蔑的厌倦表情中，我可以确定，他们不仅读过我的书并断定我不会给他们惹麻烦，而且我父亲的唠叨他们已经听得够多了。[笑声]不管怎样，我父亲坚持自己的看法。他非常骄傲。我想这对他来说很难。

问：你曾说，你不想带着那种对阶级和描写的敏感性写作，可在某种意义上，《赎罪》却带着很多那种特性。怎么回事？

答：是的。我老了，头发白了。[笑声]到我写《只爱陌生人》（*The Comfort of Strangers*）、《水泥花园》（*The Cement Garden*）和《床笫之间》（*In Between the Sheets*）时，这到当时为止还算不错，可我仍不顾一切地想扩大。在1981年或1982年末，我在写作中遇到某种危机，那时我已经写完了《只爱陌生人》。我感觉我已经把自己写进了死胡同，我很想走出来。于是我不再写小说，而去做其它事。我写了一部电视剧，名叫《模仿游戏》，背景是第二次世界大战。我为理查德·艾尔（Richard Eyre）写了一部由他执导的电影剧本，名叫《农夫的午餐》（*The Plough-man's Lunch*）。我与作曲家和播音员迈克尔·伯克利一起写了一部宗教剧，是一种对八十年代初军备竞赛中新转变的真正回应。这一切使我的作品具备更多的觉悟和广度。

于是所有那些问题，无论人们是在谈论阶级还是社会热点，全回到这部小说中。我总是感到，举例来说，在那之前我从未暴露我的各种角色身处何方或何时。我过多地处于存在主义小说的保护下，我知道那就像拄着拐杖走路。如果回到探索人类经验的这种观念上，要走得很远非常困难。因此等我再回去写小说即《时间中的孩子》（*The Child in Time*）时，它那时主要设在属于未来和现在的某个时间和空间中。从那时起，历史成了我的主要关注。于是所有那些我作为一个二十一岁作家时所蜕去、丢掉的东西，我又渴望以不同的方式收回来。

问：你总是对故事的转折点很感兴趣，超过那些时刻一切都回不去了。就像《爱无可忍》里的主人公决定松开绑在热气球举起的失控篮子上绳索的那一瞬间。在《阿姆斯特丹》（*Amsterdam*）里，那个报纸编辑，尤其被恶意驱使时，他是否应打印那张家庭价值内阁大臣的和解照片呢？展开整个故事的道德选择——这些瞬间是你开始创作下一部小说的必要组成吗？还是它们就那么出现了呢？

答：我的小说从未以相同的方式发生过。如果这样，我想我会写出更多的小说。我发现，想要熟悉我的素材总是很难。我写《爱无可忍》里的热气球事件时，这部小说我已经完成了一半。有人告诉我，在报上看到一篇报道，说人们试图用绳子拴气球，气球升起来了，这些人却掉了下来。我想，这则报道，在人类的合作行为与自私自利、利他主义和自私自利方面，向我透露出非常丰富的信息。在这一点上，既然这一事件与我内心对进化论心理学和道德抉择的兴趣很合拍，那么我就继续研究它。我找不到它，它登在前些天的互联网上。我妻子安娜莱娜那时在《金融时报》工作。她能进入这家媒体了不起的数据库内，我们输入"热气球死亡事件，德国"，因为我朋友告诉我这事儿发生在德国。我们什么都没找到。但"热气球死亡"——却有六十页密密打印的纸张。千万不要相信乘坐那样的东西上天很安全之类的话。［笑声］事实上，最大的热气球事故之一发生在艾利斯－斯普林斯上空。我曾给我和我的两个儿子预定过一次热气球旅行，因为我想了解它究竟什么样。当我阅读到这篇时，我知道，我只需要编造——主要是电源线和其它气球什么的。让其它气球见鬼吧。

问：但开篇那章——我认识的每个人都说那是他们所读过的书中最精彩的开篇。那是一部杰作，不是吗？你是在写这本书时找到灵感的？

答：我想涉及很多运气。那是个非常简单的想法。当我的朋友，我的徒步旅行朋友，告诉我他在报上读到这件事时，他才讲了一半，我就立刻知道该如何使用它。实际上，写起来也相对容易。而且因为我已经写了那部小说相当多的内容，我就知道，我已经有了真正的开头——那个故事将充当我的开始，而原先开篇那章现在成了第十八章。但如果他没想到给我讲那个故事的话，我就不会有那个开篇了。

问：他们要去野餐，他们彼此有段时间没见了，这个非比寻常的意外发生了，把他们带到了一个完全不一样的地方，如果他们那时没在那片草地上的话，他们就不会到那里去。

答：嗯，我不相信命运，部分原因是因为我不相信上帝，所以我真的认为生命就是一次悲喜交加的意外。我是说，每当人们开车上路并经过最近发生一处车祸的现场时，你十分清楚——嗯，我确信我们所有人脑海中浮现的第一个念头会是，如果它发生在十分钟前，出事的可能就是我。茫然的人们站在路边，警车尚未到来，路人已经在救助了。你想，如果我没接那个电话，可能就是我的车了。你知道，正好在路边的那些人的生命瞬间被改变了。有的已经终结，但其他的瞬间改变了。这一切并非预先注定；只是一场意外而已——你身在何处，其他人的所作所为，很多很多因素导致这一切发生。这种随机性，在某种意义上你可以说它增加了生命的无意义感。但同时我认为，这种随意性为小说家提供了极大的机会，就像对电影制片者一样——提供了生命瞬间改变的各种方式，同时也提供了充分探索人性的各种方式。它真的成为研究人性的手段。

问：《爱无可忍》这部小说，同样关注科学和理性理念相对更为直觉的思维方式。它为理性辩护，在某种程度上，至少从一名主人公的视角来看是这样的。妄想的信念——就像杰德·帕里的性幻想一样——在小说中都有一番探究，并且小说提出了这样的问题：你怎么知道你在恋爱，只是一时昏了头。你相信一见钟情吗？

答：我相信。我知道，那些进化论式的心理学描述都有一种"情况就是这样的"性质，它们是迷人的。如果我们能选择自己应该对谁一见钟情，那我们就不会四处追寻了。

问：为什么？

答：嗯，因为如果爱情成为我们理性的奴隶，那我们总会想——最好你的那个她，富有无比，天资聪慧，等等。一个理性的选择将是：一定会有更好的。如果一见钟情非我们能力所及，用进化论术语来说，那会更好。那样的话，至少我们可以开始提供下一代了。所以我认为有意义的是，一定有某些不受理性选择支配的东西存在。

问：这是对于坠入爱河的一种非常理性的思考方式，不是吗？

答：是的。但看看理性怎样产生一个非常有趣的故事。我认为，理性在文学中受到差评，我要责备玛丽·雪莱、济慈和布莱克。他们总是认为，理性从生命中抽出一些最基本的和好的东西。然而我们都知道，当然，在我们的个人生活中，困扰我们的是人们的出尔反尔或前后矛盾，即言行不一。我们都需要某种程度的理性，即便在我们与别人最亲密的交流中。我已经构思良久，我想写一部小说，其主人公对于理性所抱的信念相当牢固，而结果证明他是对的。而小说里出现的读者、警察以及他本人的妻子全都错了。这部作品与《黑犬》有几分对立，《黑犬》里的中心人物对理性持有深刻的怀疑。我认为我们仍然带着这种后浪漫主义时代的感觉生活——特别在文学中，在生活中要少一些。正是文学曲解了理性。具有代表性的是，在一部小说里，是相信自己直觉的主人公，而非那个冷冰冰、抽象的理性主义者，终获胜利。但那其实不是我的经历。我认为，我生命中许多美妙的瞬间，都是经由对事情清楚、全面的思考后产生的。我们珍视的那些事物，比如正义，当然是理性的产物。所以我想，该为理性大声疾呼了。《弗兰肯斯坦》是一部伟大的反理性小说——真是一部了不起的小说。能写出一部如此精致的小说赞扬理性真是很难，但我还是认为，人们应该去试一下。

问：你所说的关于合作行为和发现人类具有最好天赋的某些事，让我想起你对 E. O. 威尔逊（E. O. Wilson）的兴趣。当我对他感兴趣时，他是一位正在研究昆虫社群并试图把那些规则运用于人类的社会生物学家。这是你仰慕他的地方吗？

答：是的。我认为他在那本书受到了太多中伤和误解。那是一本关于社会性昆虫的书。那本书的最后一章朴素地说，我们有一种天性，我们不只是白纸一张，也不是白板一块，而且作用于我们的那部分自适应压力不只是一千年，而是我们既是人类又是灵长类动物的这几百万年——已经成为另一种人，即社会性群体，这已经向我们施加了适应性压力。我们在互相关系中进化并获得一种社会属性。他仅向我们表明，这是可以探索的东西。他说我们人类不仅是白板的话受到猛烈抨击——他被指控为纳粹党。我认为，七十年代末某些左翼派别人士封闭的心灵，让人极度反感。

问：因为他们指责他说，人们只对那些与自己有血缘关系的人保持友善或只会援救那些人，是这样吗？

答：大量证据表明，相对于远处看不到的那些人，人们为了保护自己的孩子会付出更多。但问题还不全在于此。可能存在那种压力，但你可以用进化论术语描述爱，而爱的内部，爱和感觉被爱，对于一个为描述它而找到先辈历史的人来说毫不逊色。我仍然相信，回到我曾说我热爱的第一代浪漫主义诗人——他们对科学抱有深深的不信任感。华兹华斯曾说过让人难忘的话，他说，科学家就是会在他母亲坟头研究植物的人。真是一种很精辟的侮辱。但你母亲坟上可能还真会长出非常有趣的花呢。

问：你认为，科学家的贡献和他们的智力天赋足以与我们经常谈论的文学天才的作品相媲美。谁是你最喜欢的科学家呢？

答：我想是达尔文。他是这么有趣的一个人。还有图灵，二十世纪的数学家和计算机学家。然而，不一定是科学家的个性让我感兴趣；对我来说，恰恰科学本身似乎就是对人类聪明才智的巨大献礼。把我们这些非科学家排除在外，是一个巨大错误。

有一天晚上，我在爱丁堡参加了一个非常特别的活动，去厄舍音乐厅听安吉拉·休伊特（Angela Hewitt）演奏戈德堡变奏曲——晚上十点半，座无虚席，真是一次激动人心的体验。当表演结束、观众鱼贯而出的时候，我们都在谈论她的表演，谈论巴赫，谈论戈德堡变奏曲。我确信，我们百分之九十九既不是音乐家也不是作曲家，然而我们都感到自己完全有资格谈论这种对人类聪明才智极好的难懂的纪念。同时我认为，我们每个人都有权以完全相同的精神去信仰科学。因为那是我们人类成果的一部分。

我曾达到的科学真正的难度，就是中学高级考试——所有文科生，都被鼓励去修一年数学课，尽管我们不擅此道。我在数学方面尤其不可救药，但有很好的老师带着我们循序渐进地学完微积分，我意识到我对某种东西的智力水平已经到顶了。我从未，也不曾，在之前和之后，理解过像牛顿和莱布尼兹在二百五十年前发明的这么难的东西。那位数学老师非常好，他说，"现在每个人都跟得上我吗？"我们一半人会说，"不行。"于是我们又回到原点，他会一点点教我们所有人，最后你会觉得，打个喷嚏，老师讲的内容也会都离你而去。

我意识到，我们这帮一无所知的大学文科生有多幸运——我们从不需要去真正理解非常难的东西——正是因为这个缘故，我想才有人发明了文科。微分方程式——数学会向你展示事物被改变的方式，于是你可以检验改变的事物——这对我来说，就像是一种想象力的量子对数飞跃。我认为，人们必须把数学当做对我们自己聪明才智颂扬的一部分。我对自然科学持有人文主义的观点。

问：你不会被曾是数学家的神所吸引吧？

答：任何神也吸引不了我。任何神都不会。根据最新计算，全世界大约有七千个神。他们不可能全错——也不可能全对。数学家们是否已经描述业已存在的事物，以及为什么物理世界能被数学所描述，这都是非常有趣的奥秘。

阿摩司·奥兹

Amos Oz

阿摩司·奥兹是世界闻名的以色列作家。他写了许多长篇、中篇和短篇小说、散文和新闻报道，他是和平运动的主要积极分子，他以描写各种各样的搏斗而闻名：那种人类在灵与肉、幻想与现实之间的斗争；以及他笔下以色列人主人公的政治和社会斗争。

在这里我收入对他的两次访谈：第一次是 2002 年 8 月在爱丁堡；第二次也是在爱丁堡，时间是 2004 年 8 月。

《一样的海》（*The Same Sea*）是一部散文诗与韵文小说的混合体，对奥兹来说，是一次形式上新的尝试。这是一部萦绕心头的家庭招魂录——鳏夫和他的儿子，他儿子的女友，鳏夫的女友，儿子女友的其他亲戚，以及儿子的临时情妇。在以色列的酷热和群山的寒冷中，在变化的时区中，在所有这些地方游走着他死去的妻子和母亲的鬼魂、《旧约》里的鬼魂，特别是《雅歌》里的鬼魂。

娜迪亚·丹侬死于癌症。她的丈夫阿尔伯特，以及他们长大成人的儿子恩里克·戴维，都在努力适应失去亲人的痛苦。恩里克决定去西藏，在群山之间寻找心灵的宁静，留下他父亲独立与孤独搏斗。

这也是一部有趣的小说，作者与叙述者阿摩司·奥兹本人，作为次要人物进进出出，严厉斥责其他几个人物，反过来有时他们也会受到训斥。在开始我们的爱丁堡访谈之际，阿摩司·奥兹朗读了他小说中的一幕，其中叙述者奥兹向阿尔伯特·丹侬表达自己的吊慰之情，还喝了一杯茶。丹侬则向奥兹发表了一通政治演说。

拉莫娜·科瓦尔：《一样的海》采用韵文小说形式，里面还有散文章节。对这部小说你为何采用这种形式？

阿摩司·奥兹：如果说我选择了它，就会显得非常矫情。实际上，大约十年前，我旅行到塞浦路斯的一个小山村去构思一部我以为会发展为典型传统小说的作品——冗长的台词、人物表、剧情，等等。我在完全隐居的状态下俯瞰群山和地中海——即"一样的海"——的阳台上工作了好几周。每个工作日结束时，我会为下一个工作日准备笔记和随笔，用韵文和诗的节奏来写，这样做只是为了排遣我的孤独，或给自己找乐子，或保持清醒。

过了一段时间，我发现这就是该作品想写成的那个样儿。它想唱想跳，而不只为了讲故事。它想在成为文学作品的同时，也成为音乐作品。它想抹去叙述与音乐、虚构与忏悔之间的界线，以及人物与作者之间的界线，如果你愿意，甚至抹去生者与死者之间的界线，因为这部小说中死者与生者在日常生活中交往。

问：这是一部充满色情图片、性欲和悲伤的小说，它的人物不使用任何现代通信方式却能进行长距离交谈。这些人物的心灵之间能相互对话，不是吗？

答：他们总是让彼此待在雷达屏幕前。有一个极端的例子，我想是在尼泊尔的某个地方当那个浪子要和一个妓女上床时，他父亲立即知道了这件事——让我们回到五六千英里之外的贝特亚姆——并用愤怒的旧约希伯来语凶狠地训斥他，而他母亲却马上为他辩护。她已经死了好几个月，但何时死去，对一位保护儿子的犹太母亲来说还算问题吗？〔笑声〕

因此没有任何秘密。小说中每个人物，包括叙述者在内，都实时知道别人在干什么。我不是在写一部小说，而是在写一次狂欢。他们所有人，从理想状态上说，不仅一起待在同一间房子里，甚至总是一起睡在同一张床上。父母、孩子、情人、陌生人，以及叙述者，一直在一起。一次大型的狂欢活动。

问：在这部小说开头，除阿尔伯特这位税务师"夜复一夜坐在他的电脑前寻找漏洞外，确信每个被单独锁在笼子里的人都无奈地等候他们自己的死亡。"

答：这也是这部小说要打破牢笼并创造这种基本体验的原因——我认为你们听众中的一些人可以分享该体验。它是我们在完全孤独的状态下，与不再待在屋里的人进行的那种对话。你们清楚我在说什么。一名女子和一名男子昨晚狠狠地干了一仗，但现在已是第二天清晨。她正在驱车去上班。他正在洗早餐桌上撤下的碗碟并和她说话。而此时，出乎意料地，他设法向她解释昨晚他未能告诉她的一切——而现在他居然能达意了。昨天他发了疯似的。现在他却言之有理。现在他如此让人信服。他的话如此动人，又如此感人，她不仅要原谅他，还要好好爱他。除非她不在这房间里时；她在开车上班的路上和他说话。她现在这么讲理，与昨晚判若两人。而且她这么美丽、这么诚实，他只有好好爱她——除非他不在那儿。他正在洗碗。那就是我们多数情况下做的事。我们与已不在那儿的人说话。这就是我们梦中所做的事。事实上，那是我们与死人之间的交流方式。这也是一种很好的方式，因为你永远不会在说话当中被打断。你总是可以说你想说的话。

于是我想创作这么一部小说：在独处中每个人其实都拥有他人。小说中有一幕，那个浪子知道，他父亲正要和他的女友上床。他没有愤怒。他即时知道了这件事，他从千里之外对他父亲说，"这公平极了，爸爸，那没关系。毕竟，当我还是个婴孩时，你的女人用她的乳房招待我并用母乳喂养我，现在你要变成一个婴孩，我的女人会给你同样的东西，这非常公平。"

问：阿尔伯特肯定是一切文学中最富幻想也最有诗意的会计了。为什么他是会计呢？

答：因为在某种意义上，这是一部会计小说。这本书的每个人物都在记述，包括我本人在内。它是一部关于我生命的小说。它关于我过世的母亲，她在我十二岁时自杀了。它写到我如何成为讲故事的人。它写到，我如何与我自己所谓的各种人物讲话，以及他们又如何与我讲话。因此，这就是会计工作。这是簿记工作。我需要让阿尔伯特成为一名会计员。除此以外，一名税务顾问在以色列可能和在苏格兰这儿同等重要，甚至可能更重要。所以这本书在税务顾问中一定备受欢迎。［笑声］

问：我认为在这本书中运用诗歌是一种使死者与生者之间的界线变得模糊的绝佳手段。你在诗歌方面侥幸收获得更多，不是吗？

答：我从没有在散文与诗歌之间划出一道精准的界线。尽管我本人多年来一直担任文学教授，而且我上课时教学生如何区分诗歌和散文，我自己都不知道这道线在哪儿。我想这部小说有意要在两者之间的模糊状态中，正如我说的，在散文与诗歌之间，也在音乐与讲故事之间。这是一部关于抹去界线的小说。我一些在以色列的评论者和批评家把这部小说描述为后现代风格。它其实不是一部后现代小说；它是一部前上古小说，因为它正好把小说带回它真正开始的地方，带回行吟诗人那里。那些倾吐他们故事的流浪歌手和讲故事的人——在夜晚对着形形色色小客栈里随意的观众，他们讲述一个混杂着事实、虚构和忏悔的故事，有时清唱，有时用乐器伴奏，口头讲述一个故事，再清唱。

这就把小说拉回到它还是个流浪汉时的样子，后来它才演变成一位典型的中产阶级，拥有弗洛伊德主义的地下室、马克思主义的厨房和社会学的客厅，还有后现代的阁楼，以及色情的卧室。这就返回到小说的最初状态。顺便说一句，小说的许多场景不是发生在各个房间里，而是发生在以下元素之间；在这部小说中大海、沙漠和群山都是活跃人物——他们说话。

问：这部小说的支柱之一是来自《旧约》的《雅歌》，我认为，它在基督教神学中被称作基督与教会之间或神父之间关系的一首歌。在希伯来语中，我认为它是一首非常色情的诗。

答：它是一首色情诗，因为拉比们根据外表判断，它太色情了；但古希伯来人把它诠释为神学寓言。

问：那这么一首色情诗在《旧约》里有什么用呢？

答：这是一首感情强烈的情歌，充满肉欲，相当直白。关于基督教或犹太教的神学解释——我敢肯定耶稣从未看过基督教神学解释，他只知道犹太人的《雅歌》——这是一扇有活力的窗，通向三千年前的所罗门王时代我们祖先在以色列土地上的真实生活。

对我更有意义的是，它是各种声音的集合。它是男人与女人之间的交流，有时甚至还是一群男人和一群女人之间的交流：合唱，齐声合唱。它关乎那种直接的——我怕是非常非基督教的——情爱与肉体之爱之间的关系。在《雅歌》中，肉体之爱与情爱合二为一。难怪我在纵酒狂欢时，每个人都在做爱或与其他人发生关系，这时我求助于——我从《雅歌》中获得启发，在某种程度上也从《诗篇》和《传道书》中获得启发。

问：小说的叙述者，就像你说的，很像你本人。他生活在阿拉德；实际上，他是你写的《了解女人》（*To Know a Woman*）的作者。把他放在那儿有何用意？

答：你知道，当我顶着文学教授的头衔时，我教我的学生们应在作者、叙述者、虚构的叙述者、隐含的作者、自传作者和我本人之间小心地划清界限。在这部小说中，我把那些界限都抹去了。这里出现特定的一幕，一天清晨，每个人都来花园里为我劳作：所有人物、隐含作者、虚构的叙述者、自传作者，以及我本人。我们都在花园里劳作，和一些虚构人物以及一些我的家人一起。毕竟，那些人物，我已经为他们效力了五年——为什么一天早晨他们就不能在我的花园里为我劳作呢？这就是小说的内容；这就是我。正好是我，我有意忽视了虚构作者不同程度的文学学养差别。这就是我。

问：如你所说，音乐和声音穿过整部小说：古典作品的名称，一些无声的话题，允许风景通过你的倾听与你对话。关于有声和无声，你要说什么？

答：我写这部小说描述词语之间的无声时刻——或噪声之间的无声时刻——和描述词语一样多。早先我向你说起我居住的大海、沙漠，以及那些群山，它们列在我的演员表中。它们有不同的无声长波，不同的无声频率。这里我试图捕捉各种无声。小说中也有标为"夜曲"、"柔板"和类似音乐名称的章节，——这部小说已经写到语言最远的两端。在语言的两端，我们要么尖叫，要么闭嘴。闭嘴时，我们有时甚至会在脑中听到一种或两种声音——假如我们真的闭嘴。如果没有闭嘴，我们将永远听不到任何声音。我们必须首先关掉开关。

问：你曾说，阅读一本译作就好比与人隔窗做爱，而想必尼古拉斯·德·兰奇使这窗玻璃变得非常非常透明。他长期以来一直翻译你的书，但我认为这本书，如果真有一种翻译诗体作品的方法，就它的诗体形式而言，准确翻译更重要。

答：我想我开始说的是，阅读翻译过来的文学作品——特别是诗歌作品——更像隔着毯子与人做爱。出于绝望，我甚至可以这样做——但不是完全一样。现在如果对翻译艺术更仁慈些，我会说，它可能就像在钢琴上弹奏小提琴协奏曲。演出可以完成。但只有在一个严格的条件它才能被成功演绎：永远不要设法强迫钢琴发出小提琴的声音。这会十分怪异。

所以在翻译《一样的海》时，我告诉尼古拉斯·德·兰奇，就像我经常说的那样，看在上帝的份上，为了做到忠实请不要那么准确。我认为他做得棒极了。诗歌太难翻译了，因为诗歌深深地依赖语言和文化最亲密的代码。有时我认为诗歌有点像家庭笑话。你在家庭成员内部说出一个句子，如"詹妮姨妈的茄子"。所有家庭成员立刻会报之以哄堂大笑。如果你不是这个家庭的成员，你甚至都不知道他们在笑什么。诗歌就有点像这样，因为它充满了最亲密的代码。尼古拉斯·德·兰奇成功地把那些代码转变为英语诗歌和英语诗歌传统的代码，我认为这是个奇迹。把希伯来文译成英文就是一次漫漫长旅。

问：希伯来语的哪些元素你认为是不可译的？是你觉得用那种语言能说出而用其他语言却无法说出的那些真实的事物吗？

答：别让我继续这个话题了，因为我可能一点也不是这个国家或这个民族的盲目崇拜者——相反我对它持批判态度——但当说到希伯来语时，我是世界上它最盲目的崇拜者，因此……

问：随便说吧。

答：控制我，限制我。我会说：希伯来语是一种极端的代数音乐手段，非常简练，几乎是象征性的。每一种希伯来语文本，不论是《旧约》、《新约》，还是《一样的海》，译成英语，要比原文长大概百分之三十，而译成德语，要长百分之五十。

多年以前，我写过一个十字军东侵的中篇，小说以一个由三个希伯来词组成的句子开始，被忠实地译成英语，结果变成下面这句，"所有这一切都是从村子里爆发出来的不满情绪开始的。"好，只消数一下音节。希伯来语具备某种简明的特质，这种几乎不能再紧凑的语言特征，我在英语中没有发现。我不知道任何其它语言是否有这种特质。希伯来语还有一种不同的时间观，一套不同的时态系统。总而言之，希伯来语或许拥有一种不同的现实观。在我还能容忍这个问题前，举一个例子吧，希伯来语没有"have（有）"这个动词。如果你想用希伯来语说"我有"，你说"Yesh—Li"两个音节，但它们的意思是"与我"，和"我有"相去甚远。如果让我思考"我有一位妻子""我有一个孩子"或"我有一个朋友"这几个英语句子的内涵，作为天生用希伯来语来思考的人来说，我就会把它们听成是非常粗鲁和占有欲强的意思。你认为"你有"是什么意思呢？你不可能拥有另外一个人。不管是什么，今天跟你在一起，明天可能又和其他人一起，这是一种典型的游牧民族态度，一种不同的现实概念。而那只是冰山一角。

问：除此以外，我还想询问时间，因为时间观念在小说中非常重要。告诉我希伯来语和时间的关系。

答：现代希伯来语有现在时，尽管这种现在时非常不坚定。《圣经》希伯来语根本没有现在时。《圣经》希伯来语中不是用过去时就是用将来时，这从哲学上讲，对极了——本着亨利·伯格森（Henri Bergson）的精神就是柏格森主义。到我们拼出"现在"这个词时，就已经到过去了，而只要我们想说"现在"时，它还是指将来。现在时是一种障碍物。现在，在其它语言的影响下，现代希伯来语有了现在时，但它仍是一种非常不固定的时态，你能在句中从现在时转换到各种形式的过去时，也可以转换到将来时，不会像在英语里转换时态那样让排档吱嘎作响。如果你想在英语中这么做，你必须使用半打虚词，我甚至都不能模仿它。在希伯来语中，你能非常优雅地从一种时态转换到另一种时态，与我的心灵、我的灵魂和我的感情非常贴近，因为我想我们都同时生活在时间的不同层面。当你充满希望地坐在这里听我讲话时，你可能会回忆起在你的过去、你的"回忆录"或你的经历中的事情。你可能计划——或者说你的部分计划是——当这个结束时你会做什么，接下来你会做什么。所以我们都同时存在和生活于时间的不同层面上。

在《一样的海》中，我赋予各种时态一种强烈的流动感。娜迪亚，那位妻子和母亲，在小说的一章活着，在下一章就死了。下一章她是个回到保加利亚（移居到以色列以前她出生和长大的地方）的十六岁姑娘，而在较早章节里她可能是位老妇人。于是各种存在层面彼此交织，时间本身变成了我真正认为的那样——一条河。一条河，承载着老木头和新事物，承载着各种各样的东西。

问：译者的另一个艰巨任务，我认为，就是要处理许多小说的《圣经》出处附注。在小说的希伯来语版本里，你做了许多脚注吗？人们知道这部小说里的《圣经》出处吗？还是已经忘了它们？

答：在希伯来语版本里，没有脚注，也没有词汇表，部分原因是我非常乐观，部分原因是《圣经》的大部分内容已被完全吸收到现代希伯来语的血液循环中了。人们使用《圣经》和后《圣经》希伯来语的表达时，甚至不假思索地知道它们最初来自《诗篇》还是《先知书》，是大卫王说的话，还是出自《律法》，抑或出自《摩西五经》。而在小说的英语版本中，或许尼古拉斯比我更小心，他在里面加了一个带有一些提示的适度的词汇表。不过有个好消息：你能阅读这部小说，明白它的情节，理解它的人物，欣赏它的幽默，而对这段或那段出自何处不假思索。

问：使用一种你可能与你三千年前的祖先说的语言写作是什么感觉？

答：我可能——我不确定他们会理解我说的每个词，但我能理解他们说的一切。不像古希腊语或拉丁语，相对来说，希伯来语没怎么改变——就是因为它睡着了，它没有死；它在一个玻璃橱里沉睡了十七个世纪，在王子之吻下醒过来了。希伯来语的变化，并不像古希腊语和现代希腊语或拉丁语和意大利语之间的变化那么剧烈。它是同一种语言，在古老的地基上添了两个夹层、两层楼而已。事实上，希伯来语作为一种口头语言仅仅在一百年前才复活，是一直住在耶路撒冷的西班牙裔犹太原住民人口，与东欧和中欧涌入的新犹太移民相遇产生的结果。犹太原住民能说阿拉伯语，有时能说土耳其语、波斯语或作为中世纪西班牙方言的拉地诺语。这些新来的犹太人，来自俄罗斯或波兰，能讲意第绪语、俄语、波兰语，在某些情况下还能说匈牙利语或德语。他们要问去哭墙的路、租房子或者做生意，唯一的办法是求助希伯来语祈祷书。如果你让一千名受过良好教育、信奉罗马天主教、常去教堂礼拜的爱尔兰人，和一千名同样受过良好教育、信奉罗马天主教、常去教堂参拜的波兰人，一同住在沙漠的一处绿洲上，拉丁语也会出于同样的原因复活，出于非常实际的原因——这就是一百年前发生在耶路撒冷的事。

如果你愿意，我可以告诉你希伯来语再次成为一种活语言的准确时间。我知道它发生的时间。这件事发生在十九世纪最后十年的某个时刻，是十七个世纪以来第一次当一个男孩对一个女孩（或一个女孩对一个男孩）说 "Anee ohev atakh" ——希伯来语的"我爱你"的时候。我说是十七个世纪以来第一次，因为在这些世纪，希伯来语只在犹太教徒聚会时使用，用作学术写作，有时也用作文艺创作——但从不在卧室和厨房里使用。那个男孩一定是东欧移民，而女孩则是西班牙裔犹太原住民，或者，反之亦然。他能把自己的感情传递给她，或她把感情传递给他的唯一方式，就是使用公分母，即希伯来语的《雅歌》。我希望他们拥有交流的方式。我希望他们长寿——如果能活到一百二十岁，这对夫妇现在还健在。是他们复活了希伯来语。他们应该得到这份荣誉。

问：你那本精彩的小书《故事开始了：文学散论》（*The Story Begins：Essays on Literature*）探索了契诃夫、卡夫卡、果戈理和卡弗等作家的小说或故事的开篇章节。这本书证明你作为读者是非常非常谨慎的，同时支持慢速阅读带来的快乐。我想，你是不是带着同样的观点创作了你自己的小说开篇，或者，你是不是用独特的思维方式做到这一点的？你自己的作品更多是凭着直觉吗？

答：显而易见，我在《一样的海》开篇的确使用了我心灵中与众不同的部分，但我希望能从自己身上学习。更确切地说，我希望能从大师们身上学习，《故事开始了：文学散论》中描述了他们的开篇句、开篇章节或开篇页面。这本小书也是一本有趣的合集，它关于小说创作的前奏。使用不种语言和文化的伟大小说家和艺术家们，通过这种方式诱使读者进入他们的作品。这毕竟不是一件简单的事。开篇第一句、开篇章节、开篇段落，有时能创造出读者与作家关系的基调。你们当中任何曾经尝试写过东西的人——即便一封私信，更不消说散文或诗歌了——都清楚空白纸张那种强烈、冰冷的敌意，就像一堵白墙。你真的需要从某处开始、从某件事开始，这样开头既不太落俗套，又不太过怪诞；既不能从半当中开始，也不能从太显眼的地方开始；还不能重复你前一封信里已经说过的话。我们都经历过这个。

对我来说，任何文学作品的开篇都有点像契诃夫精彩的名短篇《带小狗的女人》一样。你用一根骨头引诱那只小狗，小狗就给了你开始与那位女士搭讪、调情的借口。没有那一小根骨头，就没有那只小狗。没有那只小狗，就没有那位妇人。没有那位妇人，就没有那个故事。那是经验法则。所以你必须从某种诱惑开始。我认为人们对读者—作家之间与情人之间的关系做了很多比较。它毕竟是完全陌生的人之间进行的调情，尤其你要读一本以前从未读过的作家的小说时。你必须大献殷勤。你不得不创造出某种调子，有时甚至是错误的调子。有时开篇完全是陷阱，有时会引起误解。但它总是某种关系的开端，是需要记住的东西。

问：这种技艺，这种分析技艺——对你们来说，是写、重写和再重写，像雕刻家那样精雕细磨呢？还是更倚重直觉呢？

答：它非常倚重直觉，但是接着我重写、重写、再重写。写作当然是靠直觉的，是的，在我与我写成的东西达成一致前，我会写下大量草稿，甚至那时我常会把它们全毁掉。尽管我不是一位下笔从容的作家，尤其在这本书里，我想把它写得稀疏和凝练些——这也是它花掉我整整五年时间的原因。相对这样一本精炼的小说而言，写一部洋洋洒洒的长篇小说要容易得多。

问：你作为记者写作时，是否也把同样的原则用于文章开头？

答：不。不。新闻或随笔写作，我只在愤怒时才提笔。总而言之，当我想告诉政府该做什么或该往哪个方向走时，我才写一篇文章或随笔——对我来说，大概两个星期写一回，通常是让政府去见鬼，他们出于某种原因从来不听我的话。他们读我的文章，他们也并没有完蛋——这就意味着他们不是好读者，他们并不理解他们读的东西。当我发现自己跟自己完全一致时，百分之百一致时，我就写散文和文章。有时我接受我的人物阿尔伯特·丹侬的建议，试图用一种较柔和的声音说话。有时我忘了他的建议，我尖叫——尤其形势让我尖叫时——发着火。

但讲故事又是另外一码事。我只有在听到好几种声音后才会讲故事，而不是只听到我一个声音。当我能看到同一情景的不同方面时，我知道至少我在酝酿一个故事，而不是一篇散文或一篇政论文。它是一种不同的局面。实际上，我甚至有两支不同的圆珠笔，一支蓝色，一支黑色，非常简单的那种，每隔两周左右我会换一次。一支用来写我的文章，一支用来写我的故事。它们都放在我的写字台上提醒我：当我写一篇愤怒的文章告诉政府该往哪儿走时，我在做一件不同的事；当我写我的故事时，我在做另一件完全不同的事。我写故事是因为我想讲故事。

问：然而评论界有一种试图重新解读你的小说和故事的趋势，用某种潜在的政治方式，因为你来自于你所做的事情。

答：我能做什么呢？如果我曾写过一个关于父母亲、女儿和零用钱的故事，各处的评论家们——我国的，还有这里的——马上会说，"啊哈，确定无疑，父亲就是政府，母亲就是宗教，女儿就是年轻一代，零用钱就是通货膨胀率。"我能做什么呢？我写的东西应该对抗法律，但它不是。我认为这是来自这个世界上动乱地区每一位作家的命运。

我写关于伟大和简单事物的故事，主要涉及欲望、爱情、孤独、死亡、荒芜、追求和渴望。当然我的故事和小说都设在政治背景中，但仅仅是背景而已。即便在爆发的火山斜坡上，生命仍在继续。那就是我的故事发生的地方。想象一下，在一个爆发的火山斜坡上的村庄里，一个中年寡妇晚上无法入眠，不是因为火山，而是因为她能感受到，在她那堵墙的另一面，她年轻的儿子也无法入睡。她在为他担心。那个十六岁男孩无法入睡，不是因为火山，而是因为渴望得到隔壁的妇人——隔壁那位中年妇人，对她来说，无法入睡是因为她的女儿正在与一个年龄是自己两倍的男子约会。而这名男子，今夜也无法入睡，不是因为火山，而是因为他想被改选为这个村子的村长或参事，而他就要输了。这就是生活的本质。

问：你曾说，你不写寓言小说，因为你没有生活在极权政体下。

答：是的。如果我生活在极权政体下，我很可能会移民或背井离乡。但如果我真的生活在极权政体下，而且无法像我需要写的那样写作，那么我就会写巧妙的寓言使审查员不能理解我真正要说的话，但读者会通过我的眨眼或眼神来理解我。在以色列，只要愿意我就可以尖叫，这没什么害处。我可以整日整夜对着政府喊叫，所以我无须在小说里掩饰我的批判。每次我写下——不是每次，而是经常——那些让政府见鬼去的愤怒文章时，我都会收到一份与总理喝茶或咖啡的请帖。不是我一个人，而是所有以色列作家，我们都经历过这个过程。我们写道，政府必须被活活烧死，接着我们收到了请帖，不是去总理办公室，而是去他的私人住所。我们受到咖啡或饮料的款待，接着总理就对那位诗人或作家说，他，总理本人，欣赏你的作品。他欣赏你的思想，你的语言，还有你的风格，但他与你政见不同。

我希望有一天，那些总理中的一位，会对我说，"你的风格污秽，你的语言很差，你的故事没有任何价值——但是你知道吗？你说得有道理。"一次，在我的生命中只要这么一次就够了。通常他们欣赏却完全不理睬我的思想。但《旧约》里记载的那些先知，在他们的时代，在改变统治者或暴徒的思想上并不很成功。你不能指望期待我们这一代以色列小说家和诗人们比《旧约》时代的那些先知做得更好。所以我们尖叫，而他们走他们的老路。

问：我读到你关于犹太人具有无政府主义基因、抗拒并怀疑权威的议论——在以色列大家都要迫害他人或受人迫害。这种情况看来对以色列政体有益吗？

答：我爱这种情况。甚至当我不喜欢它时，我都爱它。甚至当我不能让人相信它时，我都爱它。整个国家就像一个露天大神学院，如果你半信半疑地愿意承诺接受以下观点，那我会告诉你，以色列既不是一个国家，也不是一个民族——以色列是一个火热的论点集合体。我不喜欢做预测，但现在我要做一个：从现在起的五十年后，人们仍会去英国观赏戏剧，去爱丁堡参加图书节，去巴黎参观艺术宝藏，去埃及欣赏金字塔，而去以色列纯粹是为了参加有益于健康的辩论。来自全世界的辩论爱好者会不断地涌入以色列——你可以在离开机场的路上与出租车司机辩论。然后你把你的东西放在旅馆，在早上四点拿起话筒，随便拨一个号码，选一个主题，然后展开辩论。这可不是一种轻松安逸的生活，但我恰好喜欢它。这是一个好辩的社会。人们大叫和尖叫——他们通常并不互相倾听，但他们全都大喊大叫。唯一的例外是我。我有时倾听。这是我的生存方式。

问：你对不久的将来抱有希望吗？

答：嗯，我说过，来自先知之地的人很难成为一名预言家。那里竞争太激烈了。但我告诉你一个好消息，因为你们所有人总是听到坏消息。好消息是，几乎以色列和巴勒斯坦生活的每个人，现在都知道世界末日将会发生什么。如果你在地中海到约旦河岸的广大地区举行一次民意测验或全民投票，问每一个以色列犹太人、巴勒斯坦阿拉伯人、巴勒斯坦人、以色列人和阿拉伯人，不论是谁，不是问"你希望拥有什么"；不是问"你个人认为什么才是公平的解决方案"；而是问"你认为世界末日将会发生什么"。我想你从大概百分之八十的人那里会得到同一个答案，即世界末日那天，将出现两个邻国，两个根据人口情况大致划分的独立国家。耶路撒冷将成为两个首府所在地，不必用铁丝网隔开。被占领地区的犹太人定居点将不得不消除——至少绝大多数定居点必须被清除。在以色列境内，将不再有大规模的巴勒斯坦人的重新安置，这里将成为半独立式住宅区，一种两户相连的房舍。这非常简单；几乎是让人心痛的简单。

以色列犹太人和巴勒斯坦阿拉伯人之间的冲突是一个可怕的悲剧。不是好人和坏人分明的西部电影——而是一场正确与正确之间的冲突，最近我要说是一场错误与错误之间的冲突。巴勒斯坦阿拉伯人在巴勒斯坦，因为他们在世界上找不到其他国家可称之为家园。以色列犹太人在以色列，也出于完全相同的原因。世界上没有其他国家可以被作为一个民族的以色列犹太人称为家园。这个国家非常小——大概相当于威尔士的面积——然而它却是两个民族共同的和唯一的家园。他们不能分享它，因为一百年后他们不能变成一个快乐和睦的大家庭——不是由于孤独，而是由于仇恨和屠杀。他们不得不成为邻居。他们不能像一个幸福的家庭那样生活，因为以色列人和巴勒斯坦人不是一个民族，他们肯定都不幸福——他们也不属于同一个家庭；他们是两个家庭。

所以我们需要那种两个家庭的解决方案，而且每个人都知道这件事将要发生。屠杀、泪水、压迫、恐怖主义、残暴和宗教狂热，都不能改变这个事实，即两个民族都不会离开、都不会消失。他们将不得不分割这个国家并互相承认。现在这种解决方案还没有实现的原因是，双方都缺乏领导力。沙龙先生或阿拉法特先生的领导能力，或者就像我称呼他们的那样，沙拉法特先生是一种怯懦的领导力。我说，这个病人——巴勒斯坦阿拉伯人和以色列犹太人——都要为这个痛苦的手术做好准备。医生都是懦夫——他们在拖延这个不可避免的重要解决方案。这种局面还要持续多久，还要流下多少鲜血，我无法告诉你们。但在世界末日那天，会实施两国并存的解决方案。东耶路撒冷的巴勒斯坦将出现以色列人的大使馆；西耶路撒冷的以色列将出现巴勒斯坦人的大使馆。而且这两国的大使馆很可能彼此相隔五英里远。

★　　★　　★

两年后，我在爱丁堡再次采访了阿摩司·奥兹。

问：今天我们要讨论的是你的小说《爱与黑暗的故事》（*A Tale of Love and Darkness*）。它可能是一部回忆录，一部想象的历史，一首颂歌——或者甚至是一篇祈祷。它描述了童年的阿摩司·奥兹是什么样，在一个由欧洲决定却又不全是欧洲决定的耶路撒冷世界里长大成人——一个新世界，由新犹太人组成，充满了新希望。

答：我只想说，关于《爱与黑暗的故事》应当定义为自传、回忆录、历史书、小说还是单调的诗歌或别的什么一直有争论。这本书的定义就在它标题里。它被称作一个爱情与黑暗的"故事"，至少对我来说，它是一个故事，这意味着，它是记忆、创造、变化、重复和回忆的结合——是的，也可以把它称作小说。

问：犹太人对他们所说的话感到不安，也对用希伯来语交谈感到不安。但他们对这种语言是忠诚的，不是吗？

答：在我回答前，请允许我向尼古拉斯·德·兰奇致谢，我们要感谢他流畅、精美的英语翻译，看上去一点也不像译作。是的，语言——我父母都是很棒的通晓数种语言的人。他们过去常用我听不懂的波兰语和俄语交谈，而且大概百分之九十五的时间他们也不愿让我听懂他们。那时他们常读用德语和英语写的书，为了文化的缘故，有时也读法语写的书。他们做着他们的梦，我想是用意第绪语。对我，他们教希伯来语并只教授希伯来语，因为他们有些恐惧——我推测；我们从来没有讨论过——如果我知晓任何一种欧洲语言，我最终会被欧洲那种致命的魔力所引诱，我会返回欧洲并得一场致命的病。这就是我来的地方——来自那些刚能在欧洲勉强生存但却仍爱着它的人中。

他们是难民、移民，把自己视为来建设以色列并被它重塑的犹太复国主义空想家。但实质上他们是从自己位置上被踢开的蒙羞的难民。所有这些情感当然都经过审查，因为在他们直言不讳的信念（我们在建设一个新国家，我们积极向上，我们面向未来，我们要做伟大的事）与他们真实的内心世界（充满了屈辱和凌辱、不安全感、恐惧和对即将发生的第二次大屠杀持久的恐惧）之间存在着巨大的矛盾——这样的内心世界他们当然不会与像我这样的小孩分享。

因此我们谈论文学，我们谈论文化，我们谈论世界政治。我五六岁时常与我的父亲谈论斯大林与丘吉尔。那时我们常给罗马教皇写信。但我们从未谈论过自己的情感——他不谈，我也不谈，我的母亲也不谈。与情感有关的一切都有一套谨慎的审查制度。

问：曾有一场关于你如何看待生活在耶路撒冷和特拉维夫的讨论，感觉这里存在一个巨大的鸿沟，你也生活在耶路撒冷，但与特拉维夫相比，你会认为自己是外地人。只是几个小时的车程而已——从地理意义上准确地讲，那不是一个巨大的鸿沟。特拉维夫对你意味着什么？耶路撒冷对你又意味着什么？

答：整个以色列，过去和现在，差不多就一块手帕那么大。但耶路撒冷是偏僻的，尽管它是历史上永远的首都，等等，还是大学城。那些伟大的激动人心的事情似乎都发生在山的那边，发生在加利利，发生在基布兹，发生在沿岸平原上，发生在年轻、有活力、波西米亚式、自信乐观和快活的特拉维夫身上。我们耶路撒冷人被特拉维夫边缘化了。报纸来自特拉维夫，戏剧来自特拉维夫，重大的政治争论和多样性来自特拉维夫，甚至哥特式艺术或建筑也来自特拉维夫。因此，我是在人们渴望欧洲的契诃夫式经历中长大的；如果不是欧洲，至少也是莫斯科，如果不是莫斯科，最起码也是特拉维夫。你甚至不能说特拉维夫不过在一个电话的距离之外，因为打电话也是一项主要的军事行动。

问：你生活在你的人物中间，感觉如何——他们都来自俄罗斯小说和戏剧，不是吗？

答：我成长在一个到处都是自封的思想家的环境中。我们比个人拥有更多的思想。我们拥有——在我们小院子里进行的永无穷尽的辩论——比辩论的参加者更多的思想，因为在每个问题上，每个人都拥有分裂的心灵与灵魂。有一位牙医自称与斯大林有私交，并与他长期通信，还差点把斯大林转变成人道主义者；他只是再需要一点时间。还有一个人是书籍装订商，自封的犹太神秘主义的世界权威。还有一个人对十九世纪俄国民粹主义运动中不同趋势的细微差别了如指掌。每个人都是某方面的专家。他们都是伟大的空谈者。顺便说一句，他们都主张，谈话无益于犹太人——我们已经谈得够长了。该回到体力劳动并沉默了。我们需要在这片土地上辛苦劳作，我们需要变成劳工，我们需要变成极权主义者，我们需要改变。这是一个没完没了讨论的主题——他们日日夜夜讨论是否需要停止讲话。

以一种奇怪的方式，尽管现在我能看到他们那时多么可笑，我的心仍然对他们充满同情。他们都是多余的人，从他们原先国家被赶出来的难民。此外，他们相信语言、相信词汇并相信思想。他们中每个人都以他或她的方式致力于某事，可能每天都是不同的事——包括一个非常离奇的想法，即通过让每个人只喝山羊奶而不吃其它东西来救赎世界。或通过在花盆里种满足全人类需要的食物来救赎世界。

所以我在相当俄式、契诃夫式的氛围中长大，尽管我的周围到处都是托尔斯泰的信徒，他们相信托尔斯泰的思想。他们中一些人甚至看上去都和托尔斯泰一模一样——穿着俄式衬衫和靴子，看上去像俄罗斯农民；长着令人难忘的白胡子和浓密的白头发，就像一位《圣经》里的族长。当我第一次在一本书里看到托尔斯泰的图片时，我从我的邻居中认出他来。我认识好几个这种类型的人。托尔斯泰并不是原型，他在模仿我的邻居。所以他们都是托尔斯泰的信徒，但是他们有着饱受折磨的陀斯妥耶夫斯基式的灵魂，他们生活在罗马教皇格利高政治现实中契诃夫式的外省人状态中，带有俄国的印记。

问：我想让我们退回到你父母住过的那套地下室小公寓中，因为这部小说开始于一张床——小公寓里的一张床。一张在白天可被隐藏而晚上可以占据全部空间的床——你父母的床。你在这本书里描述了好多次这套狭窄的公寓，但我们透过这个男孩的眼睛去拜访它时，它似乎很大。

答：我在这艘潜水艇里出生和长大。它被分割成四五个非常小的空间，非常像一艘潜水艇，相当阴暗，它只有两扇前窗和两扇格子窗望到院子里去。这就是我的世界。那时不允许孩子们跑出去玩，除非在非常有限的几个钟头内。每晚七点，耶路撒冷在英国人强加的军事宵禁令控制下。在英国人没有实行宵禁的几个夜晚，人们也习以为常地给自己设了宵禁。所以这座城七点就关闭了。

如果你答应半信半疑地接受我下面的话，那么我会告诉你，英国人委任的耶路撒冷前任总督，一个苏格兰人，四十年后重访耶路撒冷。他上了年纪，由耶路撒冷市长特迪·考莱克陪同参观，耶路撒冷的发展给他留下了非常深刻的印象；但他问市长——"市长先生，你为什么还没解除我四十年前实行的军事宵禁呢？"耶路撒冷仍是一座几乎没有夜生活的寂静城市。

因此那时生活是内省的，这艘潜水艇公寓就是我的世界。在这里我度过生命中第一个十年或十一年的大部分时间。这里有我的父母和我自己，以及成千上万册用十六七种语言写成的书，遍地都是——在床下，在厨房，在厕所；在蜿蜒阴暗的长走廊里，在每个可能和不可能的角落里。书籍、宣传册和单页——这就是我童年的风景。其他孩子在院子里、树林里或田野里进行体育活动，而我在这间书呆子气的、幽闭恐怖的地下室长大。

问：你还说，不论你在哪儿搞到一盒多米诺骨牌、火柴或纽扣，都会有一场战斗。和我说说那些战斗吧。

答：我那时，一个小孩，就是沙文主义者，军国主义者，也是好战分子。我喜欢打仗。在小地毯上，我复活的不仅有第二次世界大战，还有三千年犹太民族历史上所有的败仗。我会通过简单的方法把它们转败为胜——当公元一世纪罗马人征服、碾碎和毁灭耶路撒冷时，我会重新指挥战役，但会给犹太人这边提供几支机枪。那足以把整个罗马帝国掀翻在地，并让以色列的旗子插在罗马帝国的帝宫和罗马七丘上。所以我那时是名好战分子，是个沙文主义者，我热爱打仗和战争——而且我为书之不尽的屈辱史寻求复仇。我知道，有那么一两个人坚决认为，我没有大的改变，但我真的变了很多。

问：但是，这名好战分子，这名年轻的好战分子，五岁时就为他的小房间或这套公寓里属于他的那块地方制作了一张名片，上面写着"作家阿摩司·克劳斯奈"。

答：是的，我认为当作家是唯一可做的事，因为我身边每个人都是某类作家，包括那位与斯大林通信的牙医和那位俄罗斯民粹主义专家。每个人都写作，日日夜夜。人们写书、文章、散文、回忆录和私人日记，并给编辑去信，彼此之间通信，等等。在我住的地区或我家里，没有一个人不写东西。所以我想，一个人在世上还能靠其它什么谋生呢？那时我真是孤陋寡闻。但那是我童年的幻想——不是当今天这样的作家，不是当一个讲故事的人，而是当一个非常好战、满口民族主义废话的政治作家。

同时我对故事上了瘾——既讲故事又听故事，尤其在我母亲那里，她是一个天生会讲故事的人。那时经常是：在漫长的冬夜里，我父亲会进行他没完没了的学术研究，我母亲和我就坐在厨房里，她给我讲她自己编的、极不寻常的故事。不是那种母亲通常会讲给自己孩子听的故事——有的很恐怖，有的很怪诞，有的深奥、离奇甚至带有恶魔性质。她的故事以一种非常深沉和隐晦的方式鼓励了我。它们进入我的梦境，还进入我的潜意识——它们还进入我以此前没有人讲过的方式讲故事的欲望中。

问：你也想在那些故事中拯救人们？

答：是的。这是我另一个雄心壮志。我想成为消防员。我想拯救人们。我想拯救我的母亲，让她可以嫁给我。我那时很小很单纯。我觉得，仅次于写作的是——或者甚至排在写作前——最好能拥有一套漂亮、帅气的消防员制服。那将会是我给女孩留下深刻印象的方式。我会拯救她们所有人，她们也会为之以身相许。

问：你写这本书的时候，你还能记起什么？

答：在我们住的地区有一个邮递员我记得很清楚，尽管那是五十年前的事了。这个邮递员有个奇怪的习惯——在把信件投到我们邮箱之前，他会在信封外面加上一张他自己的小纸条。有时他会写道："不要相信英国——还记得背信弃义的阿尔比恩吗？——在任何事上都不能信任他们。"有时他会写道："你们对你们的孩子太宽容太放纵了。你们允许一切可这不是帮他们。"有时他直接写道："现在你们洗的东西在绳上挂了三四天了，而鸽子们……"

当我写《爱与黑暗的故事》时，我多次把自己比作邮递员梅尔勒乌先生，因为当我往时间深处挖掘时——进入到我父母、祖父母甚至曾祖父母的私密世界中——我觉得，我实际上在把一封信从我父母那里带给我孩子，他们并不真正了解我的父母，同时也把一封信从我祖父母那里带给我孙子孙女们。也或许——我不知道——把一封信从我祖先那里带给我那些还没出生的后代。甚至从过去的一代带给年轻的一代，我也在写自己的生活——在信封外面。

但我也发现，没有记忆这种东西。有一种记忆的记忆——一个场景，或一件事，或已成为整个家族传说一部分的偶发事件，一再复现，被我的父母一再叙说，为了吹嘘，或为了给他人留下深刻印象。我记住了他们的版本，继而同一事件不同版本的微光闪现在我父母的版本之下，下面甚至又是某种不同的东西。所以你们真正拥有的——不只是正在写《爱与黑暗的故事》的我，而是我们当中每个人——不是一种记忆，而是一种记忆的记忆，不是关于已经发生的事的记忆，而是我们讲过多遍又在反复讲的东西。记忆是阴影和反光之间的相互作用，就像池中月亮的倒影，从池中再反射到窗玻璃上。所以，你们看到的实际上不是天上的月亮，而是反射的反射的反射。

记忆玩趣味游戏，我配合这个游戏。我不关心故事中这一幕或那一幕的文献价值。我从不想接受虚构与非虚构之间的区别，因为我觉得这种区别非常矫情。

问：事实上，你作为作家出现在故事中，而且你不知道是否应写你的老师伊莎贝拉和她的猫族军队，因为你说，他们都很有趣，但他们不能促进故事的发展。接着你又说，"促进？发展？我不知道什么能促进故事的发展，因为现在我都不知道它的发展，和实际上它为什么需要促进或发展。"我想，使我停下来的是，可能你真的不知道你故事的结局，一个带着你的历史的男子，以及你母亲在你还是小男孩时死去的事实。

答：拉莫娜，你提出这个问题部分是对的。这本书的不同地方，全都通向我母亲去世这个灾难性事件，它被叙说和再叙说，最终在故事结尾处被详尽叙说。这儿最难的是行文，是结构——因此那种感受：我将去何方？它起作用吗？它会把我带到哪儿？因为它无论如何不是线性回忆录。如果有的话，它就像赋格曲一样绕着自己转圈。它还在寻找许多幽径，拖延我母亲实际死亡的这个灾难性事件；然而，她的死亡从一开始就在那儿了。结构或行文折磨了我好久。人们问我，要你回忆那些惨痛的经历是不是很困难？不，不是，因为写书前我就在那儿了。对你来说记住那些细节很难吗？不，不难，因为在记不住的地方，我就编。

很难的是，几乎不可能的是，要为细节的海洋找出某种结构或行文。几乎是荷马式的，我会说——不在质量上，而在细节范围上，一方面每个细节都是独立的，另一方面每个细节都是结构的一部分，交响曲的一个音部，一个音符。

问：这种重复——这种家庭故事复述、叙述和改述的方式，以及你谈论的各种圈子，都围绕你母亲死亡的时刻——自始至终回荡着一只小鸟的歌声，唱着"献给艾丽丝"开始的五个音符，像一篇祷文。告诉我那五个音符。

答：关于这只鸟我没什么可以说给你的，这本书本身也没有告诉你。如果你愿意，它只是某种克制的表达；一首哀悼的副歌，像一首哀歌。这只鸟在我生命中的不同时刻并在这本书里唱"献给艾丽丝"的五个开始音符。我不知该说什么。它就在那儿。

问：这部小说也有某种《旧约》的元素，叙述某人生下某人——来自犹太人故事的伟大传统。

答：这是一种伟大的需要，告诉我的孩子们以及我的孙子孙女们，我们到底来自哪里——确切地说，在尴尬、屈辱和不安中我父母试图把它从我的记忆中删掉。他们对告诉他们的孩子自己多么多余感到耻辱。现在不但对于欧洲的犹太人，而且对于东欧的犹太人，都是这样的。对于我的伊拉克犹太朋友也是这样的，数十年来他们窘于谈论被逐出伊拉克的情景；或对于被阿拉伯人从北非或埃及逐出的那些人，同样是这样的。最近，不但在这本书中，而且在当代希伯来语文学描写的各种不同的市郊中，真相大白。我们正在获得越来越多特别相似的家庭故事，不在其它方面而就在一方面：某种长期存在的审查制度正在得以解决，以色列作为多元背景难民营或救生筏的真实特征，正在浮出水面。那种装作我们是世界男子汉或最强者的需要远去了——至少在文学中——或那种装作我们是某种新型的无忧无虑、镇定自若、神志健全、不复杂的犹太人的需要远去了。在我们的文学中呈现这种正面性的需要远去了。它开启了诸多以色列家庭中被长期压抑的家庭故事写作。

问：这本书中有一刻我读起来真的感到震惊，关于那些战后重返以色列并想在那儿谋生的幸存者。你描写了你的一位邻居，是名幸存者，是受过惊吓的那种很恐怖的人。你能谈谈吗？因为在我看来，那个故事中有一丝怜悯之情。

答：这名男子一定是他家唯一的幸存者，外表非常胆小，他可能还没有完全从他经历的所有恐怖中恢复过来。他开了一个狭小黑暗的小店面，白天是干洗店和自助洗衣店。晚上，他在那儿展开他的床垫睡觉，生活，做饭吃。这就是他的地儿。大多数时间，他坐在店面前的小板凳上，等待顾客上门。每次他碰见我们这些孩子，除了向我们吐唾沫外什么也不说，并用波兰口音带着仇恨说："一百万个儿童。像你们这样的一百万个儿童死了。他们是屠夫。"我们这些小孩，甚至根本都不懂他在说什么，就称他为"一百万儿童"。后来"一百万儿童"就成了他的绰号。他总是用手指着我们，谴责我们还活着。他说，"你们这些小孩做了什么值得活着，而其他一百万像你们一样的儿童都被杀了？你们怎么敢活着。你们能说出你们活着的正当理由吗？"所有这一切，我们都无法理解或解释。但那种感触，那种愤怒，那种怨恨，那种绝望，那种精神病理学——这一切都悬而未决。

问：而且不只他，还有许多像他一样的人，都没有在这个新国家真正找到一个舒适的地方。他们不是新犹太人，是吗？

答：新犹太人存在于天际。他们在基布兹里；他们在莫夏夫里。他们晒黑了，他们是不复杂的，他们正驾驶着拖拉机赶走我们的阿拉伯捕获者——他们是超人，因为他们恰好来自西部。他们是约翰·韦恩（John Wayne）[1] 类型的犹太人。我信任他们，我们都认为他们存在——直到我最后搬进了一家基布兹，我才发现他们跟我们的父母一样健谈，好辩论，喜欢吵架。包括他们都晒黑了。虽然辩论主题略有不同，但他们仍热衷此道，他们要在辩论中找到一种放之四海皆准、能立刻见效的解决办法。他们永远都在解决问题，在基布兹里，也在耶路撒冷。犹太人—阿拉伯人问

---

① 美国电影演员，曾获奥斯卡最佳男主角奖。他演绎的角色极具男子气概，个人风格鲜明，他的说话语调、走路方式都与众不同。

题，犹太人复国主义问题，男女问题，等等。他们永远在解决问题。除此之外他们甚至不能把自己的鞋带系好。男人们不得不说出"女人"这个词时都会脸红。他们说出"大腿"或"哺乳"更会脸红。这些世界改革家们发表关于自由恋爱和重新考虑婚姻制度必要性的演讲——或许要重新思考两性关系——却无法在用希伯来语说出"大腿"这个词时不脸红。

问：你讲了在耶路撒冷你周围与阿拉伯人关系的好几个故事。第一个故事关于在商店迷路和被救。

答：是的，那是家阿拉伯人服装店。我被有试衣癖好的临时保姆带到那儿。我从来没有见她买过衣服，可她却要试。她会试啊试，而我不得不等她。就像一个肥胖的阿佛洛狄忒（希腊神话中爱与美的女神），她会穿戴这件和那件，从试衣间里进进出出，还征询我的小意见，这件衣服还是那件皮大衣……于是一天，我在这家商店巨大的衣物丛林中迷了路。那是一片丛林，充满异国情调，充满无法名状的味道和气味；到处都是妇女贴身内衣，我以前从未见过的款式——这以后数年也没见过。我迷路了，我看到一个侏儒，当时把我吓坏了，我藏在一块皮斗篷下。这时我被一位非常慈祥的阿拉伯店员救了，我永远无法忘记——直到今天，一想到他，我就潸然泪下，不是因为他是阿拉伯人、我是犹太小男孩，而是因为他表现出我父亲从未有过的爱护方式。这名男子怎么样了，这个问题一直萦绕在我心头。他会死于1948年后的那些恐怖的难民营吗？他是否丧失了家园以及一切？对此我又该做什么？在1948年要么是他要么是我们，是真的吗？应该按照已经发生的方式发生吗？所以我感到内疚，但不一定是罪恶感——我们犹太人，在忍受内疚感折磨却不先享受罪恶感快乐上是世界冠军。

在这部小说里，以色列—阿拉伯问题不是黑人—白人之间的种族问题。在政治上，从我自身情感而言，这不是黑人—白人之间的种族问题。我还没有完全把这个问题按许多思想理论家处理它的方式解决，即站在一边并且随后快乐地去睡大觉。我想，在两种非常强大、非常有说服力又几乎互相排斥的要求之间，这是一个可怕的悲剧性冲突。这种冲突，可以通过一个痛苦的让人咬牙的妥协解决，也可以通过一场可怕的血腥大屠杀解决。我始终选择妥协。我是一个妥协的男人。这是一本写妥协必要性的书。

问：生活中有各种事情。现在你正变得愈加成熟——你几乎已经长大成人，很可能，你能从生活中挑出许多事来写。这也是你在文学血脉中要选择的重要事情。

答：我写这本书不是作为自我治疗。我写它时已经过了那个愤怒点——对我的父母、对我、对我的背景或是对我的世界。这是一部和解之书。昨天早上我说了这样的话，今天我依然认同我自己（尽管我不是常常如此）——这本书是与我本人和解的一部分。年复一年，我对我母亲就那么走了感到极其愤怒。甚至没说再见，甚至连张解释的字条都没给我留。她总是坚决要求，如果我出门超过半小时，我就应该在一个指定的地方留张字条，比如花盆底下，说我去哪儿，何时回来。这是一条家规。我父亲，我母亲和我本人——任何人出门超过半个小时，都留张字条。突然她走出去了。她一句话没说就走出去了，不是半小时，而是永远，永远。最初我不能理解是多久。

因此我非常愤怒，代表我本人，也代表我父亲。我觉得，就好像她跟别的男人跑了一样，就好像她已经背叛了我父亲和我。我对她的遭遇哪怕是一丁点同情都没有。我对我父亲的遭遇充满了全世界所有的同情之心，却一点也不同情她。接着变了。我生我父亲的气——这个傻瓜失去了世界上最好的女人。他怎么能让我失去我的最爱呢？他肯定做了什么可怕得让她出走的事。接着怒火又转向了，指向我本人。我肯定做了非常可怕、非常糟糕的事让我母亲出走并远离我。每位母亲——不仅在人类世界中，即使在动物中——爱恋她的幼崽或婴孩。而我母亲除外。要是我能记得在衣架上正确挂我的衬衣，她就一定还在这儿。要是我能把用过的碟子拿到水槽前洗净就好了。因此，我经受了长年累月反复的愤怒，接下来是绝望，再接下来是怀疑——再接着是思考其它事情的某种强烈欲望。

当这一切全都结束时，我就能设身处地地想想他们两个人的事，我就能写这本书了。是超越愤怒情绪和超越怀疑的文本，带着某种好奇感，不再有用手指着他、她或我本人，去寻找有罪一方的强烈欲望。

问：当你对你父母感到愤怒时，你把自己变成另一个人——也就是阿摩司·克劳斯奈变成了阿摩司·奥兹。你选了这个名字。告诉我你为什么选那个姓。

答：奥兹意味着勇气、力量和决心。那是我非常想要的一切，而我实际上却没有。我下决心反叛我父亲的世界，我十四岁半或十五岁时，去基布兹的学校里住。我决定要新生——我要成为我父母没有成为的一切，而且我要成为一个和他们一点不沾边的人。实际上，我带着我生命中三个最根本的决定来到基布兹。其一，我将永远不再写作，哪怕是一行。其二，我将永远不再手淫，永远，一次也不。其三，三天内我要把自己晒黑，晒得像那些基布兹的男孩一样黑。所有这三个决定，后来不是变成一场灾难，就是变成不能实现的事。

奥兹这个名字真的在黑暗中呼啸而过并鼓励了我——你能成功。你能做到。你能征服。你能新生。你能变成其他人。现在这有些讽刺意味了，因为在某种程度上，当我的父母从欧洲来耶路撒冷时，就是想与众不同。他们甚至内化了欧洲人对犹太人的恶意和仇恨。他们说，"我们一定犯了什么错。我们不得不改变。闭上嘴巴，在这片土地上工作吧。"多年后，我说，"我父母一定犯了什么错。我不得不改变。我不得不新生。我不得不与众不同。"现在我回头看这一切——这真是这本书的基调——带着同情，带着幽默，带着无穷的好奇心。说起无穷的好奇心，因为在某种程度上不论移民在哪里，这是他们普遍的喜剧性。无论他是犹太人、欧洲犹太人，还是耶路撒冷的中东犹太人，是英国这里的西印度人、巴基斯坦人，还是美国的西班牙裔美国人——任何移民把他们想忘却永远忘不了的那种语言抛在脑后；他们来到希望找到天堂却永远找不到的上帝应许之地。很快他们发现他们的希望不可能实现，于是他们把他们挫败的希望的整套枷锁套在孩子身上。

于是移民家庭变成了某种卡纳维拉尔角，孩子成了将把家庭理想发射到极高处的火箭。整个家庭只不过是火箭发射台。这相当普遍，不是地方性的——同时具有悲剧和喜剧色彩。在写这本书时，我就是从这种悲剧和喜剧不是两个星球的视角写的，它们甚至不是两种态度。它们只是两扇不同的窗，透过它们我们观察到我们生活的同样的风景和同样的后院。因此我写《爱与黑暗的故事》，不是希望读者看到一页时发出笑声，看到另一页时掉泪或产生同理心，而是希望同时做到这两方面。它是一本对人类悲喜剧或喜悲剧不论断的书。

问：我必须告诉你，当我读到这本书时，我是又笑又哭。这的确是一本非常精彩、动人的书。

观众：晚上好。今晚你说过，你觉得你在做的部分工作就是把一封信从你祖父母那儿带给你的孙子孙女，或从你父母那儿带给你的孩子。那么你认为，你想在信上写什么呢？

答：你是问我努力从这一代向另一代传递什么信息吗？

观众：我努力不用"信息"这个词，但我认为是这样，是的。

答：这与传递信息无关。这是讲述一个一直被镇压、抑制、噤声并遭到尴尬审查的故事。我想告诉我的孩子和孙子孙女们，他们的父母或祖父母既不是超人，也不是废物。他们被损毁，在很多情况下，他们是蒙羞的、非常尴尬的人。厘清他们的身份，尴尬的、分裂的、不快乐的以色列当代人与他们并非不同。所以我的强烈愿望不是去传递信息；而是尽我所能说出和传达很多细节，就像我拿着沉重的家庭相册喊道，"看那些人，就看他们。看这辆滑稽的自行车，看这件在耶路撒冷三十八摄氏度高温下的法兰绒衣服。你知道他们为什么要穿这身笨重的法兰绒衣服吗？"接下去我讲了这个故事。所以我需要讲——不是证明、说服、劝导、表现——而是讲。我认为这种讲的需求和我们的性需求一样是必须的。我们都在讲故事。不只我们当中的小说家们。我们需要讲。离开了讲故事和听故事，我们就无法生存。我们要同时站在讲和听的两头。讲故事不能变成任何东西——甚至不能变成传达道德、政治或意识形态的重要信息。它就是讲故事。

观众：我相信你是对的，这里有讲的连续必要性。但是你不认为，如果我们等到未来一代发问时再讲不是更好吗？

答：你知道，有时他们真的发问。事实上，我在提问时，我父母经常会对我说，"你最好不要问。"或者他们会说，"无论如何，你不会理解的。"或者他们会用事物更意识形态化、政治化的一面向我解释。如果我问他们，"为什么你们在这儿而不在那儿呢？为什么你们会说与你们父母不同的语言呢?"他们就会用犹太复国主义者的话回答我，"我们来这儿，因为我们不得不新生，我们不得不建立一个国家……"我想，现在在写这本书时，首先我努力回答一个存在已经好多年的问题。我想，总的来说，现在希伯来文学从最好的状态来说，一直用好多种方式这么做。但是，当然了，有时我们都回答我们从未被问到的问题。这又是人类喜剧的一部分。我们回答无人向我们提出的问题，因为我们不能等到被问时再回答，因为我们要在他们提问前就回答——甚至他们想问时，我们就要回答。

戈尔·维达尔

Gore Vidal

　　这一直是戈尔·维达尔的命运，也是他的职责，远在政治家和媒体注意到之前就给出警告。再没有比在 2001 年 9·11 前爱丁堡国际读书艺术节上我与他做的访谈更像对此的检验了。

　　我们谈到，是什么驱动恐怖主义者的心灵，因为他深深卷入蒂莫西·麦克维格俄克拉荷马州爆炸案的审判中，并且他为他深爱的美国担忧。维达尔拥有比任何美国作家都更庞杂的作品，有三十多卷长篇小说、电影剧本、电视剧本、戏剧作品和散文。他也被称为美国这个共和国的哲学家和激进的改革者。在他最后的一部长篇小说《黄金时代》（*The Golden Age*）中，他完成了《帝国的叙述》（*Narratives of Empire*）的系列小说。

　　戈尔·维达尔多次因为亵渎上帝和暗中破坏家庭观念而受到谴责，而且只有为数不多的人这样评论，"当朋友成了总统，就难对付了。"他不但是美利坚合众国的传记作家，而且可能是它的内科医生和心理分析师。于是我给他的第一个问题是，在二十一世纪伊始，他如何看待他这个病人的状况。

　　戈尔·维达尔：我只能说，脉搏在微弱而无规律地跳动着。我真的密切关注我的故土：人们开始为她担心，人们开始为一切担心——我也为自己担心。我们都在衰老，美利坚合众国和我——我希望是以不同的速度。但我们在一个困难的阶段，我忘了是哪个傻瓜说过，我们已经变成"一个必不可少的国家"——如果现在没邀请野蛮的人进来！我恰好能听到西罗马帝国的霍诺留皇帝这样说，"我们是独一无二、必不可少的罗马帝国，万方景仰，受着……谁在叩响大门？"我的意思是，人们在终结前总这么说。我们是一个全球帝国，这让我们变坏。亨利·詹姆斯认为，大英帝国是英国人建成的；这让他们变得开化。1899 年他说了这话，那年我们挑起与西班牙的战争（我们赢了，我们在拥有菲律宾群岛后成为一支伟大的亚洲势力）："我认为，坐拥一个帝国只会使美国人道德更加败坏。难道我们只能提供给任何人坦慕尼协会（Tammany Hall）① 吗？或政治？"这就是他的观点，我愿意成为亨利·詹姆斯的拥护者。

拉莫娜·科瓦尔：你认为我们正看着这个帝国在死亡中挣扎吗？那么这痛苦的症状是什么呢？

答：说出"我们是不可缺少的民族"这样的话就朝毁灭走了一大步——代价这么巨大。英伦三岛的人们有时感到惊讶，在过去半个世纪里，我们在这儿已经拥有十个军事基地。1947 年，第一国防部长詹姆斯·V.福莱斯塔尔，派两个 B29 中队——B29 是我们最新式的轰炸机，携带原子弹，保护英伦三岛免受苏联攻击。苏联不仅没有 B29 轰炸机，也没有核武器。当有人问他，"哦，你们在这儿做什么呢？"福莱斯塔尔说，"我们认为，英国应该习惯于美国军事的存在。"现在我们在这些岛上拥有十个不同种类的基地。在我名叫《处女岛》（Virgin Islands）的小说结尾处，我打印了一张从国防部偷来的图，上面有我们所有军事基地的位置信息，它们花了多少钱和我们雇了多少人，等等。出版商非常激动，他们把这张图发给英伦三岛所有的报纸，却没一个人提过它。你知道，这是一个非常大的占领，你占领了一个地方，他们却不知道。如果英国被袭，

---

① 纽约市的民主党实力派组织，同时也意指以贿赂、高压等手段为特征的腐败政治。

你会知道我们不在这儿，或者——我们美国人会全部乘飞机返回华盛顿。

问：我刚刚读过你关于蒂莫西·麦克维格俄克拉荷马州爆炸案的文章，刊登在《名利场》杂志 2001 年 9 月那期上。读到你们国家正发生的事让人感到非常震惊。你能从解释你是怎么卷入蒂莫西·麦克维格俄克拉荷马州爆炸案和这个案子的发展过程开始吗？

答：我全程采访了这个案子。我们有份报叫《纽约时报》，像前苏联的《真理报》；换句话说，如果你知道如何从除了其他事物之外阅读，你就能得到新闻，但这很难。我听说，这个孤独、癫狂、智障的杀手，炸了俄克拉荷马州的一幢楼，那时我竟然当真了。我对这条新闻不是特别感兴趣。他接着被判死刑，在经过一场辩护很差的仓促审判后，他站起来说话了。他在审判期间没发过言；他否认自己做过这件事。正要宣判他死刑的那位法官问，"你还有什么话要对法庭说吗？"麦克维格说，"我想引用布兰德伊斯法官不同意奥勒姆特德和美国政府打的那场官司时说过的话，就是那个最高法院的案子。"

这是麦克维格在他被判死刑前所说的话，"我们政府是霸道和无所不在的老师，不论好坏，通过实例教导全体人民。"他没有全部引用，只说了其中几段。当年，布兰德伊斯在结束时说，"这是反对意见，不是多数意见……在确认犯罪行为的过程中，政府如果觉得自己可能在犯罪，惩罚就会非常严厉。"嗯，俄克拉荷马城发生的一切，其实是一个具有夸张正义感的男子的报复，他的过激来自政府在韦科市的所作所为，珍妮特·里诺（她母亲是个非常著名的短吻鳄摔跤手，你听过吗？那个家族职业她本来应该继承下来）指挥下的联邦调查局，已经拔除了这把完全无害的宗教坚果、基督教福音派和隐世的七日基督再临派。他们捏造了一些对这些教徒的指控——不用说，都是假的——说这个异教的头目是个恋童癖者（今天每个人都是），是个纳粹分子，他床下放着一张希特勒的照片。这不过是经常用来妖魔化的胡说八道，而里诺下令联邦调查局把他们全部消灭。

他们杀死了一百八十人——包括为保护他们免受恋童癖伤害而杀害的二十七名儿童。政府接下来说狂热教徒自焚并互相开枪，等等，完全是一派胡言。有一名完美正直的士兵名叫麦克维格，美国鹰童子军成员，他是参加过海湾战争的英雄，曾获铜星奖章，这是除国家级荣誉勋章外对步兵授予的最高奖章。他对于联邦政府的行为方式感到极不舒服，于是决定行动。他那时刚刚退役，他到了韦科市并观察了这五十二天的围攻行动。他说，"任何一个干这种事的政府一定会遭受报应和惩罚"——他决定要成为实施惩罚的人之一。这实在让人吃惊；没人能相信它，因为每个美国人都认为，除出于私利外，根本不会有人这么做。

麦克维格和我开始通信，他在一封信中说，"我的第一印象是，我看到的与所有法律相违背，联邦调查局的人正使用军队的坦克进攻大楼……在这儿，联邦调查局的人正在做这件事。"五十二天之后，联邦调查局的人冲了进去，杀了人并毁了大楼。他们把这称为"表演时间"——他们有一种我们秘密警察略略笑的幽默感——"表演时间"！好吧，麦克维格决心给他们另一个表演时间——他把俄克拉荷马城的一座联邦政府大楼炸上了天，那是掌管烟酒武器的专卖局大楼，也掌管大卫教派、联邦调查局等机构。在这个过程中，麦克维格杀了更多的人，包括无辜的儿童，他成了让国家恐惧的恶魔。但没有一个人会问，他为什么做这件事。他是一个孤独、疯狂的杀手。

1998年我在《名利场》杂志上写过一篇文章，那时他正关押在丹佛的联邦监狱里。我那时正在调查研究联邦政府工作人员在红宝石山岭干的事，他们在那儿杀死了想独自在森林中生活的韦弗一家人。他们枪杀了那个妻子——她当时正抱着婴儿从他们住的小木屋里出来，他们射穿她的脑袋（当然他们没有射中那个婴孩；你知道不可能事事顺遂）——可现在，这么多年后，他们说要重查此案，看当时那儿究竟发生了什么事。于是在这儿，有一个刚向联邦政府宣战的男子，看了我写的揭露联邦政府强制戒毒局和联邦税务总署等机构践踏《人权法案》的文章后，开始给我写信。（我们有一部《人权法案》，我们也总建议你们傲慢地拥有一部，这样你们就可以像我们一样自由！当你们的"表演时间"一到，我们就会在那儿鼓掌。）于是我们保持了三年通信。他是一个伟大的作家，熟悉美国历史。在我发表在《名利场》上的文章中，我引用了他好几封信，远远胜过《纽约时报》上任何文章。他是一位相当精明的分析家——相对于无政府主义者而言，他更接近晚年的沃尔特·李普曼（Walter Lippman）[1]。

他们认为他们不得不除掉他，并且他们——联邦调查局这么做了，在他的辩护律师的帮助下，准备了四千页证词。那儿有一个研究者——我为写这篇文章大量引用了他的研究成果，我现在再用一些——他至少认识五个涉及制造和引爆炸弹的人。麦克维格很可能没做这件事，这非常有趣。当他被判死刑时，他有两个选择：在狭小的囚室里生活五十多年，或立刻被处极刑。他似乎不怕死；他更喜欢被处决——或者说，用一封他信里的话说就是，处决是"国家协助的自杀"。他总是胜人一筹。

最后他们说，"你还有什么要说吗?"——媒体就在那儿——他说，"是的，我要朗诵一首诗。"我们的媒体和其他人一样无知，他们没有认出那首诗，那是 W. E. 亨利（W. E. Henley）写的《不可战胜》（Invictus）。在我小时候，每个学童都知道那首诗，现在很明显再也没有人知道它了。"我是我命运的主人，我是我灵魂的船长。"麦克维格把这首诗散播了出去，但没人理解它的含义。于是我说，"他是亨利式的英雄。"媒体用"维达尔说麦克维格是屠杀俄克拉荷马人的英雄"作为回应。我祖父亲手建立了这个州并担任了三十年他们的第一批参议员，我觉得这有点像——俄克拉荷马人也觉得，这话有点像我说的。显然，他们不知道亨利是谁；但现在描述他太晚了。

那么到底发生了什么？麦克维格反映出政府是完全失控的，秘密警察（也就是联邦调查局）不对任何人负责——他们不告诉国会任何事。没有一个国家会对这种事安心。他们涉及到轰炸——完全正确，从某种意义上说，他们已经渗入到这些"民兵运动"中了，正如他们称呼的那样，遍布全国，他们没有跟踪运动中的四、五个蟊贼，因为他们是联邦调查局的人。哦，这够公平了，那是他们的一部分工作。但与此同时，如果发现一座大楼将要爆炸，他们应该给那些会跟它一起被炸的人露点儿口风，然而他们没有这样。

---

[1] 美国作家、记者、政治评论家，是第一批引入"冷战"概念的美国人，曾两次获普利策奖。

于是我们现在拥有一个真的不算是国家的国家，它是一种独裁政治——基于公司总裁和国会的企业化美国。百分之一的人拥有这块地方（就像我们的表亲阿尔伯特想告诉人们的那样）。这就是我们的非表亲布什当选的原因。百分之二十的人干得好极了，因为他们为百分之一的人工作——他们进入国会，进入联邦最高法院，经营《纽约时报》。百分之八十的人干得差极了——我们从来没有听说过他们。现在在国家百分之八十的这个池塘里，他们都是中西部从农场中被赶走的农民，他们失去了生计。他们是民兵运动的脊梁；他们认为他们被农工联合企业夺走了生计，这是真的。因此他们中许多人像你在任何地方能找到的人一样要多疯狂就多疯狂。我是说，他们有些最疯狂的想法。他们总数超过四百万，那相当多了，而且大约三十万人活跃在这些民兵团体之中。因此我们现在有的就是一种革命态势。

　　我相信麦克维格没这么做，这就是所有旁证。但发现他要成为替罪羊时——即他不得不要对它承担责任并要受到处决时——他做了一些让我在心理上感到非常非常奇怪的事。他决定，他自己把这次事件的所有荣誉全抢过来。"是我炸毁了默里大厦"，他在寄给我们中一些人和媒体的信开头写道，并给出他的理由：当政府开始背叛自己的人民，并使用坦克谋杀无辜的人，这个政府就失控了，这个政府不对任何人负责，这个政府被企业化的美国收购了。（最近一次大选耗费了三十亿美元，在戈尔和布什间展开，但没人想要他俩中的任何一个。）

　　最后麦克维格自视为——这也是我认为他最吸引人的地方——堪萨斯州的约翰·布朗（John Brown）①。我说过，他是一个"亨利式英雄"——嗯，还不仅仅是"不可战胜"的勇者。他们称他们是"亨利式的年轻人"——崇拜亨利的青年作家们，他是他时代的一个大人物。他们中的一位是卢迪亚·吉卜林，我看麦克维格更像一个吉卜林式的英雄，"会成为国王的那种人"。但1859年堪萨斯州的约翰·布朗只带了二十个年轻人，占据了弗吉尼亚州哈帕尔斯渡口的联邦政府军械库，决心和他们一起

---

① 美国白人，1859年发动解放黑人奴隶的起义，起义后来失败。

去解放奴隶。他当即被抓，被逮捕，被审讯，最后被处决。麦克维格自视为堪萨斯州的约翰·布朗。

问：为什么你打算去观看处决？

答：不是出于对处决的病态喜好；我通常避免这种场面。那时我正要外出去印第安纳州跟麦克维格谈话。我们已经通信三年了，我越来越被他所吸引并对他的博学感到惊异。我们计划见面，但他们使任何人见他都非常困难。那时我正在去印地安那州的路上，这时我得到他律师的口信，说首席检察官已经下令禁止他见除他家人和律师外的任何人。于是首席检察官制止了那次行程。接下来我知道，他给我写信并对我说，"你愿做我死刑的目击者之一吗？"对于这样一份邀请你能说什么呢？说"不愿"真得很粗鲁。但说"愿意"可能更糟。于是我说，"如果那时我在印地安那州，我会过来的。"

在最后一刻，他们将死刑缓期执行一个月。我都准备好了去，后来我回到意大利，没有去成。到那儿去可真是费劲。但他有一个与他律师合作过的什么女友，我对她说，"哦，最后一天什么样？"她说，"他们也不让我见他，但律师们见了他。"他们那天清晨七点杀他，五点左右把他叫醒，他睡得很好。最后一餐是薄荷冰淇淋配巧克力沙司——我想非常糟糕。他大约早上五点在行刑室隔壁的一个小房间里醒来，很镇静。俄克拉荷马州的人想看着他死，于是他们在天花板上安装了一台向下可以拍到他的摄像机。第一针注射让他睡过去。哦，他拒绝睡觉；他一直睁着眼。第二针让他的肺萎缩，他准备好了：你可以看到，他吸足了空气，在调整呼吸。第三针注射让他的心脏停止跳动。我想，结束他的生命一共花了四分钟。但他全程看着俄克拉荷马州的人——瞪着双眼，死不瞑目。我想，这是一项声明。

问：如果联邦调查局卷入这场爆炸，是为了什么？意义何在？

答：其一，这是他们的部分工作。如果你拥有想推翻政府的一群人，就像那些民兵组织的人（不是出现的最坏主意），于是你留意他们——这就是联邦调查局在那儿的目的。因此那是合法的。但是，如果你发现，他们要炸毁一座联邦政府大楼，大楼里还有儿童，你应该警告人们并不让这样的事发生。你应当努力去阻止它。联邦调查局不喜欢那么干。反正他们就是让大楼被炸毁了。他们获得一份相关记录，证明他们各司其职。但他们并没有做好，因为他们应该警告那些潜在的受害者。接下来，在爆炸后，马上有一部可怕的反恐法案。我们对美国的恐怖主义感到这么兴奋，因为我们对其他国家人民已经做了这么多坏事，我们担心他们会报复——让人吃惊的是他们很少这么做。所以我们有了一部反恐法案，那实际上悬置了我们的《人权法案》和《宪法》。没有总统会签署它；它已经在那里很多年了。它出自掌控联邦调查局的司法部。在俄克拉荷马城爆炸案发生一周内，"为了保护国家和人民"，克林顿签署了它，使用的是阿道夫·希特勒在1933年德意志帝国国会大厦纵火案后使用（我倒希望他咨询过我）的精确语言，"为了保护国家和人民。"我想那是一个让人不愉快的巧合。

他们想要尽可能多的立法，这样他们就用不着必须遵守现有法律——并不是说他们对遵守法律特别严格。我有一位朋友在纽约市警察机关工作，他说有时他不得不出庭对一些罪行提供证词。我问，"那是怎么进行的？""嗯，他们向你提问，在部门里我们把这称作'谎言测试'，而不是作证。"于是我说，"你们会犯伪证罪。"他回答说，"哦，是是。"

问：在你最近写的一部小说《黄金时代》里，你完成了系列小说《帝国叙述》，它记录美国历史从共和国到你今天一直描述的帝国中的那些关键时刻。在《黄金时代》里，你挑战历史觉察到的智慧。在那本书里，你想让人们意识到，就像一位评论家所说的，罗斯福年代完全厚颜无耻，以帝国野心为唯一动力。你反对罗斯福的实例集中在他故意挑衅日本人上，让他们认为，美国人因此可以参战，违背大多数美国人的意愿。这种想法是怎么被美国历史学家们接受的呢？

答：嗯，我想每个历史学家都知道这是真的——只不过有人掏钱不让他们这么说罢了。如果你要支持那种观点你就得不到终身职位。涉及行政当局的每个人，包括我在参议院的父亲和祖父，都知道正是罗斯福的挑衅使日本攻击我们。他为什么要挑衅他们？我认为英伦三岛的人都应该十分感激他。我把罗斯福看作一个伟大的英雄；他是他那个时代的马基雅维利。那个时代出现了三个伟大的独裁者：斯大林、希特勒和罗斯福，但只有罗斯福富有魅力并轻松施政，让你不会注意到这是独裁，如果你没有密切关注正在发生的一切。

说起1941年12月7日的珍珠港事件，百分之八十的美国人都不想回到一场欧洲战争中去。我们认为，1917年我们受到了极大的伤害，我们不想回去。那时德国人正在击沉我们的船只——人民没有反应，没有向德国开战。罗斯福拼命要帮助英国。罗斯福看出，如果德国掌管欧洲，整个世界力量的平衡将会完全打破，而欧洲对他而言，就是文明所在。于是我们就必须以某种方式介入——我们还是堂（表）兄弟姐妹，就像他喜欢说的那样（尽管他本人是荷兰后裔），而且他与丘吉尔有交情。我们不要参战——民意测验显示，百分之八十的人反对参加这场欧洲战争。

同时日本正努力通过征服中国使自己成为帝国，它常常行为不端。于是罗斯福开始制裁他们，以此谴责他们。1941年11月罗斯福给他们最后通牒——他切断了他们的石油供应。他们除了从我们这儿得到石油外，没有任何石油。他们也没有任何钢铁：他也切断了钢铁供应。珍珠港事件将近八周前，他给他们最后通牒：他说，你们必须撤出中国，你们必须断绝同德意的轴心国关系。就是那样。日本人除了攻击我们别无选择。

他把他们完全禁闭起来。他的左膀右臂哈里·劳埃德·霍普金斯（Harry Lloyd Hopkins）说，"他们要进攻某个地方。"他们认为会是马尼拉。罗斯福说，"我不能先打他们；这样他们会说，这是罗斯福挑起的战争。"他说，我们必须等。现在这是马基雅维利做梦都想不到的政治家风度，而且身处所谓的民主中，如果他们把它印出来，一切都可以形成文件，这可是一场冒险，他做了。我在《黄金时代》里描述了当时白宫的情形。每个人都在等着这个袭击降临。会在哪里？会有多糟？他们会做什么？我想罗斯福始料不及的是，他们会偷袭我们的珍珠港海军舰队并把它击沉，然后向各处发动猛攻。当时，日本人认为我们会出局至少一年，这样他们就可以将兵锋指向东南亚，直指爪哇岛，得到那里的油田，这也是他们在新加坡、香港等地要找的东西。

这一切非常熟练并有一种微妙的双重含义。罗斯福立刻前往国会要求对日宣战。他说，"这一天注定要声名狼藉，日本帝国向我们发起了攻击，这是欺骗美利坚合众国的一天。"但好笑的是，他才是欺骗的始作俑者：他诱使他们落入圈套。我曾和你们那边的世界难对付的克莱夫·詹姆斯（Clive James）交换过意见，克莱夫对于我写的东西过于兴奋。他说，"维达尔好像认为，美国是世界中心。"我答道，"嗯，是的。我们呼风唤雨——嗯，那些年月我们肯定呼风唤雨。我们还拥有一位天才政治家。"顺便说一句，丘吉尔事先知道了。

问：你小说中描写的美国和约翰·厄普代克笔下大有不同。你能告诉我你怎么看待厄普代克的美国吗？

答：我一直与它一起经历风雨而且从来没停过。我从不攻击作家们；政客们是可随意批评的目标，他们是危险的。我认为，任何一个吸引读者的作家都应受到尊敬和崇拜，因为在美国我们正迅速进入后识字年代。如果厄普代克有许多狂热崇拜者，我也不想妨碍他们喜爱他。我得说几句政治情况，因为厄普代克喜爱越南战争并憎恨我们所有这些反对越战的作家。他说，"你就是不能对总统放马后炮。"我说，"我的上帝，如果不能那样做，你就应该去俄罗斯生活，在那儿你用不着对任何人放马后炮。"他是这么顺从；他相信散布的一切，他相信华盛顿通过《纽约时报》发布的一切信息。

问：我想，他说过，"五十年前我们还是一个建设者和梦想家的国家，而现在手持大刀、傲视天下的人在定调子。"你认为他这是在说你吗？

答：还没说我吧；我不会把一般评价看作针对我的……是的，他说过，我知道。

问：去年诺曼·梅勒也是这个讲坛的嘉宾，他说，他对他的国家有非常深厚的感情（当然也是你的国家）——美国就像是一位你想扔出窗外、同时却想出手相救的妻子。你是这样看美国吗？

答：我没有结过婚，所以我不太理解有关疼老婆的隐喻。是的，我明白他的意思。是的，这个地方正让人疯狂。我比诺曼对它更负责。对诺曼来说，美国是一道风景，而他是其中的玩耍者，有时他将自己放在它的正中心。我把它视作家庭事务；这就是我为什么选择通过一个家庭的视角来写七部从大革命直到现在的小说。我的家庭名列美国开国元勋之列，大多数成员一直以这种或那种方式介入公众生活，于是我想让这鬼东西来表现！我想让它起作用。真正的灾难追溯到1950年的哈里·杜鲁门，他使整个国民经济军事化，并让我们变成一个可操作的帝国和一支全球势力。那意味着，没为办教育留下钱，我们没有国家医保，我们一无所有。我们是全世界税率最高的地区之一——那些大富翁和企业化的美国经济集团当然除外，他们根本就不缴税。（通常，税收服务于美国大公司的利益，像美国通用，它们为政府埋单。它们为国会埋单，国会免除它们的纳税义务。）

所以我们是唯一除了军备外从所缴税金中一无所得的人民。我们现在要建设导弹防护网，这将花费数十亿乃至百亿美元，同时办教育还没有钱。作为作家，自然而然地，我谴责它明显出自自私的原因：这是一个后读写世界，这是一个无知的世界。因此我在这儿三十年，试图讲述我国家的故事，因为我知道，这些学校里不会教。或者说，如果教，也只是宣传，是虚假信息——他们讲的关于这个国家的话很少是真的。当信息变得这么虚幻或离奇时，小孩们马上关掉它。当他们在全国范围内对高中生进行民意测验时，历史，在五十个学科中，被选为最不能忍受的科目。它最不受欢迎。而历史大概是任何人所读的最有趣的科目——对于我们和我们的祖先来说，如果你不知道自己过去在哪里，你就不知道自己现在在哪里，你肯定也不知道自己要去哪里！我们就一无所知。为什么有恐怖主义？是因为外面有恨我们的坏人吗？是的，那我们做了什么让他们恨我们？他们嫉妒我们。为什么？因为我们那么胖吗？你知道我们在世界上最胖。我能理解那是有些让人讨厌，但这难道就是他们要炸我们的理由吗？是的，这就是理由。那过去我们在越南做了什么呢？去消灭共产主义者。

好的，他们不只是在我们美国；他们在全世界都活得不开心。是的，但现在他们正进入我们的生活方式中，他们在学校里，他们试着去教历史。当看到一位共产主义者时，我们能认出他。

问：你曾说，如果讽刺文学是对大众受众生效的，那一定要留意讽刺的对象。告诉我，这怎么影响到你？到底有没有足够的一般共享知识使讽刺起作用？

答：如果你有讽刺的冲动，就像我一样，你所做的就是我说是"多此一举"的举动：你不得不解释你要讽刺谁。美国总统是1776年创建的官方共和国的最高行政官，他住在白宫。你明白，你不得不给他们少许暗示，让他们知道总统怎么样。接着你开玩笑。如果你不让他们精疲力竭，你就要解释。这是一个准备接受讽刺的国家，这是讽刺作家的福佑。

附言：

在2001年9·11后德国互联网站《镜报》上所做的一次采访中，戈尔·维达尔说，他关于美国扮演世界警察的角色将带来可怕后果的预测是准确的，这没有给他带来任何快乐。事实上，他2000年曾在华盛顿做过一次演讲，他从那儿的窗户望出去并预测那些在场的人很可能看到五角大楼变成瓦砾。但他没有想到，这会到来得如此快。

哈罗德·品特

Harold Pinter

哈罗德·品特是英国戏剧史上的传奇天才：是剧作家、诗人、导演、演员、电影剧本作家、散文家和政治活动家。他的剧作从早期的《生日宴会》（*The Birthday Party*）、《傻瓜侍者》（*The Dumb Waiter*）到近期的《庆祝》（*Celebration*）、《灰烬到灰烬》（*Ashes to Ashes*），都对世界戏剧产生了重大影响，使"品特派风格"一词出现在词典中，用来描述他的作品中以精炼的语言和意味深长的停顿为特征的独有威胁。本次对话录自2002年爱丁堡读书艺术节期间举办的戴维·科恩英国文学奖颁奖活动。哈罗德·品特是曾获此殊荣的极少数杰出英国作家之一。

该终身成就奖的一项规定是，获奖者要将一万英镑奖金赠给他们想支持或鼓励的个人或机构。哈罗德·品特把他的奖金赠给了关键时刻支持他的格拉斯哥公民剧院。

接受采访时，哈罗德·品特经过了另一个紧要关头。他刚从食道癌大手术中痊愈。那年三月，他在《卫报》上发表了一首名为《癌细胞》的诗，描写了他与癌症之间的斗争，和他看到这个肿瘤死亡的需要。与品特谈话时，我从把这首诗称为对抗他癌症的"战斗号令"的开始。

哈罗德·品特：是的，我进行化疗时写下这首诗。在化疗中，你坐在那儿，护士就把这东西推进你的胳膊，某种化疗药品。突然她说，"癌细胞就是那些忘记了怎么死的细胞。"我为这种表述感到震惊，就写了这首诗。因为那时我不知道是否会死，我想，我希望这首诗准确表达我那一刻感受到的东西。我不知要发生什么，事实上那种观点已经过去整一年了。诗里有一节这样描写，"我需要看到我的肿瘤死亡／忘记了怎样死亡的肿瘤／却计划谋杀我。"事实上，我很高兴地说，我已经看到肿瘤死亡了。〔掌声〕关于这段经历，我想脱帽向竟然做到这一点的外科医师致敬。一位非常了不起的人，当然就像那些外科医师一样。整个过程中我妻子也很棒，她支持我。如果你得了这样的病，我想你活下来需要两样东西。一样是你需要一个杰出的外科医生；另一样是你需要一个杰出的妻子。我非常幸运地同时拥有这两样东西。整件事对我来说实在不失为是一场黑暗的梦。就像你置身于一片根本无法穿过的见树不见林的森林中。也就是说，在手术进行到一半时和从手术中出来后，我根本就没有想法。你看，我以前从来没有生过病，真的，所以这次真是非同寻常——七十一岁时我突然发现自己住在医院里，面对一次非常严重的癌症和一场大手术。有件事我还从未考虑过。我发现我自己，像我说的，身处一个非常黑暗的世界中，难以解释。我无法了解它。有两三周我身在别处；完全是另一个地方。不很开心，我必须说。

拉莫娜·科瓦尔：你是说手术后吗？

答：对，手术后。我根本不知道自己在哪儿。当然也不知道我是什么样——好像我根本什么都不是。好像你突然被抛入一片你不会在里面游泳的海洋。你不知该怎样脱身，你只是漂着，在水中四处漂浮，不时被凶险的浪头击中，等等——而且一片漆黑，真的。无论如何，最重要的是，现在我在这里。

问：当人们经过你这段经历后，他们通常考虑时间、紧迫的事和优先的事。即便考虑到你名望的能量，你找到比其他工作现在更想做的了吗？

参加政治活动比写作更重要吗？或者写诗歌比写剧本或散文更重要吗？

答：我认为那一刻我生命的主要意义只是活着。留下。留在这儿。这成了我主要关心的事。这可归结为非常简单的事实：你如何使用你的能量，随着你身体的恢复，你的能量增加了，非常缓慢，你实际上如何支配它；还有一个人的食谱，等等。我妻子密切关注那些。

顺便说一句，我在那以后写过一首诗。非常偶然地，我得到了它，就是纸上那几行字。而且我还是热爱此道，真的，就像我过去六十年做的那样。几周以前，我写下一首诗，这种激情还保持着——当我看着黄色的信纸，很晚了，一天晚上半夜，其实，我突然开始写——一篇非常短的作品，但短的对我来说和长的一样。所以我希望明年会更好，准备更充分，因为我感觉壮多了。

问：你认为自己通过这次经历在变吗？你认为你作为哈罗德·品特的最基本的品质在变吗？

答：我认为一个人是被它改变了，毫无疑问。我更多地意识到死亡，真的。许多年来，我非常热衷于政治而且对它非常热情。现在我参与政治的激情一点也不少，不过我想我已经带着一种更超脱的观点从这段经历中出来了。不知怎么，我能发现我现在更客观地看这个世界了。我是它的一部分，同时我也在它之外，而且我能成为各种事情的目击者——这还和以前一样重要，但我是一个目击者，而不是完全处在极度混乱中。

因为问题在于，当然，一个人完全处在和不处在极度混乱的中心。换句话说，我这么说的意思是，例如，我们此刻没有在爱丁堡这儿遭到轰炸。我们没有失去我们的儿女和母亲，等等。他们没有受到外力的轰炸。尽管我不得不说我是在战争中长大的。第二次世界大战时我还是一个青少年，在伦敦我的确亲眼目睹了大量闪电战，因此也是那种经历的一部分。我其实没有看到任何人被杀死，但我看到炸弹落下来，而我也是炸弹降落的这个世界的一部分。但现在，最近五十年来，我本人和住在伦敦或爱丁堡的任何人，等等，不再是那个世界的一部分。但世界上很多其它人还是。因此我说，一个人仍是其他人现实的一部分，现在发生的一切和死亡实际上对他人意味着什么，而同样的事对于地球另一边的人来说却影响甚微，因为它没有真的发生在我们身上。

这就是去年九月纽约发生的事表现出的重大意义，因为突然间，那些不知道自己是这件事一部分的人，发现他们就是它的一部分——不但是它的一部分，而且实际上处于它的中心。而那些在那场恐怖事件中被杀死的可怜人，无疑，不仅是他们——我不应该谈那些死人，真的，因为那里到处都是死人，事情却保持原样。他们死了。他们被谋杀了。但这是他们的亲戚干的，例如，那些哀悼死者的人。对美国人来说，这显然是一种非常新的体验，然而对于中美和南美洲、亚洲和印度以及所有那些该死的地方来说，那不是新的体验，真的。

问：你此前谈起你在写最近的一首诗时的快乐，语言很明显一直是你整个生命的激情所在。关于战争的思想和战争中词汇的应用，我知道，语言和意义的滥用是过去已经激怒你的某种东西（实际上是你和乔治·奥威尔）——比如，像"人道主义干预"和"文明世界"这样的词。我想知道去年"邪恶轴心"这个术语的使用，还有我们近来开始听到的一个词"政权改变"的含义，一月前左右我听到它从华盛顿传出来，我还听到这个词最近又被英国政客们机械地模仿。你能和我们分享一下对那些事的看法吗？

答：所有这些词里，我最喜欢的是"热爱自由的人民"。当我听到布什说，"代表所有热爱自由的人民的利益，我们要继续与恐怖分子战斗"，我想知道，痛恨自由的人到底长什么样。我实际上从未见过这样的人，或者说根本就无法想象它的存在。换句话说，他在胡说八道。这也就是你刚提到的那种修辞，在我们称为"西方世界"里是老生常谈，不是吗？在该死的一周里每天都在发生。我们政府还总是喋喋不休地说它，完全不去认真考虑他们到底在说什么。

换句话说，我认为，当你看着像我们首相的这样一个男子，就我收集到的信息来看，他是个非常虔诚和严肃的基督徒，按我们理解，他那一刻考虑在伊拉克进行另一场轰炸——这实际上将是一次谋杀，是有预谋的谋杀。因为如果你轰炸伊拉克，你不是要去杀死萨达姆·侯赛因——你不会那么做，不论如何，他有他的各种资源——但你要做的通常是杀死成千上万完全无辜的人。并且托尼·布莱尔怎么会做出这种事，从道义方面讲，他本人，作为一个基督徒，其实就超出我的理解。我只是祝愿他能决定自己是否是基督徒。如果你说，"我正准备炸死这些该诅咒的人，而且我毫不在意"，那你就炸死他们吧。但这绝非基督徒的态度，就我理解而言。如果你采取基督教徒的姿态，你就不能这么说。你不能说，"我要谋杀成千上万无辜的人"，并说，"我还是基督徒"，因为据我看那不是基督徒的立场，尽管我本人不是基督徒。

我想，我们在这里谈论的是一种异乎寻常的基本的伪善，和一种对语言完全的曲解——或者一种对语言的扭曲，或者对语言的滥用——就其本身而言是极具破坏性的，因为语言引导我们，在政治方面，它引导我们进入各种领域。正是修辞做到了这一点——有时它发挥了作用，在某种意义上说，当战争中的丘吉尔说，"我们将在海滩上与他们战斗"，和他所说的一切，我想大不列颠民众那时需要这种东西，而且它还相当有用。我认为是这样的。

但这是一件非常罕见的事，而且我发现真正危险的是，这么说吧，让人讨厌的是，近来这种语言在哪儿使用——人道主义干预，不要忘记自由和民主，和其余的一切——其实证明用来控制和保持权力的简单独断的行为是正当的。实际上正在发生的毁灭人类这个问题，对于现有权力似乎完全不相干。事实上，它甚至没开始运转，或者说，所发生的，就是毁灭人类——除非他们是美国人——叫做"间接破坏"。

我这里有个小故事要讲给你听。这真算不上是故事，两年前轰炸塞尔维亚时，在村里有一个普通市场——现在我讲的，实际上是转述当时这件事一位目击证人的话。她看见，一位妇女正和五岁的女儿坐在市场的长凳上吃三明治。突然美国的炸弹落下来了。市场一片混乱。大约四五十人当场炸死了。这位妇女在找被炸出她怀中的女儿，最后她在排水沟里看到了她女儿的脑袋。那个小女孩的脑袋，现在决不会、永远也不会得到布莱尔首相和克林顿总统的承认。这桩死亡事件，这个小女孩折断的头颅，肯定与这些人完全不相干。因此我主张——并且我真的相信应该这样——克林顿和布莱尔应该作为战犯被传讯，不仅因为他们这样做不合法，在我看来不道德，是强盗行径；而且因为他们通过宣扬"人道主义干预"来证明自己行为的合法性。那种废话，我想我们早就受够了。

问：当我们谈论世界那个地区时，你已经参与了——你也谈论米洛舍维奇的审判——这被误报为"品特为米洛舍维奇辩护"之类。但那实际上不是你的立场。

答：对对对，我的立场是，我认为米洛舍维奇应该受到公平的审判。如果他要受审判，应该是公正、客观的审判。很明显这里不是这样的，因为他实际上受到北约的审判。北约支付法庭费用，因此那是北约法庭。如果你愿意，它就是胜者的法庭，它不可能是公正的。

问：那么如果他被一个你认为是适当召集起来的法庭判为战犯有罪，你就不会反感了。

答：如果审判公正、客观的话。然而我重申，无论如何，我想北约自己就是战犯，要是你理解，和米洛舍维奇一样。但由北约来审判北约是不行的——北约法庭不会把北约放在证人席上。那么我想这里一定有种极不平衡的东西，我想，这实际上糟透了。

问：你对政治世界的介入，在媒体的一些领域常被看作小玩笑，感觉把自己太当回事；被看成一种英式警觉——处于热情的信念与争论造成的公共窘迫的危险中。你如何应对媒体的这种贬损的癖好？

答：我想，这是处理这种事的一种方式，但我想，归到底，大多数媒体都是与政府或现状勾结，我们可以这样说。在某种程度上，它们通过成为现状的一部分谋生。那些拒绝维持现状的人——比如，英国的约翰·皮尔格，美国的诺姆·乔姆斯基——实际上被边缘化了。人们开玩笑很容易，这实际上是他们思维贫乏的表现。他们没有真正思考，只是对现状做出反应，举例来说，他们认为必须保护现状来反抗我这样的人。我可能相当讨厌——既然我的癌症已经痊愈了，我必须说，我想成为他们更讨厌的人。我认为，畅所欲言实际上是任何一个国家公民的责任。我认为，全世界普遍的是，成千上万的人根本没有机会说出他们所想，因为他们被贬黜、蒙羞、受压迫、为贫穷所困扰，没有机会受教育或使用适当的医疗设施，他们实际上是不断增长的力量，抵抗超级大国在政治和金融世界表现自己的那种方式。

别忘了，政治和金融相当复杂地纠结在一起，我们看到，在美国，这些被证明腐败和欺诈并花你们普通人养老金的超大公司，等等，实际上与政府勾结。政府也是其中一员。美国行政机构的大多数人曾经是或者仍然是商人。换句话说，你现在看到的是一个商人政府。我想，这里我们从各方面谈论大企业，美国谈论它的"利益"时实际上是说"我们将保护我们的利益"，在这个层面上——除了说"我们的金融利益"外还有什么呢？没有其它的。

问：但是安然公司案件和对大企业中实际发生问题的揭露，你认为这将是对经济理性主义的重击吗？

答：我不知道他们要怎么处理它。我想他们可能会保护自己。我正在说那些高层执行官、政府中那些同时加入联盟、到哪里都要保护自己的人。不论安然公司或世通公司的那些人将被指控为任何罪行，我想那都是非常不可能的，因为他们都是同一个组织、企业，也就是商业的组成部分。

问：它们都是巨无霸，可能这也是人们感到无奈的原因。为什么你认为像你这样满腔热情、直言不讳会有影响呢？

答：我不知道会有什么影响，但我想会造成某种影响。我现在又要说那些成千上万完全被遗忘的人：也就是那些穷人。他们在说，"我们不会被忘记。"好多年他们都在努力说这句话，但他们大多数就在说这话时被杀了。我深信，现在的启示之一是墨西哥的萨帕塔主义者革命，它总的来说是一次意义非凡的和平革命，也是一种声明，宣告："我们是自由的，我们不会服从你们的规则。我们不会追随你们让我们追随的东西。我们完全是穷人。我们完全一无所有，但我们拥有恢复我们尊严的决心。"这是一种很强大的力量。我说，它总是用暴力实现，这是政府运转的方式，也是金融结构运转的方式——我想，金融结构也是和军事结构结盟的。也就是，金融背后总有军事撑腰。

实际上，美国在全世界一百多个国家都有军事基地。在英国，有一万五千多名美兵，至少十五个军事基地，驻军已经六十多年了。但没有人谈论。我们把这看作书面报道。但事实上美国人已经攫取到一种控制世界的权力，一种对世界的束缚，我想这对于全世界都是极其危险的。而且，我不得不再说一件关于美国的事。我想这很有趣，就是美国既是有史以来最强大的国家，也是有史以来最受憎恨的国家。

问：这句话的证据是什么呢？

答：证据？哦，遍及全世界。就是我刚刚说的。比如，发生在纽约的事当然是一种表现，是全世界深刻影响力的一种表达。这可不只是一伙随便的罪犯。这是一起令人恐惧的事件，当然也是一起给人们带来巨大创伤的事件，这一事件出于众所周知的原因引起全世界关注，然而，它又不是肤浅的事件。他们不是足球流氓。这是坚定的复仇行动。反对什么呢？反对美国强权——很明显——还反对好多年来美式强权想要维护自己的方式。这里我想说，尽管我有一些好友是美国人……

问：他们可能是谁呢？

答：哦，阿瑟·米勒，还有唐纳德·弗雷德（Donald Freed），华莱士·萧（Wallace Shaw），等等。但他们在那儿很受困。我大概1986年在尼加拉瓜，但让我烦恼的是，我不得不在迈阿密过夜，没有其它办法。于是我到了迈阿密机场，我在入境处柜台前看到一位大块头的女士。我走进队伍并自言自语，现在她要打开我的护照并对我说，"你在尼加拉瓜做什么？"我对自己说，"我正盼着你这么问"，因为我的回答将是，"那可不关你的事。"我最后来到柜台前并打开我的护照，她说，"你就是那个哈罗德·品

特吗？"我说——完全惊讶地——"是的。"然后她说，"欢迎来到美国。"所以这是事情的另一面，真的。［笑声］

问：如我所说，你一辈子一直是斗士，从还是个小孩在东伦敦对抗反犹帮派的那些日子，到不久以后变成良心拒绝服役者，等等，通过你的艺术和社会政治斗争。我想知道，你的动力来自何方。你认为是因为你犹太工人阶级移民家庭的出身吗？

答：我不知道。我不这样认为，真的。我的家庭相当稳定。顺便说一下，我父母都在英国出生，大概在 1902 年和 1904 年；所以他们那时就在英国，他们都是英国人。

问：不过他们真的是英国人吗？

答：哦，他们是英国犹太人。我祖父母来自一个相当神秘的地区，有人把它叫奥德萨，而有人叫匈牙利。我不知道。我的妻子相信，在相当长时间的研究后，她确信我的家庭真的来自奥德萨。她还有很确凿的证据。在 1946 年的奥林匹克运动会上，我发现一名匈牙利短跑选手也叫品特。我的一位姑妈认为，我们家的名字源于葡萄牙语的达·品达，我们是被西班牙宗教裁判所赶走的。我不确定，葡萄牙是否存在西班牙宗教裁判所；但据我那位姑妈的说法，他们的确有。［笑声］他们关于西班牙宗教裁判所的说法相当模糊，所以我不确定。总之，我的背景有点不清楚。尽管如此，我的家庭还是一个相当稳定和传统的犹太家庭。

问：但那肯定意味着，他们总在争辩，他们总有许多看法。我也来自这样的家庭，我可以这么说。

答：是啊，他们争得很凶，但我很早就发现我是个局外人，真的。

问：你是孤立的？

答：是的，我有意把自己孤立起来了。我决定冒险。你知道，我十三岁时进行了犹太男孩的成人礼，但从那以后我从未进过犹太教堂。我曾参加过一两次婚礼，但我想我和犹太教永远不会再有瓜葛了。

问：你还记得你必须读的摩西五经吗？

答：不记得。那差不多是六十年前的事了。

问：你最近参与政治世界的一次举动是，你成为致英国广播公司的日常节目《每天的思考》一封信的一个签名人。这档节目中各种各样宗教派别的人士给早间听众布点儿道。而你认为，和其他人一起，对那些持有"每天的思考"世俗观点的人来说，应当有个地方表达个人观点。英国广播公司不同意。你为什么会拒绝宗教？你大概没有意识到，如果你拒绝的话，你就不可能继续做《每天的思考》了吧。［笑声］

答：非常正确，是的。

问：但大概托尼·布莱尔会的。

答：噢，他会成为《每天的思考》节目上的魔鬼。［笑声］是的。但我不能等了，真的。

问：可你的父亲和叔叔们听起来很有男子气概，很坚韧，有时——尤其你的一位叔叔，是名拳击手。他们怎么理解你这个想当艺术家的年轻人的呢？

答：大概十四岁时，一天深夜我在厨房里写诗。那时我恋爱了——我相当早熟，真的——那时我肯定爱上了路那头的女孩。不知怎么，夜深人静，我眼泪汪汪地写这首令人伤心的诗，我父亲进来了，大概早上六点，他准备去工作。他是个手艺人，一个裁缝。他早上六点半离开家，晚上六点半回到家。他说，"你在干吗？你为什么不睡觉？"我泪汪汪抬头说，"我在写东西。"他说，"让我看看"，然后拿过我的诗，对我说，"噢，好啊，继续吧。"［笑声］实际上，他们，我的父母，总是很和蔼，对我的写作很支持。

问：你是他们的骄傲和快乐吗？

答：我没有兄弟姐妹，所以我肯定就是，真的。［笑声］1948 年我拒服兵役时，他们非常焦虑，因为他们根本不能接受一个犹太男孩为此入狱的想法。那时我已经准备好去做了，因为我看到的一切——而且还是看到——支持我。但实际上我没这么做。我上了两次法庭，受了两次审判，都被看上去有教养并富有同情心的法官处以罚款。

问：是你父亲付的罚款。

答：我父亲设法找钱支付罚款。他没有这笔钱。但我把我的牙刷都带上了，我要去坐牢。我父母根本就不愿那样，他们那会儿十分担心。

问：他们给你建议了吗？他们想给你什么样的人生建议呢？

答：我不会说他们给了我建议。他们其实很绝望，因为如果我去坐牢，那对他们来说将是奇耻大辱，他们也不能理解像我这么个十八岁男孩，怎么能拒绝你应该做的事。在 1948 年，当时这儿有国民服役征兵制度。我父母邀请了我的密友，我学校的一位英语教师来劝我去参军。他来到我家对我父母说，"如果我是你们，我根本就不会操心去试着改变哈罗德。就让他做他想做的吧。如果他想坐牢，那么不论你们喜不喜欢，他都会去的。"我非常感激他那么说，真的。

问：这么说，那位教师已经看到了你的本质。

答：是的，他是个伟大的人。他对我的生命产生了重大影响。我仍然非常依恋他。现在他已经去世好久了，但他对我意义重大。

问：我读到，当你一次还是孩子被疏散时，你随身带着你的板球拍，让我想起了你对板球运动的热爱和执着。我很难发现板球、戏剧创作和政治这几种不同的活动是怎么凑在一块儿的。

答：嗯，人的生命有许多隔间，我想，如果你愿意，板球是一种极高雅的战争行为。我还发现它在审美学上也令人愉悦。

问：为什么？

答：为什么？事实就是这样。我也喜欢英国乡村，板球运动常在一片绿荫场上进行，有时还伴着蓝天、树木，等等，我认为这一切特别让人满意。我其实也热爱这项运动。

问：在审美上让人愉悦，是因为运动时人们都穿着白衣服吗？

答：不，不是因为他们都穿白衣服。而是因为进行这项运动时的动作和运动时的环境。我也为这项运动的细节所吸引。我自己过去经常玩，次数很多；我那时还当了五年我所在俱乐部的队长。那差点毁了我，我必须说。

问：我想起你说过，关于你自己的板球运动风格，"我的注意力很少能集中，缺乏耐心，还有——最重要的是——缺少真正的放松；我的判断也绝不是完美的。"

答：那是在自我批评。在那儿我也说过其他一两件事。我说过，我能做到后卫位置六次全击，我过去常那么做。我能用非常大的力量击球。不幸的是，外场手经常在半路插上把球截获。

问：难道板球不是一种有许多规则的运动吗？

答：是的，绝对是。

问：但对于一个犯规的人来说，对于一个一生都在拼命反抗体制的人来说——这就让我对你和板球运动之间的关系感到困惑了。

答：以前没人问我这个问题。

问：好极了！

答：我喜欢那些让人类受惠的规则，而且我认为有一些好规则，同时有一些很差劲儿的规则。我觉得板球运动的规则是完全值得尊敬的。〔笑声〕

问：最近你刚刚接受了英国的最高荣誉——"荣誉同伴者"，而你却拒绝约翰·梅杰向你授予骑士身份。我不了解英国最高荣誉和骑士头衔的细节，请你告诉我为什么接受一个而拒绝另一个。

答：我想它们是非常不同的两件事。我想我不可能接受向我授予骑士头衔这种事。不是因为它来自一个保守的政府，而是因为任何政府的授予我都不会接受。我认为获得骑士身份有些肮脏——他们中许多人给了政府成百上千万英镑的捐款。我本人一直没有这么做，如果我有钱，我也不想这么做。我也发现，被称为"阁下"相当愚蠢。但最主要还是因为，我认为，它与政府靠得太近了，这是一种"政府奖励"。

而接受"荣誉同伴者"的授予，在我看来，很大程度上完全不需要这些考虑，我把它视为一项国家奖励，如果你愿意的话。毕竟，不论我对这个国家持不持批评态度、这儿正发生的一切怎样，还有托尼·布莱尔和我们与美国的关系怎样，我都喜欢板球，我都在这个国家生活。在这儿我已经生活和工作了近六十年，真的——我现在说的是我早期的诗作——但我专业地工作了至少五十年。因此，我跟我生活的这个国家关系十分密切，我把这项荣誉视作在这个国家工作了五十年的奖励——我想这样是对的。我必须说，出院两天后我收到了关于这项荣誉的一封信，当时我感觉棒极了，我真的很受鼓舞。［掌声］

问：去年，美国人在纽约市林肯中心举办了一场品特艺术节。九部品特的剧作上演，并放映了十部根据你的脚本所拍摄的电影，你在这次艺术节上亲自导演并扮演了剧中的一些角色，还做了演讲。当你看到一部制作——就像他们在纽约做得那样——你 1957 年的第一部剧作《房间》(The Room)，与你 2000 年的剧作《庆祝》(Celebration) 挨着上演，当看到这两部剧作放在一起时，你怎么想的？

答：我对上演我的新剧《庆祝》非常兴奋，它只能在伦敦阿尔梅达剧院看到。它在其它许多国家已经上演过，但在这儿，英格兰或苏格兰上演得还不多。《房间》写于 1957 年，我真的很高兴它到今天还站得住脚。我不必更改任何一个字，它完全站得住脚。有人对我说，它发生在伦敦的贫民窟，而我的最后一部剧作《庆祝》，发生在伦敦一家非常高雅的饭店里——其中一个演员对我说，"你知道吗，这确实是伊斯林顿（伦敦市中心城区）的过去与现在啊。"［笑声］是这样的，我想说得对极了。

问：你对那些年前决定追随自己的心要当艺术家的那个年轻人，感到自豪吗？你觉得他与现在坐在这儿的这个人非常不同吗？

答：我想我没变多少，真的。但我生命中许多事已经变了。最近二十七年来，安东尼娅（安东尼娅·弗拉泽）和我一直在一起，这改变了我的生活。已经很久了，但看上去又很短暂，好像我们就在昨天相遇。1980年我和安东尼娅终于结婚时，我过继了六个孩子，那么现在我们有十六个孙子、孙女。因为我本人不是独子，我的第一次婚姻又让我有了一个男孩，从那个观点看，我的生命自然发生了变化。事实上，我想我有两个孙子、孙女今天就在这儿，在观众席中。这么个性化和家庭化，我的生命经历了巨大的改变。

问：你认为你睿智吗？

答：我从不认为自己睿智，不。我想我拥有一种自己能操作的智慧。［笑声］

★　　★　　★

一两年后，哈罗德·品特的身体状况再度欠佳——非常不好，以至于他不能亲自前往斯德哥尔摩领取授予他的诺贝尔文学奖。当我2006年在爱丁堡再次和他说话时，他相当虚弱，在我的搀扶下才能站住，并用一根手杖走路；但当他站在演讲台上时，台下马上鸦雀无声，因为哈罗德·品特做了一个非常有胆量的决定，即表演他首部未删节剧作《生日宴会》中的一幕。

问：那么，从你写的全部剧作和作品中，你选择朗读那一幕。为什么？

答：嗯，那是一部戏剧，你知道。那显然是一部关于迫害和毁灭一个人的戏剧。心灵的毁灭。我认为，斯坦利不是个招人喜欢的人物。这倒无关大局。事实是，不论他的品行怎样——当然是有许多恶习——不过，他是一个不墨守成规的人。我想为，戈尔德伯格和麦卡恩代表了社会上要扼杀和遏制不墨守成规的势力。最后，像你知道的那样，我不知道这里多少人知晓这部戏，但在这部戏结束时，他瘫了，也完全不能说话。他们要给他的社会能提供的一切物质安慰。这就是他的结局，真的。

我朗读这段是因为我认为——回到你的问题——那种迫害不仅关乎个人，还关乎国家、人民和人的毁灭，这正是那个时代的特色。所以我认为朗读这一段比较合适。

问：当然，《生日宴会》是你第一部未删减剧本，它最初正式上演一周后就被取消了。它得到一些差评。有人说，人类的痛苦已经够多了，不要再花钱看更多的。除一个人外，哈罗德·霍布森，他把他的声誉全押在你的天才上了。而现在这部戏当然被认为是二十世纪最重要的剧本之一。就像你说的，从这部戏首演以来你大概读了它四十八年。

答：四十九年。

问：四十九年。确切地说。那些对它刻薄的批评家们，他们很难理解一部他们看来缺少逻辑和理性的戏剧。这些人是谁，他们为什么在这儿，这一切意味着什么？但现在它有共鸣了，你说过，这些是关乎生存的大问题，不是吗？

答：嗯，我想起一件事，那些评论家们，上帝保佑他们全体，回到1958 年它问世时，回溯到几百年前，他们仿佛忘记了沉闷的有不同政见的整部历史和整个传统；就像我说的，让那些不信奉英国国教者窒息和毁灭。我不是历史学家。我妻子是。也许她能详细论述。但就我对中世纪宗教裁判所的基本了解来说，它相当雄辩——我是说，中世纪的宗教裁判所，对它过去所做的一切相当雄辩。人们度过了一段非常艰难的时期。这些评论家们也忘了，只是最近——就像你说的，这部剧写于1957 年——要知道，1932年以来，纳粹秘密警察盖世太保，就一直以欲加之罪叩响人们的大门，他们好像已经忽略了这个事实。

那么盖世太保代表了什么？命令、纪律、家庭生活、义务和责任，等等。任何偏离的人，都会陷入非常巨大的麻烦中。众所周知，那段时间死了成百上千万的人。顺便说说，今天仍有成百上千万的人死去。我相信都出于非常相似的原因。但我发现，我们使用的语言是——我是说，政客们的辞令，其实几乎总是既乏味又让人难以忍受的一派胡言。［掌声］

另外，我想说，我最近看到一封信，它回顾了那些在伊拉克被杀的英国士兵家庭与首相之间的全部事态。他们的信，英国士兵家庭的信的主旨是，为什么我们的儿子、父亲、丈夫死了？他们为什么而死？而我们的首相——我想他叫布莱尔，在我的记忆里——确实说过（我看到是以书面形式），"他们为保卫他们的国家牺牲。"现在，如果你检查了那份声明，它意味着萨达姆·侯塞因一定侵略了英国。那时我可能一直在看板球比赛。但我没有注意到他入侵过英国。你只有反抗入侵者时才算保卫你的国家，可以说，入侵者是一种侵略性力量。然而这没有发生。但托尼·布莱尔用那种政治辞令逃脱了惩罚，那种没有意义的陈述。而且没人质问他——除我以外，我不得不说。我确信，这间屋里的每个人，如果你们真去调查一下这到底意味着什么，你们会发现，完全是胡说八道。不但是胡说八道，而且很可耻。它是一种侮辱，不但是对那些写下非常非常严肃的信的家庭的侮辱——而且是对我们所有人理解力的侮辱。

问：你曾说，你自己的政府正在通过对美国的屈从降低身份、削弱威信和蒙羞。当然从那以后，又发生了一可怕的恐怖主义事件——比如在伦敦，在巴厘岛。我只是搞不清楚，在这些事发地产生的恐惧是否已经压倒任何对政府外交政策真正的批评。当然，当我们像这样满足于阅读报纸专栏或讨论时，政治可能非常理论化，我想，街头炸弹和鲜血会把注意力集中在恐惧与惩罚上。你觉得支持你立场的优势是什么呢？

答：嗯，我的立场只是我的立场。我想，每个人都有责任拥有自己的立场。然而，我所思考的是——你谈到街头的鲜血——在伊拉克大概已经有十五万起死亡是我们引起的。那些大街上抛洒了大量鲜血。这是我们通过使用我要陈述的没有任何保留"国家恐怖主义"造成的。在我看来"恐怖"一词也被这么轻易地使用，甚至赫尔曼·戈林（Hermann Goring）曾说，你用来保持权力必须做的一切就是告诉人民，你在保护他们。我想，这就是此刻这里发生的。我们在保护人民。

因此最近几周的那种歇斯底里，是很明显并易于察觉的。现在，关于所说的这些年轻人、他们的活动或他们的抱负，我不知道里面是否有任何实质。但据我所知，这些都必须在法庭上由独立的司法机构证实并证明其正当、权衡并加以判断。直到那种情况发生，就像戈林所说，我认为才能使用媒体和政府的权力说，"我们在保护你，把它交给我们吧。"我认为，这完全避免了那种可怕的无礼、耻辱，这完全避免了我们造成的（我现在谈的是所谓西方民主，包括以色列在内）以自由和民主为名的无止尽的一连串死亡和毁灭。现在那些词已经完全具有破坏性——在我看来，已经变得卑鄙、空洞和无意义。不要忘了，布什说，"我们正把自由和民主带到中东。"千真万确。我恐怕他没有，他走了一段相当长的路。

所以，我们使用的语言和采取的行动完全矛盾，我认为这是两码事。一件是，在政客们使用的语言里，在生活的现实和他们说的话之间，存在一个真实的分歧，即死亡。让我们在这个主题上稍停片刻。从未有人见到托尼·布莱尔抱起任何一个死去的伊拉克儿童；血迹斑斑，伤痕累累。从来没有。所以我对他的提问是，比如，不用再说布什和他那帮人，"你怎么理解实际发生的死亡事实？你怎么理解对他们的谋杀负实际责任的那些人？""你怎么想那件事的呢？你是否想过它？你曾在镜子里看着自己思考它吗？你曾与你的内阁成员讨论过它吗？"回答几乎可以肯定是，没有。他们曾谈过死亡，谈过我们制造的死亡吗？没有。他们谈的是可能会在这儿发生的、已经发生的垂死，在我看来，都是合理的复仇行为，特别是反抗美国对全世界五十年以上的统治。

美国不能在那里坐等五十多年，并在不接受各种事件影响和结果的前提下命令世界怎样运行。他们发现做到那样做非常非常困难。

问：今年三月，你接受欧洲戏剧奖时在都灵说，你打算余生都反抗美国强权。这是一项非常具体的任务，不是吗？而且它注定会失败。

答：哦，是的。我反对美国。我认为我没有希望，真的。

问：可是……

答：哦，我只是认为，就像我以前说的，你对你自己的智力和良心（一个差不多过时的字眼）负责。因此你停不下来。它不会让你一事无成，而很可能让你取得一定进展。我真的无法判断。但我明白，我不能对借我们名义所做的事无动于衷，像他们说的。对于借我们名义、以自由和民主为名所做的事，我觉得非常厌恶。

问：四年前我们见面时，你刚与癌症大战了一场，从那往后的四年里，你获得了许多奖项和荣誉，你每次获奖时都会借机发表关于政治本质的声明；并责骂你看到的不公正。十月份你就七十六岁了……

答：随时……

问：你的身体一直不太好。你想过找个时间静养一段并在你这个年龄接纳世界吗？

答：嗯……我不得不说，平心而论，我的婚姻非常非常幸福。我妻子和我共度了三十一年时光，那是我真正的安慰。因此我准备听你的建议，真的，好好休息休息。我不打算这周的每天都坐车到爱丁堡来。顺便说一下，我要演一点戏。就这样让我前进。

问：你要在哪儿演戏呢？

答：哦，在我生命中我将首次在萨缪尔·贝克特的剧作《克拉伯最后的录像带》里表演。我要在女王宫廷里演出。我想，大概两周后就要排练了。那我会很忙。

问：那个剧本，我想那可真是一件难事，由你在舞台上亲自表演。

答：是啊，会的。是很吃力。但这是个伟大的挑战，我要试一下，看看怎么样。

问：那么，写……诗呢？
答：不，现在我不会写。什么都不写。

问：你会想它吗？
答：不会。

问：当然因为你在读《克拉伯最后的录像带》。你没时间写。
答：不是那样的。我不坐轮椅时可以写，我坐轮椅时读《克拉伯最后的录像带》。不，根本不是那样。此时此刻我的写作是……我现在才华已尽，真的。

附言：

这次采访于 2006 年 8 月在爱丁堡进行。那年十月哈罗德·品特确实和他的朋友兼同伴、同样获得诺贝尔文学奖的萨缪尔·贝克特出演了剧作《克拉伯最后的录像带》。英国评论家们称之为品特生命最后的凯旋。2008 年品特辞世。

马尔科姆·布拉德伯里

Malcolm Bradbury

1996 年马尔科姆·布拉德伯里教授是阿德莱德作家活动周的嘉宾。他是小说家、文学评论家、电视剧作家和东英吉利大学新近退休的美国研究教授。布拉德伯里在广播或电视专题节目上讲话、出书并签售自己的书，总让遇到他的每个人着迷。他是喜剧校园小说的大师之一。

他 1975 年的小说《历史人物》（*The History Man*）拍成了电视剧，他 1982 年的小说《汇率》（*Rates of Exchange*），讲的是一位语言学家参加一次由英国文化委员会组办的东欧之旅，入围当年布克文学奖。人们总把他与写大学校园小说的戴维·洛奇搞混，布拉德伯里在自己的小说《谎言》（*Mensonge*）里以此打趣。人们也总把他与他写科幻小说的叔叔雷·布拉德伯里（Ray Bradbury）搞混。但马尔科姆·布拉德伯里首先对各种思想兴趣浓烈——这才是安置他作品的最佳位置，而不是大学和书的世界里。他的批评著作跨越现代主义和后现代主义。他的评论著作《危险的朝圣旅程》（*Dangerous Pilgrimages*），出版于本次采访前一年，研究了小说领域的欧美关系。

他最近出版了小说《柯里米纳尔博士》（*Doctor Criminale*），是一本文学侦探小说。小说的叙述者弗朗西斯·杰伊，一名年轻的文艺记者，正致力于电视纪录片《开放时代的伟大思想家》的拍摄工作，专门研究才华横溢又神秘的柯里米纳尔博士的作品，这项任务让他追踪世界各地举办的文学研讨会和作家艺术节。

拉莫娜·科瓦尔：这可真称得上是你小说里的一幕。马尔科姆·布拉德伯里——文艺记者来文学艺术节采访伟大的思想家和作家。你对这些天参加这种活动怎样想？

马尔科姆·布拉德伯里：在我一生中，我参加过许许多多的文学艺术节，也参加过许多学术研讨会。我是个老资格的研讨会迷了。我无法跟你讲目前的学术节办得有多糟，无论在哪儿每个人总是在讨论德里达。人们从英国动身起飞时说"德里达"，到达澳大利亚或美国时再说一遍"德里达"，相当烦人。作家艺术节就有趣得多了，作家他们自己更有趣。

问：书的读者对书的作者似乎很感兴趣，不管评论家们对文本的重要性会说什么。在真实世界里，作家们很要紧，不是吗？

答：哦，是的，这是我作为学者曾研究的问题之一，去理解文学研究和英语研究，从作者转到作者的死亡，甚至从研究文本转到研究中间文本和超文本。关于写作，最重要的是，作品中的个人想象力，写这本书的人的个性，以及精神能做到的非同寻常的事，几乎是自发的——也就是说，灵感或想象创造性地表演。大多数批评理论都没有描述创作过程。

问：是因为评论家本身不富创造力吗？

答：我想是的。我认为这只是一个描述的问题。也就是说，自十九世纪开始以来，浪漫主义诗人一直没完没了地谈论天才的灵感，那种驱使他们创作的奇特力量，这种力量现在被视为用来解释写作的逃避性描述。

问：最新的解释是什么？

答：是基于文本的，是滑动的标志和移动的符号，作家们写不出来，而由他们使用的语言和叙事手段所写。

问：这是十分官僚主义的文学观念，不是吗？非常模块化。

答：部分原因是教育本身已经变得非常官僚和制度化了。你需要把某种客观的爱、一整套哲学、规则、方法和理论传授给学生，而不是让他们阅读和热爱书籍。大多数人研究文学，是因为他们热爱书，另一个极端则是他们痛恨书。

问：可读者们——他们的确爱作家，不是吗？你认为为什么读者爱作家呢？

答：我认为这是相互之间的事。作家爱他们的读者，写书时会感到读者的存在，这种被构建出来的复杂和诱惑的关系使人愉快。

问：当读者到你这儿来并觉得他们认识你时，他们觉得与你非常亲密，他们认为他们在你心里已经花了好几个钟头，你会感到震惊吗？你对这种亲密关系感到惊讶吗？

答：不，我不感到吃惊，我还喜欢呢。我认为这是你倾注在书中的一种能量。这些表现也是你的书。小说是一种非同寻常和个性化的东西。我已经写了好久了；我写的一些书就像查尔斯·狄更斯的书离我一样远，我说的是我在1959年出版的那些书，但我能回去读它们并与一个年轻的、与现在完全不同的马尔科姆·布拉德伯里见面，我还会与其他任何人一样对纸上的内容感到惊讶。

问：年轻一代会对你的转变感到满意吗？

答：关于这个有几件有讽刺意味的事。我的第一部小说《吃人是错误的》（*Eating People is Wrong*），写的是一位四十岁的大学教授——我那时是个二十岁的大学生，我认为这个角色，我正在描述的这个年龄较长的人，是一个完全与我不同的重要人物。那时我以为我永远成不了大学教授，我以为我永远不会四十岁，我永远会比那种人年轻得多，而事实上，我变成了现在我这种性格。

问：你曾经写道，当宏大的意识形态变得烦人时，这个时代需要作家粗糙的想象力。难道文学和学术界的制度化生活不阻碍这种粗糙的想象力吗？难道作家们不正在成为那种世界、那一套东西的组成吗？

答：我想他们是，是的，我想那是真的。我认为，在定义什么是严肃小说这个问题上，我们遇到了大麻烦。我们生活在一个充满各种虚构小说和小说流派的时代，各种奇妙的小说流派，而且许多人非常非常娴熟地运用所有这些不同的流派。所以这是一个了不起的创造的时代。但作家做的还有另一项关乎道德良知的工作——这个世界的帕特里克·怀特（Patrick White），还有托马斯·曼——我们已经丧失了那种作家。作为表演者的作家，作为娴熟的材料处理者的作家，能做任何事情的作家，这些人就是现在我们拥有的作家，我们没有任何可以称得上是思想家的作家，或者说，凤毛麟角。

问：我们怎么获得这样的作家呢？

答：我想，我们能看到他们最后的地方，是苏联、东欧和中欧，那里他们受国家强加于他们身上的压力而被迫探索良心所在。我从不主张威胁我们的作家，尽管他们中少数几个——包括一个我认为满足"道德作家"要求的作家，萨尔曼·拉什迪（Salman Rushdie）——受到了威胁。我们大多生活在西方，生活在这儿，澳大利亚，在温和的文化中，温和、从容，他们不要求我们宣布那么多我们的良知。

问：所以我想，我们应当观察第三世界中形成这种作家的各种环境；但我们需要西方文学传统中的一些东西也加入那种融合，不是吗？

答：是的，我想是这样。我认为，现在正发生的这个使人着迷的过程，是把各种故事汇合到国际舞台上去——我们现在称为后殖民故事，或者多文化故事，很久以来，这种故事在长篇小说中被隐藏、不被谈论，也没有记录下来，而现在小说对那些声音是敞开的，对伴随着这些声音、口头讲述之类的各种故事讲述传统也是敞开的。那么你们以一个比我们以前更多元化的写作世界结束，而且很多那些作家当然充满了激情。因此托尼·莫里森会是作家作为道德良知的另一个榜样。

问：你一直用喜剧形式描写自由派人文主义与现代世界奇刻的制度、行为主义之间的冲突，书写对本世纪末新解释性理论的探寻。你在什么地方找到下一个新思想的人选了吗？

答：没有，我真没有。我想，这是持续了好久好久的最奇异的世纪之末。十八世纪末一个清晰的新时代和运动形成了——我们简称它为浪漫主义运动。还有法国大革命、美国独立战争、工业革命，这催生出该世纪真正结束前你可能开始看到的活泼的全新思想体系。十九世纪末发生了同样的情况：随着弗洛伊德时代、爱因斯坦时代、新科学和新哲学时代的到来，一支庞大的知识分子队伍崛起了。在二十世纪末，我认为，根据我们对自己处境的全面理解，我们的领袖不在上述之列，也没有发生巨大的变化。我想，比之前经过世纪之交的人来说，我们对未来更加惧怕，部分是因为我们这个世纪实在太糟了。

问：不过你谈论这个糟糕世纪所用的喜剧形式很有趣。你怎么想到那种形式的呢？这肯定是一种诉诸于比他人更广泛的读者群的艺术形式，除了你纯熟运用该艺术形式这个明显的原因外，我想知道这是否也是因为你喜欢它呢？或者说，严肃的思想自然是好笑的，还是拥有严肃思想的严肃的人自然是好笑的呢？

答：我想，部分源于我是英国作家这个事实，英国小说开始就一直是喜剧的。早期小说家几乎全是喜剧演员。唯一例外的是理查逊，而斯特恩、斯威夫特、菲尔丁让小说一起程就开始了伟大的喜剧冒险之旅。然后有简·奥斯汀，有查尔斯·狄更斯，再下去，有伊夫林·沃。所以它沿着一条伟大的主线传下去。对我来说，它是小说本质必要的东西。在法国、德国，小说家都是哲学家，而且小说是一种非常严肃的对象，它是一种发人深省的思想产物。而在英国和美国，小说越来越成为一种快乐的形式，因此它不是意识形态，就像他们说的，小说经常是对话体；它与自己争辩，立场一直不稳定。我认为，马克·吐温是一位伟大的作家。马克·吐温一直写非常非常严肃的东西，但他总使用一种夸张的喜剧控制。

问：那么你认为思想有瑕疵的人就一定有瑕疵吗？在哲学和政治学领域没有宏大、统一的场原理存在吗？我知道，科学家们一直在物理学中寻找这种原理——他们很可能也找不到。

答：哦，我想现在还没有。我认为，解构主义是我们时代的典型哲学，对于哲学如何不起作用，已经有了各种解构：本质上讲就是哲学家们说，他们无法推究哲理了。所以哲学领域有一种伟大的谦逊，它最后或多或少把哲学从有效的社会传统中抹去了。许多基本原理已经进入更强的哲学中，像马克思主义——历史思想、进步思想、个人与国家之间关系的思想，等等——这些思想其实在西方哲学中不是主要的。

问：所以你实际上在描述一个宏大的死亡结局。

答：是的，许多方面创造出这种思想，我们无法看到理想化的世界肖像。康德式或黑格尔式的世界图景可能非常提神；毕竟，马克思主义并不总是一种让人感到享受的哲学。在许多方面，我们也正处在一个宗教时代末端；至少是基督教时代末端。因此哲学如何协调与政治学、社会和宗教之间关系的问题，现在让人非常非常困惑。

问：所以不论"证明是好的"可能是怎样的，那都是一种支持回到"证明是好的"的保守主义论点吗？

答：嗯，在我这儿，不是这样的。当你使用"自由派人文主义者"这个短语时，那意味着有人出现在已经抹掉那些伟大的故事的世界上——一个后基督徒世界。我的家人都是虔诚和善良的基督徒，但我没有继承他们的信仰——我继承了许多他们的美德，但没有继承他们的信仰。因此在我身边，我没有一个宏大的结构。可以说，我不得不每天在道德与伦理事务中工作，这是一种常态。

问：所以这是每天个体所做的伦理和道德选择，而不是宏大运动的一部分。

答：是的，我想是对的。

问：昨天，你说到在写一部历史小说，这部小说会写到历史真相，无论会是什么，会写到历史真相与这部小说作为谎言之间的冲突，以及那两者之间的紧张状态。那这部小说能多大程度地挑战历史真相呢？

答：首先，我对我们为什么有小说这个问题很感兴趣。为什么这种神秘的形式出现在我们当中？小说是靠不住的，是一种谎言——那为什么我们不直接把真话讲出来？在我看来，当世界变化如此之快使那些记录的故事不再准确时，小说这种艺术形式带着它全部的文化力量出现了（我们一般公认的第一部伟大小说是塞万提斯的《堂·吉诃德》）。所以你需要一种更宽松、更让人惊奇的东西，它能跨越各种边界、打开各扇大门、摒弃陈旧的包括各种历史解释在内的原型。因为在某种意义上，历史也是两种东西。历史是发生的事，是我们感知的一套事实的世界变化的性质，但也是文字，一种文字形式。历史学家是一伙快乐的作家之一。但显然我们需要另一种说谎时也说真话的文字形式，因为历史学家们一直知道，他们也在撒谎，他们还常雇枪手支持他们（历史是成功者的故事），于是你有了另外一种通常是失败者故事的故事讲述模式。

回到小说为什么是喜剧的这个问题，部分是因为十七八世纪的西班牙和英国流浪汉小说里的许多人物——是流浪汉、失败者、小偷和骗子，他们是社会的另一个版本，非主流版本。

问：我想，我当然是在排除历史的种种不同观点，但那种合理的修正主义怎么样呢：实际上是重写历史，不是只从一个不同的角度重写，而是写出历史，出于考虑去除历史事件或否认他们。一位正在创作新故事的小说家的责任是什么呢？我不了解撒谎。我不喜欢"撒谎"这个词被用到小说上，因为谎言是一种道德行为；如果你真在创造或想象某种东西，我不必认为那是谎言。靠近所发生事件的那位作家的责任又是什么呢？

答：我说的"撒谎"是指这个词的高级意义——我指的是那种文体高

雅和精美的小说创作；但就小说家的责任而言，近年来一直以许多不同的方式对该问题进行讨论。六十年代出现了各种非虚构小说，如果你还记得，诺曼·梅勒创作的《冰冷的血》和《夜晚的军队》，我想这就是那种梅勒本人所说的"文学的历史性和历史的文学性"。出现那种情形的原因部分在于，历史学家们自己也意识到，他们同样也是说谎者，或他们认为，他们构造了小说。小说从那个过程里学到了很多。

因此那段时期小说作为新闻报道加强了。但有几个主要、基本的历史时刻——大屠杀、第二次世界大战期，等等——一定不能通过表现它们好像只是用来玩的玩具来轻描淡写和弱化。让我着迷的是为努力搞清它们作家们怎样频繁地转向那些主题，我希望他们正确处理了它们。我们离它们越远，我们就越容易用简单观念和虚假神话包围它们。我想这里有好几件事要说。一件是，小说家有正确研究书籍的责任。另一件是，完成研究后你就可以从这里自由地变化。乔伊斯宣称很了解1904年的都柏林，如果这座城市被毁，那么完全可以通过《尤利西斯》和他的笔记重建。但同时，《尤利西斯》不是一部真实的小说。它是对新闻报道的反叛，在许多方面，那种自由一定也在那儿——这也就是我所指的说谎者的外表。但诚实的小说家应当关心那些可怕和重要的历史事件中的基本真相。

问：所以后现代的状况，就是把一切与其它一切等同，比如把大屠杀和马戏或聚会等同，我对那种观念感到很不舒服，但我认为它是命中注定的。你对此有何感受？

答：哦，我也有同感。我想那些已经进入竞技场的较好的作家知道，其中多么微妙。我要举一个 E. L. 多克托罗（E. L. Doctorow）的例子，他写过一本罗森伯格间谍案的书。现在你会感到在这本书里故事已经作为消遣被虚构和篡改了，你也许会说，写它时的道德良知感还是非常非常清晰的，我也认为那是绝佳的混合。

问：目前的文艺记者，从美国来的那类人，把他们自己视为写非虚构作品却使用小说技法、规则和工具的人——关于它是虚构还是非虚构正进行一场大辩论。你怎么看待两者之间的边界？

答：近些年已经发生的一件事是，许多人在接受新闻报道训练却要成为小说家。新闻写作技巧就被带到小说中。这已经司空见惯：通常以这种方式展开：狄更斯开始是法律记者，欧内斯特·海明威是新闻记者。而在当今情景下，杂志却以惊人的速度不断增长、铺天盖地。当我开始写作时，每个人都想让自己的短篇故事登在《纽约客》上，那是路终点一个美丽的目标。那将是一个优雅的短篇，当然是用尤多拉·威尔梯（Eudora Welty）风格写成的，它将成为一件漂亮的东西，一个优雅的对象。现在他们想实话实说；他们想从那里出去写关于拉斯维加斯的事，等等，他们不再为占据五十年代作家心思的古老美学辩论烦心。我在我创造性写作训练班的学生身上很能注意到这一点，他们很多人真是半个小说家和半个新闻记者，而且他们以后通常成为全职新闻记者并停止写作。

问：是的，现在目标就是在《格兰塔》杂志上发表一万字，对吗？

答：没错，是的。在这方面《格兰塔》一直影响很大，而且它几乎摒弃小说，除了个别受到喜爱的知名作家如格雷厄姆·斯威夫特（Graham Swift）和马丁·艾米斯（Martin Amis）之外。你试着往《格兰塔》投一个短篇故事，你可能遭到退稿，可如果你投一篇新闻报道或一篇报告文学，或许还能中呢。

问：从六十年代以来，你一直在东英吉利大学教授创造性写作课，你说过，那时它被认为是一件危险的美国发明。二十五年后，现在你仍说，对写作是否能够被教这件事还不是完全确信。你能谈一下吗？

答：我与安格斯·威尔逊共同开设了这门课，安格斯和我曾教出过一两个绝对出色的学生。其中一个是罗斯·特莱明（Rose Tremain），而来我这里真正听课的第一个学生是伊恩·麦克尤恩，你根本不需要教他们什么。这是一门文学硕士课程，所以我们就像出版商一样选择：让他们进来前，我们先要看一下他们的手稿，我们可不是从头开始教。我们把有天赋的人挑来，给他压力，而且我想本质上的准则就是，你必须首先有天赋。

你必须也有许多激励，你还必须有东西写，一定在你身体里有需要表达的东西。一定得有个主题。写作绝不是你一天醒来对自己说，"现在我想当作家，我要参加写作班，他们会教我怎么做，明年我就会得布克奖"，这样没用。从个人开始投资，接下来，倾向那些技艺娴熟并有艺术天分的个体，很多东西就能被教了。

问：提供严肃对待写作及其发展潜力和各种问题的共享环境，是这门课的一部分，但与孤独的阁楼恰好相反，作家与自己的才智和灵魂在一起。那么在这口大锅里会产生什么样的作品呢？

答：我第一次到美国时对那里的创造性写作课训练班非常羡慕，因为那时英国根本就没有。我教了一年，然后就重新回到我孤独的阁楼里去了。他们全都有同样的问题和关注，同样渴望成功的决心，同样的厚颜无耻，在这个二十人群体中度过一年真是棒极了。他们是一帮厚脸皮的家伙，他们互通信息，他们彼此私相授受的东西比导师教的多。作家的确需要孤独，但也需要社群。进得去、出得来是作家生活的全部。你必须具备成为一名小说家得体的独居能力。你的确需要把自己关起来相当长的时间，尝试把电话切断并把你的孩子暂时托付给别人。因此，写作的整个概念是孤独又自私的。写作训练班是这个想法的另一面，群体性也是作家需要的。

问：在《未发出的信》（Unsent Letters）里，你描写了一位作家妻子，一位作家特有的妻子，以及为什么有人想要嫁给作家，与这种以自我为中心、自私并喜好猜疑的人结婚。教这样一班都想当作家的以自我为中心、自私并喜好猜疑的人，实际上是什么样呢？那是一种有趣并与众不同的挑战吗？

答：是的，非常困难。这是我曾教过的竞争最激烈的班级。他们会向两个方向之一发展，学期开始你就看到这一点：或者，每个人都为他或她自己本人考虑，他们全都盯着彼此，痛恨其他人写的每个字，因为这妨碍了他们自己完美的写作形式；或者，截然相反——融合了各种感受力，他们求胜心更切，不是彼此竞争，而是与整个世界竞争，与宇宙中的其他作家竞争。我总能注意到的喜剧之一是：课程持续了一年，只有微小的重叠，所以上一年的老生走了，新生来了，你仍能看到存在的那种怨恨，老生鄙视下一级。他们知道，新来的未必同样优秀，但会和他们竞争。年轻一代则想，"噢，这就是那些固步自封的老帮子。他们经历过了，他们也得到了。我们要取代他们。"

问：作为老师，你从他们身上学到了什么？

答：我想很多很多。写作的肾上腺素，部分来自与每代新作家的所作所为保持的联系中。我自己的写作肯定也受到了他们作品的影响。我没有剽窃他们，我没有按他们大多数人的方式写作，但这无疑改变了我的写作感，也改变了我对如何记录我们生活的这个时代的感受。

问：你认为，你的学生们是自然地写到垃圾①的，还是垃圾是书商的发明呢？

答：现在到处都充斥着垃圾。你根本无法相信，现在参加写作课的大多数学生都具有在现代化大城市的生存能力。他们通晓一切。他们生活在城市里，他们接触每一种媒体标志和信号。音乐影响他们。他们使用电子邮件，上国际互联网，他们通过屏幕与整个世界对话，他们非常精明、非常时尚，他们把世界看成是本质上堕落和破烂的地方。

问：他们是否把一种道德中心带到作品中？
答：我想他们顶多这么做，是的，他们中一些人正是这样。

问：阅读这种作品难道你不烦吗？
答：写作课程期间发生最多的是情绪的巨大转变，大概每五年一期。一场瘟疫突袭了写作班，雷蒙德·卡弗（或总是一些美国作家或南美作

---

① 又称垃圾摇滚、邋遢摇滚、油渍摇滚，摇滚乐的一种风格。

家）或米兰·昆德拉，进入这股一般的血流，随后风格全变了。因此，五年结束时我会感到厌倦，但我知道，一个新的五年又来了。

问：你会持续教这门课多久？

答：嗯，其实我已经退出了。我今年刚退休，我的接任者已经得到委任——安德鲁·默申（Andrew Motion）。但我是那种爱多管闲事的人，所以我仍会在课程边缘闲逛并阅读大量手稿。

问：你昨天说（你当时有点开玩笑的意思，但我想你是认真的），我们生活在一个血拼时代。与这个时代相连的大思想是什么，或者说，小思想又是什么？

答：我昨天说（除过那个真实的事实以外，我们的确生活在一个"血拼"时代），近四十五年来，自从二战结束，两股强势的意识形态就相互冲突：自由主义的资本主义和马克思主义或共产主义。只要它们彼此对抗，它们就必须在智力上为自己辩护；它们就不得不拥有那些东西表现的价值观。美国人热情颂扬民主的优点和价值观，马克思主义者同样热情颂扬与之对立的思想体系的优势。现在，随着那些意识形态一个的死去，另一方，或多或少，也已经把自己的思想用光了。所以我们现在扮演的是自由主义民主公民的角色，而目前自由主义民主公民们大多数时间都做什么呢，他们都出去购物了。

问：但那不会持久，不是吗？有一些事必须要付出。你认为可能是什么？

答：我想我们越来越意识到我们所过的许多生活的浅薄，意识到生活对我们的回报开始减少。我想，我们对此刻我们所站的地方都有种厌倦感，这再次把我们拉回到世纪转折点的这个问题。我们觉得，我们正处在某件事的末端（在世纪末人们总会有这种感受），但对于我们在开端怎么样或接下来发生什么，我们并不确定。

问：在上世纪六十年代末，你说过，在战后一代的兴奋后和"愤怒的年轻一代"① 留下愤怒后，如果那里曾是这样，那时你就读到宣布小说死亡的各种文章（尽管每个人都在宣布小说的死亡，却没有人宣布文学批评的死亡）。因为小说现在看上去非常健康地活着，那么是什么把小说拉回鬼门关的呢？

答：是的，是这样。那时不仅是小说的死亡，还是书籍的死亡。那会儿，我们一般认为正离开印刷文本时代，而进入马歇尔·麦克卢汉的新世界。可是结果呢，比起那时人们所能实现的，书是一种更聪明和更灵巧的玩意儿。它可以用于更多的不同方式中。在英国许多事都帮助把小说带回来。其中一件就是开始评选布克奖，于是小说再次进入到公众视野中心。每年十一月，人们开始谈论小说，在火车上你能听到。另一件是书店的改头换面——书店变成一个新场所——还有出版业的革新。

附言：

马尔科姆·布拉德伯里先生在 2000 年新年英国授勋名册中被授以爵位。他最后一部小说《通往隐修院》（*To the Hermitage*），在同年一月出版并获得评论界好评。他于 2000 年 11 月在诺维奇家中辞世，享年六十八岁。

---

① 二战后英国涌现出的一个作家流派，作品带有强烈的反抗情绪。

威廉·加斯

William Gass

　　威廉·加斯是美国杰出的文学评论家、小说家和教师。他的随笔充满了文明与光辉，他的小说《隧道》（*The Tunnel*）却与之成强烈反差。威廉·柯勒，该小说的主人公，一名五十岁上下的男子，中西部大学的教授，刚完成一部名为《希特勒德国的罪行与清白》的巨著。当他着手作序时，他反而写道，他自己的隧道充满了对自我的厌烦、对人类的憎恨和偏执。这里有他对第二次世界大战期间纳粹对犹太人的大屠杀的辩护，有他对被屠杀者的痛恨，以及他对他的婚姻和风流韵事的可怜亵渎。"隧道"一词是对下水道、消化道和阴道的隐喻，也指柯勒在他房子下秘密挖成的隧道。

　　这本书本身被设计成不想让人读的样子。有一个预兆不祥的外封，是黑、白和红三色，让人联想到纳粹标志，它就想这么做。书的内封是失望的人们聚会用的各种标志图案、讽刺漫画、排版游戏，还有粗体的淫秽歌谣和五行打油诗（limerick）。所有这些都出自一位痴迷于隐喻的小说家之手。这是加斯的技巧和主题，同时也是他1954年的博士论文题目。加斯一直担任圣路易斯华盛顿大学的哲学教授，自2000年后，他又成为该大学设立的戴维·梅人文学科卓越教授。他以自己的小说创作收获诸多奖项。他花三十年写了小说《隧道》。他曾说，他想从邪恶中创造艺术，为证明这一点，他会说，按福楼拜的小说传统看，艺术与道德无关。

1996年，加斯教授从圣路易斯家中来到墨尔本与我对话。

拉莫娜·科瓦尔：你在这个国家一直被引用，在一篇评论中说，你想把伟大赋予污秽，在别处你为自己设定了一个证明能从邪恶中创造出艺术的任务。我们能先谈谈这个任务吗？是什么驱动你这个愿望长达三十年？

威廉·加斯：当然不只一个愿望。用这么长时间写一部小说有许多动机。实际上写任何一部小说都不容易，因为即使一部差小说通常也要用五年。你不得不集合起驱动你的所有冲动。但其中一种冲动肯定是对美学的挑战。问题是一个人能否呈现当代的几种邪恶并给它们雄辩的表达；通过这么做，你就要试着吐露这片土地上到处都是的那种非常邪恶的冲动。那无疑是一个目标。这当然是我的美学观——既然艺术对我来说是形式而非内容，那么艺术就应该尽可能美好地渲染任何东西。如果可能的话，这种想法就是要做到这一点。当然，对有些人来说，去有说服力地表达出他们认为道德上不一致的态度和看法，就是赞美它们的不一致，许多评论家就是那样回应这部小说的。

问：你对于这部书稿的接受方式有什么想法？

答：嗯，它没有让我感到丝毫惊讶。如果你写了这么一本书，那你就是在向人们发出挑战，几乎在逼他们，你一定会得到许多愤怒的响应，我就是这样。我也得到一些非常肯定的回应，但结果形形色色——有时评论者自己的思想就很纠结、不安。我得到了许多人们在喜欢小说某些章节和不喜欢小说内容之间纠结的评价。我认为这都是非常自然的结果，我丝毫不惊讶。

问：加斯教授，你认为自己已经成功了吗？

答：噢，嗯，一个人永远不在他想做的事上成功。我只能说我做得成功的唯一一件事是我最终完成了这部作品，很久以来看起来我完成不了。

问：你从邪恶中创作出艺术的判断标准是什么呢？

答：我选择大屠杀作为本书背景，因为对我来说就不用过分担心这是否邪恶——我会和一个本质是法西斯心态的人在一个领域工作，糟糕的是我将不必去确立某种东西。因此接下来的问题在于，你是否能让读者意识到某种成功的艺术表达正被赋予他们认为反感的思想。

现在读者将发现一些比其它思想或多或少让他们反感的思想，通常——根据我得到的报道，我想这也是我的目标——他们被诱使沿着一条推理或感情线行进，直到最后他们才发现，他们在接受他们认为不真实或令人不快的东西。这种通过修辞给读者设下的圈套，正是该小说中我尝试使用的装置之一，这也是确立让真理变得模糊、甚至劝导精神错乱的人的语言魅力的尝试。这当然也是所谓的希特勒修辞关系的组成，同时也是该小说元素之一。

问：这会把艺术变成游戏吗？

答：不，这事太严肃。如果你愿意，要验证这个问题——通过试图去演示——那些从政治道德观点阅读或欣赏艺术的人完全错了。这么做的最好方式，是尽可能写那些他们认为错误和不真实的事物。但纵观历史，这也是容易做到的——写好人比坏人要难得多。我认为莎士比亚创造的许多不朽的恶棍比他创造的英雄多得多。然而几乎其实每个有趣的人都是一个极端复杂的好与坏、精明与愚蠢等等的混合体。我希望用我的小说叙述者做到这一点。柯勒不仅是个十分邪恶、愚笨的坏蛋，也是个非常博学、老练和敏感的坏蛋，这使他更邪恶。

问：但你在散文集《小说与生活中的人物》（*Fiction and the Figures of Life*）中说，小说家的艺术是神圣的游戏。

答：哦，是的——神圣的。人们以一种很奇怪的方式使用"游戏"这个词。当我使用"神圣"这个字眼描述它时，我只想表明，诸神真的在嘲笑我们；但这项计划就是要尽善尽美地创造一样东西——就像上帝"在我们身上"所为，这个过程很有趣——尽可能的。但它不是一场游戏，从你与某人对抗的意义上说，或者，它是一场游戏，从自娱自乐的意义上说。我想，试图读这本书的任何一个人，不会认为它在通俗意义上是个游戏。在数学意义上，它可能是个游戏。

问：是的，我更多指的是一种数学游戏。但你真的认为一部小说应该独立，应该自主吗？

答：是的，没错。

问：但小说怎么才能真正自主呢？因为对我们来说，小说多数情况下不就是关于常见的各种事物吗？

答：噢，是的。语言就是尽可能指涉事物。它指涉世界，它也有它概念关系的维度。关键在于你如何处理这种关系。如果你得到一本指涉世界的书，首先你经常通过该文本的语言获得社会、风俗等等的语言参照物。因为我们的生活实际上被各种各样的符号包围着，而且我们一直用我们的行动产生各种符号。所以，举例来说，如果你读一本亨利·詹姆斯的小说，那么你至少用两种语言阅读：他使用的语言，英语；和他指涉的那个社会使用的语言。所以，他在用社会语言进行写作，也用那种语言写作，严格地说，就是"一种"语言。那么他对语言所做的，就是用它创造一种本身完整的个体。在我看来，你不是透过这本书看世界——除非你同时透过它看那个世界的语言。你在看作家已经构建的东西，而不是作家已经描述的东西。

问：难道我们应该把小说里的人物当一个人那样关心吗？而不仅把他当做纸上的结构吗？这难道不是艺术的组成吗？

答：不是。那太天真了。严肃地讲，那会搅乱创作。这些不是真人；他们是言语的构念。我想，去想象他们是真实的，是个非常天真的错误。这是一种古老的观点，当然可以追溯到柏拉图时代，他以相同的方式思考——因此，人们不应该对这些事感到困惑。小说不是通向真理的路。如果你想踏上通向真理的路，那你可以通过自然科学、哲学或数学。那才有效。小说当然会包含证明是正确的事物，可那样你就不得不重新确立它们的存在，而且你不得不用人们探究世界真理的方式检验它们。小说是想象世界，不是真实世界。

问：大多数人阅读的方式……

答：哦，是的。大多数人对艺术不感兴趣。他们对世界感兴趣，他们对自己感兴趣，他们对与他们相似的人感兴趣，传统上小说也致力于此。它已经开创了这种所谓的"现实主义"传统，这种资产阶级社会真正喜欢的传统。当然这实际上根本就不是现实主义。它只是赝品。人们会把现实主义小说中的一切误以为是生活，你常常要了解正在发生的一切——价值观趋于相对清晰，情节按因果关系展开，出现的事物各都有目的，即意图，没有任何含混不清，叙述者在说真话，这一切当然都导致一个最终的解决结果。我想想看，虽然所有这一切都非常美好——我也喜欢特罗洛普（Anthony Trollope）——但这不是生活。生活不是讲故事。生活充满了各种模糊、重复、困惑和漫无目的——实际上，漫无目的才是生活的全部。所以在某种意义上，说来也奇怪，我会为我的小说争辩，尽管有所谓的让人困惑的外表，但它比所谓的现实主义传统更现实。

因此，那些读小说自称能弄清生活的人只是在愚弄自己——但他们想被愚弄。也有许多小说家准备去帮他们。

问：当事件在真实世界里都发生过，那么一部关于纳粹对犹太人的大屠杀、希特勒、集中营和水晶之夜的小说怎么能做到完全独立呢？

答：哦，就算你说"椅子"这个词时，你也是在指真实世界中的某件东西。问题是，一旦你走到它那里，你又如何处理它。我的大屠杀不是真的大屠杀。那种事是难以处理的。小说中有几页触及水晶之夜（Kristallnacht），仅此而已。重要的是，它在这几页中如何被描述，它又怎样表现某种特定的心态，这胜过小说告诉我们的水晶之夜的任何事情——小说其实只字未提水晶之夜。

这部小说同样充满了各种哲学概念。但我希望，它们正被艺术地应用，而非呈现单一的最终评论，比如对历史的评论。本书中有许多材料关于历史问题，但我不解决其中任何一个。我希望，我是在用它们。

问：尽管说是用这些史料，难道就不承担某种道德责任吗？

答：哦，每个行为都可以从道德上也从美学、经济和心理上进行评判。人可以通过那种方式评判书籍。人们很可能要说，许多书都是不道德的。我不知道他们到底是什么意思——对某些人来说，例如，它会导致人们拥有某种过去不同意的相左意见，等等。那样的作品，就像其它任何行为一样，都可以被评为道德或不道德。但当有人假想因为他们认为一本书在某种意义上不道德或不真实，它就是一件坏的艺术品时，困惑随之而来。我坚信这一点。我认为那是个错误。

问：这部小说里有一些非常可怕的歌谣和五行打油诗，我这就想给你读一首并聊聊它："他们发现，在其中一个集中营里/怎样把犹太人变成盏盏油灯。/但是，每当他们开始剥皮的时候，/那些肮脏的犹太佬们就咬他们，/于是，他们的下巴被铁丝捆了起来，/用一只精巧的老虎钳，/他们事先就把他们的牙拔了出来。"现在我们能从这首歌谣中读出什么信息？

答：嗯，信息放在一张嘴里或一个人物身上，体现在名叫卡尔普的某个人物的风格上。这本书里卡尔普实际以叙述者的姿态出现，是每个人，或者几乎是每个人。那么这部小说里提到的各种历史学家，就成了唯一一个叙述者的各部分。卡尔普本人在撰写世界五行打油诗史，组诗由这样的诗句开始："我曾经与一名修女上了床。"这个家伙也是个双关语强迫症患者，他总是喜欢通过那些表达简化事物。从这种观点来看，五行打油诗是一种非常有趣的形式，因为要写一首没有双关语的五行打油诗很难——也就是说，这种形式用某种方式压缩和精简语句，它有嘲弄的味道，所以如果你用五行打油诗写作，你会像碾死一只臭虫一样去写诗。这也是某几个人处理事物的整体方式的有趣的一面，那也必定是小说叙述者性格的一部分。当然，人们将会专注于这种做法产生的不快中，然而造成不快的原因恰在于，它是一种成功的表达方式。

问：所以你说，五行打油诗是不道德的，比起它的内容，它的真实形式才是不道德的吗？

答：是的。它的不道德不是必然的，但它确实在做几件事。它仅仅通过它的形式泄气释放。现在我碰巧想到，一切事物都需要偶尔泄泄气。这部小说就是基于没有什么神圣的原则之上。现在十分奇怪的是，对于许多人来说，只有纳粹对犹太人的大屠杀才是神圣的——这是这一思想观念非常奇怪的倒置——因此它被处理成好像是碰不成的，除了某些人的手之外，你还不能对它开玩笑，或者对它进行嘲弄，也不能对它进行讽刺，等等。

问：也有其它关于犹太人的歌谣正被制作成肥皂剧。现在，不幸的是，我的家庭成员也被制作进了肥皂剧。对他们来说，对我来说，或许对你来说，都是不幸的——因为你怎么能期待我在读到这个时却不去想他们身上究竟发生了什么，也不去想你为何不把这一切当回事？

答：哦，不是不把这一切当回事。相反，我最终是要相反的效果。这个人物正在拿它开玩笑，在形式上，但这部小说却并未拿它开玩笑。这就是它在那儿的原因。你明白吗，如果有人认为这部小说拿它开玩笑，那么你就真要遇到一个问题，并且我认为，你将会错过这部小说的严肃的或审美的目的。

问：你好像是在对我说，文本中的道德观不成熟，但某种意义上，你实际上在某种道德领域内界定该文本。你说你想让读者意识到法西斯主义、纳粹和它们的龌龊，从某种意义上说，在他们特有的人物身上，你希望他们自己变成柯勒式的人物。那你一定出于某种原因那么做，一种道德原因。

答：噢，是的。但我不想说我在创作这部小说时没有任何道德冲动。我有许多。我想一个人较高级的冲动和较低级的冲动——一个人的一切——都要进入小说中。问题在于，如果你试着写一部艺术作品——与写一部新闻作品或诸如此类的作品不同——那么理想上，那些美学关注须占绝对优势并控制那里其它的一切。当然这部小说是对资产阶级现实主义的攻击，因为根据我本人对世界的看法，那是假的。这部小说里有许多道德、政治和社会的创作冲动。有很多辛克莱·刘易斯式的警告：这里不可能发生。哦，一定会发生，我把它设定在印第安纳州的原因就是因为，这个州一直是3K党（Klu Klux Klan）[①] 和其它右翼组织活动的温床。所以，如果你喜欢，在这部小说里有大量的道德激情。关于这点我想说明的观点是，你赞成或反对的事实——和包括犹太人在内的许多人都一致赞成我的道德观——却没有使它成为一件好的艺术作品。那些元素同时出现，但在艺术评判方面却有分歧，我用我的整个职业生涯为之辩论。你不能拿出一部把整个人类都安排进去的艺术作品，并假定其中没有任何道德成分。当然在我们做的一切事中，都有道德成分。问题在于，在一部作品中最终取得统治地位的是否是它的审美形式，还是它是否基本上要不知不觉陷入宣传中，不知不觉陷入新闻中，或诸如此类的东西。比如说，在新闻作品中你要去告诉人们真相或劝人们接受某种观点，那么伦理的或科学的或类似的观点将会至高无上，而美学将会成为一种工具。

问：如果柯勒变成一个3K党英雄，会发生什么呢？

答：哦，你不知道。我想，柯勒不大可能成为任何人的英雄，因为他不仅是个顽固者并对某个阶级有偏见，像犹太人什么的，他还厌恶每个人，甚至包括他他自己。现在如果你真要恰当地阅读这部小说，那么你就不大可能会加入他的政党——一个失意人的政党，正如他所称呼的——该政党使他成为某种偶像，如果你还记得他的所作所为。因为他真的痛恨人类，如他所说，既然那样，我认为他很难对任何人显得像英雄一样。另一方面，看人看走眼，是人类经常会犯的错误，你知道，如果他们真想这样的话，我想，他们会和他做任何事情。但这部小说不是有那种兴趣的人实际上要读的东西。他们读不懂它。这部小说的设计，就是要防止大多数人在小说中走得太远。《隧道》这部小说有一个"隐秘的入口"。

问：但《隧道》中也有一些光亮，因为柯勒一度想成为诗人，并且他

[①] 美国种族主义的代表性组织，信奉白人至上。

208

的导师是里尔克，但他把这个梦想完全放弃了。因此文本中还有来自远方神圣指令的声音。

答：是的。那是因为柯勒不可能只是个邪恶或坏脾气的人。他还要成为一个具备许多优良品质、敏感、聪慧的人，等等——他还要把这些品质用于不确定的用途。其中我想要做的一件事就是，指明这个事实：这里有个人确实想成为诗人，但他还选择里尔克作为自己的导师，并且他在政治上很含混。但他出于历史原因放弃了——为了某种特定的历史观，即那种观点认为，除了文本的修辞手段和力量外，没有任何历史真实性。我认为，它是一种基本的法西斯主义观点，即历史文本的目的就是控制阅读它的人的思想，也是一种信仰，它认为，在你能称之为历史的东西中根本无法找到任何基本的真实，在那种意义上，一切都是假的，也是相对的。

问：是的。如果你事实上让读者成为小柯勒们，难道不是允许他们假定是柯勒本人在写那本书吗？——那本叫《希特勒德国的罪行与清白》的书——即希特勒、纳粹食人者和柯勒及读者之间没有道德上的差异。我是说，你或许不会对创造道德世界特别感兴趣，可是你的作品对读者会产生什么效果呢？难道你不是在剥夺读者自己的对作品的道德价值感吗？

答：哦，我想那将是一件好事——起码暂时是——如果人们突然开始认同柯勒，就像我本人认同柯勒那样；也就是说，我认为柯勒，在某种程度上，是普通人。但我不担心人们读这部小说后会变成柯勒们。首先，这是那种可能遭受欺骗的大多数人将读不完的小说。他们要抗拒它；或者，他们要理解将发生的一切并不为之心烦意乱。

问：那么你相信智力的至高无上吗？

答：我愿意这样表述：我相信智力应该如此，但我不愿把智力或理性仅仅限制为某种大脑功能。我认为，也有理性情绪。但必定这部小说的动力之一，是对人类行为的反感，因为它是非理性的。

问：嗯，我作为一名读者，我没觉得你把我塑造成为小柯勒。对我而言，你描绘的世界，你向我展示的心理，是十足的精神错乱，你明白吗，从一开始就是一种扭曲的心灵。

答：我创作的第一部小说里有一位部长，小说里一些人物也认为他疯了。我从来就不认为他们疯了。我身边有太多的同事，跟这个家伙像极了。我认为他们没有疯。他们非常危险，也很难辨识，因为他们基本上处于一种软弱无力的状态，他们正在等待合适的领导出现，等着释放他们的合适的时机和合适的灾难来。就在人类生活的表层之下，其生活以一种相对无风险和无聊的方式继续，所有这些人，如果得到合适的时机和合适的情境，就一定会变得强大起来，那我们就陷入真正的麻烦之中了。在那种意义上这部小说在美国的发行数量要比我曾梦想的还要多，实在令人惊讶。法西斯主义的各种情形，在这个国家的每个角落里都在发生，到目前为止，还没有大事渲染，你还不能说它就在那儿，是什么样子，从另一种意义上说，如果你愿意，这也就是本书要讲述的内容。

问：你把柯勒平稳地保持在你的视野中长达三十年，这确实非比寻常。你作为一个不断变化的个体，是如何做到这一点的呢？

答：建构一部小说最棘手的问题可能就在于，你要努力保持一种写作状态，从那种意义上说，就好像这部小说是由一个没有变化的人一气呵成的。我能最大限度地接近管理那个任务的唯一方式就是，我要浓墨重笔地创造出一个轮廓清晰的人物，尽管我在变化或身处另一个世界中，但是每当我坐下来写他时，我就不得不进入到他确定的位置上，然后让他接任。

问：《纽约书评》的一位评论家认为，他在区分小说人物柯勒与小说家加斯时遇到了极大的麻烦，我想，他指的是加斯创造出柯勒这个人物的事实。对此，你想说些什么呢？

答：嗯，它是一个你设法给大学一年级学生上课时要矫正的基本美学错误。倾向于将作家与小说中主要人物认同是如此天真。但这位评论家还有一项日常工作。他还并非天真到不知道自己在做什么的地步——他想做出那种观察，因为他不仅仅想猛攻击这部小说；他想证明叙述者的观点有罪。但是那当然要求一种非常挑剔的阅读。而且这样引出了一些有趣的事。他甚至要发现我的体重属于哪种类型，是否和柯勒一样胖，而现在的我超重了，但当我开始创作这部小说时，我还很瘦。所以非常滑稽。

问：你认为小说文本、讽刺漫画、旗帜、图表和标志在排版时有哪些变化？它们在小说文本中有什么功能？

答：它们有很多功能。要知道，这个家伙可不是在写一本通常意义上的书——他不应该加工一部小说——他这么做完全为了自己。而且出于某种内部原因，使他在书页上涂鸦、弄皱纸页和做各种怪事，还不用说，"哎呀，这个不包括。"因为在某种意义上，他所做的任何事、来自他的任何东西都属于。现在我，作为作家，不得不把所有这些事都综合起来，但这部小说表面上必须像它事实上那样——如果我们有足够时间和金钱的话，那么这本书将更多地关于这个人物。

问：我想知道这是否是排字工人的噩梦？

答：我认为，柯诺普夫出版社（Alfred A. Knopf）的编辑们试图在合理预算范围内尽可能设计和承载我要表达的东西方面，真是棒极了。这小说里有一页大概是在杂货店的食品袋上写的。现在，我倒真想在该小说里有一个真正食品袋。这一页是一种红色模版，上面印有"负重不得超过该袋子所能承受重量的两倍"的字样。这个袋子代表了叙述者和他情妇用来装着桔子在转悠的那个袋子，带有某种马克思主义的感官享受，正值他们恋爱之际。同时这也是他俩上床时带上去的那个袋子。它也是她把他甩了时她送给他的那个袋子。所以这个意象在小说中承载许多象征意义，而不是仅仅装饰这一页。但在某种意义上，小说的叙述者只是瞎搞——如同小说里出现的纵横字谜游戏或那张弄皱的纸一样。再一次，我们不得不表现那些事物；但在小说手稿中，我确实有弄皱的一页，我有这样一个食品袋。

于是那个关乎语言本质的问题就提出来了。我们此刻正使用语言，而语言是不透明的，每个词都一样的抽象，它可以指称某些不抽象的事物，但它却是抽象的——突然之间，事物的本质就在这里呈现。

朱迪斯·莱特
Judith Wright

　　诗人、随笔家、短篇作家兼评论家朱迪斯·莱特饱受赞誉，因为她的观察不仅呈现了真实的世界，并且还穿透、超越了它。1999年10月，她八十四岁，耳聋、视力衰弱，但她还是同意我去她在堪培拉郊外的小公寓，和她谈她刚出版的自传前半部，《半生》(*Half a Lifetime*)。

　　七十岁以后，她没再写过诗。广为人知的是，她热情地投身于诗歌、环保激进主义和族群和解的世界中。访谈过程漫长而艰辛：我要先记下问题，然后打在纸上或用大字写在白板上给她看，再记下她的回答，但这期间，她依然那么精力充沛，让人惊叹。

　　但这一切都值得，因为朱迪斯·莱特有许多智慧与我们分享，关于诗歌、政治、爱情和生活。在她的书中，朱迪斯·莱特说她不愿意写自己——可这却是自传必不可少的部分。

　　朱迪斯·莱特：我带着强烈的反感看自己走过的路，而我必须按某种方式把反感放到文本中。我不满意我自传的前半部，也不会满意后半部，如果我再写后半部的话。谈自己让我不自在。

拉莫娜·科瓦尔：具体来说，反感什么？

答：也许就是不习惯。大多数人做起来似乎都很自如。总的来说，我觉得自己是个相当腼腆的人，却被迫对自己不敢确定的事发言，就这么回事。

问：对一个腼腆的人来说，你必定引人注目。去年你还参加了堪培拉为作家争取借阅版权（Public Lending Rights）[①] 的游行。

答：是的，没错。我不过碰巧有明确的主张罢了。我可能不张扬，但我看法坚定，因此有人挑战这些看法时，我常常站起来伸张自我，而不是无动于衷。

问：你一生大量的经历和思考都进了你的诗歌。为什么这次需要用散文把故事写出来？

答：诗歌与散文完全不同。一个人能写散文不见得就能写诗，反之亦然。诗歌是我的内在感受表达自己的方式，而我认为散文是争辩的工具，而不是别的。如果我要写散文，那是因为我的主题不适合诗歌。但七十岁时我停止写诗歌，因为我不再有强烈的欲望。我认为这是明智的举动。我认为我不能以我现在追寻的方式写诗。我当然对我的散文也没那么满意。

问：有什么诗歌无法诉说的东西吗？

答：有。议论文的写作风格是诗歌不能很好适应的。作为一个环保主义者和土著维权者我一生中有过很多争论。但除了一两首诗是关于我经历的土著问题外——或者准确的说，是我经历的我们与土著之间的问题——我真的认为不能将它写成辩论体。诗歌不是争论的，争论的是杂文。

---

① 因为公共读书馆的存在，很多人选择去读书馆借书而不会去买书，从而使作者的书的潜在销售遭受损失。借阅版权运动旨在赔偿作者的潜在经济损失，或将读书馆借阅书籍视为政府对艺术的支持。

问：关于你不再有写诗的冲动，能再说点吗？什么样的冲动？

答：这种冲动我觉得是一种爱的形式。诗歌是扑面而来的东西，而不是能事先构想出来的。一旦你丧失冲动，就像我大约七十岁时那样，你实际上只能写出应该是散文的人工诗歌。于是我不写了。可以说，我偶然发现了这一点，所以七十岁后我不想继续写诗。爱情是生命中一个非常重要的部分，你不得不迁就它。但过了一会儿，它就不再是生命中如此重要的力量，这就到了你该迁就年龄并停止写诗的时候，如果你不再有那种冲动。

问：你觉得冲动的丧失是悄然来临的。你为此感伤吗？

答：我认为你一生都在变。有时你知道自己在变，有时你不知道。有时你只是发现那些原本在那里的东西现在不在了。这不悲哀，而是理所当然，它根本不困扰我。我意识到，在我的生命历程中，我曾是几个不同的人，每个人都如此。你也必须接受这个现实。

问：那些不同的朱迪斯·莱特是谁？

答：嗯，我们都知道小时候和青少年的自己有多么的不同。长大成人的过程中有这么大的戏剧性变化。这之后，你渐渐适应自我，一步步走下去，开始享受生活中甜美的部分。我想有些朱迪斯·莱特已经不复存在了，但我清楚地记得她们。

问：你母亲，在你童年时抱病的那间昏暗阴冷的屋子里，这个场景与屋外空旷光亮的感觉形成鲜明对照。这定下了内外概念讨论的基调——两重性，许多关于你诗歌的评论都指出这一点。作为诗人，内外概念如何影响你？

答：我认为内外概念对童年的我影响很深。内在的空间似乎总让我悲伤，现在还是。我喜欢待在光线充足的地方，也喜欢待在满是动植物的地方。这是受了从小在乡间长大的影响。我觉得拥有适宜的外部世界对每个人的身体健康都很重要——尤其是如果你必须待在屋里，就像我现在整天这样。我这儿的内部空间也不大，这间公寓很小。但我有窗外的风景，它同样影响我的生活。我想这对每个人都很重要——尤其当你老了或生病时——你需要与外部世界交流。

问：你写到你母亲的离世，那年你十一岁，而她三十七岁。你说，"当她最终撒手而去，我的童年最终结束了。除了悲伤，我还纠结于一种负罪感。我没能安慰或帮助她度过那些痛苦的日子。"随着你的成长，这种负罪感在你的生命中是怎样自我释放的？

答：我总想为了人们遭受的不幸讨好他们。这可能就是我始终对我们对土著的所做所为感兴趣并投身其中的原因之一吧。我们对土著的所作所为绝对是我们来到这儿后所做的最可怕的事，我们干了很多坏事。我想，这可能也导致我同情任何弱小或受苦的事物。我说不好。但好像是这样的。我想，在我的环保工作和所做的其他事情背后就有这样的动机——努力去弥补些什么。

问：你是否认为你遭受了早年缺失母爱之痛？

答：我想任何早年丧母的人肯定都会遭受这种痛苦。当然，对我来说，因为我和继母处得不好，丧母之痛就更深。从那以后，我几乎从不回家。我去上寄宿学校，但无论如何，感觉不到自己有个家，一个你可以退缩回去的地方，我想这在任何人生命中都是重要的因素。回过头看，我想自己在那件事上受了重创。这就是我认为找到一个可以与之共同生活的男人并有一个心爱的女儿在我生命中如此重要的原因吧。

问：你写到过与杰克·麦金尼之间超乎寻常的坚固关系，他依靠自学试着出版自己的哲学作品，他被迫在一战后退休，带着四个孩子再婚，生活贫困。这段关系局外人似乎很难理解。但你在书中对它倾注了大量篇幅，来写杰克对你的思维方式和作品主题的贡献。

答：我着重写这段关系的原因是，几乎无人知晓杰克的作品——因为它在国外出版，还因为那是哲学作品，所以几乎无人问津。但我们关系中最重要的部分，当然了，是他这个人，而不是他的哲学。而且因为 1966 年他就过世了，现在的人很难理解它了。我觉得，当年认识我们的人都理解这段关系多么坚不可摧。他曾与妻子和家人分开了相当长的时间——当然是指战争期间——分处异国对澳洲人的生活有着深刻的影响。

这些事都隐含在我对他的描写中。当然，那时我们的问题相当棘手。回首往事，让我惊讶的是，认识我们的人都轻易地接受了它。我想人们的宽容、他们对我们关系的反应，说明他们意识到这段关系对我们有多么重要。我觉得自那以后整个问题完全变了。如今，人们对这样的事丝毫不感到惊奇。真的，我几天前收到一个与我经历相似的女人的来信。她说，这种关系在我那时这么难接受，让她很吃惊。我想我与杰克的关系是我能继续写诗的一个重要因素。

那时我的主要困难来自战争。我在战争恐惧中长大。对战争的恐惧一直是我生命中的一大影响。当时我们好像永远无法走出困境。当我遇见杰克时，他正努力超越生命中的好斗阶段，所以他看到了让我们变成战争狂人的那些问题。我想这就是他与众不同的地方，这给了我继续写诗的可能。遇见他时，我感觉自己走到了写诗的尽头，而他在我心里激发的想法超过以前的任何一个男人。

问：有些人批评你这个时期诗歌的转向：他们希望你的诗多一些感性，少一些达观。

答：是的。人们对你的需求总是多于你能给予的，不是吗？实际上，我不知道是不是有人能理解我设法去做、去超越的事。我写在第一本书里的早期诗歌，不是你所谓的民族主义。当时这是广为接受的生活态度，真的。我那时写的诗很简单：它们没有超越当下。而那些我后来写的诗，试图超越当下，那时人们不喜欢。现在还是不喜欢（笑）。

如果不需要思考，人们就不思考。这种情况我见得越来越多。对迫在眉睫的环境问题大家几乎不约而同地保持沉默，没人去谈。一只笼中的老鼠都会想着逃跑，但我们似乎不介意。这让我吃惊，我必须说。

整个问题背后的哲学显然至关重要，我认为这就是为什么人们不喜欢思考，去思考那些你不愿面对的事物。你喜欢事情简简单单、轻轻松松，但事情不是这样的。

问：这是杰克认为在这里难以出书、你却竭力要让他的作品得到承认的原因吗？

答：是的。像杰克这么不专业的哲学家想在专业期刊上发文章当然很难。他们给他写信时总是称他麦金尼博士，因为他们意识到他无论如何知道某些事情。但他要做研究非常困难，因为他太穷了，而且他几乎连一本需要的书都没有，也没有获得哲学家的职位。那时候大学非常少，哲学系也少之又少。过了很长时间他才得到应有的承认：一个狂野的哲人。

问：这么多年间，你获得了成功，而他相对无闻于世，他是如何接受的？很多男人恐怕会感到恼怒。

答：他始终认为我的诗歌很重要，尤其是我在诗里表达的至少有一些是他的哲学观，所以他为我的成功高兴。让他忧虑的当然是作为哲学家没有收入，因此虽然他工作得远比我辛苦，但是我们不得不靠我的写作为生。除了退休金，他一无所有。

问：朱迪斯·莱特公开发表的一句惹人注目的意见是，她不希望学校把她的诗教给学生。为什么？

答：我反对把自己变成折磨孩子的工具（笑）。很不幸，这又是学校里的常事。如果人们不喜欢诗歌，那他们就是不喜欢诗歌，还有人不能欣赏诗歌。我对此很清楚。尤其是男孩子。所以把我的诗歌卖给学校挣钱让我不舒服。尽管如此，我认为人们都应该接触点诗歌。但我认为人们不应该因为不喜欢诗歌而受到惩罚。不少男孩子不喜欢诗歌，觉得它娘娘腔。当然，我不介意被说成是娘娘腔。

反正，让人们对诗歌产生回应不是易事，不是所有老师能够胜任。但一个好老师能用非常丰富的方法让学生领略诗歌，使它瞬间触动他们。我想这很重要。

问：诗歌教学对诗歌的作用是什么？

答：哦，我认为它把诗歌变成了学习的对象，而不是某种你自然回应的东西——这是诗歌应有的面目。如果你喜欢诗歌，你能在诗歌中找到终身受用的源泉。我还是喜欢读诗。我仍然读诗、买诗集。我认为那样做很重要，常见的是，在学校被迫阅读诗歌的人，也可以在今后生活中最终对诗歌产生爱慕之情。诗歌能帮助他们，诗歌中表达的情感，虽然在学校不受欢迎，却是生命的主要部分，能意识到这点很重要。根据具体情况，情感是我们都要遭受或忍耐的某种事物。我觉得关于整个诗歌教学的问题是个人的问题。

问：你时常写到情感。你描写一朵花或一片土地的方式都充满情感意义。这些情感是怎样随着年龄增长被调和的呢？

答：我觉得接触自然对每个人的生活都很重要。我对城市非常担忧。我觉得城市——好吧，这话最好别对一个城里人说了——但如果我不要从自己感情上喜欢的事物上得到外部刺激，我一定会茫然若失。我想有些人从没有过与自然和谐存在的感觉。从来没人引导过他们，城里这种机会更少。顺便说一下，最近我才听说一些环保主义者做了研究，他们指出如果你生病、动了手术，住在医院里与自然隔绝（能接触到自然的医院相当少），你康复得要比在有植物和生物的野外环境中慢。显然这已经得到明确的证明。我想是我们自己切断了与自然的很多联系，以至于我们不能像一个人那样回应自己的情感。我们倾向于抹去有生命力的一面，而这对我们毫无益处。

问：你说你还在读诗。现在你读谁的诗？

答：反正我读了很多诗。我需要那种刺激，而且我认为周围有一些很好的诗人。莱斯·穆瑞，我不是总读他最好的作品。不过我确实非常欣赏他诗中的功力。说不定他也读我的诗，我不知道。不过我已经很久不写诗，而莱斯还在写。

问：实际上，莱斯·穆瑞说你该当选澳洲总督了，一位国宝级人物怎能不去点缀一下全国最高部门的办公室呢？

答：但愿不是！当澳洲总督是我最不想做的事，毫不夸张。我的耳朵完全聋了，我又跛足，我都八十四了。那个特定的职位——我不知道莱斯怎么想得出我会想当。惠特兰（Edward Gough Whitlam）执政时，有人建议我去做类似的事。一眨眼我退休了，所以我想没人会老想着这个事。我觉得自己不是合适人选——我看不出会写诗能证明一个人写诗以外的能力。

问：你曾说许多作家说不定羡慕你耳聋，因为那样他们就不必听其他人的话，只需专注于他们自己的思想。可现在你受到听力不佳和视力衰退的影响。这些感官的限制如何影响你像诗人那样思考？

答：失去回应世界的能力必定是件痛苦的事。有好几次，我以为自己要瞎了。我做过两次手术：两次晶状体切除手术，不知你是否知道了解，做手术时我并不知道。幸运的是，现在有种激光手术非常有效，所以我仍能看见，仍能阅读。如果不能阅读或不能看，我宁愿自己彻底失明。失去感觉让人难以适应。大约五年前，没记错的话，我还能用助听器听见声音。突然间，我就什么都听不见了。助听器也没用了。这对我来说是极大的震惊，是非常大的剥夺。但现在我习惯了。我不认为人们会期望这种事发生在自己身上，不过这些事经常出于各种原因发生在我身上。不管怎样，在现代科技的帮助下我的双眼运转良好。这是我支持现代科技的地方。至于耳朵呢，我学习指导别人写下他们的想法。这对他们也有帮助，就我所知。

问：在你周围人们的言谈、语言中有种音乐感。你还能在脑中听到语言的音乐吗？

答：很难。我读诗时能听到，是的。但大多数时间，只有一堵白墙。我脑中除了自己的想法外几乎一片空白，所以我想，我厌恶这种状态，真的。然而，生活总是值得我们活下去。

问：你投入了大量的时间和思索，去关注环保运动、核扩散，当然还有土著与土地的关系、族群融合。你的书为非法侵入赔礼道歉。你怎么看这些问题？在这个世纪末，在当前的政府下，我们对这些问题应持的立场是什么？你乐观吗？

答：（大笑）我们对土著的态度有种深层的东西，羞耻中混合着误解。我自己也一直有这个毛病，直到遇见凯斯·沃克（Kath Walker）[1] 并和她成为至交。我想，我们从小的教育，让我们觉得其他肤色的人总在某方面低人一等，这是一开始就很荒唐的想法——我们都应该明白——但这是一种根深蒂固的态度。我觉得能和凯斯建立那样的关系是我生命中重要的一部分。这种关系彻底改变了我对他人的态度，还有其他的重要影响。

大多数人——当他们真正与分裂的族群融合并发现自己能与不同族群的人建立深层关系时——都会在其他领域有一个或更多的伟大梦想。当我刚刚成为凯斯的朋友——或她刚刚成为我的朋友时，我有过一个很大的梦想。我们在半途相遇。那是我一个很重要的梦想，你应该追随你梦想的方向。我想你总会发现某种重大的东西在潜意识层面就被克制了，这会让你停止对土著糟糕的态度——因为你确实这样；谁都会这样。你的心中有黑暗和光亮，而黑暗与光亮一样宝贵。与不熟悉的人建立关系总有些困难，这就是人们出于他们自己的缺点仍可能伤害土著的原因——你以某种方式将所有你自己的问题投射到另一方身上，这就是我们有和解问题的原因。

和解这个词我不喜欢。可惜的是，这大概是唯一合适的词。但我认为，他们与我们和解更难，因为我们有错在先。他们能与我们和解的事实其实高度证明了他们自己的宽恕与理解力。我们没有那种能力，因为我们自身确实有问题：一种负罪感阻碍了谅解。这是我们民族发展的一个非常重要的部分，直到我们与土著建立合适的关系后，我们才能与自我达成自在的关系。

---

① 后来以奥德罗·努努可（Oodgeroo Noonuccal）为人所知，诗人、活动家、艺术家和教师。她是第一个出版诗作的澳洲土著后裔。

问：你不让你的一些诗进入选集，比如《像一头阉牛》（*Bullocky*）。这和土著白人的历史与两者之间的和解问题有关吗？

答：是的，在某种程度上有关。那首诗写于民族主义时代，那时我只能从白人的视角去写。既然我能看到该视角对我们的影响，我就不再允许把《像一头阉牛》收入诗集，原因在于它被解读的方式。它本身是一首绝对的好诗，我还是认同它是一首诗。但我不赞成它被利用的方式。有趣的是，有些老师愤怒地给我写信："你不能这样做。你这样做太不可思议了。我们一直以来都这么教这首诗。"他们把它当做整场侵略的一种夸大来教——这是失败的诗歌教学的一个很糟的例子。我只能争辩说这首诗根本不该收入诗集中。我非常坚持这一点。这件事向我深刻地阐明，诗歌被曲解就是因为它表达的观念与常理相悖。

问：我看过一篇你七十岁时的访谈，其中谈到你如何面对死亡。十四年后，如今你八十四岁了，你怎么看待生命的尽头？

答：噢，我对此不以为意，因为我无法阻止它。但我还是很享受生命，我希望那一天不要来得太早。我想，失去莫里斯·韦斯特（Morris West）是个沉重的打击。我非常欣赏他的小说，就这样失去他让人伤心。但不管怎样他始终在创作，而且能继续进行他自己的创作，我觉得这对他真的很重要。他设法不必经受老人院等养老问题的折磨而逃避生命。我想，那样走不失为一种很好的方式。

后记

朱迪斯·莱特于 2000 年 6 月 26 日逝世，享年八十五岁。

莱斯·穆瑞

Les Murray

澳大利亚最具国际声望的当代诗人莱斯·穆瑞曾多次获奖，包括权威的皮特拉克奖和颁发给他的诗集《下等乡下人之诗》（*Subhuman Redneck Poems*）的 T. S. 艾略特奖。一位英国评论家曾将他归入包括谢默斯·希尼、德里克·沃尔科特和约瑟夫·布罗茨基在内的顶尖诗人之列。莱斯·穆瑞是澳大利亚的无冕桂冠诗人。

然而《下等乡下人之诗》和诗人本人因为诗集中的个别几首诗和诗人多年来宣布的立场，一直受到批评。他曾与澳洲议会的资助政策针锋相对——这些政策已经支持了很多他的作品。他说自己曾看见曼宁·克拉克（Manning Clark）戴着他所说的"列宁勋章"，他卷入对该勋章意义的争论中。这件事就发生在他幸存于一场险些夺去他生命的严重的传染性肝病后。人们指责穆瑞对乡间右翼政治运动的所谓支持，以及他的文化多元主义观点。批评者们称他为偏执狂和与世隔绝者。他也确实与他说的让他发疯的抑郁症进行过激烈的斗争。

1938 年莱斯·穆瑞生于塔里以南的小镇纳比亚克，距离他祖父的本亚农场有十分钟车程。他在悉尼和国外生活过多年，从事西欧语言的学术及技术文献翻译。自 1971 年起，他成为自由作家，回到故土买下了本亚的家产。他现在与妻子瓦莱丽、他们的孩子、两只分别叫帕特里克和马诺里的鸡和其他各种动物住在那儿。

1997年我们一同游历莱斯·穆瑞熟悉的山谷，他的家乡，他说他对那儿是非常土著的。每个路弯都唱着一曲新歌。本亚是他诗歌、政治学和自我感知的源泉。与死神擦肩而过后，他几乎要失去所有这些东西。

拉莫娜·科瓦尔：和大家说说我们现在坐的这个地方吧。我们旁边的这张桌子——是你童年的那张桌子吗？

莱斯·穆瑞：不是。我父亲过去坐在我们这张桌子旁，但他已经不在那儿，几年前他过世了——顺溪而下离我长大的地方大约一英里。那里是本亚区，原先是山谷。有一段时间，有人想把那里变成一个村庄。我很高兴他们回心转意，现在那里还是山谷。那儿有三盏街灯，曾有过一个邮局和一所学校。现在那儿还有一座礼堂、一个网球场和一座教堂。我想这边现在主要的产业是畜牧业、领救济金，还有去城里打工，木材业也许排可怜的第四。我小时候，这边主要是乳品业和伐木业，畜牧业远远排第三，而且没人去城里打工，但六十年代的女人们改变了这一点。那儿是山谷，大部分是贫瘠的土地；它很美，差不多一半是森林。

问：那么从这里，从我们所坐的地方，你能描述一下你看见的东西吗？

答：金色的马场和深灰蓝色的树林沿着山顶，也许古老开阔的原始山谷里有沿着山脊线的树木。现在比我小时候种了更多的树。我的祖父一代，甚至父亲一代从来不种树。在房屋周围种树做装饰，较年轻的人做了些这样的事，这在最近三十年流行起来。我父亲过去常认为房子周围的树木很危险，所以他用他一生的大部分时间砍下树来变成木材。

问：但树在你的家庭中是危险的，不是吗？

答：噢，是的，我爸的一个兄弟死在树下。他脑浆迸裂，可怜的家伙，一棵树倒在他头上。那时他们不戴头盔，没人在意安全措施。唯一保护自己的办法就是要动作敏捷，但他讨厌野外工作，也不太在行，所以他死了。如果你在行，你一般就不会有事，但你可能碰到可怕的意外。有个小伙子，甚至在电锯时代，把电锯掉在了自己腿上。想想吧。虽说他们尽力补救了随后的一切，但那的确是一次恐怖意外。伐木工作会死人的，在木材作坊里更危险，但木材业并不是毫无改进，只是进展缓慢。总之，我们在这儿从不皆伐或过度采伐。一直都是作坊原木、大梁、坑木、纤维板、码头木材。

问：和我们说说现在我们待的这幢房子。这是你童年记忆中的房子吗？

答：不是，我们现在住的这幢是 1975 年我们买下这块地后自己造的，将石棉水泥建在木构架上。它就建在我叔叔吉姆 1880 年代住的房子的地基上，外面种了中国本土梨树。1914 年第一幢房子没了。在这幢房子里，墙上有条纹，有天花板，有空调，还有大窗户等等。在我长大的房子里，木板之间有裂缝，风会刮进来；还没有天花板，所以夏天热得要命，但那是家。以前我没有见过世面。我没有比较，觉得还不错。现在看起来，对大多数人而言，我想是不可思议的贫穷。一次去斐济，我对当地一位女学者说（我们路过一个甘蔗农场附近的印度式房屋），"我们也住过这样的房子。"她压根儿就不相信我。她认为，我不可能在澳大利亚生活在第三世界中。当然，我在第三世界生活过。那时还不用这些术语。

我父母不幸在二战前结婚，刚好赶上战争造成的短缺、干旱等问题。他们一直苦到四十年代末。他们刚恢复元气、准备进入富足年代时，1951年我母亲突然去世了。其他人都富了，而我父亲却回到了他老式、准先锋的贫困世界里，他过去一直那样生活。他决定在那里生根。

去年我决定真的要"买下"它时，我考虑付清我父母的墓地改建费。我刚把我母亲的墓地改成父母的合葬墓地，需要付钱，我就想，我们要给墓地加一块碑。你猜我会在上面写什么？我没有机会决定上面写什么。我想知道人们会在我的墓碑上写什么，又怎样为此筹钱，因为这很贵。即使死亡也可以很昂贵。我想这是个很合理的提议。医生曾对我说："这一次可能危险了。"我想，好吧，那些我没整理的文稿再也不会整理好了。

问：你考虑的墓地是不是在通向本亚的太平洋公路的拐角处？

答：那是我的沃斯家族的亲戚长眠的地方。不，穆瑞家族一般葬在克拉姆巴什，在西北边。那里葬了许多穆瑞家的人。这也是礼貌问题，因为我是穆瑞家仅有的两个天主教皈依者之一，而其他人都属于自由长老会。我不知道这是否会阻碍我葬在那里，但我们会知道的。也许我看不到那天，谁知道呢。

问：也许他们会开辟一个专门的区域。他们可以这么做吗？

答：随他们的便，规矩是人定的。

问：墓地离这幢房子有多远？

答：我想大概九英里。我经常跟别人去那儿。有一天我会追随自己而去，如果我的灵魂像我希望的那样来去自如。

问：你看我们等会儿能开车过去吗？

答：这样的天气最适合开车了。

（我们坐上穆瑞的车去兜风。）

问：我们去哪儿？

答：我们开上了一条穿过本亚通向格洛斯特的主马路。如果沿着这条路走得足够远，就会到塔姆沃斯、阿米德尔、新英格兰乡。开过格洛斯特，美妙的乡村会一路攀升，一直爬上齐洛山，关于这座山我写过一首诗。完全用当地语言。这里就是自由长老会的教堂。穆瑞家的人都是自由长老会教徒，苏格兰长老会教徒，只有我和爱丽丝·格林森例外，她是首席大法官的母亲。我们是家里仅有的两个真正皈依天主教的人。还有一些人因为婚姻皈依——我想那也算吧——但只有我们纯粹为信仰做了这么疯狂的事。

我叔叔山姆的墓地就在这儿（示意），我祖父的弟弟。一个有趣的家伙，山姆，对我总是很好。我母亲去世后，我在那幢房子里和他的儿子们一起度过了我青春期的许多时光，他们暂时是我的主要伙伴。这儿埋的都是穆瑞家的人，我们不沿着这条路向前走了——我带你去看一处美景，但这些农场都有自己的故事。最有趣的故事都是丑闻，甚至现在还会给我惹麻烦。有些故事可以追溯到一百年前，但它们至今仍然流传。

问：和我们说一个吧。

答：长眠在这条路那端的家伙，暂时不说他的名字，我和你说说他的两件事。一，他深知如何使用粗暴的方法为所欲为。他是个极其卑劣的人。他整死了自己的第一任妻子，然后娶了第二任。后者是个富有的女人，当他知道她不准备和他公用一个银行账户时，这段婚姻立刻黯然失色。在这两段婚姻之间，几个传教士路过并问能不能住在他家，他勉强同意了——因为这一带的人完全不懂如何拒绝，所以拒绝相当困难。他们做客太久给他带来不便。一天，为了摆脱他们，他宣称家里有二十三只猫实在太多了，所以要变少一些。他开始在家里对家具下和桌上的猫开枪。头几只猫死无葬身之地。那些传教士眼睁睁地看着这场屠杀——猫四下窜逃，受伤的猫在地上奄奄一息。他们卷起行李，冲出房子，一路狂奔，再也没回来。他的魔法奏效了。

问：你从哪儿听来的这个故事？

答：听那人自己说的。他说，"你知道吗，还真管用！"我听到的关于他的另一个故事是，晚年他跑去管灯塔。他放弃务农并找了份工作。我在上本书里照搬了他的原话，大致意思是，"啊，一个人真他妈不该说出自己的真实年龄。要是我把自己说得年轻点，我他妈能在那多待十年。那儿没事可干，只要给那鬼地方刷油漆，晚上点灯，早上熄灯。"他说，"有一回像鲸鱼的什么东西冲上岸，我用斧子把它劈了喂狗。"棒小伙，我爱他。

问：我们刚刚开过拉维尼亚·穆瑞桥。

答：她是个好心的女士，我喜欢她。她曾是新南威尔士郡第一位女郡长，一个有巨大声望和影响的女人，不断争取为我们做各种事情——你知道，就是为我们服务。1939 年她刚为我们建成了电网，战争就爆发了，所以本亚直到 1960 年才通电。这座桥以她命名，因为她为它而战。我还是个孩子时，这附近所有的桥都是低座的，洪水一来，所有通信都中断了。人们出不去也进不来，而把牛奶和奶油运出去在经济上至关重要。所以她是个极好的地方政府领袖，在这方面有杰出的成就。这边的这位女士（示意），艾伦·哈里斯，教会我走路。我是她的公仔。我出生时她大概十岁，她每天都和我玩，她教我走路。她和我做了五十八年的朋友。一个非常好的人。

　　这儿就是我们所谓的"路堑"，从这儿往上，开上向北通往克拉姆巴什的路。我父亲常常认为应该除掉围绕下坡路生长的马樱丹丛（一侧下山时实在太陡），现在已经除了。不过他有一辆老爷货车，有一天我们从塔里小路上开回家，他说："哦，真有意思。"我说："怎么啦？"他就说："转向柱坏了。"于是我说："你干嘛不踩刹车？"他说："噢，她会笔直开下这条路。刹车总是不平衡，我还是等开到山底再踩刹车。"他这么干了，结果我们一直冲进排水沟里。我们以为这事再也不会发生了，但有一天，他开到这条路附近，转向柱又坏了，结果他冲进了那些马樱丹丛里。从此他就不抱怨马樱丹丛了，不过他很快就扔了那辆车。他想，一次还好，但两次成自然就有点过了。

问：听上去像《不可儿戏》（*The Importance of Being Earnest*）。
答：哦，没错，是这样。

问：这是什么房子？
答：粉红色这间，以前是迪克和莉莉·哈里斯的，他们的儿子亨利，多年前参军入伍了，从没想过回来继承它。现在这房子卖给了悉尼新来的人，他们下功夫让房子焕然一新，重现生机。有一阵儿这房子是我所谓的"圣屋"。在乡下有很多这样的房子——没人住却保养完好。老屋主会回来清扫清扫。他们不再住这儿，但他们不忍心看到他们在这里结婚和度过大半辈子的房子被卖掉或消失，所以你会看到仍充斥着他们回忆与往事的空房子。这是他们经历、人生的圣殿，你能理解吧？

这是我的表兄，哈利，我在一首诗里提过他，那首诗也提到了齐洛山。

有个曾住这儿的伙计（示意），叫哈利·帕夫。他养了条狗，和这里大多数狗一样，那狗也有追汽车的恶习。有一天在堪培拉国会大厦的台阶上，一个警察走过来对我说："噢，你是本亚的莱斯·穆瑞吧。我也是本亚人。"我说："噢，你是哈利的儿子。"他说："是啊。你记得我那条狗吗，一天它冲向你父亲的车子，你父亲轧了过去？"我说："不，不是这样的。是那条狗把头伸到我父亲车子的轮辐之间，它一下子就没命了——咯嗒一声它就没命了。"它从一条精力旺盛、狂吠的狗瞬间变成一块肉。而这个堪培拉的年轻警察还记得，有些纰漏，毕竟二十年过去了！

问：你的小说里迄今为止有许多死猫死狗。

答：迄今为止，是的。我可以给你说说死鹦鹉的故事。

问：好的，干脆凑齐了。

答：乡下经常死这死那的。我父亲特别喜欢喝鹦鹉汤，有一回他打下了几只帝王鹦鹉，把他们放进锅里，放上洋葱、盐和水（老家伙不喜欢吃调料）。炖上——鹦鹉肉并不像传说中那么难煮——坐下来，拿起勺子，等一锅美味的鹦鹉汤。第一口难吃得要命——这些鹦鹉吃了烟草丛的果子，尝起来像煮熟的雪茄烟！这是他最后一次不厌其烦地喝鹦鹉汤。

这一带，这个弯道附近，在约翰·赛博家附近——我得提一下，约翰·赛博是个很有天赋的人：他熟悉所有亚历山大·蒲柏的诗，他这辈子都在养牛并在山上给牛背诵蒲柏。一个相当严苛的家伙，他不相信教育；他认为教育会让孩子们心神不宁、想离家。他的全部教育就是对亚历山大·蒲柏深深的爱。所有这些山、这些路，对我来说，都有一堆故事。我年纪大了，很多认识的人都只能在故事里回味了。

问：这条路通向举办家族葬礼的墓地吧。

答：是啊，我们去教堂就是走这条路，去古老的克拉姆巴什小村落也是走这条路，这个村落以巴伐利亚的一个村子命名，因为这儿曾是德国的少数几个大规模定居点之一。这样看来，这些德国天主教教徒来自巴伐利亚州的莱茵兰。是的，葬礼就是按这种方式和速度举办的。

问：那辆卡车在这儿干什么？

答：我不知道——看着像家具搬运车，不是吗？在这一带这很平常，大家把家具搬进搬出，你知道的，人们从别处搬来，把家什搬来又搬走。这就成了俄国人说的"达恰（Dacha）① 乡村"，也许你知道，这里有很多来过周末的人，感觉都成了城郊小镇，但我想，它在我这辈子还不会变成城市吧。如果我长生不老，我可能得搬到大分水岭（Dividing Range）② 去或更远一些；但现在这里还不算太城市化。尽管郡里前几天写信来说，现在我们路上有信箱号了。我回信说，等你们给公路铺上沥青，我会同意把它当成一条街——以前不会。我来乡下可不是为了住在街上。

问：但你不会从这儿搬走，对吧？

答：应该不会。一是我太老了，另外我属于这里。我想是完全土生土长的。这儿是乡下，你知道？

问：今天早上当我看着墓地的时候，就是去本亚的路上你建议我去看的墓地，我想，有这样一个墓地，你知道自己所有的亲戚都葬于其中，你也会长眠于此，一定很奇怪吧。

答：如果我真要死了，我会选择火化并让人把我的骨灰洒在那里。不管怎样，我都将在那里被悼念。如果你很虚荣的话，你能做的就是为自己选一条合适的墓志铭。

问：你会用什么墓志铭？

答：天晓得——我不知道！

① 俄语"乡间别墅"的意思。
② 澳大利亚东部沿岸山脉和高原的总称。

问：你曾想过，对吧？

答：我曾稍微想了一下，然后思绪就漂到其他事上了，这个再也没有进展。

问：有什么备选的话吗？

答：噢，现在还不知道。有一天我会想出来的——我会突然意识到那就是我想要的，但这应该很难托付给别人。我听过最短的，是北区的一个家伙，他只有一个词"死了"。总结得挺好。我确实想过的一句是，在此，瘦骨嶙峋的赖斯利躺在他最后的印刷错误下。"

在这个地方我也度过了童年的许多时光，在我的默特尔姨妈家里。如果你愿意，稍后我会给你念一首关于她的诗。她是那个浑身烧伤的女孩。她全身我能看到的部位都是很深的烧伤疤痕，但她从不当回事，其他人也无所谓。她有四个漂亮的女儿，其中两个和我同龄。小时候我们是玩伴，我在她们家度过了很多时间。就我看到的任何其他孩子而言，主要就是她们。

我在写那首诗时，给了我写作要诀的人就是瓦莱丽。孩子总要她摇床，她说："节奏在大脑中产生内啡肽并缓解痛苦。"我想，这就是我们在诗里有节奏、有一点节奏的原因：为了内啡肽，为了它带来的享受，为了力量和安慰。正是这个救了她的命，节奏感，这是她感悟到的。要说清楚一首诗关于什么总是很难，但我想有一点是关于诗歌的节奏，通常也关于拯救我姨妈的生命。

我们现在转向去墓地，在国王溪的那一边，向着克拉巴什，这是我许多亲戚长眠之处。我估计这个墓地已经用了一个世纪。我不知道这里最古老的墓穴是哪座。可惜，墓地被分成三个区域——英国国教徒、天主教徒和长老会会员——这么做有时已经拆散了家族，这我一点都不认同。

这边是我的父母。米里亚姆·波琳·穆瑞·尼·阿尔诺。我昨天收到英国阿尔诺家族一个人的来信，一个非常罕见的家庭，他和我说了"鹰岭"这个名字的来由，它是撒克逊人的名字。我父亲，塞西尔·艾伦·穆瑞，1995年逝世。

问：你母亲享年三十五岁？

答：三十五岁，是的。英年早逝，对吧？我非常喜欢的艾瑞克和艾德娜——这是我父亲的弟弟和弟媳。艾德娜阿姨，多年来她都是我最喜欢的阿姨。完全是个好女人，一个非常高贵的女人。还有谁可以介绍给你？吉姆①和简。简是负责本亚邮局的女人。她比我的块头还大——她超级胖，可怜的女人，她吃得不多，却有某种分泌失衡。吉米②是最早住在我们家那块地方的人——吉姆和简——她种了中国桃树和其他各种树木。有整整五十年，她是本亚的邮局负责人，负责人工电话交换机，我在一首叫《在隆冬七月理发》（*July Midwinter Haircut*）的诗里写到她，写的是我们在从前的邮局门口剃头，当时邮局由她的继任者管理——也提到她。

和我说起那个故事的人在同一片墓地更远一点的地方。我姑姑是接线员，通过丁零响的信号交换，她把我们接入了彼此的生活。我想捕捉的一样东西就是声音——因为我曾以为在这个世界上再也听不到了——小盖子放上交换机小孔上的声音。当特定的电话号码打来，小盖子会掉下来，发出滴滴滴滴的声音。它是某种装有弹簧的小金属盖，有种特别的声音。我就想用语言捕捉它，于是我用了"unlidded"③这个词——你想纪念的一件小事，你知道，这是正从这个世界消失的声音。

内维尔·塞缪尔·穆瑞（示意）一天在福斯特吃虾后突然死了。

问：中午饭刚吃了虾，你就告诉我们这个。

答：可怜的家伙，很悲惨。他父亲，弗雷德里克·塞缪尔·穆瑞，弗雷迪，在五十六岁时死得也特别悲惨。他租地种，这是一种可怜的谋生方式，意味着你要把一半收入交给土地所有者。他省吃俭用过日子，最后买下了属于自己的农场。他正好有足够的时间在那里造一幢房子，他把奶制品捆好并开始工作，突然心脏病犯了，我想是一天早上他在牛奶场干完这些活后。他也在我的一首诗里。

---

① Jim，James 的昵称。

② Jimmy，James 的昵称，与上述的吉姆是同一个人。

③ 意为"揭盖"。

问：他听过这首诗吗？

答：不在这里，不，他没听过。那首诗是他死后写的，我也没在这儿念过。诗的名字是《悲痛的和弦》（*The Misery Chord*）。

问：是在一组关于本亚的诗中，《本亚一年》（*The Bunyah Cycle*），是不是？

答：是的。《田园轮转：本亚的一年》（*The Idyll Wheel：Cycle of a Year at Bunyah*）。那里有我的曾祖父母，约翰和伊莎贝拉·穆瑞，五个月内两人相继去世。他们是本亚最早的白人定居者。

问：还有几个伊莎贝拉好像不在你们家族里，因为今早我在其他家族墓地也见到几个人，伊莎贝尔和伊莎贝拉。

答：这个名字在穆瑞家和我们其他一些亲戚家很常见。一个典型的苏格兰名字。苏格兰人常用的名字一般不多，和威尔士人一样。有很多叫亚历山大·穆瑞的，有很多叫休·斯考特·穆瑞的。直到1870年代苏格兰女人婚后才改变自己的姓氏，所以把我们都带到澳大利亚的祖先还是叫伊莎贝拉·斯考特。1848年她把自己的五个孩子送出来，另外五个在1851年也跟她来了。

问：所以这就是中心吧，这个坟墓，从这儿开始的吗？

答：这是本亚第一个白人定居者——还有其他地方来的定居者。休·道格拉斯·斯图尔特·穆瑞，生前人们叫他斯图尔特，我们本来希望他能活到他人生的第三个世纪。

问：1898年到1995年。

答：我们很希望他能挺过这个世纪，进入二十一世纪，但没成功。他九十七岁过世。而且他一生都很健康，除了最后几个月。一位瘦小结实的牧场主。在他八十多岁时，他的马跑回家了，笼头荡下来，断了，他们的父亲不在马上，他们认为，"噢，他从马上摔下来了，他可能心脏病犯了，他死了。"他们跑下围场去找他，看到他骂骂咧咧从围场往上走。一条树枝把他从马上扫下来——他刚好弹起来，哪儿都没摔坏。

问：嗯，这里对死者来说是个宁静的地方，是吧？

答：如果要死的话，我觉得死在这里还不错。不过这一带土著的墓地最好——塔里基地医院显然就建在塔里土著的老坟地上，那儿风景很美，特别从顶楼的心脏病病房看出去。但没人注意，那里的风景可棒了！一次郝丽·桑德告诉我那个，我说，"噢，太糟了。"他说，"人们不会知道的。"——尽管我想已经有几个世纪的土著埋在那个医院下面。

如果我能找到默特尔，我会给你念一首关于她的诗，她就在前面。不，不，不，她在天主教区域。

问：噢，那在马路对面。你将来也会在那儿吗，马路对面？

答：分隔两地了，是吧？不能和这些穆瑞家的人在一起，有点紧张，不过这也许不行。我不知道。我可能会想法儿让人把我偷偷带到我父母的墓碑后面。你知道德国人的传统吗？他们把自己放到父母墓地后面。

问：不知道。

答：是的，他们有时那么干。他们有时也在墓碑后面写上祈福词。没错，她在天主教区那边，我的默特尔姨妈。

问：她怎么成了天主教徒？

答：婚姻。不过她似乎对这个交易很满意。这是传统——女人随着丈夫，当然我知道也有相反的情况。可怕的分裂是基督教的耻辱。

问：这也是我不能理解的。

答：这是有史以来最容易分裂的宗教，人们分裂成好战的小国，在十七世纪因此大开杀戒，疯狂至极。

问：而现在你被一条路分隔。

答：还有几道铁丝网。真令人悲伤，但教会再合一运动让人们回到一起的过程非常缓慢。伊斯兰教也有类似的分裂，什叶派和逊尼派。但大多数宗教都不会像那样分裂成令人烦恼的小派别。

问：我刚好想到水，现在我们周围有很多水。向你肩膀那边望去，我可以看到一个水坝，上面漂着好看的蓝色睡莲。《下等乡下人之诗》里面有很多关于水的诗，和我谈谈水吧。

答：我就是一直喜欢这东西。我想澳大利亚人自然会喜欢，因为它这么稀有，就像在阿拉伯和波斯的诗歌里，水这么受珍视也缘于它的稀缺性和镜像效应。我爱水的所有功效。它似乎让我平静下来。当我被思想的痛苦煎熬，水总会不知不觉地让我高兴起来。

问：和我说说另一首关于水的诗，《层叠之水》（Stacked Water）。

答：那首诗的背景在遥远的西方，那是一个干旱的国度，适逢洪水时，但我从一张照片上看到：两个小孩沿着一条明显很干涸的小溪走上来，但小溪里有水时，洪水超过小溪顶峰又下去。这些孩子逆着溪水走上来。

一星期后，我又采访了穆瑞。

问：由于支持澳大利亚本土诗歌，莱斯·穆瑞被称为大自然诗人，在政治观点上（来自他在乡村长大和他对天主教的皈依）则是保守派诗人，他还因为喜欢挑战他视为世俗的正教被认为有点像捣乱者。

上周，我们与莱斯·穆瑞开车穿越本亚他家附近的起伏山峦，拜访了长眠着几代穆瑞家人的墓地。此刻我们坐在他厨房的桌子前，拿着获奖诗集《下等乡下人之诗》，谈论我认为最动人、最让人迷惑和不安的那些诗。其中许多在穆瑞称为"黑狗抑郁症"的状态下写成，这种状态影响了他很多年。

读你这些年的诗歌，很明显你的童年不快乐。读书时很难熬：你母亲死得早，十二岁后你不能再靠你的母亲。我以为本亚对你意味着很多的痛苦，实际上——我是因为你回到本亚才问这个，你在异国他乡生活多年后，回到了这里，你说你发现了伊甸园。

答：哦，从某种程度上讲——我回来是为了疯掉。人老了就会这样，未尽之事回归一个地方，你也回到那儿——你会试着解决它。而我无意中回到家乡是为了发疯，因为只有发疯才能让我走出疯狂的另一个极端，现在我走出来了。本亚，直到我十二岁，都是一个相当快乐的地方。那个我熟悉的世界非常温和友善并且到处都是堂表亲——一切都和你有关。你几乎觉得那些动物都是你的堂表亲，因为每个人类都是一个堂表亲或一个叔叔或一个姨妈什么的。我十六岁时才第一次面对人类的粗暴。那时我去镇上的学校上学，进了一个风气不好的校园，遇见了受人欺负之类的事。那之前总的来说都很好。我母亲的死相当可怕，它留下了一个巨大的、深深的无意识创伤，我父亲有点垮掉了——有很长一段时间他都没怎么照顾我（实际上，我觉得他之后也没有照顾过我），但那是他的悲剧。他刻意决定，像许多老兵那样，不去享受他妻子错过的一切。他哀悼了四十四年，他想让我也哀悼一辈子。在某种程度上，我过去和现在真的一直在哀悼，因为我潜意识里总是相信是我害死了母亲。

问：在你的一些诗里我读到这个想法，我感到震惊，悲剧在于没人对你说——也许有人对你说过，也许没有——"莱斯，出生的方式与结果不是婴儿的错。"你知道，如果你母亲的子宫受了损伤，她就不能再生孩子而且死于流产，这不是你的错。

答：我一意识到完全能说出它，瓦莱丽就对我说了这些，我同时也明白了，并把这些感受变成了文字。在潜意识里我一直这么认为，你看，直到四十岁这些感受才进入我的意识，我才能清晰地表述它，然后瓦莱丽纠正了我。但说服我的想法是一回事，说服我的潜意识又是另一回事。潜意识是个有趣又顽固的东西，一个有时不太听话的聪明的笨蛋。

问：几年前，我俩聊过一次，那之前你头一回表示"抑郁"是个与你紧密相关的词，你还写了一首诗，关于一次坐飞机时焦虑症发作的经历。我们聊起了抑郁症的治疗，我记得你说你在吃药，于是我问你是否担心你写诗时的状态，也就是说，药物下的状态。你说，"不担心。比进行谈话治疗要好，后者要更糟糕，你得像个胎儿似地躺在沙发上哭泣。"但现在你听起来好像学会了谈话治疗。

答：是啊，那时我错了，是吧？什么药都不管用，最后我还得像个胎儿似的躺在沙发上，经受煎熬。我在身体很不好时写了一本书，叫《大自然的翻译》（*Translations from the Natural World*），这是一种远离自我、写其他生命的方式——让自己以某种方式远离人类，走出人类世界，以确保自己走得够远。然后当我好转了一些——说来也怪，大多数人自杀都是在他们有些好转、而不是深陷痛苦的时候——然后我开始用笔进行谈话疗法，开始把痛苦写出来。第一次这么做没起作用，但第二次，在这本书中，疗效甚好。我差不多治愈了，但我仍旧大概每周有一次情绪低潮，我还得了肝肿大，连续三周处在麻醉中，治疗结束后，黑狗就消失了，所以我觉得这种交易很划算。这个问题确实影响艺术状态。我只认识一个疯了的艺术家，他发疯不是因为抑郁，他就是弗兰克·韦伯（Frank Webb），他患了精神分裂症。大多数像我们这样平庸的艺术家都有抑郁症。总之，我们至少在某一方面深陷其中。

问：当你说："我必须疯掉。我回本亚是为了疯掉。"你是指疯到什么程度？

答：噢，彻底疯掉。由于抑郁，你没有了视觉——它是电台媒介，而非电视媒介。你不会有幻觉或幻听。抑郁在你的脑中，是纯粹的悲伤。它扭曲你的想法。我想精神病学的定义是抑郁症不会打破你的自我边界。你不会消解在周身的世界里，不会相信外部的事物在你心里，你心里的事物在外部世界。我对恐惧有一些认识，其实是对死亡的恐惧——有些人把它写得很有表现力——你越过了死亡，面对完全无形的恐惧，只是纯粹的恐惧。你对任何东西都不再惧怕，只剩下恐惧本身，这是最骇人的。

问：我记得在一首诗里，你把这种感觉描绘成不是简单地死去一次，而是……

答：数百次。我第一次有真正垮掉的感觉就像心脏病突发，我被送到塔里医院的心脏科，那里有一堆白脸红脸的病人，他们是真的心脏病患者。于是我就想："喂，等一下，这事有点奇怪。我不确定我应该待在这里，不管我是否是真正的心脏病患者。"我遇见了一个叫阿瑟·波希的家伙，他说，"你好呀，莱斯，毕业后我就没见过你。"说的是纳比亚克的学校。我说："阿瑟！你好吗？希望这个问题不太傻。"他说："噢，现在非常好，莱斯。看见那张铁桌子了吗？那天晚上我在上面死了四回。"我说："阿瑟，那是你吗？"他说："是啊，感谢上帝，那个老掉牙的电击器让我起死回生。"我说："就是这么回事——死掉四回，回来活第五回！你现在没事了吧？"他说："他们认为我现在没事了。"

问：所以你说《下等乡下人之诗》是写你经历并走出抑郁的那段时间。这么说对吗？

答：部分对。我同时还挣扎于各种让我病倒的陈年往事。我会问医生一些问题，其中之一是："人是因为困扰才得了这个病吗？还是你先得了这个病，然后这个世界给你一些困扰，让你的病有了所依附的命题。"他说："嗯，这是鸡和蛋的问题。对你来说，我想是遗传的。"我说："我的人生就是病所依附的命题。"他说："是的，可能是这样的。"我的命题包括社会维度的，比如从小农世界里走出来，这一点总是让精英之类的人鄙视。最早鄙视小农的是抢占土地的那些人，这些人的后代里有如此多的人成了学者和社会领袖，以至于这种鄙视成了根深蒂固的精英观念。所以我们仍在遭受炫耀他们土地的惩罚，这是一方面。还有一方面是因为我在学校遭受的极度性压抑——我想我一直相信，我身上有种气息，暗示我害死了自己的母亲，学校里的女孩一定嗅出来了。

问：我希望你谈谈你的一些诗作。

答：让我走上治愈之路的诗是……《燃烧的渴望》（*Burning Want*）。

问：你说这首诗帮你摆脱了抑郁，那么关键问题是什么？

答：我想是"erocide"① 这个词。我意识到我所受的折磨没有对应的词语，于是我想我发明了这个词——意思是在性方面对一个人的蓄意摧毁，蓄意摧毁某人在性方面的勇气。这很常见。这在学校里经常发生，在任何集体中都经常发生，因为人类有一种严酷的择偶等级制，选出谁性感，谁不太性感，谁与此无缘。成年世界里也有，但在青春期最为残酷，而且当他们走出青春期，他们就忘记自己的所作所为——他们根本无法回想起来。我发现，对他们而言，这显得很虚幻。我经常见到这种制度的受害者。你能认出他们。他们是社会中庞大的少数。我很高兴看到学校对这个问题稍微有所醒悟。几天前我去了一所英国学校，卡尔特修道院中学，我早期的一首关于校园暴力、蓄意袭扰以及自杀的折磨和蛊惑等等的诗，我五年前在澳大利亚出版过，之后便很快出现在校长办公室外的公告栏上，在上面放了五年。这意味着我把想法传递了出去，传到了全校都能看见的地方。

问：那首《十五岁留影》（*It Allows a Portrait in Line－Scan at Fifteen*）呢？

答：嗯。那首诗关于一个十五岁的自闭症孩子，这是当时他的岁数，现在他已经十八岁了。

瓦莱丽刚出去接这孩子——就是我们的儿子亚历山大，他今年十八岁。他仍旧是个奇怪的人。从那首诗到现在，他有所改变。那天晚上，他问我英式橄榄球，问我橄榄球联赛的危险性之类的东西。我说："最坏的结果是摔断脖子、无助地坐在轮椅上、手脚都动不了之类的。"他突然安静下来，接下来我们听见他卧室的房门重重关上，你知道吗，这是他异常愤怒时的表现。他愤怒是因为他被吓住了。对他来说，恐惧和愤怒很相近。他对这个世界允许这样恐怖的事情存在而愤怒。我应该猜到这一点，不该和他说那些，但我不愿靠说谎把世界打扮得美好。

---

① Erocide＝ero（源自希腊语 eros，意为"性爱、性欲"）＋cide（杀，杀死这一事件或其过程）；

问：这首诗里也写到一个诗人对他运用的语言，以及他运用语言的方式的疑惑。

答：噢，是的。我有个想法，我觉得自己游走在自闭症的边缘，亚历山大比我孤独得更彻底，这并非偶然——他的情况可能更糟，但他深受其害，而我还不至于。大学里到处都是边缘"孤独者"，你知道吗，就是那些对某一学科无所不知的人。关键是不要陷得太深。我们希望他最终能走出来，走到他能就做一个怪人，并能够在这个世界上活下去的地步。

问：当你写了这么一首如此私密、与你的家庭生活息息相关的诗，是不是很难出版？

答：不，一点也不。我先回答完上一个问题，我觉得你也可以说他也是个"erocide"，因为现在他说："我对性不感兴趣。"意思是：我觉得这事儿没我的份，没人带我玩。不，出版任何东西都不难。如果你写诗，那就写吧。

问：在你的诗里也有某种乖戾与戏谑。你试图善待鸡奸者，善待海伦·达维尔（Helen Darville）①，或者批判犹太人对大屠杀的记忆。比如说，那首致捷克总统哈维尔的诗。最后那句"既然'Palestine（巴基斯坦人）'是'Philistine（非利士人）'"是什么意思？

答：嗯，在古代"Palestine"和"Philistine"是同一个词。以色列人的后裔一直在与巴勒斯坦人斗争，现在还是这样。当中有几千年的和平，但现在他们又开始了。"Philistine"这个词的意思是缺乏艺术修养，或是反对艺术的人。但现在我觉得用这个词有危险，因为它和"Palestine"——就是说，把两个范畴混为一谈。跨越范畴很危险。其实我是开玩笑的。这首诗里有很多玩笑。

---

① 澳大利亚最具争议的作家和律师，写有获奖小说《签文件的手》（*The Hand that Signed the Paper*），也正因为这部小说，她被控抄袭，种族歧视，被认为是反犹主义支持者。

问：这首诗谈到了抑郁和性警察，所以它回应了书里的其它主题。

答：噢，是啊，我确实是在抑郁中写了这本书。有些人说每个人都有权利在性方面自我表达，人们面临一条严格的边界，边界之外的一些特定的性行为模式是禁止的，边界一直在一点点移动……我还写了现存的唯一一首同情鸡奸者的诗作。那首诗叫做《澳大利亚情诗》（*Australian Love Poem*）。隔壁农场里住着一个友善的鸡奸者。我婶婶衰老的那段日子，那人无微不至地照料她。当时我想："衰老是合法的吧。"

问：我以前不明白那首诗说的是什么——现在明白了。

答：他小时候不停地换学校，因为他喜欢小女孩并不适当地摸她们等等，在这一带，好几位妈妈惧怕他的邪念，禁止他靠近自己家的小女孩。但他与我叔叔、婶婶住在一起，他俩没有小孩，他和我婶婶有一种奇怪的关系，而她丈夫不怎么担心，因为他反正早就对老婆没什么兴趣了。丈夫死后，这家伙在我婶婶最后的六七年里无微不至地照顾她——直到她彻底精神错乱，最后她家人把她送进老人院里，因为连他都无法照看我婶婶了，她会走丢，等等。他对我婶婶无比体贴，我认为他值得称赞。另外，杰妮·斯特劳斯主编的《牛津澳洲情诗选》刚把我剔除了，这本书的每个评论者都为此欢呼雀跃——他们终于弄出了一本可以把我排除在外的书——这让我耿耿于怀，但我想："好吧，我来给他们写首情诗。"于是我把这首诗献给了杰妮·斯特劳斯。

问：这首诗也在《下等乡下人之诗》里，对吧？

答：对，她运气可好了。我的观点，我想，不过是爱就是爱。而在她的书里，爱是性，其他形式都不允许。没有兄弟之爱、没有政治之爱、没有亲情之爱、没有占有之爱，只有《发条橙》（*The Clockwork Orange*）里那家伙所谓的"老旧的活塞运动"。

问：还有一首我想和你谈谈，就是写悉尼犹太博物馆的那首。

答：那不是一首好诗，哎，也没什么达到该有的效果。

问：为什么没有？

答：太抽象了。我不确定是不是要重印这首诗。你想谈这首诗，因为它写的是犹太博物馆，但总有一天我会写一首更好的。我会去那里好好看看。我去过最糟糕的犹太博物馆，就是犹太大屠杀纪念馆。某些方面，这不是一家好的博物馆，因为它墙上挂满了可怕的照片。我们以前都见过这些可怕的照片。博物馆里的出色之处是对儿童们的纪念。你看过吗？隔壁房间有对儿童们的纪念，你从一扇门进去，拐个弯，再拐一个弯，走入黑暗。就像身处地下，你看见巨大的烛光海洋，一根根蜡烛，数以千计，你身在烛光的银河里，就像一百五十万个小光矛。实际上，显而易见，那里有大概十根蜡烛和很多面镜子。被纳粹杀害的孩子们的名字在你周身的空气中流淌。这些名字用英语念出来，很有意思，不是用希伯来语。那里有一百五十万个孩子，只有他们的名字来来去去，永不停息。这是最出色的雕塑作品。我觉得那是建筑，也是雕塑——我分不清两者。真的很成功。种在那里纪念正义的非犹太人的树也很令人难忘。

问：那首诗，《献给悉尼犹太博物馆和彼得·瓦格纳》（*For the Sydney Jewish Museum and Peter Wagner*），当我读它时，我以为你的意思是这些东西不该纪念，在人们的纪念中潜藏着危险。

答：如果你纪念一场罪恶，你就记住了犯罪的人，就给了人们邪恶的榜样。我想最好还是让它沉下去，因为你保留了记忆，对杀人者、穿黑色制服的那些家伙和他们干的可怕的事情。于是你让他们得胜——他们日复一日地犯下罪行。他们在1943年犯下的，如今仍在博物馆上演。你是刻意陷在时间里，不让时间流走，让时间治愈你。

问：我知道宽容应该是基督教的美德……

答：我认为它不是宽容，它是智慧。在这个问题上，如果你背上重负，把它绑在脖子上，它就成了无法承受的重量。这就像每天故意给自己灌输压抑的病毒。

问：但为什么它不是在展现……

答：我的意思是，如果我站在你的立场上，我也会这么做。我也会珍视这些骇人的罪行，但我应该明白这些东西终究不怎么健康。

问：但如果你不去纪念，你就会忘却受难者的痛苦，不是这个道理吗？

答：你去纪念他们，是因为你不相信上帝会在那儿照看他们。如果你觉得上帝在那儿照看他们，你会把他们交给他。这是无神论的证明，你认为自己应该去践行，上一代人会说上帝自有安排。

问：可是，莱斯，在这本书里有许多回忆，许多对你个人生活的回忆。

答：要是我能听自己的建议，摆脱这些就好了……我现在状态良好，现在要做到这点，比写这本书的时候可能要容易得多。你必须自己想明白，才能在需要的时候坚持自己，而我的建议就不值一提了。也许有些人受到冒犯，但总有一天，这些会进入历史，就像我说的，这是可怕的压抑、怒火、愤懑与恐惧的沉渣。它甚至可能令你做坏事。它是一种榜样。

问：人们经常把你与地方政治联系到一起，与国家党联系在一起。你认为这公正吗？

答：反正，政治总是比诗歌低级。它把我降低到一个更小的范畴，而我不希望如此。最终，两者可以是无关的，但我受够了。我获得艾略特奖的时候，来的记者里有一半更关心我对保琳·汉森（*Pauline Hanson*）的立场，而不是艾略特奖。坦白说，他们中一些人是来报复的，因为我看见克拉克·曼宁戴着勋章，于是他们拼死让我收回自己的目击报告。所以说，这一切缠作一团。没人对文学感兴趣。

问：许多人说这个国家在渐渐改变，而澳大利亚正在经历某种彻底的改变。我猜汉森的事……

答：沿海地带的改变，澳大利亚的沿海地带正在经历改变，内陆不会怎么变。气候长期内是相对稳定的。这一带变了很多——并且我认为相当好。我小时候，你只能当牛奶场工人、伐木工人或牧场工人，不然你在这里就没事可干。没人外出工作，除了去森林里。六十年代，女人们开始在图克里的鱼塘工作，这是外出工作、去城镇工作的开端。如今，这里许多人会通勤到城镇上下班，或者他们做点兼职，要不就是在本地领救济金。将会有人在这儿买幢小房子，卖掉了比如说在雷维斯比或类似郊外的房子，然后就有了一笔钱买一块不错的土地和一幢房子，在里面度过漫长的失业岁月。这个国家现在有好些方法吸纳城市失业人口。现在这片荒野的人及其职业分布都比从前多元化。这说的是沿海一带。大分水岭的另一侧，深入干旱地带，没什么社会变化，因为变不了，变化对于小的、分散的事物是不可行的。那里的气候太严酷，至少新南威尔士郡中北部是这样。去昆士兰后面一带看看——一年中一半的时间，那里的气候都非常严酷。多数前城市逃亡者都会觉得那里太艰难、太孤独。

问：社会环境呢？

答：一直以来，这一带最好的事就是白人与土著通婚。这在十九世纪很常见——对土著的杀戮与通婚几乎同时发生，遍地都是。后来随着可怕的家长式统治、拯救土著政策以及禁止土著进酒吧等等的开始，还有带走他们的孩子，通婚的情况越来越少。但现在又有起色了，如今他们有公民身份，走进了公众生活。我认为这是好事。这个国家的大多数人，如果他们已经有几代人定居在这里，都有很多土著亲戚，有些人知道，有些人不知道。我知道自己有很多土著表亲和其他亲戚，我为此感到很自豪。我不会申请任何特权，因为我的先人里没有土著，但我绝对为自己的土著表亲和其他亲戚而自豪。我认为，这在很多方面可能成为社会问题的解决办法。我觉得在目前，保琳·汉森——我一会儿给你念一首关于她的诗，不是我写的——对媒体很有用，因为她是他们用来对付乡民的工具。我不了解她的长远前景，但保琳·汉森这样的人上台挺有意思。她的上台取决于城市精英与深感压迫的乡间民众之间的深刻对立。乡间民众一直深感压迫，是因为气候和法律默许下银行对他们的严重摧残。澳大利亚历史上有四次，银行得到允许去压榨乡民，借钱给他们，然后单方面抬高利率，突然抬价，令他们根本无法偿还——于是银行夺走土地，再卖给下一个人，牟取暴利。

问：你写过一首相关的诗，对吗？你有一首诗关于取消抵押品赎回权吧？

答：那首诗在乡下颇受欢迎，叫做《翻转》（*The Rollover*）。亚历山大·法肯写了一首诗给我——我不肯定那是不是他的姓氏——那首诗叫《注意保琳女士》（*Watching Mrs. Hanson*）。我把它收在《象限》（*Quadrant*）里。我觉得挺有趣的。

问：你会写一首关于她的诗吗？

答：应该不会，不会的。说到底，她是一个人，应当把她当做一个常人去看待。

问：我想这就是悉尼犹太博物馆的主旨。

答：把人当人看？噢，是的，我也会这么做，毫无疑问。我一直想看到每个人都被当做一个人去看待。在我一生中的大多数时候，许多与我亲近的人都没有得到这样的待遇。他们被当做乡下人。

问：下等人？

答：下等人，没错。猜猜我从哪里学到这个词？谁都能从差劲儿的前辈那里学到点什么。

菲·维尔登

Fay Weldon

菲·维尔登的小说是跨界的，从克隆技术到家庭生活中的"绿帽子"，以及两者之间的一切。最近她写了一本回忆录，读起来很像过去三十年间让她的读者赏心悦目的那些小说。读她的人生故事《菲的自传》（*Auto da Fay：a Memoir*）的第一部分，你可以找到她小说中许多地点的踪迹。在新西兰的一个由作家、相当多怪人和离婚父母组成的家庭中长大，意味着菲·维尔登的早年生活文雅而贫困，之后她成了单身母亲，在广告业谋生，生活愈发贫困。维尔登一度对年轻时的自我如此警觉，她甚至回避第一人称，而诉诸于第三人称。

2002 年 5 月，我与菲·维尔登在悉尼的一家酒店谈话时，我给她看了这本书的封面，封面上有菲·伯金肖，就是当时的她，与她姐姐简的画像，1938 年在新西兰画的。我问她，现在能在这幅画像上看到什么。

菲·维尔登：我感觉，我看上去像个不认识的人。或者说，难以想象那个人就是你。其实也不难，还是有点像我的。我清楚地记得当时我穿的那条裙子。那条带着小白领子的小裙子相当寒酸，可我想，画这幅画的莉塔·阿格纽斯却让它看上去很漂亮。我生气了，因为她打扮了那些洋娃娃，让它们看起来很完美，但其实不是这样，它们实际上是破旧的洋娃娃。但她喜欢它们那样。

拉莫娜·科瓦尔：你小时候第一次看到这幅画时，有何感想？

答：我应该没什么想法。我想："噢，好吧，看来我长成这样，天哪。"但我母亲实在讨厌这幅画，你明白吗，她觉得那更像是漫画。在某种程度上，那时确实如此。她在伦敦大学斯莱德艺术学院学的绘画，她不会用那种过分硬朗的线条画画，也不认同这种风格。

问：一个人怎么能说清曾经的自己呢？你写过你年纪很轻时候的一个场景——那时你只是一个小女孩——而在描述时你已经有孩子了，你当时感觉很低落。你听见有人叫你，你说那是"未来某时刻你哀伤的声音"。你觉得那是个警告吗？

答：嗯，是一种警告，一种洞察。不过我倒是养成了一个习惯，在美好的日子与状态糟糕的自己说话，唤起回忆，给自己勇气。就好像把过去的自己与现在的自己相连。现在有时候我还是这么做。

问：什么意思？怎么做？是你状态不好，然后你就回忆美好的日子？

答：不，在美好的日子里，你应当回忆状态糟糕的自己。你必须把这当做你的责任。这很荒谬，真的，但在写书的过程中，我就是这么做的。我想："嗯，事情会好起来的，因为你想到了所有那些你有幸遗忘的时刻。"

问：我看到在《鬼魂》（Ghost）里你说："看见鬼魂或是认为鬼魂存在给人一种卑贱的感觉，比染上结核病或未婚先孕更卑贱。"你年轻时极端看重一种不卑贱的生活，但穷人生活很难不卑贱。

答：嗯，我想是吧。不，穷困之中总有某种高贵感，在我母亲看来。与其说是必然，不如说是个人的选择，你明白吗？如果有人提出要帮她，她总以不想受惠于人为由而拒绝。她也把这一点带给了我们。穿着旧衣服、凑合过日子的状态里总有种高贵感——比如把床单接起来，你知道吗，就像人们过去那样，比如把苹果箱的边角用砂纸磨平，这样就不会被刺到，再在前面用皮筋拉块布，然后做成床头柜。但粗鄙，我想，是过度自我表达的粗鄙：向别人暴露自己状况的粗鄙。真的，就是自我表达的粗鄙。

这很有意思。我在看——住这里的酒店时，大家都会这么做——"杰瑞·斯普林格（Jerry Springer）秀"。观众里有些女人踮着脚，指着台上的女人说："你真丢人！真丢人！"你很清楚她们的意思。这是程度的问题，你完全可以指着观众里的有些女人骂她们丢人。她们明白这个词的含义。穿着极高的、闪闪发光的高跟鞋和超短裙，还有到处袒胸露乳，这代表了一种粗暴的性特征，真的，以及不知羞耻的本性。那是另一种自我表达的粗鄙，但从未发生在我们身上。看着自己的照片，我很惊讶——我没有很多照片，因为那时我们没有相机之类的东西——我衬衫的袖口总是扣紧的，不管我穿什么外衣，总是扣到脖颈。我觉得这样才得体，实在好玩。

问：你曾是一个充满勇气的年轻女人，足智多谋、老练又有点鲁莽。但当你与罗纳德·贝特曼结婚后，你说"我的目光已无法承受菲·贝特曼"。于是你在书中改用第三人称，描述你的部分生活，就好像此人是你小说里的人物。她为什么如此难以承受？

答：我想她是个坏女孩，真的。我不是特别介意做坏女孩，但我想那时我确实有很强的受虐倾向。回过头看，当时我一定有其他选择，有别于我最终的选择。同时，我觉得自己的选择是出于自利的考虑。说白了，我用自己交换了一个屋檐和孩子的家。从表面上看，我别无选择，但我敢说其实是有的。我本可以去乡下某人家里做管家，这是很可能的。但我在人生这个阶段有许多自责，我并不为自己感到特别骄傲。

问：但最终你与这个男人结了婚，可以说是一场无爱的婚姻，而他也算不上一个丈夫。他只是一个男人，其实。

答：对，他是个值得尊重的男人：他有房子，是一校之长，我是一家之主的太太，负责准备晚宴，这是个受人尊重的身份。我确实想赢得尊重。之前我不值得尊重，我未婚先孕。我习惯贫穷但清高并受尊重的生活，我认为我当时想回到那种状态——算不上个有劳动力的人——但他真的有非常古怪的癖好。我不怪他。写完这本书，我发现——他已经去世了，可怜的人，他不会照顾自己——我发现自己不得不维护他，说他是个好校长、很和善并做过各种好事。他有相当古怪的性癖好，他开车的癖好更加骇人。但人是复杂的，以他的本性和所处的环境，他尽力而为了，我们都不过如此。

问：书里写到菲·贝特曼的年轻与绝望，为何没有一点柔情？

答：噢，真是个傻姑娘！我实在对她感觉不到一丝柔情。是真的，写书过程中有几次我会躺到床上，边哭边想："噢，可怜的小东西！"但是，你知道吗，有太多的自怜，你就成不了作家。

问：你有没有想过，如果你过上另一种生活，说不定你就不会成为作家？你写过，要是你拒绝了某个男人，而接受了另一个人，生活又会怎样。这让你想到或许我们的生活是注定的，注定要过某种生活。你写到巧合，其实并不是巧合而是命运。实际上，你经历这些婚姻，经历这些生活，也许是命中注定的，为的是让你能够写作。

答：恐怕我是有这种感觉，相当肯定。我觉得其实就是因为我的懒散或者缺乏警惕性，所以你认为："哦，好吧，你干了这件蠢事，因为它是命中注定的。"但我的确记得自己很小的时候就感觉所有这些都必须要发生。同样，我感觉自己写的小说，它们早已写好，你不过是为它们效力，你知道，你就是个门卫，仅此而已。你尽自己所能准确地记下它，但水平有限。

问：你说这是懒散，其实你是在为自己将要说的话道歉。但实际上，很多作家都这么说——说他们觉得自己是某种东西的载体。

答：对。我想是的，命运的手指已经点到你，那就是你的归宿。从某种意义上讲，为了能完成使命，你会有这些我恐怕不是非常有用的经历。它们可能极端痛苦，但从中你体验到各种人的情感、境遇和处境，而其他人体验不到。书封上有一段话总结了这一点，称为投入写作前的"零工与艰难时世"。这也许就是作家不同于其他人的本性——我认为如此——这是人们不经意间做的事，即使他们不知道自己会成为作家或根本无意成为作家。当然我经历这一切的时候，完全无意成为作家。我不知道自己会是个作家。我没有当作家的抱负，现在依然没有。

问：现在也没有？

答：是的，我是个写作者，不能自已，但这从来不是……我母亲写小说，我祖父写小说，我叔叔写小说——他们写小说都是为了讨生活，非常卑微的生活。但对我来说它跟艺术、文学或自我表达没有瓜葛：它是手艺，像木匠活一样的手艺，最后我发现我能够做——最后我发现，其实，你有一种责任去做它，因为我开始写作的动力是愤怒，我想是愤怒让我提笔。否则其实我情愿什么事都不做。

问：你现在认为写作中有艺术吗？

答：我认为艺术就是为所应为的状态。它是你所作所为的产物，时而超越必须做的事，但几乎是无心为之，而且一旦它超越，你便能自己体悟到。

问：你是在写作中还是在你读了自己的作品后体悟到这点的？

答：有时你是在写作中意识到的。你能感觉到你所做的已经超过了必须的，但是你无法控制。于是你对它有一种信念——当然这也许不能为别人所共有。

问：现在你觉得自己明智吗？

答：不。我能预见一些事，主要是因为我更多地经历过这样的事。这是一种智慧，然而它并不会令你表现稍好一些或稍独到一些。你能将那种信息传给他人，关于可能要发生的事。目前，这通常仅仅是因为你比他们活得更久而已。

问：你经常写到你认为自己不吸引男人。不过，你从来也没有缺少过男人。现在你回头看自己的照片，你一定会发现你以前很漂亮，却自以为不漂亮。这挺残酷的，不是吗？

答：这很奇怪。是的，我总是完全坚信这一点。我知道，如果我看自己的照片，我一定会印象相当深刻。这是自我意象的问题。这是展示的问题，关于你如何展示自我。我想我从未学会调情——或者说我过于尊重他人的自我完整性，以至于不愿把自我强加于他人之上，而别的女人对此似乎从不感到羞愧或困难。于是我总是等着被选中或被注意，而绝对不去做引人注意的事，因为那也让我感到粗俗得难以忍受。

问：男人却总是对你有兴趣。如果你不吸引他们，又对他们很冷淡，那么你觉得他们对什么感兴趣呢？

答：我不知道自己是否吸引他们。我是说，你怎么能吸引他们呢？我只是认为他们是更多的人。我始终有疑问。你怎么能测试他们呢？你知道吗，我非常恐惧被拒绝。但不管怎样，那时我有孩子、有工作，得过且过。

问：当你慢慢长大并有了好几个孩子，你思考过与你母亲的关系吗？她有自己的奇怪之处，但那些年一直给你帮助——随着年龄的增长，你有没有改变对她的看法？

答：噢，我觉得改变了。是的，因为一旦有了自己的孩子，你就体会到母亲所经历的一切。你意识到她为你做出的牺牲——你也在为自己的孩子做出同样的牺牲。我觉得，一有了自己的孩子，你与母亲的关系就会改善好多，因为你知道做母亲意味着什么。在那之前，我为自己的独立而奋斗——而她有非常强势的个性——尽管她深爱我们，我也爱她，但我能不告诉她的就永远不说。现在爱的天性复苏了。

问：这部回忆录里各种各样的共鸣让我想起你的长篇和短篇小说。我想知道，你写这部回忆录的经历和在自己小说中探索相似的主题相比有何不同。

答：人的记忆令人惊叹，因为如果你问我是否对童年有许多记忆，我会说，不，记得的很少。但回忆以快照的某种形式涌向你，当你看到这些快照，它们便扩展成某些房子、地点和你有过的感受，以及你正穿着的衣服。我极少给任何人看我写的东西，但写完之后我会给丈夫看——我觉得这么做很不明智，因为其他人只会随便说两句，你知道吗，你还是得自己判断。但他读了之后就会说："这些其实只是笔记。你全部记了下来，现在你要做的是把它写成小说。"我就照做了。这样的写作与写小说一样，只不过你是主角，你不用去虚构所有发生的事，以便展示一个看似真实的故事。所以它读起来就像一部小说，我认为，只是它恰巧是真实的——唯一的问题是让它可信。

我的基本观点是真实的生活造就糟糕的艺术：如果你将真实的生活放入小说，没人会相信。我写作时很少查资料。我研究过一本叫做《克隆乔安娜·梅》（*The Cloning of Joanna May*）的小说，里面关于克隆、关于人类制造克隆木乃伊的片段是真实的。人人都以为这是部科幻小说，但认为我虚构的那些片段是真实的。那么我想，搞研究的意义是什么呢？但这件事的问题在于让真实的生活可信。生活是真实的，但怎样让它冷却下来，或者把它放进人们能够接受的语境中。

问：你说，那些末日的先知，以你的经验看，往往被忽视，就像电视、消费文化的出现与家庭生活的败落。

答：嗯，是这样的。千真万确。电视出现后，很多人担心孩子会过度沉溺，实际情况确实如此。过去的电视频道会在六点到七点停播，以便妈妈们让孩子睡觉。那时候，孩子们六七点钟睡觉，他们成长地健康而平静，但也乏味单调，他们好好做功课，因为没有别的事好做，可怜的小家伙们。

有些男人对女权主义深感忧虑，认为女人去工作会拉低薪水，他们说得完全在理。过去一个男人的薪水足以养活一家人。现在两个人的薪水才勉勉强强。女人们不生小孩。就像他们说的，如果让女人自己决定生育与挣钱的事，她们就不会要孩子。是的，她们就这样。出生率一降再降，随着所有这些技术进步的蔓延，低出生率也向全世界蔓延。要是能做到的话，现在谁都想要孩子。这就是女人的感觉——渴望繁衍后代、生小孩、与男人相爱，想生个孩子作为他们爱的结晶，这在过去经常发生。现在女人也有这些渴望，但含糊其辞道："嗯，我要实现自我。"可她们没法要孩子，可怜的人，却极其想要，因为还是那样，如果没有孩子她们感受不到生命的激情。但这些东西渐渐淡去，于是只有靠科学家帮人们延续。他们不得不去延续。女人们将要做不到了。

问：在其他非西方的国家里，似乎还有不少女人仍在不断生孩子。新生儿源源不断。

答：再过两百年，技术进步会传播开。是否女人们只要操作计算机，其他的一切……西方的价值观会从一个国家传到另一个国家并最终主导世界。不论在哪里，给女人避孕的权利，出生率就会下降。这是终将发生的事。

问：这是在赞成不给她们生育自主权吗？

答：不，时代当然不能倒退。这不是赞成倒退，只是支持更多、更好的科学家。一旦药物开始干预人口平衡，这种情况现在到处都是——比如医院，哪儿都有医院——自然选择不再起作用，人们必须自己想办法，准确地说，科学家必须想办法。这样人类才能前进。不是倒退，而是前进，预见未来的世界，想出巧妙的对策——这一贯是人类极其擅长的。

问：这部小说很早就写完了，会不会有续篇？（我称它小说！）

答：它是一种小说，称它为小说并无不妥——只不过恰巧我是主角。但是，我想会有续篇。我想，它可能采取一种完全不同的形式：更多的是关于写作。对于种种事情，续篇会远不及这一部那样开放，也许只是因为有太多的孩子与太多的人仍生活在我周围，我不想伤害他们的感情。不想伤害得太深。

A. S. 拜雅特

A. S. Byatt

小说家、杰出评论家安东尼亚·拜雅特被誉为书虫们的守护神，而她称自己为"贪婪的读者"。读过她作品的人也都知道她喜好研究，关于她所写的题材，她似乎读过所有相关的材料：比如她的畅销书与布克奖获奖小说《隐之书》（*Possession*）里的十九世纪唯灵论（Spiritualism）[①]与女性主义，或者早期小说《游戏》（*The Game*）中十九世纪亚马逊河的英国探险者。

在她 2009 年的小说《童书》（*The Children's Book*）中，你会发现 A. S. 拜雅特多年来执着的主题：童话、时间、不同时代的女人面貌、父母与子女、艺术、对一个时代本身的描绘——这次是爱德华时代。

这本书为我们展现了奥利芙·威尔伍德，一个给孩子写童话的作家，以及奥利芙的家庭和他们的圈子：艺术家、作家与手艺人，还有士兵与银行职员，实际上涵盖了社会各阶层。我从墨尔本的工作室里打电话到伦敦，采访了她。

拉莫娜·科瓦尔：我感觉自己在一个时代里游弋，你不仅为读者介绍

[①] 宗教和唯心主义哲学的一种学说。主张世界的本源不仅仅是心灵或精神，物质作为心灵的附属物或产品，只是表象或假象，并不真实存在。

了那个时代的艺术、政治与社会风气，还介绍了那个时代的颜色。如果我要选择一种颜色，我觉得是焦糖色，相当倦怠而优美。那个时代在你脑中跳出的是什么颜色？

A. S. 拜雅特：焦糖色很合适，但也有种孔雀蓝与银色精致地散布在各种东西上，她们穿着漂亮的裙子，焦糖色与一种灰蒙蒙的玫瑰粉和奶油色的裙子，就是那些颜色……要是不考虑劳动阶层的话。

问：他们听上去像嬉皮士，不是吗？

答：他们以一种奇怪的方式表现得嬉皮。我是二战后第一代人，在五十年代我们举止得体、受人尊敬，我们认为世界会慢慢变好，因为我们通情达理。然而，突然间，所有人都决定甩掉衣服、甩掉自制力、大吵大嚷、随便和人做爱，爱德华七世时代的人基本就是这样，在中上阶层，至少。

问：是的，他们与所有人做爱……呃，不是所有人，当然，也不是谁都能与所有人做爱……在你的书里，不断有人怀孕、生小孩，得决定是把孩子送人还是留下来。他们对这种事感到羞耻或持开放态度。我突然意识到我们并不习惯于那个时代的人在性爱后怀孕这种事，是吧？

答：嗯，他们没有避孕措施。小说里很多这样的事是根据 H. G. 威尔斯的经历改编的。威尔斯去剑桥纽汉学院上学，他在那儿引诱一个叫安柏·里维斯的年轻女子失身。她是一个非常著名的费边社（Fabians）① 成员的女儿，引诱的地方其实就在纽汉学院的一间贵妇小房间里，我自己就在那里住过。后来她怀孕了，一个叫布兰科·怀特的人高尚地娶了她，尽管他知道她怀了 H. G. 威尔斯的孩子。那时有很多这样的事情，我想那方面的顾虑偶尔发生在已婚男人身上，而女孩们过度兴奋，然后便产生了问题。我不知道有多少女孩过度兴奋……也许还有不少端庄和胆怯的女孩。

---

① 二十世纪初英国的一个工人社会主义派别。

问：是的，你把其中一些人放入了你的小说。她们中有些是无辜的，有些则不是。其实，她们就像普通人那样，这没什么好惊奇的，是吧？但令人惊讶的是有时这些妻子对待其丈夫的这些私生子的方式。

答：我觉得，对于私生子与不正当关系之间的和解，现实中远比小说中常见。小说往往站在道德一方（除了 H. G. 威尔斯的小说），它们会说这都是非常错误的，审判会降临到你头上，但我认为在现实生活中，女性经常假装没看见以达成和解，因为她们希望留住自己的丈夫。我书中的女主角有点假装没看见，因为她知道自己很幸运，她想，作为一个劳动阶层的女孩，她抓住了一个非常讨人爱的男人。但她隐约觉得不忠也是她的义务，因为她们就生活在那样的世界，她们相信自由恋爱。其实她对此也有点不安。

问：在婚姻中力求平衡相当正常，不是吗？

答：我想是这样的，我想这是事实，我认为世界上经常发生这种事。比如说，看看布卢姆茨伯里派（Bloomsbury group）① 的那些人，瓦内萨·贝尔嫁给了克莱夫·贝尔，又决定和邓肯·格兰特生孩子，邓肯·格兰特与大卫·加内特私通，瓦内萨偏同性恋，实际上是彻底的同性恋。在一段时间内他们生活在一个不稳定的三角关系中——邓肯·格兰特、大卫·加内特与瓦内萨。她的确生了一个孩子，那孩子写了本书，书里写到被粗暴对待和简要告知这一切多么可怕，仿佛这事对她没有任何影响似的，她的生父其实是邓肯·格兰特。我觉得这毁了她的生活。受伤的总是孩子。

问：没错，孩子所受的伤害是另一个贯穿这本书的想法。而奥利芙·威尔伍德是个童话作家。我想，人们以为，做她的孩子会无比幸福，因为她有讲不完的故事。实际上，她有一本给她孩子的书，她会给每个孩子讲一个书里的故事，这个故事似乎只讲给那个孩子听，她会给故事添砖加瓦。孩子知道母亲专为自己讲这个故事，会很开心。但实际上作为一个童

---

① 二十世纪一个以作者、学者和艺术家为中心的文人团体，主要活动于伦敦的布卢姆茨伯里地区，成员包括弗吉尼亚·伍尔夫，E. M. 福斯特等。

话作家的孩子，并非人们想象得那样好玩。你想探究这个问题，是吧？

答：是的，因为我注意到儿童书作家的子女自杀率相当高。肯尼斯·格雷厄姆（Kenneth Grahame）是最让我难过的例子之一。他写了有史以来最美的儿童书之一《柳林风声》，我们曾沉浸其中，与莫里还有瑞迪一起在船上胡来，进入野树林里。还是小女孩时，我就喜欢野树林。格雷厄姆有个孩子叫莫斯，他的眼睛有点问题，处于半盲状态。但格雷厄姆与他极端愚蠢的妻子拒绝承认他半盲，他们拒绝承认他的状态很差，他们把他送去好几个学校，在那里他变得狂躁起来。

他回来之后，他们把他送到牛津，有一晚他在学院里吃晚餐，反常地喝了两杯波特酒，然后走出去，干干净净地躺在铁轨上，让火车从身上轧过去。而格雷厄姆与他的妻子居然相信这是一场事故。那个可怜的孩子根本没有自己的生活，许多写给他的故事实际上都是写在寄给他的信里，而写信的时候，他的父母在别的地方度二人假期。

问：那么，这本书是不是要弄清为什么儿童书作家不见得是最好的父母？是不是因为他们中的一部分，或是他们中的很多人，自己也是孩子，还是说他们必须保留一点稚气，以便写出他们想写的那种故事？

答：我就是这么想的。我觉得，大多数儿童作家活在他们自己创造的世界里，而他们的孩子就像幽灵一样游荡在那个世界的边缘，但其实儿童作家自己就是孩子。我有点把自己搞乱了，因为我把自己笔下的儿童作家描绘得很成熟，而我想他们大多数不是。伊·内斯比特（E. Nesbit）是那样的人。而且，她的孩子没有自杀，虽然她家里一团糟，因为家里的很多孩子是她丈夫与她最好朋友的孩子，而她最好的朋友就像个管家那样住在家里。

我不知道爱丽森·阿特莉（Alison Uttley）在英国之外是否也为人所知，她写过《松鼠》、《野兔》和《小灰兔》，这些书都是我的最爱。他儿子长大后结了婚，但她不喜欢他的妻子。有一天他开车跃下悬崖自尽。但我遇到了一点麻烦，因为我把笔下的奥利芙写得过于成熟，于是我只能将计就计，把它写成是她讲的一个神秘的童话故事至少让她的一个孩子不能长大。

问：你说你"遇到了麻烦"是什么意思？谁让你陷入麻烦？

答：我让自己陷入麻烦，因为她坚持着一个成熟的形象，而我无法把她写得孩子气。我是说，她是个冲动的人，但她的成长背景过于阴暗，以至于我无法让她回归到童心状态。她不是中产阶级。她在童年根本没喝过香草奶茶、没在丛林中嬉戏过。她是南约克郡煤矿的孩子，艰辛可想而知。

问：所以她比你更能掌控她的成熟度？

答：我不认为她有掌控力，但她坚持拥有它。

问：但你可以按你所想的去写，不过那样会感觉不对劲，是这样吗？

答：这是个非常有趣的小说命题。我总是说我写自己的小说，小说里的角色不会控制我，但实际上，我看着那些早期的角色就想，他或她会是什么样？他们慢慢成型，变成了现在那样。尤其在这本书中，我想其实没有主人公。里面有许多主人公，我写到所有这些角色时就很爱他们。比如珀斯珀·凯恩上校，在那所博物馆改名为"维多利亚与艾伯特博物馆"之前，他在里面专职看守金银。我创造这个角色时，本以为他是个典型的海盗式军人，但后来他成了一个富有责任心的人物，做出了一两件相当惊人的举动，我被他深深地迷住了。

问：我很高兴你提到了他，安东尼亚，因为我想谈谈这本书开篇的方式，开篇写到奥利芙去博物馆查资料，她带着儿子一起去，她儿子与上校的儿子一起玩。他俩踏上一次小小的探险之旅，发现了一个痴迷于博物馆陶器的小男孩，他原来完全是一个劳动阶层的小男孩。他们好像跟着他从一扇暗门下去，这听上去当然很像童话故事。但后来，我们跟随这个男孩的故事，他们把他带上来，带回到奥利芙家里，这幢极棒的乡下房子，让他享受一下幸福的童年。这时你写到他手淫，我就想："呃，噢，这压根儿不是一个儿童故事。这是什么故事？怎么回事？"

答：他这样做很正常。之前他从没独自待在卧室里。他是个劳动阶层的小男孩，一直睡在八个人的床上：他没地方手淫。他在庆祝自己的自由。

问：没错，但读者会感到有点吃惊，因为你哄骗我们，让我们以为："我要下到这个神秘的小通道里，我要跟着这个小男孩，他会进入这个奇幻之地。"而突然间他在手淫，我想："这就是 A. S. 拜雅特。我们见识了。"

答：但是你看，他们本该就是这个样子。要知道，那时候有多得不得了的医学宣传，毫无根据地反对手淫，这些我都没写⋯⋯

问：但他不可能读过那些宣传，对吧？

答：不，不可能，因为他是劳动阶层的孩子——他不会为此困扰。他有很多困扰，但这事不会困扰他。

问：就像你说的，二十世纪初的英国据说沉迷于童年。跟我说说这种沉迷。

答：我想许多英国人有过非常美好的童年，还是那句话，仅限中产阶级。他们生活在大家庭里，似乎每个人都觉得他们是维多利亚时代的延续，那时候对孩子管教很严，大人不让，小孩就不许说话，还有各种可怕的黑色星期日，孩子们必须关在房子里，坐下来读宗教书籍。但我认为，爱德华时代的孩子们——他们的父母决定与他们沟通，父母与孩子经常谈话，就好像他们是大人一样。我在查资料的后期才发现，那时父母与孩子们一起喝香草奶茶，与他们说话，这是一种风尚。在《彼得·潘》里可见一斑。你知道，达林太太的确把温蒂看成大人，和她说话。

这种情况很常见，而且那时还有很多实验学校，孩子们经常挖土和露营，虽然我书里的那个男孩没有进这样的学校，他去了那种可怕的、摧残人性的英国公学，其实是私立学校。实验学校里有一些好书。报纸上也有文章说："显然我们时代最出色的作品竟然就是为儿童写的，儿童书成人也可以读。"有人已经和我说过，这就好比现在到处人人都在读 J. K. 罗琳。童年的幻想世界里有些东西能吸引成年人，爱德华时代的绅士们去自己的俱乐部，一辈子在那里一直喝香草奶茶，吃学童布丁，互相聊聊天。但肯尼斯·格雷厄姆，比如说，他就把他的《柳林风声》中的动物角色拟人化，他说这是为了避免和性有关的麻烦。

问：因为他们都是同性恋，是吧，那些角色？

答：有一些是……甚至不能说是同性恋……我觉得他们完全不想掺和到性里来，他们想停留在学生时代的男孩模样。

问：那么说他们是无性之人？

答：哦，我想有些是，有些不是，但我觉得那个年代有一些无性之人，尽管肯尼斯·格雷厄姆好像极不情愿地娶了一个极蠢的女人。那女人带着菊花项链、光着脚、穿着脏兮兮的白棉布外衣到处跳舞。

问：无疑她也是个嬉皮士。

答：她是个真正的嬉皮士。但她那时三十七岁，所以她是个挺绝望的嬉皮士。

问：很明显，你只在那个时代游弋过，往前往后都游了一小段距离。你一定读了所有关于政治、战争史、人物传记的素材……你一定游弋在成堆的研究素材中。

答：嗯，我确实在游弋，因为那个时代我一直极不喜欢，我以前对它也一无所知。

问：为什么你不喜欢它？

答：因为它给我一丝愚蠢的感觉，还因为那时的人都有点自负和愚蠢，他们做事就像原则上要穿毛织外衣一样，因为它品质优良又有益健康；而我本身就是品质优良又健康的人的子女，但我不想品质优良又健康。我母亲收藏了一大套乔治·萧伯纳的作品，包括社会主义者给年轻女子的忠告，而我用某种方式反抗这些东西。另外，我认为维多利亚时代的作家远比布卢姆茨伯里派或者爱德华时代的作家伟大。我爱的作家是布朗宁和丁尼生，他们有一种悲剧与深沉的气质。但当我读所有这一切时，它们实实在在地拼凑出一个完整的世界。我对不起眼的细节越来越感兴趣。

大卫·基纳斯顿（David Kynaston）写过一本很棒的伦敦城市历史，每个人都应该看看。在书里你突然发现伦敦就是一个有许多银行家和金融交易的地方，在那里他有一双明察秋毫的眼睛。比如说，他写到一战爆发前一夜，城里的绅士们是怎样地毫无准备。他引用了他们关于第二天准备做什么的所有通信。信的内容与战争无关，当然，他们中的许多人是德国人。

问：这让我想起许多东西想和你谈。首先，什么是社会主义者给年轻女子的忠告？一个虔诚的社会主义者能给妇女什么忠告呢？

答：那本书深奥难懂，说实话。看在母亲的份上，我把它收下了，放在我工作的书房靠里面的书架上，我不断地从头读起，就是读不下去。就像萧（伯纳）的小说，他的小说我也读不下去。我正在读他那本关于易卜生的小书，写得还不错，讲的是易卜生的女性主义，这个我还能读下去，但萧的作品一直让我头疼。写这本书时，我意识到，如果萧的戏剧在德国上演，它们看起来会像尖锐的政治剧，而不像客厅轻喜剧。它们应该完全不同，而且它们在德国的上演仅次于易卜生的戏剧，这也很有趣。

问：你刚才说，就在那之前，银行家那些人在考虑那天晚上要做什么，却对将要降临到他们头上的灾难一无所知。想到这些爱德华时代的人中没有一个预料到二十世纪上半叶等候他们的是什么，这真是一种离奇的阅读，我就想……嗯，我俩中没人能预见未来。我是说，回过头看，我们会说："噢，他们不知道。"并说："真悲哀。"就好像我们知道似的。

答：我觉得确实如此，虽然我认为我的父母和他们那代人倒是料到二战即将来临。我想希特勒一掌权，全世界的人就进入了一种高度紧张和焦虑的状态，至少我母亲说我父亲预见到了，我父亲就在战前参加了空军。不过，我真的相信没人预见到一战。而现在我们进入了根本无法预见将来的历史阶段。我们处在一种可怕的衰退中。每个人都在告诉我们将来会怎样，但我已经不再相信任何人。我的退休金正在急速消失，不知所终，我想说的仅此而已。

问：我敢说《童书》会卖得很好，所以我觉得你不必对将来过度担心。书里另一个有趣之处是，尽管一战在即，德英之间那时仍有许多联系，就算贵族本身也有亲缘关系，不是吗？

答：贵族之间当然有亲缘关系：德国皇帝威廉二世是维多利亚女王的外孙。我发现一件很奇怪又很感人的事。当威廉二世得知她快要死了，他率领一支大船队、带了大量物品，非常得体地火速赶去。他抵达英国后，飞奔到她的病榻前。他有一只手臂萎缩，他就坐在那里用那只完好的手臂支撑着她，直到她离世。然后是威廉二世安排了她的棺木，他还说上面应该覆有英国国旗。他加入了她的送葬队伍，当承载灵柩的炮架垮塌时，他跳下马，说所有的马都套错了，又把它们重新套了一遍。他骑在一匹白马上。伦敦路旁的民众高呼："凯撒万岁！凯撒万岁！"

那时慕尼黑的卡巴莱（Cabaret）① 上演一场邪恶的木偶戏，这场戏既邪恶又出色，里面说欧洲的乱子源自家庭纠纷。台上有俄国、丹麦、德国和英格兰元首的木偶头像，他们之间都有亲缘关系。整出戏把全部问题归结到家庭纠纷。戏的名字是《高贵的家族》。我差点搞到它的剧本，但那个古董商竟然开价五百五十三英镑，所以我觉得写两句话关于这出戏就行了，所以我现在还没读过它。

问：你做了大量研究，超出需要，对吧？

答：那么样做让人感到安心。做的研究越多，你处在你创作的世界里

---

① 一种包含各种元素的娱乐表演。

就越安心。它不会拖累你，反而让你自在。

问：正是如此。这本书里有很多关于社会主义、无政府主义和各种政治运动，但也写到不少陶器，因为那个手淫的男孩菲利普，是个制陶工人，他迷恋陶器。他迷恋一个叫伯纳德·帕里西（Bernard Palisy）的人做的陶器，我上维基百科查了才知道这个人。

答：你喜欢他吗？我觉得他很了不起。

问：我觉得他很棒。和我们说说他吧。

答：他生活在十六世纪，制作了青蛙、蟾蜍、鳗鱼和蝴蝶等造型的陶器，非常逼真。据说他的做法是把真动物放进陶器中粘住。他还用盐和泥巴做了各种实验。最终他死在监狱里，因为他是新教徒，不是天主教徒，有人抓了他。

问：他拼命想发现中国陶器的秘密，不是吗？

答：是的，他试着做一种白釉，他见过一种漂亮的白釉。他就烧制了几个小陶罐，上面涂着他用来做实验的釉，为了让陶器炉一直烧，最后他把厨房里所有的家具都扔进去使陶罐完成烘烤。我发现，陶艺是一项非常暴力的追求。你们都以为陶艺很平和。

问：是啊，你很了解制陶——我知道书中有很多陶器，还经常写到泥土。即使是书里的童话，也经常发生在地下，当然那个时代终结在佛兰德斯（Flanders）和其他战场的泥土里。

答：给书里的孩子们想了许多情节进展之后，我想起了一战。因为我不是一个历史爱好者，奇怪吧，我没有意识到一战的到来，所以一战对我的小说的震撼就像现实中那样。我想："噢上帝啊，这些人中有人要死了，他们活不了多久。"那是一个骇人的时刻。但我想说，震撼我的那一刻是当我意识到帕斯尚尔（Passchendaele）①战场上的泥土与制作陶罐的泥土是同一样东西时，当然也和古老寓言中创造人类的泥土一样，第一个人是泥做的，所以说"出于尘，也归于尘土。"

然后我发现我书里的制陶工人是在英格兰南部的莱城，就在邓格尼斯半岛前面。我读过一本重印的给那个地区制陶工人的指导手册，写得很优雅。上面写到如何烧制东西，以及如何制釉，但上面也说很多真正的好土可能来自莱城墓地。我很喜欢这一段，会把它放进书里。

于是我会写帕斯尚尔战役，这差点把我写哭了，因为比利时人决堤放水，淹没了他们的土地，于是英国人与德国人在一片泥地里开战。有一个将军去视察战场时热泪盈眶，他说："我们怎么能把人送到这种地方？"但说得有点晚了，因为他已经把人派去了。

问：奥利芙出版了她给自己的一个孩子写的一个故事。我不会说后面的情节，但其中有这样一个含义，就是作家有时候为了自己的艺术或事业，会轻率地对待自己的家庭、对待她准备写的东西。

答：我身上也有某种我不理解的东西。我一直认为写作极端危险，它是一种危险的武器。你可以看到儿童文学作品对某些儿童是危险的。在奥利芙的例子里，可以说她扯断了故事与私下要告诉的人之间的秘密纽带，它是一种公共权力的声明。在我许多其他的书里，有些人写书，不知不觉地摧毁了其他人，我不太理解。

问：你不知道为什么你要写他们？

答：我不知道为什么这些人反反复复地出现。我能在相当程度上理解为什么我做一些事情，但我并不真的相信写作是危险的，虽然我相信，如果你写某个人真实的事，对那个人很不好。我不打算写自传。

问：也许只对接近事实的人有危险，就像辐射一样。

---

① 比利时小城，一战的主要战场之一。

答：我想是的。不管怎么，我觉得这是我所知道的最重要的东西，所以……

问：嗯，这是一本很棒的书，我真的很高兴你写了这本书，我肯定很多人对各种各样的事都有很多话要说。我们甚至没有开始谈论童话，我们没有开始谈论弗洛伊德、爱因斯坦、时间，以及所有此时此刻正在发生的事，因为此刻正适合思维爆炸。

答：这就像维多利亚女王把它完全镇压了下去，然后它又突然爆发出来，有些爆发很荒诞，而有些很美妙。

问：所以爱德华……真的有人叫他"风流爱德华"吗？

答：是的，他是有这个名字，还有一首小诗……我把它放在……有一首关于他与别人妻子上床的小诗，我不记得了，我不记得在哪一页……西莱尔·贝洛克（Hilaire Belloc），他写了这首很好玩的诗。

问：而你说"现在好玩是被允许的。"

答：是的。最近有不少书，有些是非常好的书，有一本好书是维吉尼亚·尼科尔森（Virginia Nicholson）写的，写的是人们突然穿着艳丽地涌上大街，四处取乐。然后你得到了像 H. H. 阿斯奎斯（H. H. Asquith）的孩子们所属的圈子，他们取乐的方式并不友善。他们常玩找乐子的字谜游戏，曾经喜欢骗一个母亲说她儿子死了，认为这样做很好玩，因为他们自以为无所不能，极尽无耻之事。但像我这样的人不怎么喜欢他们这样。他们会为了取乐做坏事，让乐趣失去控制。

玛格丽特·德拉布尔

Margaret Drabble

玛格丽特·德拉布尔是一位英国小说家、传记作家、编剧以及评论家。她刚好也是 A. S. 拜雅特的妹妹,这一对文学姐妹的关系可谓复杂。

她的小说浸润在她写作以来英国激动人心的政治、经济和社会变化中。

玛格丽特·德拉布尔七十岁那年,她的作品《地毯的图案:拼图游戏私人史》(*The Pattern in the Carpet:a Personal History with Jigsaw*)出版。

她说一开始她其实准备写一部简明的拼图游戏插图历史,却误入歧途,追随了回忆、家庭与真实性的种种关联,还写了她姨妈菲利斯和她童年去姨妈家的记忆。这也许不是她原本想写的书,却是一本读起来让人愉快的书。这本书写的是从构建框架开始,拼接碎片,以及有时我们如何不得不接受一片残缺的天空和一幅不完整的图画。

在 2009 年 10 月的《时代周刊》切尔滕纳姆文学节上,面对一群狂热的观众,我与她进行了对话。她首先给我们念了《地毯的图案》里的一段。

拉莫娜·科瓦尔:拼图游戏一开始是教小孩子学地理的趣味方式,不是吗?

玛格丽特·德拉布尔:是的,最早的拼图叫做分块地图,仅仅把这些碎片连起来,你就能了解英格兰各个郡或者欧洲的各个国家。

问：你是这样接触到拼图游戏的吗？

答：不是，我是在和我姨妈玩儿童拼图这种更传统的游戏时，接触到它的。之后是能连扣起来的那种，这个我们都熟悉——因为早先的拼图连扣不起来，它们只是一个一个排在一起，中间有个小洞，可以放进怀特岛或科西嘉岛，但总的来说，拼接效果并不好。但姨妈教我玩的是老式的硬板拼图。

问：你说英国著名的拼图游戏的狂热爱好者包括多丽丝·莱辛、乔吉特·海尔（Georgette Heyer）与伊丽莎白女王二世，还有你的姨妈菲莉。她可能没有其他几位女士有名，但她会赶上的，因为你写了她，这里的人会读到她、还有你在她布尔的家里的时光。那么，让我们聊聊她是谁，她对你而言又是谁。

答：她是我母亲的妹妹。她是个典型的老处女，也就是说一直没结婚，我也不觉得她很想结婚，但她很喜欢小孩子。她是小学老师，教书很在行——不像我母亲，她自认为比我姨妈聪明很多，却是个很差劲的老师，除了教大龄青少年时。我姨妈擅长教人做针线活。我们做针线活做得很差，但她教了我们，并乐在其中……她让我们做饭，还让我们以我母亲绝不允许的方式胡闹，所以她是一起度假的最佳人选。她会让你放松，不让你感觉事事都做错，但我母亲总让我感觉那样。

问：她住的那个地方叫布尔。你觉得自己是那个地方背包客传统的一份子。和我说说为什么。

答：因为布尔提供一张床和一份早餐。它在北方公路沿线，现在公路已经不经过这个村子，所以你沿着 A1 公路走，就不会路过我姨妈和我外祖父母住的村子。三十年代的我的外祖父母买了这幢房子，作为茶室和简易旅馆。对我来说，那是全世界最好的去处，因为那里很浪漫：陌生人来付钱过夜，我们激动不已。我们这帮小孩子喜欢在厨房瞎转悠，希望得到小费，有时能拿到一枚六便士。我们不是刻意为了钱，但有人给你六便士真的令人激动。

你们当中肯定有人记得，那时候北方公路只是一条穿过中心城市一直通向苏格兰的大道，这些城市有斯坦福、朗·班宁顿、纽沃克、格兰瑟姆，而布尔这个村子正好被它截成两半。于是我们可以看到从苏格兰到英格兰的全部车流从眼前经过，让人感觉身处万物的中心。

问：你去那里过暑假，就像你说的，她是个老师，她还收藏了一整套儿童小说。你从这本书中得来的想法，就像拼图游戏，一件事连到另一件事，我们不断地说到拼图游戏，后面还会……但所有东西都让人想到，我的天哪……书里有些很出彩的地方，写到那些写儿童书的人，和他们实际上有多邪恶。

答：其实他们不算好人。那段时间，这个现象激起了我的兴趣，因为我姨妈是个很好的女人。人们看到我的描写，一般以为我姨妈是那种温柔、甜蜜、可爱的老女人，其实不是的。她是个相当刁蛮、难缠的女人，但她绝不像写《欢乐满人间》出名的 P. L. 特拉弗斯那样可怕，或者像最可怕的爱丽森·阿特莉（Alison Uttley）那样。你知道，孩子们会翻来覆去读一本书，到了姨妈家，我会把姨妈用来教课的《小灰兔》和《小猪山姆》再读一遍。那时我一点也不知道创造出这些小兔子的爱丽森·阿特莉有多可怕。

问：和我们说说。

答：嗯，她是一个非常卑劣的女人。现在已经有三本书写她。前几天，一个美国人对我说："我不敢相信你们英国人写了三本书，都是关于这个被人遗忘的儿童书作家。"我说，这是因为她坏到了极致。她极端嫉妒伊妮德·布莱顿（Enid Blyton），痛恨比阿特丽克斯·波特（Beatrix Potter），还与她的插画作者玛格丽特·坦佩斯特（Margaret Tempest）激烈争吵。版权纠纷无休无止，直到今天，留在作家协会的财产还要在这些早已离世的人之间纠结，因为她们相互憎恶。

这真是太可悲了。实际上她逼得自己的丈夫和儿子双双自杀，知道这个之后我震惊不已。我追随着我的姨妈，追随着我喜爱的书的巧妙思路，坐在大英图书馆里，拿了一本阿特莉的传记，因为我知道姨妈读过……我姨妈对我说过："你知道吗，玛琪，这本书不太好。"当时我不明白她的意思，但我觉得自己研究素材的时候最好读读，然后我完全明白了她的意思。这本书不错，但书里描写的生活不太好。

问：P. L. 特拉弗斯是澳大利亚人，却始终不愿承认，于是她一直说自己是英联邦人……

答：我认识一个人，她曾和 P. L. 特拉弗斯住在一幢房子里，那时候 P. L. 特拉弗斯九十岁，而她肯定年轻得多。她说特拉弗斯是一个非常非常古怪的女人，但她对特拉弗斯住在自己楼上感到自豪。但我一直想听到更多关于特拉弗斯的故事，我倒是知道她与自己的插画作者争吵不休。我能清楚地看到其中的问题，因为如果你创造了像玛丽·鲍平斯这样的人物，那么所有人，包括我，都会记得……我不记得改编的电影，我也从没看过，但我记得插画，但当然了，书的作者很懊恼，因为插画不是他们画的，而他们想夺回自己的人物。

问：菲莉姨妈是怎么给你传授拼图艺术的？

答：她会把客厅的桌子清空，然后我们把它搬出去，接着她说："我们先来拼边缘部分。"于是我们从边缘开始，往中间推进。直到她八十多岁，我们还在一起玩，我们就是这样玩拼图游戏的。我记得很清楚，实际上，本书的开篇写的就是她最后一次和我在一起，是个让人伤感的故事。我记不得她有多大岁数，我当时记得，现在只能想起那时她八十多岁。她来乡下和我住在一起，我们一起玩拼图。第二天我要开车把她从萨默塞特送回米德兰，我们没有完成拼图，拼了四分之三。我记得那个场景：好像是一片有着鸟类、动物、小虫子和花朵的地方。她说："噢，今晚我们拼不完了，真遗憾。"遗憾是因为我知道她身体不好，再也不能过来了。她的确没有再来过。

问：你完成拼图了吗？

答：是的。我父亲去世前正在织的挂毯，我也完成了。完成这件东西令我感到荣耀。

问：你会坚持完成所有着手的拼图吗？

答：不，在我的生活中，我想，有两幅拼图我没能完成。我一般能够拼完，有时会花很长时间。有一幅从国民信托组织（National Trust）① 买的拼图我没能完成，因为那很无聊，就是一头大母牛或一头肥猪，十八世纪的那种……你知道，就是那种动物模型、家畜图画，画得不错，如果画在桌布上挺好，画在国民信托组织的桌布上会挺好，但拼起图来很无聊。

还有一幅拼图，一个朋友给我的。它是一个画几何图形的画家的作品，这个人的名字我不会拼，他……是叫艾舍（M. C. Escher）吗？那幅拼图也挺无聊，那个朋友是个很厉害的拼图玩家，她没拼完。她把拼图交给我，说："这个我玩不了。"我说："噢，我来吧。"因为我很喜欢挑战高难度的拼图。但那幅图有点无聊，因为它极度重复。你无法找到新的拼图碎片，而高难度的拼图，比如杰克森·波洛克（Jackson Pollock）的画，是极难的，你会不停地去找新拼图碎片。你会发现甩出的颜料块如何叠加，为什么那一小块黑色这么黑。但在艾舍的画里，你拼出一块，然后就是不断重复，一块东西也很容易和另一块拼起来，不好玩。

问：那在玩画的拼图时，你有什么关于艺术的领悟吗？

答：我更喜欢拼正统的绘画图案，从中可以学到绘画技法，学到他们画云朵、柱子的技法。你观察事物，因为你在非常缓慢地拼图。我是画廊里一个很不耐烦的观众，我走得太快并受到身边其他人的干扰。但如果你替人临时照看《儿童游戏》（Kinderspiele）这幅画，像我一样盯着看了一两个月，你会对画里的每个小孩都了如指掌。如果现在有时间，我会……我记得原作在维也纳，我从没看过，我知道一定像看见亲切又熟悉的东西，因为我应该对画的细节了然于心。

---

① 英国保护名胜古迹的私人组织。

写《戴珍珠耳环的少女》（*The Girl with the Pearl Earrings*）的特雷西·雪佛兰（*Tracy Chevalier*）看完这本书对我说："你知道吗，我买了《台夫特风景》（*View in Delft*）的拼图，是放在维梅尔美术馆里维梅尔的画作。我写完《戴珍珠耳环的少女》之后完成了那幅拼图。关于他生活的土地、他画的云朵的构成，从拼图中我学到了太多。"对于我们这些不是艺术史学家的人，这是熟悉某个人风格的绝佳方式。

问：你的写作与你玩拼图之间是什么关系？你是不是把它当做工作思考之外的释放与放松？还是说，你把拼图留在两本书之间的空隙来玩？

答：不，我只是间歇地玩，拼图比写作要轻松多了。写作有开放性的、相当令人恐惧的一面。你会感觉你写得完全不对，写作的时候你不知道自己写得对不对，而拼图的时候，当你放进一块并且它真的放得进时，你就觉得安心，那完全不像写一句话时的感觉。

上个星期，我拼出了梵高的《鸢尾花》，拼得很顺手，因为那天电台三台里有个关于希罗多德的节目，我就想，如果我坐下玩拼图、听广播、喝杯红酒，就能好好享受一个半小时。

问：你能边听广播边玩拼图？不会完全占用你的大脑？

答：不，不会完全占用。反正不会有人来盘问我电台节目中说了什么，所以错过了什么东西无所谓，而写作的时候需要整个大脑。所以大脑需要休息。

问：你说你喜欢拼图，因为拼图里没有语言内涵，而你又说："写作是一种病，二十一岁时我盲打误撞得了它。"这是什么意思？

答：我只是随口一说，希望你没注意到。

问：我发现了，我注意到了，当时我想问："她说这话是什么意思？"

答：火眼金睛。我想我的意思是年轻时我无意成为作家，然后我写了一本书，无心插柳地成了作家。我想这句话的含义是，如今我有点受够了，早知道就干点别的。

问：其实，你可以做点别的，随便什么，不是吗？
答：不能，这是一种职业异化——有这一说吗？——就是你变成了你的工作。

问：你想象过你可能做什么吗？长途货车司机，沿着公路飞驰？
答：这应该挺有趣。不，我本来想当演员，但做不到，因为我的生活并不那样发展……

问：你学过表演。
答：对，我有过不少表演经历，但孩子与生活打断了我的演员生涯。但我现在觉得，当时我想成为一名考古学家或人类学家。有很多我曾经想做的事情，但我成了一个作家，现在我纠结于自己的身份。

问：但一个作家也可以同时是个考古学家或人类学家，不是吗？
答：我以前也这样说，没错。

问：后来呢？你不相信了？
答：嗯，不像以前那么相信。我不觉得……也许只是我不像以前那样，有精力再投入另一项事业。我以前觉得做房产开发商很有挑战性、很刺激，就像我在一部小说里写的那样。我喜欢做那种调研工作，但这是个跑腿的活儿，我现在觉得自己跑不动了。我需要更为居家的工作，而我又不太能想出有哪些这样的工作。写作的时候是一动不动的，但我早期的书需要我经常到外面去。

问：这本书让你跑了不少地方，是吧？
答：是的。

问：你一路嗅过去。书里写到一个伦敦出租车司机，还有关于罗马式马赛克的讨论。

答：是的，是这个出租车司机向我介绍了罗马式马赛克。我的运气太好了。我去大英图书馆查最老的地图，斯皮尔斯普利（John Spilsbury）1760年代版的地图，他们居然让我进入大英图书馆的地图室去查，把我激动坏了。于是我就想，接下来我要去伦敦博物馆，去看看一两代人之后的维多利亚时代的地图，因为我知道伦敦博物馆里有。于是我走出大英图书馆，拦下一辆出租。我很少打车，因为说实在的，我不喜欢坐出租车，但我想出租车可以直接把我带到博物馆，我自己肯定找不到，因为它在巴比肯。要是坐地铁，我要花上半个钟头才能摸清方向。

我说："去伦敦博物馆。"他对我说："伦敦一日游，是吧？"我真的很生气，我说："不是，我在大英博物馆里查资料。"他说："查什么资料？"我说："拼图。"听起来没什么了不起。他沉默了一小会儿，然后说："最早的拼图出现在什么时候？"我没好气地说："1776年。"他又不说话了，过了一会儿他说："不可能吧。那马赛克呢？"说得太好了，太好了。

不管怎样，六周后，凯文和我在伦敦逛，他带我去看他最喜欢的建筑，指给我看他喜欢的马赛克。我们开车经过圣伊莎伯格教堂，它被爱尔兰共和军炸成碎片，之后又重建了。他说："这真的有点像大石头做的拼图，他们把它又拼起来了。"多亏了凯文，我有了全新的思路。我搭了他的出租车，而不是别人的，那是一次幸运的意外。

问：毫无疑问的。你刚才读了一段，没有读到你写的"囚犯、皇室与病愈的人都爱拼图游戏。"这些人有什么共同点吗？

答：他们都被困住了，根本上，他们都是受困之人。我们知道女王玩拼图，温莎公爵和公爵夫人经常玩拼图。实际上，他们是玩拼图的时候相遇的。温莎大公园里有个很大的拼图，那时的公爵夫人就是在这个公园里与另一个人结的婚，当时温莎公爵在公园里拼那个大拼图。这个场景实在让人悲伤。他们相遇了，两人在婚姻生活中一直玩拼图。当然，他们会定制自己的拼图，因为他们是大人物。他们做了一个小苏格兰梗（小型梗犬）

的拼图，因为他们喜欢，于是把小狗的形状嵌进拼图里。他们无事可做，所以拼图。因为退位之后，他需要填充自己的生活。

罪犯有着类似的处境，还有病愈的人……我在说起拼图时遇到过这类人，在写这本书的那两三年，我见人就说拼图。不喜欢拼图的人往往把它和生病联系在一起，我觉得这很有趣。他们说："噢，我受不了拼图，因为生病的时候，有人把拼图放在托盘上给我玩。"我意识到，对他们来说，拼图意味着病房。但对我来说，它是逃离无聊、逃离书的途径。我喜欢书，反正我每周都会读上几本，在读书与切菜之外能有点其他事做，那再好不过了。你的大脑会有徘徊的空间，而你的手没闲着。

问：可以说，在你"不阅读"、"不切菜"的空间里，如果没事可做，你就会有点恐慌。

答：是的，坐在那儿，无事可做，我完全做不到。我会非常非常坐立不安，我不擅长闲着。我不擅长放松，人人都这么对我说，说得很对。所以拼图是一种帮我摆脱不安的好办法。其实，上周有人对我说……我想应该是温尼考特（D. W. Winnicott），她告诉我思维休息室这个概念，她对我提起这个时，我想，说得太对了，思维有个休息室，在那儿……而且现实中人们确实在休息室里玩拼图，医院把拼图摆在休息室里……仿佛你的思维在为下一个更严肃的活动做准备。

问：你也写到拼图是摆脱抑郁的方式。你说，拼图是一个总能解答的难题。

答：是的，绝对是。它们总有解决方法，因为世上没有拼不出的拼图，如果你真的用心，而生活里的许多事并非如此，如果不是说大多数。

问：说到抑郁和悲伤——悲伤的时候，拼图如何让你开心？

答：拼图让你分心，不再感到悲伤。有时候我会感到沮丧，谁都会，这是完全自然的感受。写作会加重这种情绪，而拼图能缓和它。有些人会做园艺活，夏天我也很喜欢做点非常简单的园艺，但天黑了就没法做，也不是一年四季都能做。于是，拼图填补了这个空白。

问：我不久前看了你 1978 年在《巴黎评论》上的访谈，其中你谈到巧合与计划的关系。你说到，如果能俯视世界并发现貌似巧合的事情其实有着一定的模式的话会怎样。读到这里，我也想到了拼图。

答：有一个大的模式，只是我们离得太近，看不到。我想自己对这个模式怀有信念。我知道现在我们更多地相信无序的宇宙，但我们只是太渺小，无法欣赏宇宙的模式。我想，我仍旧坚信在我死去之前，我会看到这个模式。也许看不到，但有可能成功。从某种意义上讲，拼图让我们有一种看到全景的幻觉。

问：你说，你曾想过，通过写这本书，你会找到你所疑惑的这个问题的答案，即：我该相信拼图式的宇宙，还是相信开放性的、不断生长乃至不确定的将来？你找到答案了吗？

答：没有，但我想我坚信拼图的模式，因为它意味着凡事都可以理解，我想我们在学校里学到的是，如果我们真的去寻找，我们就真的能发现真相。我想我仍然相信那点，如果不断地把碎片拼起来，我最终能看到一个模式。

这周，我在读乔治·佩雷克（Georges Perec）的一段文章，我在书里引用过他，他写过有史以来最出色的拼图小说，一部极好的小说。乔治·佩雷克，他分析了四年，然后描写了自己的分析。他说，最终他听到自己说出了谜底。他说他发现写作就像永无止境的未完成的拼图游戏。其实，四年之后他才写了那本出色的小说，所以一定发生了什么，他看到了世界的模式。他死于四十多岁，英年早逝，但他留下了一本我认为相当震撼的小说。

问：但你并非一直这样想，是吧？你觉得它有点顽皮。因为我始终认为写一本不带"e"的书有点顽皮。

答：我觉得这是一种矫饰，但其实他所做的，我现在发现，是写一本不带字母"e"的书……而且他很喜欢回文……他其实给一家流行的法国杂志设计过好几年的填字游戏。他是一位真正的文字大家。我认为，他在用所有这些游戏逃离自我。他觉得如果发自内心地去写作，他会消失、会瓦解，但形式与你说的东西之间的张力让人着迷。但我是通过读这本很好读的关于拼图游戏的小说才体会到这一点，然后我又回到他的作品中，看他是如何走到这一步的。于是，通过这本书，我在文学与美术方面都收获颇丰。

问：你说拼图其实与抑郁有关——拼图帮助抑郁的人，所以在大萧条时期，拼图遍地流行。

答：是的，大萧条时期在美国，拼图成了极其流行的娱乐方式。它制作成本低廉，人们没钱看戏，他们失业在家，于是拼图产业无比繁荣。我有一本书，叫《大萧条的杰作》（*Masterpieces of the Depression*），里面有些美妙的彩图。画拼图画的艺术家是极少在大萧条时期发达的艺术家群体之一，我觉得这是个有趣的巧合。其实，有人刚给我写了封邮件，关于一本书，那本书写的是她伯祖父在大萧条时期的拼图作品。所以说，出这种书的一个好处是，你可以从中读到许多根本得不到的素材，因为你不知道去哪儿找。现在我等着这本书。

问：也就是说，虽然你写完了这本书，你还会津津有味地去读它？

答：我一定会读……我会快速读完，我会读的，因为我就是对拼图迷感兴趣。拼图是什么，这个话题有无限扩展性，因为每一小块碎片都能联到其他碎片上——这也是我不知道能否完成拼图的原因，因为你总是能再加上一小块。

问：你还说："我已经老了"，其实你不老，"我可能无法拼完天空，只留下一幅不完整的图画。"这是一步很大的转变，从渴望完成事情、把图画拼完、放到一边，到接纳图画中恼人的一大块空缺。

答：我在写却永远不会写完的那本书，或者说我没有动笔也永远不会动笔的那本书，就是这一大块空缺，而拼图呢……我手上有两个正在拼，我会把它们都完成。

问：是什么拼图？

答：一个是梵高的《鸢尾花》，我从六月就开始拼，另一个是拉斐尔前派的一个画家画的海岸……他被认为是一个不知名的拉斐尔前派画家，在泰特画廊办过一次展览。他太不知名，所以我忘了他叫什么。他叫沃特什么的，是……是艾莉森·卢里（Alison Lurie）给我的，因为她刚去伦敦看过那个展，她也是个拼图爱好者。我完成了边缘，只是边缘，这个拼图现在放在我书房里，只有边缘部分拼完了，但我太忙了，四处奔波，没有时间。但完成边缘我已经很满意了，所以我有可能回去把它拼完，拼完它比写完我手头那几本书要靠谱得多。

问：你可以同时拼两幅？
答：噢是的，一幢房子里有一幅，另一幢里还有一幅。

问：所以你手边总有一幅。
答：我不会在一间房子里放两幅，那样很不合适。

问：我问的就是这个。
答：我会不知所措……不行，我在萨默塞特的家有张拼图桌，在伦敦有一张。

问：如果有人想挑一幅拼图，想开始玩，怎么选一幅好拼图，你有什么建议吗？上面画了一头肥猪的肯定不咋样。

答：对，肥猪那个非常无聊。如果你不是个拼图行家，那么你应该选一幅有很多欢快的活动场面的图画，那么当你拼完了一小块场面，你会感到：“我拼出了这些人物，我完成了。”说到这一点，老布鲁格尔是个相当好的选择。但也有些美妙的自然风景，你知道，英国的鸟类，这些也很不错，你可以从中学到一点自然史，还能拼出一只鸟。难度大的是那些没有内在关联的拼图……只是一幅华丽的图片，这些很难拼，而那些颜色单一的……太单一会很无聊，太多的暗色背景或天空不适合新手，你必须非常仔细地观察。

问：你有什么目标吗？有没有什么拼图博士的头衔，让你觉得"这是我的追求"？

答：没有，拼图的乐趣之一就是它不带任何目的性，它并不会给什么人带来什么价值，完全没有意义，这是它好玩的地方之一。我和一个九十岁的知名律师讨论过这个问题，他是个非常睿智的人。有一晚，他严厉地批评我说："我想不到你这样有头脑的女人会浪费时间玩拼图。这简直不值一提。"他九十岁了，所以我比较客气，但我说："我肯定你也会做一些完全消磨时间的事。"他说："不，我不做。我从不玩牌、不玩拼图。"我说："那你做的最消磨时间的事是什么？"他承认："我经常看体育节目。"我说："可我从来不看！"对他来说，看体育节目是件毫无意义的事，我也觉得，但他还是允许自己去看，这很有意思。

马丁·艾米斯

Martin Amis

英国著名的漫画作者金斯利·艾米斯后来成了一个酒鬼、一个难以相处的怪人，而他的儿子马丁·艾米斯用尖锐机智的小说为自己建立了声誉。他的小说展现了荒诞的现代生活，以及人在这种生活中被异化而成的怪物。

从他的首部小说《雷切尔文件》（*The Rachel Papers*），到《伦敦场地》（*London Fields*），再到本次访谈两年以前出版的《夜车》（*Night Train*），艾米斯总是那么轰动。谁能忘记他的小说《信息》（*The Information*）所引发的丑闻，以及他为此书要求的百万美金预付款？这本书写的是两个不怎么有天赋的作家，两个所谓的朋友之间的仇恨与嫉妒。一个是功成名就的格温·巴里，另一个是默默无闻的理查德·图尔。

马丁·艾米斯自己的生活历经过大起大落。他离了婚，与另一个美国作家结合，又离开了他的经纪人。这个经纪人是他曾经最好的朋友朱利安·巴恩斯的妻子——所有这一切，激动的媒体都紧追不舍，竭力要嗅出肮脏的气息。

1998年，马丁·艾米斯出版了短篇小说集《重水》（*Heavy Water*），这些年其中许多短篇都发表于《新政治家》或《纽约客》上。第二年，带着一丝畏惧，我打电话到他伦敦的家里，与他谈话——说畏惧是因为，艾米斯是一个文学访谈大师，曾访谈并描写过当今最有趣的作家。其实，在描写约翰·厄普代克的文字里，艾米斯写道："文学访谈无法展现作家的面目。对有些人而言，不如说文学访谈展现了作家在访谈中的面目，这要可信得多。"他说，一个人的人格比一部作品更有味道；而这正是当今文坛的悲剧——艾米斯应该清楚。

从《重水》可以看出马丁·艾米斯很明显对颠覆感兴趣。《重水》里面有一个故事叫《职业选择》，写的是一个编剧在自己的房间里饱受煎熬，等来的只是一家小杂志的又一次退稿通知。还有一个诗人，因为刚写的一首十四行诗而被好莱坞扫地出门。在这部集子的其他故事里，艾米斯还描绘了一个大多数人都是同性恋的世界，这里异性恋反倒成了另类。在小说《时间箭》（*Time's Arrow*）里，他在时光中逆行。他的多数作品充满了各种颠覆，于是我一开始就问起马丁·艾米斯自问"要是……"的这个思维习惯。

金斯利·艾米斯：这与其说是探究社会的纪实写法，不如说是一种讽刺写法，你把世界翻转过来，到头来，你看事情更清楚了，就好像学会了一种新的观察方法。不过，其实是这种方法带来的喜剧成分真正吸引了我，我们可以借此重新审视自己的生活现状。我认为作家们大体来说，当他们走出门，总会思索为什么世界是这样的，而不是别样的。因为这一切不是任何人能够决定的，而我们中的一些人喜欢臆想世界在进化链中早选择了其他路径。

拉莫娜·科瓦尔：你说这不是社会批判，但玛格丽特·德拉布尔有一次说你对自己所见的变化中的世界如此惊恐，以至你不由自主地要对所有人发出警告。你觉得是这样吗？你感到惊恐吗？

答：不，我不觉得。我不觉得有的作家真会这样，只有一些极端的例子。也许在塞利纳（Louis-Ferdinand Celine）身上你能感到深深的厌世与反感，但我认为，本质上，作家一般都是热爱生活的人——否则他们不会在纸上点缀它、赋予它秩序、道德与喜剧感。

问：然而你的上部小说《夜车》，写的是一个拥有一切的女人——她漂亮又聪明，还有天文学家般的宇宙观——但她自杀了。她感到这一切都毫无价值。

答：没错。我想我在那部小说里确实在扮演魔鬼代言人。我想："好吧，如果要加点黑色，不如把它写成一部黑色小说——就像一座詹姆斯·埃洛伊（James Ellory）风格的大教堂——不如让它的主题一黑到底。"但这并非我的感受，这不过是真诚与文学真诚的区别——我想让它一黑到底，但这并非我对事物的感受。

问：那么说，这是一种练习？

答：哦，不。这是探索你身上黑暗的那一小块，那一小块也许用百分之一的时间对这个世界有黑暗的想法——希望不要超过百分之一，但你能够探索那强有力的部分。最终，在《钱》（Money）里，我成为那百分之一的自己，变作约翰·塞尔夫那样的放浪恶人，让百分之九十九的自己都不存在。小说就是这么写成的。

问：你所描述的写作生活就像战场，完全不是宁静平和的阁楼生活，是吗？

答：对，我认为自己有一套相关的理论，解释为什么嫉妒以及所有这些侵蚀人心的情绪如此普遍。当你看了一场画展，你不会去画一幅关于画展的画；当你看了一部电影，你不会去拍一部关于这部电影的电影；当你听了一张新CD，你不会去录一张关于这张CD的小CD。但当你读了一篇叙述文字之后，你会去写一篇关于这篇叙述的叙述文字。而那些写第二篇叙述文字的人，说实话，一定曾梦想过写最初的那篇叙述文字。所以会出现等级引发的嫉妒，以及其他种种。可实际上，可以说这样的作家在某种意义上根本就不是严肃的作家，他们是永远原地踏步的作家。我觉得，在英格兰，作家们相处得不错。但在美国要差点，只有新闻事件才让这些情感凝聚起来。

问：就是说钱和媒体？

答：我认为是钱。我认为这种飞速传播的敌意来自失意的文人与当今卑贱的文坛，因为文学界——尤其在英国——曾是个封闭的领域，只有真心热爱文学的人才会迈入其中，因为文学的收益微不足道，如果不是真的热爱，没人乐意投身其中。但如今庞大的媒体的表现让我觉得，对于殴打妻子的足球运动员和嗜好男妓的政客，他们已经没有什么可写的，所以必须把触角深得更远，找到能够撕咬、榨干的人，以便填满报道的空白。于是恶劣的情绪在此聚集，与当事人无关，也和真诚的作家们无关。

问：所以你觉得时代真的变了，与你父亲金斯利·艾米斯写作的那个更优雅的年代大不相同？

答：不是说那时更优雅，抱怨历史的变化没有意义。也许这只是当下的风气，但总的来说，这不可避免。我在自己的写作生涯里也能感到变化。我开始写作时，文学界是个紧密的小圈子，二十五英镑写评论，二百五十英镑预付小说处女作。如果你不是为了内在的满足而涉足文学界，你就是白痴。没有访谈，没有人物报道，没有巡回阅读活动，也没有人给作家拍照。随着报纸的膨胀，需要填满的页数越来越多，这一切都出现了。

问：在《信息》里，你对这些现象做了精彩绝伦的嘲讽。然而反过来，你也嘲讽小众杂志与几英镑一首诗的小圈子。

答：我对那个圈子有好感，因为里面都是忘我之人。我感觉，膨胀而聒噪的文学界的问题在于，里面塞满了不仅对文学毫无感觉、实际上根本不知小说或诗歌为何物的人，这些人得意地——而不是反感地——以为你进入文学界是为了圈钱，其他人也都是。这些人让文学变质，令人痛惜。但还是那句话，这是不可避免的。

问：还有一个你一直关注的主题，就是运气与天赋这两个极端。我记得纳博科夫曾说，天赋是写作唯一的学校，是吧？

答：他说过——只有一所写作学校，那就是天赋。在这一点上，他颇有洞察力。我认为，所有那些纳博科夫自豪地置身其外的团体、学派与运动等等都是媒体的幻觉。真正闪光的是原创力，即天赋的同义词。

问：我记得在《艺术的巧合》（*The Coincidence of the Arts*）里——《重水》的一个短篇——一家纽约的商店前有块牌子，写着："奥尼的艺术用品，献给每个人心中的艺术家。"在某种意义上，在纽约人人都是艺术家，即使他们靠卖房子或在餐馆打工生活。这里面有什么故事？他们的故事是什么？

答：是啊，有一部电影里，一个女孩问一个男人他是做什么的，他说："我是个演员。"女孩说："在哪家餐馆？"我觉得这段对白是对那种纽约波西米亚式图景极好的致敬。在我看来，当艺术家是最好的生活方式。谁不想在人生定格于中年服务员之前试一把呢？

问：这是最好的生活方式吗？你写了那么多事，充满刻骨铭心的羡慕、妒忌、诡计、羞辱和绝望，这种生活好在哪里？

答：是人不满足于困顿的日常生活——朝九晚五、日复一日存在着——他们决意赋予生活另一种叙述，这种叙述包含我们谈论的一切，比如形式与形状，以及意义。这令人着迷，欲罢不能。我只想到一样东西，这些年来只有这一点会让人后悔，那就是你精心安排时间，全身心投入工作，以至于在其余的生活里，你成了一个游魂。有些时候，特别在要完成一本书的当口，你会一直工作到晚上，然后走下楼，对你的妻子说："今天过得好吗？"后面加个括号（"好像我在乎"）。然后你把孩子放在膝盖上来回跳，但感觉自己像个干这事的可怕的骗子。你感觉自己错过了他们，亏待了自己的家人。但除此之外，做个艺术家是最美妙的。

问：这是极度利己主义的投入，你坐在那儿，然后会有人对你的思想和文字充满兴趣。只有自我很强的人才会说，我要把我的生命投入其中。

但同时这也有很大的风险——对于脆弱的自我充满风险，不是吗，让自我暴露在外，被人指指点点？

答：但那就是生活侥幸的地方——多神奇啊，对你来说，你在自己书房里的创作经过这些年的沉淀，在大多数人看来是有趣的，或者在大多数人看来还算有趣。当你感觉自己有个核心读者群，那就不必再去担心其他人怎么说你了。

问：你把纽约、洛杉矶以及美国人描绘得那么幻灭，甚至还在《观察家报》上写过一个叫《纽约来信》的专栏。你对美国有何看法？

答：我认为把美国概念化是自以为是的表现，因为这就像把整个地球给概念化而论。美国与其说像个国家，不如说更像个世界。我认为，它现在是超级大国的事实决定了人们对它的感觉，我也认为美国比欧洲更有前途，但它也为各种野蛮的返祖现象所困扰。最强的国家往往产生最强的小说，因为全体国民都沾上这种感觉。正如十九世纪是辽阔的、帝国般的、全视的、展示全景的英国小说的时代，二十世纪是属于美国小说的时代。所以美国对我有如此大的吸引力。

问：你经常无情地嘲讽美国，但你也认为有些美国作家创作了最重要的作品，你与他们有强烈的共鸣。比如索尔·贝娄，你将《夜车》献给了他和他的妻子。和我说说你和贝娄——你是否把他看作你的文学导师？

答：曾有人对我说："他是你的文学之父吗？"我说："不，他不是我的父亲——我的父亲是我的文学之父。但在美国文学界，贝娄可以说是我的文学之父。"不久以前，我对他说，只要他还活着，我就会感到有一个父亲。他给我的父亲般的感觉就是如此。虽然他是我的好朋友，他给我的感觉，至少在一开始，就像一个父亲。这个世纪对我而言最重要的作家，他在一端，美籍俄裔作家纳博科夫在另一端。在贝娄眼中，纳博科夫是出色的木偶戏师傅，也是玩弄傲慢与自负的大师。而贝娄有他自己更出色的风格，但他更稳地扎根于生活——这至少对我产生了同样重要的影响。

问：他最近的一本书，《实际》（*The Actual*），从某种意义上，我觉得有点迂回，没有他之前作品里的恶意与速度。

答：其实并不迂回，因为他刚写完的一部长篇小说棒极了，非常讽刺，充满棱角。他一度让人以为他打算去写更精致的短篇，但很快烟消云散，结果这个想法颠倒过来。突然间，出现了一个宏大的索尔·贝娄。

问：噢，这太好了，听你这么说，我真高兴。

答：确实很棒。

问：其他的美国作家呢，罗斯、厄普代克和德里罗（Don DeLillo）？

答：罗斯，嗯，我非常喜欢《波特诺的抱怨》（*Portnoy's Complaint*）与《乡村生活》（*The Counterlife*），但现在我对他有点怀疑。厄普代克非常出色、令人惊叹。尽管他给《夜车》写了篇敌意的评论，我仍然喜爱他的作品。德里罗，我觉得，是一个新晋天才。他将二十世纪战后美国小说的统领地位至少又延续了半代人。现在的美国虚构作品有一两点值得注意：随着领军人物的退出，犹太小说将会衰亡（罗斯、贝娄、梅尔与海勒后继无人），那种现象看来要终结；另外，尽管德里罗，也许还有品钦和罗伯特·斯通，此刻在打一场出色的持久战，但优势此刻似乎正转向英国人。

问：你读哪些英国作家的作品？

答：我只读朋友的作品，因为我有个原则，不读自己同时代人的作品。

问：为什么？

答：这其实关乎时间与流动，因为时间还不足以从平庸的作品中筛选出出色的，所以我只读下周即将见面的那些人的书。伊恩·麦克尤恩和萨尔曼·拉什迪是我的两个非常要好的朋友，我读了他们的作品，极为欣赏，但除此之外，我一般只读前一代人写的东西。

问：你会读什么人的作品，诗人吗？

答：我仍然读诗，非常关注诗歌。若不是我不仅读诗，而且同情诗人，我就不会写出《职业选择》。一般而言，诗人在世俗的各个方面都不讨巧，正因为如此，他们的忘我更能触动我。我父亲是小说家，也是个诗人。他对诗歌的关注一直远大于小说。我仍然认为，至少下一个五百年——好吧，半个世纪——诗歌仍将比小说重要，更指向文学的核心。

问：为什么？

答：因为诗人能让事情慢下来。尽管被细微的恐惧所包围，他们真的能够仔细审视当下，赋予每个时刻意义，他们真的试着去捕捉意义非凡的瞬间。小说家也试着那么做，但要快得多，而且没让事情慢下来。而我认为这才是写作应该做到的：非常非常仔细地审视事情。所以诗歌只是一时处于巅峰，但环顾四周，你会想，和比方说八十年前相比，现在最出名的是小说家而不是诗人。

问：你给菲利普·拉金（Philip Larkin）① 写过一段动人的讣告，他是你父亲的朋友，也是你哥哥的教父，但在你笔下，他的生活完完全全局限在赫尔（Hull）②。

答：是的，单身、没有孩子、没有经历过战争、从不旅行。和他相比，我父亲简直就是埃尔维·克尼维尔（Evel Knievel）③。我一直觉得那种生活挺感人，那一代人为了写诗，安心于如此悲哀与逼仄的生活。但我总觉得它是一种潜意识的交易，即如果你知道自己的天赋是自如地诉说忧郁，你就接受了忧郁的生活。

问：有张他的照片，桌边只有一把椅子，让人没法坐在他旁边，更不会留下来陪他，实在太让人难过、太悲哀了。

---

① 英国诗人。是公认为继 T. S. 艾略特之后二十世纪最有影响力的英国诗人。

② 英国城市。

③ 上世纪七十年代前后一个疯狂的极限摩托车表演者。

答：我知道，但他因此写出了出色的诗作，那是真正的忘我。说得更贴切些，是自我牺牲。那些对事业的看法在我心里根深蒂固，让我觉得自己不合时宜。

问：你说过，你绝不会因为对某样东西感兴趣而去写作，只有当一样东西被交付给你去写，你才会写。所以说，你的意思是菲利普·拉金被赋予那种人格与那种生活，由此才写出了那样的诗歌？他写不出出色而充满热情的情诗或游记诗。

答：没错。我们刚在这里给彼得·波特（Peter Potter）庆祝了七十岁生日。我参与编写了一本他的纪念文集，在里面用不同的方式说彼得做了同样的事。虽然与拉金相比，他活得很滋润，四处旅行，享受天伦之乐等等，但他仍缩着肩膀培育了一种独特的忧郁，一种挫败的忧郁。他就是这么做的。你知道，这才是最终令人羡慕的——结集的诗歌，零落的生活。

问：是啊。我记得你在讣告里写到，拉金小时候谁都不喜欢，但当他长大，他发现其实他只是不喜欢小孩而已。

答：没错。讨厌、自私的小恶棍，他这样说。他始终对我哥哥和我很尊重，虽然他是个很小气的教父——我的教父会醉醺醺地赏给我们几张十先令大钞，而拉金只会给每人庄严地数出三便士——更准确地说，给我三便士，给我哥哥四便士，因为他比我大。

问：你向你父亲抱怨过吗？你哥哥向你父亲抱怨过为什么他会有这样的教父吗？

答：嗯，我想我们抱怨过。但在拉金那点可怜的赏钱之外，我父亲可能会塞给我们六便士。

问：让一个讨厌小孩的人当教父有点荒谬。

答：我说不好。我想我哥哥为当他的教子感到自豪。在我出生三年半后，我妹妹出生，他写了一首非常甜美的诗，题目是《生于昨日，献给凡妮·艾米斯》，这份礼物很珍贵。

问：在《信息》里，有一种对待孩子的极端矛盾的态度。我觉得，理查德·图尔实在是个糟糕的父亲。即便是在他没在密谋搞倒他朋友格温·巴里的时候，他也几乎没有时间陪孩子们。这样喜怒无常的家长让人有点吃惊，但恐怕也很常见。

答：如果你是个作家，你要保护自己的独居——其实，我认为他对孩子过度放任，因为他是个懒惰的家长，但并非不爱自己的孩子，这是关键。比起过去我的父亲，我显然更能容忍孩子们的打扰。你根本进不了我父亲的书房，除非有个非常好的理由。而我的孩子们能溜进我的书房，躺在沙发上。我会和他们聊天，让他们感觉这样做毫无问题。我记得进父亲的书房时我无比兴奋，因为他把书房保护得过于严密。

问：你是否感到他在做什么神圣的事？

答：我母亲一次激他说："孩子们，从你们父亲的书房里出来，你们的父亲在写'诗'。"——在最后一个字上加了讽刺的重音。我知道他一直对此耿耿于怀。我觉得他过于投入了。他下来喝杯咖啡的时候，我感觉他依然沉浸其中。作家的家人难以理解的就是这一点——就算你下来喝杯咖啡，你都还在工作。

问：你父亲对你的照料呢？你是否觉得你父亲忙于蒸蒸日上的事业的同时，也很好地照顾了你？

答：我认为他照顾得很好。虽然，他自然而然地撒手不管，把照顾小孩的事几乎都丢给我母亲，让她全扛上了——这是她最重要的事。但在所有最重要的方面，我却给他满分。当我的生活面临转折，他总是理解我并充满想象力，给了我许多想法和帮助。

问：你的处女作《雷切尔文件》不仅深受欢迎，还被一个美国人给抄袭了——我把这看作最伟大的恭维——你的成功有没有让你父亲感到一点点威胁？

答：我认为在这种关系里我比他更自得其乐。两个同时在那里有大量作品的作家之间，这种可能独一无二的关系。我想我们是绝无仅有的一个例子。他被激怒了，因为人容易被后辈激怒。在一次非常直率的谈话中，他说——因为较年轻的作家总是对年长的作家说："时代变了，你已经听不见思想的律动了。"——年轻人对你说你听不到了，但没人愿意接受这句话。

问：他有时会公开说，他没办法看完一本你的书，还说他对你的写作有些看法。他私下也那么说吗？

答：其实这些话更多地出现在媒体报道上，而不是当面。没有，我们已经公开了结了那点宿怨，后来其实也很少谈及此事。

问：真的吗？还是说，这是他的表达方式，他想说的是："嗯，如果我公开赞扬我儿子的作品，人们会视作理所当然——但如果批评他的作品，人们也许会更重视他。"等等。

答：噢，不。不，他说的是大实话。他的问题在于，大多数人为了维护关系会说善意的谎言，但关于文学，他说不了任何不真心的话。我一说到文学就言不由衷，但他直来直去——嗯，他是真心实意的。

问：你会言不由衷——为了钱而发言？

答：不，我言不由衷只是为了能平静地生活。要是一个熟人或一个交情不深的朋友给我一本小说读，我读了觉得不怎样，我会说谎。但他对文学说不出谎话。他忠于自己对文学的感受，我敬佩这一点。但如果我的儿子们写小说，我想我会去读。

问：如果他们的小说比你的好，你会感到高兴和自豪吗？
答：嗯，我想我会的。

问：你母亲是你父亲的第一任妻子，对吗？

答：对。

问：我这样问，是因为在晚年，他们之间发生了超乎寻常的事——当你父亲老去，病得越来越重，你母亲与她的第三任丈夫搬去和他一起住。他们住在同一个屋檐下，你母亲照顾他。

答：确实如此，但他们不是传统的人。

问：可以说他们之间感情深厚，所以能在生命的尽头建立那种关系。

答：是的。那是一种很实用的关系，因为我父亲的第二任妻子，伊丽莎白·简·霍华德（小说家），抛弃了他。他又有各种恐惧症，不能坐飞机、不能开车，甚至不能独自坐地铁，而且他不喜欢天黑后独自在家——而我母亲与她丈夫经济上很困难，所以双方住在一起似乎挺合适的。于是我哥哥与我组织了一次晚餐，让他们见面，然后他们决定一试。我们以为这种生活只能维持几个月，但它一直持续到我父亲去世，整整十三年。

托妮·莫里森

Toni Morrison

1931 年托妮·莫里森生于俄亥俄州的洛雷恩，本名克鲁伊·安东妮·沃福德。她的父母逃到北方，以躲避南方的种族主义困扰，所以她在成长过程中受到的种族歧视相对较少。她是一个黑人劳工家庭的四个孩子中的第二个，在中西部度过童年，阅读甚广——从简·奥斯汀到托尔斯泰。她在康奈尔大学的研究生论文写的是福克纳。

《最蓝的眼睛》（*The Bluest Eye*）是她的处女作，出版于 1970 年她年近四十时；1977 年，她的小说《所罗门之歌》（*Song of Solomon*）获得美国国家书评最佳小说奖，《宠儿》（*Beloved*）获得 1988 年的普利策小说奖。

1993 年，托妮·莫里森凭借她长期以来的作品获得诺贝尔文学奖，成为首位获该奖的美国黑人女作家。目前她在普林斯顿大学教授文学与写作。她最近的《爱》（*Love*）是她的第八部小说。小说设定在九十年代，围绕着两个女人——克里斯汀与希德——她们在晚年时出场，住在同一幢房子的不同楼层上，房子位于一处废弃的海边度假胜地。她们的复杂关系随着一个叫朱妮尔的年轻女人的出现慢慢展开。当你读到托妮·莫里森对她出场的描写，你就明白麻烦将至。她是个放荡的女人，性与混乱紧跟其后。

这本书的主导角色是个叫比尔·科赛的男人——他的照片、他的回忆，以及他在小说中那些女人们生命中的位置。正如托妮·莫里森之前的作品，书里有不同的视角，有音乐，还有人心的复杂性。托妮·莫里森比当代任何其他美国黑人作家都更能捕捉阶层斗争，以及争取地位的斗争，那是美国黑人经历的一部分。她用自己的博学、智慧，以及那双能捕捉对话乐感的耳朵做到这一点，让我们感到阅读她的作品是一种享受。听她朗读自己的作品是更大的享受，她也很乐意朗读自己的作品——而且读得非常好。2004 年 8 月，在我们的对话开始时，托妮·莫里森为爱丁堡国际读书节上一群热情的欣赏她的观众朗读了《爱》的第一部分。

托妮·莫里森：非常感谢你们热情的欢迎。我将朗读《爱》的开篇，出于许多原因，其中之一你们应该知道，那就是我为这个故事找到了一个恰到好处的叙述者，在很大程度上她的声音足以解读所发生的事。她是情节的一部分。她翻开书，她合上书。她好几次插进整个故事中来揭示其他角色不知晓的秘密，同时为时间跨度带来一种总体感觉，一种概述。她的名字是"L"，字母 L。我要告诫你们，她喜欢下判断。她用第一人称，因为她在叙述故事——而她的观点并不一定代表作者本人。

（莫里森朗读《爱》的第一部分）

拉莫娜·科瓦尔：你写作时会不会在心里大声朗读？

答：不不不。文字以一种独特的方式发出声音——非常独特的语气，非常独特的节奏，它有着非常清晰鲜明的声音——但我希望它能在纸上轻轻发声。直到自己大声读出来，我才记起这个声音，因为我发现自己总是用同样的方式、以相同的语气去读它，等等。当我听到别人在录音带里读我的作品——顶尖的女播音——我不知道她们在说什么。我说："不，这不是我的作品，不该是这样的。"

问：荒废的度假地的想法——是个很棒的背景。全世界有许多那样的地方，同样吸引人。人们依然喜欢去那儿，那里曾经的样子散发着魅人的气息。

答：是这样的。在美国，特别在美国黑人中间，有许多这样的地方因为民权运动的发展和成功而兴盛起来，其中一些稍稍倒退了。但它们非常非常重要，它们废弃无用的样子是怀旧的一个动因，从一个角度看是这样的——从另一个角度看，也许又不是。因为这个故事的一个要点是，在南方彻底种族隔离的压迫下的一种可能的生活，以及为什么有些人那么不乐意看到种族融合，或是不乐意获得去其他地方、社区和度假地的权利，因为这关乎他们的生意。

问：说到比尔·科赛，他清楚如果你有好音乐，钱就会滚滚而来。他设计了这个地方，这是他的创造。

答：对他而言，这里是个相当好的消遣之处。他设法让自己变得尽可能不像他的父亲——一个吝啬鬼，也可以说是个告密者。他要成为完全相反的人：非常非常慷慨，做好音乐——享受生活的乐趣，这就是他想要的。但我想，就像大多数有权有势的人一样，他会表现出好意，也会乱来。

问：L谈到了科赛的女人们，这群女人通过这个男人来解释一切。她们是行星，而他是她们围绕的太阳。

答：是的。她们都对他的所思所想和他爱谁很感兴趣。一切发生在她们身上的不好的事都是他的错。她们总是对的——一切不好的事情肯定是他的错。但还是小女孩时她们互相之间很亲密，后来这个男人介入，他娶了她们中的一位，那个女孩还没成年，这有点打破了她们的亲密——结果那段婚姻瓦解了。她们用了很多年，几十年，现在还是努力将他从她们的生命中赶走。像他这么一个有趣的男人，我觉得他所拥有的魅力都是女人们赋予他的，她们是同谋。谁都没法一走了之。如果有人这么做，她们还会回来，或时时惦记。所以说，她们被他的力量所吸引——不管是什么力量，是积怨或是仇恨，他还是能控制所有的那些女人。她们的内心生活里处处有他的影子。

问：然后朱妮儿出场，穿超短裙的那个。

答：没错，非常短。

问：她是个全新的女人，的确，不是吗，独一无二的全新女人。她有自己的苦难，受过许多挫折。但她属于不同类型的女人，对吧？

答：对。我想她是全新的。这本书里的大多数人现在都快七十了——伊娃与克里斯汀，一对曾是好友的女孩，还有更老的L。但书里也有另一代人——这个女孩十六七岁——她有着不同的往昔，包括被抛弃的经历。但她能掌控自己的生活。她有点野，我承认，像个小大人，但她很坚强，她可以说是个"拥有"自己的人。她会指使人、会挑逗、会引诱。书中的一个女人说她像"救救这个孩子"海报上的一张脸——就是说她可以看起来眼睛睁得大大的、棒极了，同时也很自恋。只有她能把自己震住，她也只能把自己震住。所以当她进入书中的场景，她能变成你想要的任何一个人，只要满足她自身的利益——很明显，她想从里面两个疯老太手中夺走那幢房子。她在城里弄到了一个性玩具，还有一个男孩，罗曼，他十四岁——要继续吗？还是你们自己去看吧。

问：从某种意义上讲，她也是着了科赛先生的魔才来的，通过他的一张照片。

答：当然，她完全不认识他，她来时他已经过世了。但他卧室里有一张他的巨幅肖像，照着一张快照画的。她看到之后，出于自身的需要而想象出了最好的爸爸——保护你、照料你，却让你为所欲为，甚至纵容你的不听话，还总是支持你。这是她自己生命中的一种空虚，你知道吗，她没有父亲，母亲冷漠，在儿童院长大，读工读学校，等等。于是她虚构了她的科赛——就像其他那些女人把他想象成她们以为的样子。她扮演着，你说得很对，书中几乎一切情节的催化剂。

问：比尔·科赛是一个复杂的角色，我们不打算剧透太多，但就像你大部分的作品所表现的那样，你能够把握角色的复杂性，而不是把他们描绘得善恶分明。你在描写一个坏人时，作为作家，你身上有着伟大的宽容与谦卑感。

答：是的，漫画式的单一角色很难让我感兴趣。作为一个小说家，我能肯定地说，我对偏离绝大多数人过的常规的、正常的、安静的、成功的生活非常感兴趣；我对那些能让人有点偏离的事物也很感兴趣。而且我想我作为作家的任务不是去做那些评判。我只想确定，如果我想象出一个角色并充分理解他，我就能按他的方式看世界。这无关价值判断，而关乎客观地见证某个个体并正确地理解它。他们是变坏还是变好——还是通常介于两者之间——取决于他们有过什么样的经历、他们自身的背景，以及他们的想法和想象。

但对于我来说，就是要快乐，我的每本书都有完美快乐的大结局——有人表示怀疑，因为那些角色时不时地死去，总有人问："为什么？发生了什么事？"我觉得这就是领悟。这说明，在小说的结尾，他们悟到了小说开头时不知晓的东西，并有可能回答、想象或圆满地解决他们的问题。这就是我所说的积极与乐观，不在于他们是否一直活着——甚至活过。

问：因为，说到底，这不是你小说中唯一的世界。里面还有别的世界：幽灵世界，精灵世界。

答：对，在我的许多书里，死者与生者有着紧密的联系。承认鬼魂的存在，我想开始时我只是把它当做一种文化现象，不是吓人的东西，而是人们根深蒂固的回忆。召唤祖父母或孩子们、姨妈们，与他们谈话，得到他们的建议或你的其他什么需要，这在我成长的文化中并不罕见。但更重要的是，这也是审视世俗中存在状态的一种方式——这是我们许多人都能觉察到的神奇的生活，它能转变成别的东西，比如宗教、艺术或其他东西。其中存在着另一种生命的短暂回音，我确实能感觉到。就像在这本书里，我不想成为无所不知的声音，我需要其他人，所以我选择了这个女人，L，她是那家旅馆的主厨。她要贯穿全书，尽管她在书的某些部分已经死了。

我记得我的编辑说："我们是不是从一开头就应该知道她已经死了？"我说："我想让读者早些知道，她已不在世上。但问题是，她不知道，我没法让她说些什么，让人一看就知道她已经死了。"在我读给你听的段落中，她在一家餐馆里。下一次出场，她坐在某个人的梳妆台上，再下一次，她在旅馆。她不断地移动。然后，到接近尾声时有一场坦率的对话。谁知道呢？对一个想象力极强的人来说，从生到死的转换估计差不多就是那样——可以说她从未被埋葬过。但这的确是一个方法，解决了旁白的许多技术难题。

问：她是出色的旁白。她有一些极好的观点，也有一些表达自己极好的方法。我很高兴你想出了她这个角色。但为什么你不想放入作者的叙述声音，做到无所不知？

答：我需要空间。我需要远离那个声音。我需要一个不是作者的"我"。我不想把这个声音与那个操控房子、掌握他人、了结事情的某个角色混淆起来。她是故事叙述的一部分。在一些作品里，我能找到一个合适的语调，比如在《天堂》（*Paradise*）里我就做到了。即使在《宠儿》里，我也能找到一种疏离、全知、但我认为舒服的声音，读者信任它。但有时我不希望读者信任这个声音。在《爵士乐》（*Jazz*）中，我想要一个在大多数时候错误或可能犯错的叙述者。这本书里同样——我不希望读者对那个声音感到舒服。我希望小说更锐利，那样读者的参与会更紧张、更完整，可以这么说。

问：我读到你曾说过，绘画、视觉艺术对你的写作至关重要。

答：是的，我说过。有时我会获取——我不知道从绘画中得来的东西算不算抄袭，算吗？

问：算灵感。

答：灵感。很好。有一幅爱德华·蒙克的画，我用语言提取并重新创作了，用在《所罗门之歌》的一章里，写的是一群人往一个方向走，一张脸从底下逆行过来。因为一本书的色调对我来说如此重要，有时候它们分明就成了绘画。现在我有所长进：我可以自己构思，就像酒店前的海岸场景——我一直在想，直到想象出所有的细节。在一些书里，我会去掉颜色——比如《宠儿》，其中没有任何颜色——所以当我提到颜色，它仿佛蹦了出来：被子上橘红色的补丁，或某人突然看见绿色。书里其他地方没有颜色的形容词。《所罗门之歌》由红、白、蓝开始。这些读者不感兴趣，对他们来说也不重要，但这是我进入其中的方式，因为它首先就给我强有力的视觉感。它必须在某处出现，有某种颜色的组合，有某种运动，让我把那些人物放在那里。

在《秀拉》（Sula）里有件好玩的事——这证明了视觉化对我有多重要。一个女人的前夫即将来看她，前夫抛弃了她，她好多年没有再见他。前夫来了，她不知道自己将作何感想。是不是要表现得无所谓？是不是要抽他耳光？是不是要让他……她不知道。他就这么来了，和过去一样鲁莽和不负责——而她发现她真的不能不在乎。后来他走了，走出家门，走下门廊台阶，跳进这辆绿色轿车——一辆老款福特，早些年他们最先推出的款式，车顶又方又大——他鸣笛。鸣笛声听上去是老式的声音，"噢嘎，噢嘎"的声音。当她听到这个声音，她明白了自己的感受——她笑了。但她不清楚自己该做什么。我觉得这个场景相当有意思，然后有人说："但那是1895年，那时没有福特。"这是一个大问题，很棘手。那他现在该走向哪里？

于是我想了又想。最后我让他走出门，下台阶，有个女人在那儿等他。她笑了，这个大城市笑了。这时那个女人明白了自己的想法。但对我而言重要的是，这个等着的女人穿着苹果绿的裙子，因为不管他要去哪儿，必定要走向那种明亮的、苹果绿的汽车的颜色。于是我只是去掉汽车，放进一个女人，把"噢嘎，噢嘎"的声音换成她的笑声，但她必须穿着那条裙子。除了我，没人会觉得这很重要。

问：你之前提到你的编辑，你也当过多年的编辑，编过别人的作品。

你与你的编辑关系怎样？是否像其他作家与他们编辑的关系一样，还是说你把自己的智慧带入其中？

答：我想我带入了一点智慧。他是个出色的编辑，我与他合作融洽。我们的对话也许更有效些，因为他不必做那些说服工作，我很清楚那些东西。他也清楚什么不该碰，这很重要。他很清楚这一点。我们关于逗号的争执很激烈。在这个问题上，他很狂躁——每次呼吸都是一个逗号，不只是语法问题，他还说："'and'前要加逗号吗？"拜托。我想的是声音与乐感，以及我多么希望句子继续下去。而他……在《爵士乐》中，我按自己的方式来，也许正是因此，没有人能顺畅地高声朗读。但之后我向他妥协了——这本书我让他赢。

问：我们该让观众问问题了。

观众：为什么你选了《爱》作书名？

答：其实我没有。我有另一个在我看来更好的书名。其他人无法理解，太难解释了，但那是个暂定名称。我与出版人谈论这本书，试图诠释它。出版人听到这个名字后沉默了——呃，这本书是关于这个；不，它是那个意思。然后他说："嗯，干嘛不直接叫《爱》？"我说："这是世上最糟糕的名字，老套至极。"他说："不过，在'爱'前面不加形容词或短语，只有这一个字的书名非常罕见。"我有点恐惧，不认为这个名字能行。然后我回看手稿，删掉了这个字——爱——从所有它出现过的地方，除了L那里，我想她有权用它。但还有十二处用这个字，我本可以用别的词替换。因此，我想把这个字抽出来，让人们思考这个问题：这本书中的爱是何含义？

观众：继《最蓝的眼睛》后，你说你后悔用托妮·莫里森这个名字。你现在还后悔吗？

答：是的。

观众：那你为什么没改回来？

答：因为，后来这个名字变得对我有用。托妮是小名。莫里森是我孩子父亲、我前夫的名字。我以为自己会用克洛艾·沃福德，我的本名，我家族的姓，但我没有。我犯了个错，用现在的名字签名或签合同。这很草率。我第一本书的署名是托妮·莫里森，我后悔了。现在这个名字的有用之处在于，叫我克洛艾的那些人我认识了一辈子，这就有了明确的区分。另外，这个托妮·莫里森可以是一个形象、一个公众人物，我以后完全可以置之不理。所以说，我给自己的生活制造了某种精神分裂，带来了托妮·莫里森的种种负担，带来了餐馆里的好位子，带来了自以为认识你的陌生人——这些你明白。她来搞定这一切，而我躲在背后某处。

观众：我想问你诺贝尔奖，它对你意味着什么，它给你带来了什么改变。

答：诺贝尔奖对我意味着很多。它是个巨大的意外，让我很愉快。我想我说了那些期望我说的话，关于我对自己作品获奖的感想，我觉得自己受之无愧。它代表了美国，代表了女性，代表了黑人女性。但在心底，我觉得它只属于我。

安德烈·布林克

André Brink

　　如果作家生在一个保证会向其提供故事的地方和时代是幸运的，那么安德烈·布林克无疑是个十足的幸运儿。他生于 1935 年，在荷兰归正会（Dutch Reform Church）[①] 影响下的一座南非小城长大。他的父亲是地方治安官，内心坚信白种人高人一等。布林克在南非文坛脱颖而出的过程，与南非二十世纪的发生的巨变同步——反映出他自己观点的变化。

　　他完成了数部小说、剧作、政治随笔，以及一本回忆录《岔路》（*A Fork in the Road*）。我之前在爱丁堡访问过他，那时他与比自己小四十多岁的第五任妻子、波兰人卡琳娜在一起。他最近的这本书从写给卡琳娜的角度诠释了他的生活。

　　2009 年 4 月的这次访问，他在开普敦的家中，我们通过电话交谈。

　　拉莫娜·科瓦尔：这本书的书名《岔路》来自一个意想不到的出处，来自打棒球的尤基·贝拉（Yogi Berra）。他经常引用不当，他说："当你

[①]　一个基督教教派。

来到岔路，要把握机会。"① 为什么你迷恋这句话？

安德烈·布林克：我就是觉得好玩，很挠人，让我久久不能忘记。我从第一次听到这句话就知道，不管怎样，总有一天，我会不得不用到它，想起它。我着手写回忆录时似乎就是这个绝佳时刻，因为当一个人回首生命时，首先跃入脑海的显著意象就是一条路，而且是一条充满可能性的路，上面有这么多岔路，这么多小路带你偏离大路。随着我老去，我越发觉得，我曾以为如果一个人做出选择，选了一条路要走，比如一条人迹罕至的路，第一个念头是会觉得那些没有选择的路永远被放弃了，永远丢失了，但现在我越发觉得，其实在背景里它们仍然盘旋。它们还是伴着我，还有未实现或半实现的可能性。经常地，这些可能性能丰富一个人的生命，成为他的存在的不可缺少的一部分。

问：也就是说一个人有两种、三种、四种可能……

答：无限可能，是这样的。

问：在谈回忆录的故事之前，我们先来谈谈这本回忆录。你没有从"这就是开始，那就是结束"写起；而是曲折地穿过你的一生。在回忆录里，你写到了各种命题。说说你怎么决定这样写，因为你写到在法国的经历，写到写作、萨拉热窝、你父亲的事，还写到剧场的事。你是如何决定这本书的结构和顺序的？

答：其实没什么顺序可言。关键是我不想写那种标准的自传，从你出生的那一刻写起，一直写到你死之前，如果可能的话。我更想用一种自由的方式切入，让生命展开，就像它呈现给我的那样。我想我最早有这个想法是几年前我再婚时。我妻子是波兰人，而我是南非人，我们来自完全不同的两个世界，这就意味着我们要互相从头诉说自己的人生故事。我想，嗯，何不把全部事情组织成对我妻子的一系列叙述，试着解释我自己——在这个过程中，不只是对她，也是对我自己。

---

① 岔路也可以指一个人面临抉择的时候。贝拉给人指路的时候，把两个意思弄混了，传为笑谈。

问：让我们回到这个年轻人，就像我说的，他在荷兰归正会影响下长大。你把他描绘成一个热忱的加尔文派信徒。说说来自那种宗教背景的年轻的安德烈·布林克吧。

答：那种生活完全被南非白人的主要影响所控制。我的父母都是南非国民党的忠实追随者，他们支持种族隔离政权。我们生活、我成长在那些小而又小、几乎消失在这个国家深处的城镇里，所以儿时或作为小青年时，我从没有机会将我成长的这个窒息的小世界与其它地方的其它可能性比较……因此，当我二十三四岁离开南非去法国留学时，在那里，不论情愿与否，我都被扔进了巴黎的大熔炉并发现了一个全新的世界……直到那时，我才有机会去比较，我活在一个安全舒适的地带，然后突然被扔进了巴黎这样喧嚣而充满活力的城市，这是对整个世界完全的重新发现、狂热的重新发现，我无比兴奋，但很多时候也让我害怕。

问：你说起喧嚣而有活力……我们先回到你说的暴力泛滥的南非。你成长在一个非常暴力的环境中。尽管你小时候很有安全感，但有人挨打，黑人在你周围挨打。你能看到你的家人、你的邻居们做了些什么。这本书的一些读者会感到惊讶，与你生活在一起的这些人自认为是基督徒，却对身边的非白种人如此狠心。

答：我觉得在写这本回忆录的过程中，这是最令我不安的发现之一，因为我曾以为……或者说以前我只要一想到自己的童年，就觉得这是典型的幸福童年，家庭给我安全感、可预测的未来、舒适的生活，让我得到爱护与养育等等。直到几年前我才与我妹妹开始自问并自觉地讨论，我们曾经觉得这么美好、闪亮、丰富多彩又充满安全感的记忆怎么啦，它怎么能让我们变成了现在的样子，因为我俩都发现我们自认为很多方面一团糟。怎么会这样呢？

我和我姐姐互相追问，因此我着手写回忆录时，试图追问，那个幸福世界的表面下究竟在发生什么？而我惊讶地发现了黑暗与暴力竟然始终包围着我，也至少从一定程度上解释了为什么这个国家还是暴力泛滥，还是这么骚动、这么野蛮，还是难以融合。

问：我记得你说你作为一个作家，直到六岁在学校学英语，你才有了语言。

答：是的，的确如此。那个发现——关于暴力的记忆，那个发现强力地冲击了我——陪我度过余生。我越发感到发现语言是让我与我的世界达成妥协的方式，让我努力了解自己身边真正发生的事，也许在一定程度上，就像007系列中一部的名字《你只活两次》（*You Only Live Twice*）那样：只有当一件事发生了第二次，你才真的能接受它、探究它、发现它的意义。

我接触了英语，用语言不断地向自己复述、向自己阐释，才意识到自己的世界，因此才写成这整部回忆录。我六岁时第一次听到英语，因为我童年的那些小村庄不仅主要说而且几乎只说南非荷兰语——在这些白人殖民地的孤岛上，这并不奇怪。而英语突然让我发现了超越熟悉生活的一个完全不同的世界。每一次学一门新语言，我都有这种感觉。每次都被新的世界、被新奇之中的熟悉感、被边界与边疆的延伸、被跨越这些边疆所震撼，这种震撼带给我愉悦、快乐与重生的感觉。我觉得是这些最终让我走上了写作之路。

问：是的。虽然人们可能会觉得你父亲和你截然不同，他大概也不太能理解你，但你十二岁写的第一本书是他帮你打出来的，听到这个我很惊讶。

答：这就是我成长的矛盾和冲突的世界的一部分。我的家庭很团结。他确实这么做了，那是个重活：他很忙，要从治安办公室的日常工作中抽身……那时他一回家就进花园，使劲干园艺活，但他抽空找时间为我打手稿。我自己不会打，那时我还太小。他确实很有兴致地培养他在我身上发现的天赋，后来全家都开始培养我。

即使当我从巴黎上学回来，完全变了一个人，开始抵触我成长的整个世界，这使我必然与家庭发生冲突……某一时刻，我们不得不真的坐下来，理智地决定在家里我们不再讨论政治，因为政治讨论会产生离心力，会粗暴地瓦解我们的家庭。为了维护家庭的状态，为了尊重我们彼此仍有的爱，我们不得不远离政治，这当然又导致我们之间的其他种种不和与裂痕，让我们的生活更复杂。

问：是的，那一定很复杂。你写到你回来后，在政治意识上完全变了。你一开始的写作很有挑战性。你开始为剧院写作，你说你从为剧院写作转到写小说与审查有关。这是怎么回事？

答：这个转变是因为，当我开始为剧院写东西时，不只是当编剧，也做导演，我可以利用我的学生。我可以与他们共同创作学生剧，别人写的或是我自己写的，但我一直没有一家自己的公司，就像亚朵·弗佳德（Athol Fugard）那样。这意味着我要依靠国家资助的剧院给我的预留场地。我一开始经常在南非几个首都①的不同剧院里工作，但那种依靠国家资助的剧院就意味着在审查面前异常脆弱。实际上，观众里只要有一个人投诉某出公演的戏，他们就会——就那样把戏撤下来，经常这么做。而写小说至少有暂时的安全感，永远没有先行审查，所以一本书可以在被禁前出版。一个剧本只有搬上舞台才有生命，作为导演，你的第一场演出就可能被禁。所以我逐渐转到写小说上……我开始时写纪实、杂文和故事，剧院非常非常不堪一击，这是必然的转向。

问：但 1974 年你的《注视黑暗》（*Looking on Darkness*）成为南非审查当局所禁的第一部南非白人小说。从那以后，我记得，被禁名单扩展到大约两万本。所以你没法避免审查，对吧？

答：不能，当然不能。这种事情发生后，我深感震惊。我们一直知道达摩克利斯之剑悬在头上，但同时有一些理由让我们相信政府会支持英语作家——因为英语被国民政府视为老敌人——但他们不会真的诉诸于对南非白人作品的审查。南非荷兰语是只能在南非使用的工作和生活语言，突然间这事意外降临，意味着，如果你的作品被禁，你就等于被隔离了，

---

① 南非有三个首都。

不存在了。我得寻找另一种生存方式。我唯一的办法便是转向英语，开始用英语与南非荷兰语同时写作。

问：但为什么你认为他们不会禁掉南非荷兰语小说呢？你是苹果里的虫子，他们怎么会不想把你尽快除掉？

答：这里面有种复杂的关系，因为南非白种人像个家庭。尽管有时家庭争斗比别的东西剧烈得多，但多年以来，这个国家对于写作似乎有一定的包容。他们不想公开对付自己人，他们想给我们留些余地，他们想容忍他们中的浪荡子，希望最终他们能回来。当然，当他们的希望没有成为现实，他们开始更为凶狠地对待自己人，有甚于对待他们眼中的外人与异族。

问：你谈到在书被查禁的同时你失去了许多朋友。你对此有何反应？

答：很痛苦，因为在这件事上，他们中大多数人与我有激烈的对抗……公开说我是叛徒，彻底跟我绝交，其中一些是我多年、甚至从小到大的密友。突然之间，面对他们的彻底决裂，我有种被放逐荒野的可怕感觉。但好的一面是，同时，在我失去这一个个说南非荷兰语的白人的时候，我赢得了另一些朋友——多数是黑人——他们同情我的书遭禁，因为遭禁的原因之一是书里写到了一个黑人男子与一个白人女子的关系，因为它涉及对种族隔离的反抗和对政府的正面攻击。所以即使许多人从没读过我的南非荷兰语作品，他们也知道我代表了他们会同情的东西，这改变了我与这个国家其他人关系的全部性质。它成了一个开端……从另一方面看，也是一个让人难过的收场，结束了我与一些人的关系，但开启了与另一些人的美好关系。

问：当你写到对当今南非的思考，你用了"受虐的孩子容易变成施虐的家长"的说法。今天发生的事一定让你难过。

答：这是我人生中最有幻灭感的经历之一，因为当今这个国家的多数领袖，我在他们的流亡岁月里就认识了他们。我在澳大利亚、都柏林、纽约、伦敦，在世界各地遇见他们——还在卢萨卡（Lusaka）①，流亡的"非洲国民议会"总部所在地。他们中许多人成了我最好、最亲密的朋友。他们作为个体，作为有着强烈使命感、全身心投入解放事业的一群人令我钦佩。他们一旦回国，面对种族隔离的消亡，他们一旦掌握权力，实际上他们就——现在看来，我觉得，以前他们就——开始沾染统治者的习惯……

问：什么习惯？

答：只对给自己带来权力的小团体感兴趣、排斥和怀疑他人、对他人下手凶狠、落井下石、试图以错误的黑白界线再次分割国家、滥用权力、迷醉其中、任人唯亲、贪污腐败，以及一切从人类社会开端就有的权力恶习。我曾觉得自己有理由相信"国民议会"会远离这些，他们中一些人不会落入同样的陷阱、被同样的欲望吞噬。看着这些我曾深深钦佩的人已经变成现在的怪物，这是我一生中内心受到的最强震撼。

问：我记得种族隔离被废止、新南非建立时，每个人都说像你这样的人……将写什么？再没有东西可写。你记得吗？

答：我记得很清楚，尽管我从不相信这个想法。就算那时我也觉得，即使在种族隔离时代，种族隔离只是南非社会权力结构的一种特定形态。世界上没有哪个社会不存在滥用权力。那么即使种族隔离废止了，我们还会有滥用权力的形式——因为我们是人，我们活在人类社会里——这是重要的发现，很有幻灭感，是的。但与此同时，对于我这样一个作家，也对于其他作家，这里面也有一种扭曲的慰藉，因为我们知道永远有其他的风车等着我们对抗。

问：你被认为是南非反种族隔离的英雄。我记得尼尔森·曼德拉说他读过你的作品。在新南非你受到怎样的评价？

----

① 赞比亚首都。

答：我觉得有好几种态度，让我很难给自己定位。许多当年我反对政府时与我绝交的朋友现在其实都回到我这里，他们向我道歉说："嗯，最终你是对的。"还有些人比以前更激烈地抵触我……

问：他们说"看现在都成什么样儿了"？
答：没错，"你两眼一抹黑。你想不到现在这个样子，而我们料到了，因为黑人现在掌权。"

问：那你怎么回答？
答：我还是认为，我始终坚持，我们都会犯严重的错误，尤其当我们受权力的吸引时，但我们要一直和它斗争。最初，在种族隔离终结后的乌托邦里，那时我以为美景理应延续得更长，但我们要做好准备，去面对政府内部滋生的破坏力，以前在种族隔离政权内部滋生的破坏力。政府里的人对我的态度特别暧昧和矛盾。有些人仍想靠近我。两天前我还收到新总统就职仪式的邀请。他们还想包容我。

问：你想去吗？你会去吗？
答：当然不会，绝对不去。不过用马尔库塞曾经的话来说，他们中许多人似乎仍然相信一个人能包容自己的敌人，并借此令他丧失战斗力……

问：用红酒和鱼子面包。
答：是的，没错，还有在那种场合上能吃到的花色小蛋糕。

问：很美味。
答：不一定——是一种又苦又甜的味道。

约翰·班维尔

John Banville

　　爱尔兰小说家约翰·班维尔凭借《海》（*The Sea*）赢得 2005 年的布克奖。他被认为是一位严肃而有天赋的文学家。自 2006 年，他以笔名本杰明·布莱克出版了一系列犯罪小说。

　　我们在爱丁堡与悉尼的文学节当面交流过几次，在访谈中，他有时相当情绪化。以下的访谈进行于 2009 年，他在都柏林的工作室，而我在墨尔本的工作室。这次他兴致很好。我们从他的小说《无穷》（*The Infinities*）说起。

　　这是一本出色、有趣、博学而平易且充满智慧的书。故事设定在盛夏的一幢破房子里，那里家人陪伴在弥留的父亲亚当·高德利的床前。他是一位杰出的数学天才，他的研究颠覆了过去所有关于时间、物质与宇宙学的理论。他酗酒成性的第二任妻子，乌苏拉在他身边，还有他们的怪女儿佩特拉和他们的儿子，也叫亚当，以及他们的儿媳，漂亮的女演员海伦。另一些角色来来去去，包括叙述者赫尔墨斯，希腊神话之神，他的职责是护送小亚当进入来世，以及赫尔墨斯的父亲，宙斯神，他来客串一下，与凡人海伦风流快活。神都是这样的。

　　拉莫娜·科瓦尔：我喜欢神在我们中间、实际上从未离开的想法，把我们的遭遇怪罪到他们头上再好不过。

约翰·班维尔：是的。我有一个朋友，他纠缠在多个公开的感情纠纷里。他说他终于明白是怎么回事了：他是个神，无法抵挡凡间的女人。巧妙的借口，我觉得。

问：嗯，无法抵挡凡间女人的不只是神。女人让我们对彼此无所不为。

答：对。古希腊人有自己解释世界的方式，他们把它融进了神的概念。人世间一切的背后，都有一个神。每个举动，都有神的对应行为。如果你站在旷野上，突然吹过一阵风，那就是风神。如果你坠入爱河，那是爱神干的。如果悲剧降临，那是黑暗之神到来。这可以说是对人类存在的完美解释。

问：你是不是觉得希腊神话远比基督教传说更引人入胜？

答：是的。我讨厌基督教，也讨厌一神论。我认为自古以来这种荒谬的东西已经给我们造成了劫难，至今仍然导致可怕的问题。多神教简单得多，也是一种更加现实的信仰形式。

问：你觉得我们到底是否需要一种信仰神灵的形式吗？

答：完全不需要。我们可以自发地信，但似乎做不到。我们似乎需要爸爸妈妈们带我们走过生命中黑暗的偏僻小路，于是我们创造了神灵，让他们帮助自己。

问：我们确实创造神灵来帮忙。你写的亚当，老的那个，那天处在弥留之际，他是个相当有天赋的人。他是数学物理学家，还是著名的宇宙学家？你如何描述他的职业生涯与研究？

答：他似乎有多重身份。他肯定是数学家，也许还是物理学家。他有过多种发现，最重要的一项是"多重世界"理论，就是说每一个原子层面的微小变化都会让宇宙分裂出另一个新的宇宙，所以实际上有无穷无尽的宇宙，我们在其中有多重映像存在。这是个美妙的理论，我一直很喜欢。当然，这完全无法证明，因为我们只能经历一种经历，但我们的多重映像在其他宇宙中经历着稍稍不同的经历，这个概念魅力十足，我觉得。

问：他提出了绝妙的梵天假说，摧毁了"万有理论（the Theory of Everything）"①假说。什么是梵天假说？

答：要知道，我是个小说家。我能想出梵天理论，却不用解释它是什么。我不知道。

问：好一个高明的把戏。

答：我不知道。这本书里充满了把戏，很好玩，和那些神本身一样好玩。我刻意这样写，不必太在意表面的东西。书里发生了许多完全不可能的事，似乎发生在另一个世界。

问：我正想问，那些事发生在何时或何地，因为那个世界里已经发明了冷核融合（cold fusion）②，整个地球从海水中获取全部能量，而且普朗克常数③一点也不恒定。一切悬而未决。

答：就像我说的，写这些很好玩。我可以创造自己的英雄，海因里希·冯·克莱斯特（Heinrich von Kleist），他在非英语国家几乎不为人知，我会使他成为一个非常伟大的人物，而让歌德成为被遗忘的诗人。我从中得到很多乐趣，也希望读者获得快乐。这本书本该让人快乐。当然，书里也有黑暗面，正如生命本身，但好玩的地方终究应该让人觉得好玩。

问：你提到冯·克莱斯特，所以我觉得我们应该继续这个话题。和我说说他吧，还有他在本书中很重要的名剧。

答：海因里希·冯·克莱斯特的短暂一生处在十九世纪初，他三十多

---

① 试图统一自然界四种基本互相作用力的理论。
② 指理论上在接近常温常压和相对简单的设备条件下发生核聚变反应。
③ 是一个物理常数，记为"h"，用以描述量子大小。

岁时自杀了。我认为他是世界文学史上的伟人之一。他的作品在德国自然是经典，但在德国之外，尤其在英语国家，他几乎默默无闻，这令人震惊。我改编过三部他的戏剧，其中两部在爱尔兰上演过。我这么做完全是出于敬意。我想让克莱斯特登上英语国家的舞台。我认为他的《安菲特里昂》（*Amphitryon*）是一部了不起的杰作。

克莱斯特力求在莎士比亚的滑稽表演中掺入希腊戏剧的成分。在《安菲特里昂》中，他做得很成功。这是一部黑暗怪异的喜剧，在剧中，宙斯神来到地球，因为他爱上了一个凡世的女人，阿尔克墨涅，她是底比斯将领安菲特里昂的妻子。宙斯与她过了夜，第二天安菲特里昂出人意料地回家。接下来是一出精彩的莎翁式的错乱喜剧，也很黑暗，因为可怜的安菲特里昂失去一切，甚至失去了自我。所以说这是一出严肃的戏剧，但也很好玩——对于当时的德国戏剧来说，非同寻常。就像马克·吐温说的，德国笑话让人笑不出来。

问：没错，他也写过一篇很出色的关于德语的杂文，是吧？

答：这出戏极好，我大力推荐。现在有三四个不错的译本，我推荐这出戏。我当时打算改写《安菲特里昂》的小说，本来想保留原名，然后我意识到这个名字大家不知道这么拼，不会去书店询问它。我本想紧扣原剧，打算让小说效仿剧本，但小说总归是小说，它们有自己的方向和规则。在改写小说的过程中，它从戏剧中挣脱了，但克莱斯特与安菲特里昂仍在背景上清晰地显现。

问：什么时候你觉得对它失去控制，或者，它是一匹受惊的野马，而你努力坐稳？

答：写书写到一半总会这样。你知道吗，一开始，你坚信这将是一本不世出的杰作，毫无瑕疵，无比完美。理性上你明白不是这么回事，这和其他作品一样，又会是一本搞砸的书，但开始时情绪都比较高。一两年之后，写到一半，你发现自己在齐脖子深的烂泥里艰难跋涉，这时你开始感到迷茫。但也正在此时，小说开始自发创作。有两个含义，它成形了，同时又自发地写自己。

问：它成形，又自发地写自己……你是个资深语言爱好者，喜欢说俏皮话，不是吗？

答：嗯，这就是语言的作用，我觉得。我看不出人类被赋予这种天赋的意义……在地球上，我们似乎是唯一拥有语言能力的生物——那么为何不把它用到极致，为何不戏弄它，为何不严肃地戏弄它呢。

问：看这本书时，我屡次要查字典，我很享受。
答：字典是个好东西。

问：绝对是。我喜爱字典，从中学习我发不好音的各种怪词和怪事，这要感谢你。之前我刚听你谈过你的作品，发现书里有一部分写的是，弥留的亚当说（书里也有他的叙述）："在我一脚踹飞他们的万有理论时，我的信念简直坚不可摧。我厌恶他们中的大多数人。当他们最终看到我无可辩驳的正确理论，他们该如何极尽讨好恭维之能事。"这里我需要查一下字典。"不过我不也厌恶我自己，我与我的研究、我应该如此自负地投入精力的研究吗？噢，这不是说我的成就在任何人之下，实际上，我认为它超越了所有人，超越了任何我的同辈人本应该完成的，只是我并不满足。"
听起来很典型的班维尔风格，不是吗？
答：差不多，可以这么说。

问：这本书里有一些精彩、智慧的文字……
答：这让我想起，曾有人问纳博科夫对当代文学的看法，他说："从这里开始很好，谢谢。"

问：也可以说从这里开始，这个叙述者——也是创造了一切的那个人，就是你——赫尔墨斯，他说："是我设计了一切。"其实还是你。他有一些精彩的对白，比如："生存的秘密在于不完美的想象力。"你还记得吗？这话是什么意思？

答：哦，我记得，我认为确实如此。如果我俩之中，你或我，拥有瞬间看穿世间苦难的完全洞察力，我们会崩溃。我们必须把世界当成另一个样子才能活下去。我们无法面对这个世界完全的恐惧或完全的荣耀。我们只能活在日常生活里……我们要找到中庸之道，处在中间位置上，介于恐惧与荣耀之间。这就是生命的常态。但时不时地，我们会瞥见深渊或天堂。

问：是的。世上的永生之人不会经历爱或死亡，因为他们是不死的，但为什么说死亡的经历让我们能够相爱？

答：我认为死亡塑造了我们。我们做的一切都是在无视死亡、对抗死亡。死亡，以及自我意识，是我们被赋予的最大礼物与最大恐惧。书中的一个角色，一条叫雷克斯的狗，始终看着人类并想着他们到底怎么回事，这些奇怪的生命……他们的笑声总是带有歇斯底里的味道，他们的悲伤与悲伤的原因相比，总是不相称，他们到底是怎么回事？

当然，它无法理解人类体验到的死亡意识——它没有这种意识。这种意识造就了我们，也毁灭了我们：它创造了我们，也瓦解了我们。但当我们坠入爱河，我们用爱挑衅死亡。我们有这样的幻觉……不论什么时代，所有流行歌曲都说到不死的、永恒的爱情，而我们知道这东西不存在。但我们的死亡意识创造甜蜜的瞬间与黑暗的瞬间。我们都是哲学家，不管自己是否意识到，我们都在用哲学面对死亡。

问：是的。赫尔墨斯说，"这样的爱，尘世的爱，是他们自己的创造，并非我们所愿，我们也无法打算、预见或认可。作为神，这样的爱怎能不让我们动心？""我们"指的是神灵。

答：我认为这是书里最伤感的对白之一。神灵们轻蔑冷酷却又出奇嫉妒地看着我们，这是贯穿书里最主要的伤感线索。他在第一章就说到，神灵俯视我们，羡慕我们，因为我们有爱，这令人悲伤。他们能风流，能无所不为，但就是无法去爱——这是他们创造人类时没有计划的一件事，是我们自己的创造。人类的爱、脆弱、自私与不时的冷酷，在神灵们看来，却是最可贵的东西。这是书里一条悲伤的线索，也是一条甜蜜的线索。

问：赫尔墨斯陪伴着弥留的亚当，当他离开人世、进入来生时，赫尔墨斯说："关于来生，我不能透露。"为什么不能？

答：因为我不知道来生什么样。当然，其实没有来生，只有此生。我们的此生是天堂，也是地狱。

问：这真是一本可爱的书。佩特拉是个有趣的角色。不知为什么，她是神灵们的最爱，但她是个相当古怪的女孩，有点自残的倾向。她在编一本人类疾病的百科全书，而我们知道她将不久于人世，但不清楚是什么原因和以何种方式。为什么神灵们最钟爱她？

答：我想她与他们很像：她自己已经成了某种女神。她无法应付世间的生命。在克莱斯特给他姐姐的最后一封信里，他告诉姐姐自己将要自杀并快乐地憧憬那个时刻，他说他在世间无法解脱，佩特拉也是如此——在世间她无法解脱，于是神灵们要把她拥入怀中。当然，这只是小说家的幻象，实际上，这个可怜的女孩将要死去。我不知道何时或以何种方式。我只是创造了这些角色，却不了解他们的过去。

问：我只是杀了他们，并不为此负责。

答：我不知道他们将要面对什么，我不知道本书完结之后他们的命运。他们的生命由文字构成，他们将回到文字世界里。

问：有一句你写的话……我记得前一句是"甜蜜的生活"，后面的一句是"对于甜蜜的生活我永远不能完全进入状态。其他人似乎能轻易做到，他们自然而然就做到了，或让别人帮他们做。也许生命的秘密就在于，不要过分自觉地去生活，让生活自己展开。"这是亚当临终前的话。其中的哲理是什么？

答：我想这是我所有角色的人生态度，他们觉得寻常、平凡、日复一日的生活如此神秘而怪异，使他们无法生活，因为他们一直见证、观察生活。比如说，托马斯·曼作品中经常出现的一个主题是，经历生活与创造艺术哪一个更好。我的所有角色都处在这种困境中，我想，我也深陷其中。

问：关于这一点，和我再说说。

答：从某种意义上说，为了写作，一个人要从世界、生活中退出。不能两全，你不能既过正常的生活，又创造艺术。人可以两者都沾一点，但不能两者都完全投入。人不能完全投入生活，同时又是艺术家。这是十九世纪的陈旧想法，现在大多数人都会觉得好笑，但我坚信这一点，我想是这样。我觉得，艺术可以说是人性缺失的结果。我认为艺术家从人性中后退一步，以便观察和记录。这是我们的工作。艺术家是见证者，他们会说："这就是一个人在人生某一刻的样子——这是我的观察、我的见证。"艺术就是这么回事，我相信：它见证现实，它揭示寻常之物是如何完全不寻常，其实根本没有寻常之物，一切都很奇怪，一切都很神秘。艺术用它呈现世界的强烈形式，带给这里我们这些奇怪的动物般的小小存在以神的启示。

问：但不成为这个世界的一份子，你又如何书写它？

答：因为你站在它当中，观察它。我们是间谍，小说家是间谍，所有艺术家都是间谍，我认为。我们搜集情报，然后泄露到别处。可悲的境地，真的。好的一面是，作为一个小说家，你开始用句子工作，而我坚信句子是人类文明最了不起的发明。有些文明中可能没有轮子，比如说。好像印加人或者别的什么民族就没有发明轮子，但他们有句子，因为否则他们什么都做不了。在整个一生中，完全用这一神奇的发明工作，对我是极高的优待。所以我们过的单薄生活有不菲的补偿。

问：一切都不会像你期望得那么好，因为你不能全身心地投入。听上去这好像是你感受的来源。

答：嗯，无法全身心……这世界不存在完美，没人能创造完美的艺术作品。兰德尔·杰瑞尔（Randall Jarrell）有一句精妙的论断。他把小说定义为"虚构写作的扩充，但包含谬误。"我认为说得很对。现在我刚开始写一本书，劲头十足，因为我坚信这将是有史以来最出色的杰作。理性上，我知道不是这么回事，但这是我前进的动力。接下来的一两年，我会一直这么认为，直到，就像我说的，我再次在烂泥里艰难跋涉。但就算烂泥也充满乐趣。

问：你是否觉得随着年龄增长，你越来越得心应手？一定是这样，对吧？

答：这很难说……当然，熟能生巧是必然的。你用语言工作得越久，就越善于摆弄它，越善于与它搏斗。有时你把它摔倒，取得小小的胜利。但是语言的灵巧会带来危险。我十二三岁开始写作，也就是说写了大概五十年，半个世纪。我现在才觉得自己终于开始学习如何写作了，但危险在于……你越善于运用语言，就越接近危险……这么说吧，如果你能说些什么，危险就在于你能说出来——你会直接说，而忘了奋斗是形成艺术的主要部分，那种灵巧即危险。

问：是不是说，在你说出什么之前，你得知道自己要说什么？

答：不，但你必须有能力去分辨哪些是词藻的堆砌。作家一半的天赋在于能阅读自己的作品。我读过一些作家的书，我知道他们没有那种编辑力，他们没有勇气或能力分辨糟糕的作品。如杲你读 D. H. 劳伦斯的作品，他就完全读不了自己，他写一段精彩绝伦的文字，接下来的一段却完全是蠢话。一个好的社论作者能编辑自己的作品并砍掉大段内容……有不少作家也是这样的……

问：那好的编辑怎么样，为什么没有好的编辑出现并砍掉小零碎呢？

答：好的编辑有不同的任务。写作完成，编辑工作开始。外部的编辑在写作后开工。

问：你的作品接受外部的编辑吗？

答：不，我把书交给他们时，书已经完成了。说来也怪，本杰明·布莱克非常乐意被编辑。

问：有意思，本杰明·布莱克的小说是你写的。

答：对，是我写的……我不知该称它们什么，犯罪小说、黑色小说，随便。当提到那些东西时，我相当谦卑，因为我在犯罪小说领域是业余的，所以我很乐意专业人士编辑我的作品。

问：你觉得这种情况会持续多久？

答：噢，会持续到……

问：直到你感觉得心应手。

答：不，我现在已经写了三四部，我非常乐意别人编辑，但我慢慢熟练了，因为编辑的痕迹在减弱。不久之前我刚写完一本，我注意到这本的编辑痕迹要比第一本少得多，所以我明显在进步，越来越明白怎么写。

问：你身边的人喜欢你作为本杰明·布莱克写作的状态吗？还是更喜欢……？

答：我身边的人不喜欢任何写作状态下的我。这不怪他们——我也不喜欢我自己，写作是个可怕的过程。但之后他们……

问：为什么是个可怕的过程？我想了解一下，因为说到底，写作不会比在工厂做工艰辛。

答：写作让人产生可怕的变化。我记得几年前，我与妻子在美国西南部，我们联系了我们的朋友科马克·麦卡锡。我们说，我们要去圣菲。但他住在艾尔帕索，离我们太远，所以他说他会过来找我们。所以他来了，我们在圣菲的旅馆里一起过了一个周末，很愉快，我们是很好的朋友。但上午是他的工作时间，第一天上午他下来吃午饭，面无血色，双眼死寂，胡子拉碴，看上去像个杀手，真的。后来我对妻子说："我也像这样吗？"

她说："每次写作都这样。"我惊诧不已。他看上就像要去杀人。我妻子有句名言，说与作家一起生活，就像与一个刚犯下一桩血案回来的杀手一起生活一样。

写作是个磨人的过程。这就是为何那么多作家酗酒，因为一天下来只有一杯葡萄酒才能让他们恢复人性。在我看来，这是对一个人最大的考验。我想体育运动要求很高，但主要是体力上的。我知道，智力也是需要的，一个人想当运动员得在智力与体力同时给自己定位，但写作是……完全没有体力要求，只是一天八小时开足脑力，一天结束你已精疲力尽，被榨干了，没有什么留给你身边的人。这对于身边的人来说很难熬，所以我对那些忍受了我五十年写作的人充满感激和谢意。

问：你是如何回报他们的？

答：晚上喝完第二杯葡萄酒之后，我会让大家开心，表现出风趣机智的样子。我不知道，我觉得他们忍受我，是因为他们认为这样做值得，写作是值得参与的事。

问：关于文学批评呢，在那个特定文学领域艰辛劳作，评价他人作品，写评论？那对你重要吗？

答：我不是评论家，我给书写评论；但评论家做的事完全不同——他们试着找到一部作品的位置。我只是给一些人们还读不到的新书写评论，因为它们还未付梓印刷。这是一份高尚得体的工作，如果高尚得体地做，如果不去刻意吹捧自己的朋友、抨击自己的敌人，如果诚实评论的话。在这个世界上，文学评论执行它必要的功能：它能延续总体上小说与文学概念的生命力，让人感到它重要、有价值、赏心悦目。所以，没错，我有义务尽我所能让人们去阅读。

我也喜欢写评论，还因为我可以从一个纯粹手艺人的角度去写：这是一份手艺活，写一篇出色的评论让我深感满足。要是我为《纽约书评》写篇三四千字的评论，我会觉得这是非常令人满足的体验——比写小说让人满足多了。

问：报纸上的新书评论版面逐渐缩水，你怎么看？

答：我认为这很可怕，但不可避免。作家们曾经拥有的知识权威的形象已经易手，整个书与文学的世界已经成了流行文化的一部分。现在人们在流行歌手身上寻找智慧、指引与激情。我在六十年代长大那会儿，每个周末都会买《星期日泰晤士报》和《观察家报》，我会读上面的评论，把它们看得很重要——它们确实重要。现在依然有评论，还有人写评论，但权威已经不在了，就像有些人说的，已经易手给流行文化。这不可避免。我想会有逆转的一天，只要我们坚持教导那些在学校里教小孩子们的人，他们会让孩子们明白文学、观念与思维生命力的重要性。

问：你是否想教其他作家关于……

答：不，老天，不想。

问：为什么不想？

答：我记得有一回我在一个写作营里——我独自一人在那儿待了一个星期，感觉很棒——但是周末的时候，我一个朋友在那里开了一门创意写作课。我周六就要走了，可以说是逃走。她问我走之前能不能给他们说两句。于是我进了课堂，我说："各位，趁还来得及，赶紧放弃吧。写作生涯很艰苦，也许过于艰苦了，你们中的大多数人是做不到的。你们的努力只会变成自我折磨，所以现在就放弃吧。"我看这不像一个合格的老师说的话。

问：但他们中一些人还是会义无反顾，对吧？

答：当然会，但创意写作课程不能帮助他们坚持下去。只有当写作在他们心里、不能抑制时，他们才能坚持下去。我认为，对于天生的作家，现实直到用语言过滤后才变得真实。如果你有那种特质，你将是一个作家。但我不认为这可以传授。

问：你是不是那种无法独立生活的作家？你自己报税、自己付账单、自己购物吗？

答：我自己购物。

问：你的袜子是谁买的？

答：噢，我当然能独立生活。有一次我做了一个访谈……不记得是不是你，但是个澳大利亚人。那时我刚刚获得布克奖，我的洗衣机在背后运转，访问者问："什么声音？"我说："是洗衣机。没错，就算是布克奖得主也要洗衣服。"我当然能独立生活。我说的无法彻底投入生活，指的是过去人们说的精神生活、精神体验。我当然能独立生活。我是一个公民，我对政治、社会与道德和其他一切都有自己的观点。作为一名艺术家，我毫无观点。卡夫卡日记里短短的一句话是我一生的箴言："艺术家是无话可说的人。"

问：但可以写下一切。

答：写下一切，见证一切，但不去发表看法。我没有看法，就算有，也微不足道。我感觉，比如9·11事件……应该停下来。五十年内不该允许任何作家写9·11……

问：但他们已经写了，不是吗——他们没听你的。

答：是的，他们写了，写得糟透了。小说的问题在于，小说家开始写作时没有意识到小说本质上是一种历史形态。如果你读过十九世纪的经典小说，就会发现它们的故事都设定在过去。小说家们不写当下。小说必须是……小说的素材必须沉淀、混合、放很久，然后才能加工。但你知道，作家们太过傲慢，他们觉得自己关于这个、那个和其他问题的小观点能改变事物。老天啊。

我的一个朋友说过……他遭人痛斥。他不幸出席了一次电台访谈，说9·11死的人还不够多，主持人惊呆了。他笑着说："我开个玩笑而已。"她说："你难道不关心吗？"他说："我关不关心有什么区别？我的关心对谁有影响吗？"这是实话。在生活面前，艺术家真的应该谦卑。

问：人们从一本书中获得智慧，比如《无穷》，你觉得开心吗？

答：这取决于你说的"智慧"是什么。我想让这样一本书给人带去愉悦、一点启发、让我们感知世界的神经苏醒过来。我想表现出寻常的现实……我想展示现实毫不寻常的真实面目。这是艺术的任务：它让世界苏醒，给现实带去生命力。如果这样做能带来智慧，那没问题。但我对人们无话可说，我没有什么想法要表达，也没有观点要强加于人。

问：我们说到，你感觉你写的东西从未达到自己的期望。你觉得有让人满意的作家吗？

答：没有，我说过，没有完美的作品，所以没有哪个作家能变得完美——作品某处总会有些疏漏，这其实很有必要，能给作品一些人性的元素。我觉得贝克特晚期的一些作品，像《看不清道不明》（*Ill Seen，Ill Said*），完全可以说是非常接近完美，但里面也有些愚蠢之处。他不停地说什么是词语，什么是错误的词语……让人很想对他说："山姆，我们了解你对语言的态度，跳过去吧，别沉浸在这些学生笑话里。"所以可以说，一切都难逃瑕疵，但我还是认为《说不清道不明》是一部佳作，或者《静静的骚动》（*Stirrings Still*），他的最后一部散文作品。这部作品是对生命、工作与沉思的提炼。看到一个艺术家在晚年的创作如此出色，令人惊叹。

问：你也一样，只是你还不老。
答：我感觉自己老了。

珍妮特·温特森

Jeanette Winterson

　　珍妮特·温特森是英国当代出色的小说家与散文家之一，但开始时并非如此。

　　在 1959 年年轻的母亲生下她后，她即被英格兰北部的一对五旬节福音派教徒夫妇收养。十六岁那年她被迫离家出走，因为她的养母发现了她的同性恋情。到了 1985 年，她写出了备受赞誉的《橘子不是唯一的水果》（*Oranges are not the Only Fruit*）。有人问这本书是否是她的自传，她回答说："就像脱口秀里常说的，'就这么跟他们说吧。'我注意到当女作家将自己放入小说，人们就说那是自传。男人这么做，比如保罗·奥斯特或米兰·昆德拉，人们就说那是元小说（Meta－fiction）。"

　　她接下来的小说探索了身体与想象、性别对立以及性别认同的边界问题。这些作品获得了多项文学奖。2002 年，她的改编剧作《苹果皮笔记本》（*The Powerbook*）在伦敦的皇家国家剧院上演。

　　2008 年 5 月，在悉尼作家节上，我与珍妮特·温特森有过一次对话。她的小说《石头神灵》（*The Stone Gods*）是一个分成四部分的复杂故事。第一部分叫《蓝色星球》，故事的背景是一个科技进步泛滥、国家控制严密、环境濒临崩溃的世界——直到"蓝色星球"被发现，带来了移民的希望。在这本书里，我们先见到了第一个比利·克鲁索，然后我们被带到1774年驶向复活岛的旅途中，当然那就是书名中石头神灵的所在了。这里有另一个比利。书的其他部分带我们来到二战过后不久一个处在大国势力外围的社会里。在那儿，比利·克鲁索与她的拟人机器人斯派克遇见了弗莱德，一个前世界银行的经济学家。所以说，《石头神灵》部分是爱情故事，部分是讽刺小说，部分是对一种新思维方式的论证。

拉莫娜·科瓦尔：二十一世纪的开端，人类还存在着，你似乎对此感到惊讶——为什么？

珍妮特·温特森：在我眼里，二十世纪是自杀的世纪。有如此多的灾难，如此多的恐怖事件，如此多的噩梦。两次世界大战、法西斯主义、麦肯锡主义、种族隔离、艾滋病、穆加贝、撒切尔、里根。想想二十世纪的所有灾祸，我们经常把自己带到悬崖的边缘——古巴导弹危机、猪湾事件——然后我们努力悬崖勒马。形势看上去变了：柏林墙倒了，看似崭新的和平时代来临了。然后，瞧，我们回到了十四世纪，信仰战争又复兴了。这令人震惊。在过去一百年间一直有种战争边缘政策。我认为这已经让我们所有人都清醒了，领悟到我们自相残杀与毁灭地球的能力。我坚信我们生活的这个时代与其他人类时代大相径庭：此刻我们要么能改邪归正，要么再也没有机会了。

问：我在《石头神灵》里看到一个环形结构，你称之为环状历史。意思是，我们来到二十世纪末，看上去挺好，我们延续到现在，然后我们又回到信仰战争中。从这个角度讲，这个时代与别的时代有什么区别？为什么不让它崩倒重来？

答：这个时代完全可能崩倒，但没法重来。因为有两样东西很不同。很明显，一样是我们的科技，这个时代的新产物，足以让人类、让一切彻底灭绝。另一样，我们的环境状况可能导致一种情况，就是即便我们把自己的事处理好，不再互相杀戮，这颗星球可能也已经没救了。提出盖亚假说（Gaia Hypothesis）[①] 的詹姆斯·勒夫洛克说现在为时已晚；英国皇家天文学家会的马丁·雷兹说我们生存与灭亡的几率是一半一半。昨天我与你们国家了不起的蒂姆·弗兰纳里（Tim Flannery）说起这些，他是我心目中的大英雄，澳大利亚年度人物。他对我说今年冰川融化的速度比去年快了每周六千平方公里。他还说，如果这么下去，五年内冰川将不复存在，我们都明白其中的严重性。五年而已。你知道吗，我不想危言耸听，但事实摆在面前，我们必须真正改变在地球上的行为方式。

问：好吧，这么看来，有几件事要做……

答：是有几件事要做，我们会很忙碌。

问：你说我们必须校正我们的思维方式，这是前提。这是个很大的问题，对吧？

答：是个很大的问题。我在开幕致辞上说我们是多么抗拒改变。我们以为自己思维开放并能接纳新想法，但对于现在我们所在的生态形势、环境形势，我们却极力抗拒。现在还有人四处说："气候变化，这是什么？"难以置信。我觉得我们真的，我们所有人，在个人层面，所有国家，在政府层面上，整个世界，都必须承担起责任。

问：好，所以你问道，书与诗歌究竟能为此做些什么？这样一场文学节是不是泰坦尼克号沉没前的乐队表演？艺术算什么？我们在这里干什么？我们是一群精英吗——我们算是在社会顶端享受奢华吗？我们怎样用诗歌和艺术拯救自己？我想这是你想问的。

答：是的。政治家私下里一贯把艺术当做浪费时间，他们认为艺术是一种奢侈，在你过得很好、有钱有时间时享用，所以不妨资助几场读诗会，让大家舒服点。我的观点是，有一种对生命很重要的创造力统一体，我们相信我们的DNA是有创造力的。每个人的创造力浓度与分量都不

---

① 该假说认为地球表面的温度、酸碱度、氧化还原电位势及大气的气体构成等保持动态平衡，从而使地球环境维持在适合于生物生存的状态。

同，一些比另一些强得多，这些人往往成为艺术家。但我想，所有人都想参与创造力的连续统一体。

你看小孩子们……他们一学会走路说话，就想讲故事，想画画，想玩乐器，想唱歌，马上就表现出来了。我一直觉得我们人为终止了这个进程，然后宣称艺术与创造力是后天习得，是一种精英活动，有人发明出艺术这种东西，是为了让下雨的周日下午有事可做，而实际上，它对我们的存在和人类的表达极其重要。以前的人活在比今天艰苦得多的环境中，那时候没有自来水，必须在家门口种吃的，不然就要挨饿，没有暖气，没有洗衣机，人们靠天吃饭，勉强过活，他们在做什么？他们唱歌、画画、讲故事。这绝非高度舒适、臃肿肥硕、留有闲暇的社会的产物——恰恰相反。

问：那么，他们唱歌跳舞是为了避开一些东西，不是吗？

答：不，我认为他们是为了表达人性，独一无二的人性。我担心我们越来越依赖机器、依赖科技，依赖科学的魅力与诱惑，不断丢失人性，变得越来越不像人。我们会变成什么，我们身上的人性会变成什么？我认为艺术，肯定站在内在生活一边，它把生活看作内在也看作外在。它在帮我们传达独一无二的人性，从高端到低端。艺术不只是逛美术馆、听美妙的音乐或读出色的文学作品。

当然，那是提供给我们所有人的享受，但艺术也存在于低端：从孩子的绘画到毕加索；从女人擦窗户时的歌唱到悉尼歌剧院——这就是创造力的连续统一体。我厌恶流行文化的原因是，它在低端破坏了创造力的连续统一体，在那里人们能创造他们自己的文化，却被索尼、迪士尼花钱制造的虚假娱乐所取代，这样人们就不再属于创造力的连续统一体，这个东西被割裂了，那就是破坏所在。这与艺术强加于人的东西无关；它是工业流行文化掠夺人们的问题。两者完全不同。

问：你知道，在那些人类学或者关于"石器时代的故事"之类的纪录片里，我们可以看到原始人在墙上画画，一般认为他们在与神沟通以消除自己的恐惧，或借此掌控世界或自己的未来。从某种意义上讲，我们也在面对……我们在看末世。你是不是说我们出于同样的理由接近艺术呢？

答：不，我是说，我们现在需要的，首先是一种有想象力的方法，去应对我们的生存方式，它制造了连接而非分离，因为我们现在的生存方式依赖分离。我们不该指责麦当劳砍伐森林，不该认为全球变暖与我们大量消耗能源有关；我们购买便宜食物时，不该联想到工业化农场，或那些被关在中国工厂里制作小孩玩具的妇女。一切都关于分离，因此我们不必思考这些问题。

而艺术总是关乎连接，不只连接明显相关的事物，也连接关系微妙的事物。就是说，艺术就是取来各种不相干的想法、情感、感觉、状态并把它们聚在一起。所以对我们而言，进入艺术、投入艺术就是把我们的思想转入那种充满创造力的思维与情感方式中，我们便无意识地开始制造连接。所以我的感觉是，投入艺术让我们在理智与情感上拥有恰当的应对，去评判、去定义外部世界。所以说，艺术是人必需的工具，没有比它更需要的。

问：你在演讲中说到，我们渴望创造极其美妙和昂贵的东西，不惜工本和劳力，当一个人知道自己活不到它完成的那天，他的儿孙将接手下去，你说这很荒谬。那为什么我们想要格里高利圣歌、乐器与大教堂这些东西？

答：它们很美妙，不是吗？人们在没有机械工具的前提下建了吴哥窟或沙特尔主教座堂。还是那句话，我们没必要建造它们，在人类进化中这不是必需的，人类建造它们……还是出于必不可少的自我表达，表达我们的内心世界。我想说，当下在我们生活中，仿佛一切都在身外，而内心的世界，在我们身内的世界，已经被彻底遗忘或不知所终。这不是在教导别人、告诉别人如何生活，而是在提醒人们还有别的生活方式，我们在不同历史时期曾是不同的样子。我试图去思索，如何用想象力把我们带进一个没有污染、没有彼此杀戮的未来。我认为，要做到这一点，你需要用完全不同的想象力与情感来回应，艺术的作用就体现在这里。

问：所以你的意思不是："我们需要艺术来告诉我们关于世界末日……"

答：当然不是。艺术中没有说教的、道德主义的或宣传的东西。相反，艺术带来心态的转变，而这正是我们现在急需的。艺术意味着一种精神独立、思想开放，最重要的是感知力。我们不能将自己的感受拱手让给廉价肥皂剧与陈词滥调的媒体所传递的价值观。如果你想获得透彻、深沉的感受，那么你就要找到透彻、深沉的感受之所在——就在艺术里。自古以来都是这样。

问：那你个人的艺术历程是怎样的呢？你何时注意到自己身上艺术家的躁动？

答：当然，我的背景微不足道。家里只有六本书，全都关于《圣经》，没什么其他选择。我意识到在听故事的过程中（我从小浸润在听觉文化中，这对我很有帮助），我能发现一些东西，是在我那逼仄世界之外的其他世界，这令我激动。然后我开始从图书馆借书回家，去阅读各种美妙的事物。那个年代图书馆里有不少好东西。于是我想，要是能有一个想象中的世界，我就可以住在里面，不必陷入这个小世界里，这使我不断前进。

问：你家里只有六本书，你把其他书带回家，他们怎么想？

答：很反感。我带回家的所有东西都被检查，所以我总是把书藏在床底下。有常规大小的单人床又有一堆常规大小平装书的人都知道，在床垫下，每一层可以放下七十七本书。当然，我的床后来明显升高了！到最后，就像《豌豆公主》里那样，我被身下的书高高地堆起来。后来自然地，一晚我母亲进来（温特森女士，她是个非常多疑的人），她看到一本书的一角从现在很高的这个平台式床下伸出来。她把书用力拽出来，整张床塌了，我滚落在地。那是本很不走运的书，因为它是 D. H. 劳伦斯的《恋爱中的女人》。她知道劳伦斯是个魔鬼和色情小说家。

于是她把所有的书从卧室窗户扔到后院里，然后去拿煤油炉，因为那时家里没有中央供暖之类的东西，她把炉子拿下楼，把煤油浇在书上，在煤库和厕所外把它们点燃了。我从中学到了很多：很显然，关于偏见和人们对生活中新事物的恐惧，或者说，人可能受到这种方式的影响。我一直认为，暴君们痛恨书籍、时常焚书禁书的原因与其说是书的内容，不如说是因为阅读本身是自由意志的体现。在你与书之间插不进任何东西——监视探头或中情局的袖珍窃听器都无法进入你的思想与书页之间的空间——所以书很可怕。书确实意味着思想与精神的独立，没人知道你此刻在想什么。这就是发生在我身上的事。

问：床底下的书把你带进了怎样的世界？

答：你知道，那时我只是一个活在艰难环境中的穷小孩。我父亲甚至不识字，他只能用手指着句子，勉强认出几个字。但我不觉得自己是个缺乏足够教育、有社会问题的孩子。我觉得自己是阿拉丁、哈克·芬或罗宾逊·克鲁索，乃至希斯克利夫。无限的想象世界就像一块飞毯：它带我冲出封闭。所以当人们对我说："艺术属于精英，是后天植入的。"我回头看自己的生活，意识到，艺术是改变一切的源头。

问：你的生活中有没有和蔼的老师或善良的图书管理员之类的人？

答：没有。有时人们说起《橘子不是唯一的水果》，他们问："哪些人熟悉内情？那里有人在现实中帮过你吗？"很遗憾，答案是，没有。但有这些书，于是它们成了我最好的朋友，也许现在还是。

问：焚书后你在家里的生活怎样？

答：艰难。但我也学到：你的身外之物随时都有可能被夺走，这是难忘的一课。我时常想，如果我们突然无家可归，要远走他乡，这种事太多了，要是我们把一切都抛下，我们会变成什么样？我意识到一件事，如果它在你心里，就没人能拿走。于是我立刻开始熟记文本——现在我还这么做，我每周背一首诗，我发现现在记东西很容易。因为如果你能记住，它们就是你的，它们便属于你，在你困顿时，它们能支撑你。我经常对人说，把脑中记忆的部分用起来，多记东西，因为在应激情境下能记得一些深刻的话，或者有东西作为支柱和安慰，甚至作为挑战或指导，这种感觉好极了，我就是这么做的。所以当我身外的图书馆被摧毁，我用内心的图书馆取而代之，没人能拿走。

问：我知道你还在倒时差，但我想问你上周背了哪首诗……

答：上周……其实，如果你们上我的网站，就是"jeanettewinterson.com"，你们会看到我每个月都会放一首诗。里面总有一些我每周记住的诗。如果是长诗，就选一章，如果是短诗，就全放上去。你可以在上面找到一些沃尔特·惠特曼的作品。

问：你在那场演讲里说到诗歌是谎言探测器，这是什么意思？

答：是的，我的确认为诗歌是谎言探测器——因为诗歌的语言必须精准、明确、透彻，有层次。语言不只是传递含义，也是一种隐喻，一种多重表达的方式。这是诗歌的作用。在一首诗里，语言总是可信的。我们生活在令人迷惑的世界里，很难相信任何读或听到的东西。我们要么得忍受电视上支离破碎的词句，要么得忍受政客滔滔不绝的癖好。

但是当你读一首诗，你会发现一种精准、明确又本真的东西：即真实的情感，或确实发生而被传递的真实经历。所以，诗歌意味着信任。当你把诗歌带入生活，你发现它会督促你不要撒谎——不要自我欺骗，也不要骗别人——因为艺术总能挑战我们的懒惰、淡漠、无动于衷，督促我们变得更好。我认为经常读诗有顺势疗法（Homeopathy）① 的功效。诗的痕迹会留在你的舌下，于是当你下次开口说话时，你的语言中也会带有诗歌的精准与明确，带着诗歌的情感与本真。现在我们每一个人都需要那种本真的声音，而不被迷惑之音的花言巧语所引诱。

问：但希特勒或墨索里尼的狂热演讲也能影响人、感动人，能带动人的情感、玩转人的情感，也能起到鼓动的效果。

答：说得很对。读到大型集会后发生的事，会发现一件有趣的事。因

---

① 为了治疗某种疾病，使用一种能够在健康人体中产生相同症状的药剂的疗法。

为当你把一群人聚在一起，总能找到觉悟的下限，这种状态令人不安，但就是这样。当人群散去，他们的感受就大不相同。福音派聚会也是如此，我对此一清二楚。有人说"你们都将得救，耶稣爱你们"时，你会想："是啊，我会得救。"当你离开时，这种感觉要么变成绝对的个人信条，要么消失不见。这种感觉与长久投入任何一种艺术的差别在于，艺术总是私人的，总是一对一的。你要与文本、艺术作品或一段音乐辩论，它只属于你，要求你全神贯注、用尽智慧、投入你此刻的全部生命，而不像大规模集会那样，掠夺你的自我，把自我变成一种机器。

问：狂热的福音演讲是什么样的？我想那应该叫集会吧？
答：对，可以说，这种演讲很有效。

问：你的任务是什么呢？
答：拯救灵魂。

问：是吗？
答：但其实没有变！家里人从小教我讲道并告诉人们。

问：你曾经讲过道，你本人？
答：是，是的。

问：在街角？
答：嗯，在所有地方。我最早主持过布道。

问：你讲些什么，为什么人们会去听一个小女孩讲道？是不是像马戏表演？
答：因为我母亲一开始就坚信不疑，她领养的孩子是上帝之子，上帝会引领他们选中一个人。当然，当她对我发火时，这很常见，她就会说："噢，魔鬼诱导我们选错了孩子！"她幻想另一种家庭生活，幻想自己在儿童院隔壁第二张床上领养了一个小男孩。她总是说："要是我们当时选了保罗就好了，我们的生活该有多么不一样啊！"我不知道可怜的保罗后来怎么样了，他现在在何处？

问：这是你称呼她温特森女士的原因吗？

答：是的，她已经去世了。她 1990 年去世，已经很久了。我对她有很深的爱，也原谅了她，因为到头来，这是你唯一的选择。除去好莱坞的欢乐大结局，世间的故事只有三种结局。在所有故事里，你会发现三种结局：复仇、悲剧或宽恕。唯一说得通的是宽恕，因为其他的只能导致永无止境的困局。

她走得太早了，以至于我没来得及挽回或解决什么，因为她去世时我不到三十岁，那时我还无力改变什么。我离家十五年，和家里的关系一团糟。如果她活得久一些，我也许能够改变什么，因为她永远也不变，只能由我来推动，最后只有我有能力这样做，而她没有。

说来也怪，我觉得她要是看到现在的我，她应该会很开心。当然，我写完《橘子不是唯一的水果》时给她打了个电话。她得出去找电话亭，因为那时家里没有电话，后来也一直没有。那时也没有手机，我也得去电话亭。于是我们俩天各一方，各自站在街角，她说："噢，这是我第一次用假名订一本书！"所以，她很不高兴，最后也没有……之后我们也没有和好。

问：但她还是订了书？

答：她是订了，是的，没错。但她费了很大力气才搞明白书里写的不是她，那很明显。

问：嗯，但她应该感到高兴，因为书的末尾你谈到了宽恕，如果我没搞错的话，这是基督徒的信息。

答：对。这是基督徒最美好的信息之一。《圣经》里多处宣扬它，我还会读。它里面还有许多值得做的事，而且对现在也很有用。宽恕是《圣经》的核心。你看，基督教兴起，用爱的宗教取代了权力宗教，即罗马帝国。很激进，与乔治·布什、基督教工作伦理、为富人减税的政策不是一回事。那时的基督教是另一个样子，它关乎爱与宽恕，现在人们常常忽视这些。我认为现在对我们来说，学会宽恕非常重要，对自己和别人都是如此。这不是随随便便、简简单单就能做到的，直到你把事情彻底弄明白你才能宽恕——同时搞清你做了什么和别人对你做了什么。宽恕建立在对事情绝对清醒的基础上，如果你要宽恕，就不能逃避现实。现在我们无处可逃。

问：你还认为自己是基督徒吗？

答：不，我不信仰任何有标记的宗教。我对上帝的存在持开放心态，因为没人知道，不管查德·道金斯（Richard Dawkins）那些人怎么说。我们不知道，所以最好对未知或无法确知的事物保持开放心态，直到我们把它弄明白。但我能察觉到与这个世界的精神联系，与某种能量、意义的联系，这种意义比我的存在更大、更重要。我不觉得生命是毫无意义的、生死之间如昆虫般的短暂存在。我相信存在超越人类的价值和意义。

问：你谈到人脑与意识的区别，你认为艺术能影响人脑。我想人脑受控于意识，而意识是有限的事物。

答：其实这很神奇。正在发生的事或神经科学告诉我们，整个问题是颠倒过来的。达尔文之后，我们花了很久去消除任何生物决定论的观点，我们说，不，一切都由文化决定，我们是自由的，我们能决定自己的自由。我们能，但事情好像与我们想的相反，因为人脑有非凡的可塑性。我们生来拥有同样的大脑——人种改良主义者犯下的最肮脏的错误之一，是认为人脑各种各样。人脑就是人脑，我们每人一个。所有人脑以同样的方式运转。它可以不断地自我重置、重塑，这是必须的，这样我们才得以进化，才得以生存至今。

但实际上，意识是一系列外加的文化态度，这些态度坚如磐石。而大脑，因为它是进化的，适应性很强，每到一处新环境，都有新奇感，会问："这是什么？我需要了解什么？"当然，它寻找类比，它翻找自己所有的模型，一边说："这像什么？"当我们试着教小孩或向人解释新事物时，我们也会这么做——我们说："有点像这个"或"有点像那个。"我们总是通过类比找到一个解释某事的模板。人脑也是这样。但当人脑找遍自己的模板却找不到合适的，它就重置，它催生新的神经连接，很神奇，人脑可以持续更新。

说人老了就不能学东西是荒唐的。活到老，学到老，只要你给大脑一个机会，让它转动。但意识会出来阻挠。它就像一个粗鄙的家长，对大脑说："说真的，我们不能再交新朋友，现在得回家。"在人变老之后，我们会听到"我知道自己喜欢什么，我什么都知道"之类的陈词滥调，还有废话连篇的……滑稽的是，他们觉得过去的音乐、艺术甚至沙发都比现在的好。其实这是意识在抵触新事物，它不愿接纳，而人脑总想说："嘿，这是新鲜事物吗？"

艺术让我感到兴奋的原因之一是，当我们站在它面前……因为艺术或对我们来说是全新的，或在它那个特定时间或年代是全新的——大脑会重置，会奇妙地开启我们的思维。这就是为什么你经常见到似乎非常年轻的艺术家，他们永远紧跟时代。我觉得这是因为他们不断地重置自己的大脑，而不是强迫自己完全进入思维定势。所以神经科学的许多研究让我明白，人脑与艺术的碰撞不仅有意义，而且必要。

问：这些想法对政治有什么启发？因为很明显我们能让人产生微妙敏感的变化……在政治上我们如何带来改变，如何改变政客们的意识，如何让他们的意识有所改变？

答：要改变政客们的意识很难，不是吗，因为他们沉迷于权力，哪怕是最好的政客似乎也会很快被权力腐蚀，或无力看穿他们自认为必要的权力。这些很常见。所以我认为，我们作为民众，需要始终督促我们的议员与政府，说出我们的诉求，而不是被动接受。现实中，面对大企业与政府，我们往往处于被动，任由事情降临自己在头上。我担心我们正在迈入一个丧失选择的社会，因为我们依赖科技、依赖政府，因为抱怨别人或让别人替你做事总是更容易。作为个体，我们将不得不更忙碌：如果要拯救自己、保卫地球，我们都将成为反叛者，所有人都将成为反抗者。现在已没有其它选择。

问：当你读一首诗时，不需要先学会如何读诗吗，那我们又该如何学会？

答：是的，需要学习。

问：你怎么确定人人都知道怎么学？

答：嗯，诗歌绝对应该在学校里学——如果我们糟糕的教育不是如此功利、如此说教的话。我们应该教孩子们如何读诗，因为孩子们学什么都容易。我是说，他们的大脑可塑性极高，能够吸收大量无限的事物并且爱上它们。他们享受学习，喜欢别人教他们新东西。所以，如果在学校里塑造好了，就没有后顾之忧。我经常对人说，你看，诗歌的语言可能一开始显得艰深，甚至令人不适，因为诗歌的语言复杂而浓烈。读诗最好的方式是大声朗读。要找到感觉，没有比大声朗读更好的了。你会在不理解的词句上结巴，但再读一遍，就流畅起来，意义自现。所有这样的文字都应该大声读。每当我遇到新东西，我就大声读。我学一首诗时，我会站在镜子前，我告诉你真的有个奇妙的现象：从你在镜子前背诗的那一刻起，你看着自己的表情，随着诗歌进入你，你看到自己的变化。每个人都可以试试，千真万确。

问：你看到了什么？

答：看到诗歌彰显自己，它的真实面目呈现给你。它成为你的一部分，于是你表情变了。我学一首诗一般要读十遍，我发现如果在镜子前，我能学得很透彻。所以到了第八、九、十遍，我可以放下书本。从这儿开始，我感到诗歌的力量；从这儿开始诗歌变成了我，变成了我的。它确实会改变你。这也许是人脑重置的效果，因为那一刻，它想："嘿，我不了解它，现在我了解了——我要学会它！"

问：我们见到了珍妮特·温特森看着镜子学诗的样子。

答：学无止境。

问：学无止境。你也经常上网，因为你不反对科技？你接纳了科技，接纳了网络，你有自己的网站。和我说说你是怎么用网站的。

答：我不反对科技。我认为人类的科技进步很奇妙，我们应当感激和自豪——这些我们已经做到了。但我不喜欢的是无止境地为了科技本身而革新。每半年，一切都要更新一次……而其实你刚得到……这毫无意义、琐碎不堪。我们在被玩具耍弄。我对此深恶痛绝。而网络，是目前最美妙的中立媒介。你可以把它用好，因为网络让一切突然显现，或者你也可以从世上彻底隐去，与世隔绝。人类有奇怪的两面性，不是吗？我们有本事把所有好东西变成彻头彻尾的噩梦。

问：也不一定？

答：不管我们发明什么，我们都能搞得一团糟。比如汽车——突然之间，所有马路都堵了，所有人突然陷在阻塞的交通里，日日夜夜，在那儿打手机，所以我们从来没有自由。我们擅长把事情搞砸。

问：但维基百科呢？我最近对维基的编辑体系很感兴趣。

答：维基有好的地方，是的，但有的地方缺这少那、惨不忍睹，不是吗，维基百科？

问：是的，但整个想法是让整个世界上各处有一小部分人更改、添加并支持文本，使一般的认识变得复杂点。

答：我觉得我们得谨慎一些，因为你可能会失去独立思考。我是说，去图书馆或书店的一大好处是浏览，不是吗？因为你永远不能断定，你会不会像上网那样去找某个特定的东西，或者说，当你来到一个现实中放着实体书的地方，你会看到本来绝不想去买的书。我经常这样。和我的教子们一起这样做，因为我们每周都一起去买书，我说："好，你们每人可以选一本书。"然后我们都会去平时不去的书架那里，我会说……

问：你是个书籍福音派，对吧？

答：是的，我是的。我说，"我们买些平时不在意的书回去读吧。"这真是扩展思维的好方法，走到一个平时不去的书架前，随便什么书架，取下一本书。

问：嗯，以前的图书馆这方面好得多。

答：其实，我就是这样读到詹姆斯·库克（James Cook）的日志。那天我在一家书店里，我想："我从没读过库克船长的航海日志。"我把它们取下来。当然，它们很好看。

问：嗯。你写的整个复活节岛的故事应该也取自那些古老的日志。

答：对，他去过那里。我由此开始构想一个在原始环境中形成并在四百年后毁灭它的社会。这对我们而言是一个骇人的比喻。

问：这是一个骇人的故事，但也是一个真实的故事。

答：是一个真实的故事，没错。因为到最后他们想做的只是制造这些拙劣的石像，然后开始为证明谁的石像比其他人都好而争吵。到头来，什么都不剩！他们毁灭了很多东西，包括彼此。

哈尼夫·库雷西

Hanif Kureishi

哈尼夫·库雷西是一位非常成功的长篇和短篇小说作家、编剧、剧作家、非虚构文学及散文作家，其作品满负盛誉。他带着自己的小说《有话对你说》（*Something to Tell You*）出席了 2008 年的爱丁堡国际读书节，此次访谈在那里进行。

在书中，我们见到了人到中年的贾马尔·卡恩医生，一位弗洛伊德学派的精神分析师，他带我们走过七十年代的伦敦郊区，讲述他的初恋、他的家庭、他曾经的恐惧与渴望。还有，正如易卜生所说，这是行李中带着尸体的旅行，也就是说，他为青年时代的一个事件而内疚。

哈尼夫·库雷西的大多数作品都展现了一幅庞大的图景：他平静地审视危机中的英国、危机中的西方。因为他拥有锐利的目光与智慧，他愿意深入人心与人类关系中的任何地方，告诉我们他的所见所闻。在书里某处，精神分析师卡恩医生说："熟悉人类是份脏活。"当然，这是精神分析师们要干的活，我问哈尼夫·库雷西这是否也是作家的活计。

哈尼夫·库雷西：我有好几个精神分析师朋友，我真的很羡慕他们。我的大部分工作，和他们一样，是躺在沙发上工作，但他们有机会整天听别人说话。你可以想象，他们一小时一小时地开始熟悉，我羡慕这种离奇性。我大多数时间都是独自一人，设法找点话说，而他们却听别人说。我想这两点都是……他们尽量让别人好起来，尽量治愈别人。

关于治疗，弗洛伊德有过一句精彩的言论：如果人人都接受精神分析，这个世界会变得非常奇怪——就像布宜诺斯艾利斯，那儿真的是人人都接受精神分析。但我认为还有一种治疗，不仅有写作治疗、写书治疗，还有阅读治疗，以及文化治疗，即我们彼此相见、互相认识并互相理解。

所以我想，精神分析是文化的一小部分，是写作与文学的一小部分。弗洛伊德也认为，如果你想成为一名精神分析师，你就不该只研究精神分析学。他认为真正的教育是人本教育，在这种教育下，你会读到合适的作家。他认为自己所说的一切都已被这些作家预见。

拉莫娜·科瓦尔：但你作为作家的工作也是份脏活。你得亲身进入人的灵魂，这样才能创造出角色，不是吗？

答：这是我的工作，没错。很有意思，我坐在屋里编故事，努力赋予角色生命——没错，这是我赖以为生的工作，一份特殊工作。我努力将我自身的部分、他们自身的部分和一些生命力投入这些角色，然后我试着把他们放入暴露自己的险恶环境中。之后我们，作为观众，认同他们并相信他们是真实的。这么说听起来很古怪，但这正是举办爱丁堡国际读书节的目的，是这样的。

问：不过精神分析师的角色……他们令人神往，因为你去他们那儿治疗时，他们看上去就像无所不知的完美之人，看透一切、知道一切并理解一切。你的精神分析师有黑暗的秘密，而且生活一团糟。我好奇，要是我们知道他们的生活一团糟，我们是否还会让他们治疗。

答：就像你说的，一个病人……可以想见，当你面对任何一类医生，你必须相信他知道的比你多，他们受过培训，等等。但如果你看看弗洛伊德早年的朋友们，他的第一个圈子，除了弗洛伊德本人非常保守自制——一个升华理论的典型例子，其他人狂乱无比，真的，无一例外。

问：比如谁？

答：荣格精神不正常，费伦齐、阿德勒和陶斯克自杀了，琼斯因为对学校女生露阴被逐出加拿大——他们都是一群怪人。但精神分析的目的不是让人变得不奇怪，不是让人迈入常轨，不是让他们活得正常、安安稳稳。精神分析的目的是让他们随心所欲地疯狂。这两者大不一样。

问：你接受过精神分析，是吗？

答：当然了。我接受了二十年的治疗，是一个很好的成功案例。

问：过程如何？

答：我曾半夜在酒店房间醒来，跪在地上哭，认为自己变成了海豚。我有强烈的念头，想打电话告诉我的精神分析师。所以我可以跟你说，拉莫娜，我是在慢慢好转。

问：海豚有膝盖？

答：这是个非常不错的点，问得好。

问：许多作家对精神分析感到忧虑。他们说，"我绝不会去做精神分析，因为那会榨干我的潜意识，我就无法再写作，因为我会对自己过于了解。"你对此有什么想法？

答：在精神分析的开端，二十世纪初的时候，分析师与艺术家之间竞争激烈。比方说，分析师觉得艺术家有通往潜意识的特殊渠道，他们确实有，而艺术家觉得分析师仿佛在用科学的方法取代他们诗意的体验。这两个群体间有深刻的对立。分析师不打算治愈你的癫狂，而是让你看到癫狂的价值所在和重要性，让你明白生命在于癫狂，如果你够走运，他们会让你明白癫狂是你最好的部分，也是你最自由的地方。

在我的精神分析中，我从没觉得自己被治疗到不想写作的程度。写作是最佳症状……你所需要的其实就是一种良性症状，如果你够走运。成为艺术家本身就是一种美妙的良性症状，它让你产生一切可能的症状。拉康说过，后来齐泽克也这么说，最终你从精神分析中学到的是享受自己的症状。你知道，如果你真要疯了，你不妨充分利用它，就是这个想法。我认为精神分析不会恢复你的创造力，正如精神分析无法治愈你的性能力。你只能正视它，认识到它是你状态的一部分。

问：你是否注意到精神分析让你的写作有所改变，或者让你以不同的路径进入写作，或者它是否让你进入你不曾到过的地方？

答：我发现通过精神分析和给自己解梦，我进入了自身以前认为不重要的领域。我仿佛打开了内心的门，那儿有我可以写的好素材。但同时我想，对于我，我想也对于许多人，精神分析最重要的是，它会在你生命的某些时刻阻止你做一些极具自毁性或愚不可及的事。关于精神分析，还有一点，就是它和创意写作一样，能在你的工作室、你的房子、你的家庭等地方创造一个空间，一个私人的、安静的空间。弗洛伊德发明了这个天才的方法，让两个人每天一次，坐在一起谈论最深层、最重要的东西。你吃抗抑郁药都达不到那种效果。

问：靠结婚之类的方式也得不到。要是你不能写作，你会做什么？
答：什么叫"不能写作"？

问：如果你不再写作？
答：我不知道自己会做什么。写作是这样一种激情。很有意思——如果你是一个艺术家，激情不会消失。想想就觉得很神奇，不是吗，路西安·弗洛伊德（Lucian Freud）这样的人，在我们说话这会儿，正坐在一间房里画画。他画画毫无理由，但他想画。艺术家的身份意味着一种深沉的激情与执着，也许可以这么说。有些东西你非说不可，或者你想把它们写下来说，等等。这是一种特殊的瘾。

问：所以你是否觉得，就像罗伯特·约翰逊（Robert Johnson）说的那样，你把自己的灵魂出卖给了魔鬼，以换取写作的天赋？

答：嗯，我正在尽可能卖得快一些，但愿，其实是为了谋生。写作是商业的。我想在谋生的同时做个艺术家。这两者结合很难。其实我有几次想把灵魂卖给好莱坞，但不怎么成功。他们不是特别想要我的灵魂，我也不怎么想要他们的钱，我们没合作成。人总是有原则的。

问：这本书的题词来自罗伯特·约翰逊的一首歌："我沿着十字路口走下去，跪倒在地……"（说到了膝盖），说的是一个人真的为了艺术出卖灵魂，对吧——为了艺术把灵魂卖给魔鬼。这首歌后面唱道，"妈妈，我走到十字路口，东张西望。"所以这本书也写到西方的衰落，写到东方的世界、文明的冲突，如果这么说合适的话。能说说罗伯特·约翰逊的那首歌吗？

答：我认为一个作家总要寻找站在十字路口上的人。你把一个角色扔到场景里，他们必须在其中努力思索他们是谁、该如何活着。当我在教所谓的创意写作课或看我自己的作品时，我就这么做。这就是六十年代人们常说的存在的时刻，一个人仿佛被剥得只剩下他们必要的价值观，他们真切地思考自己想成为怎样的人，想以什么样的状态存在。我这本书的角色杀过人——这个行为无法转化为一种象征，就是说你无法与你的朋友们分享，并把这件事融入社会体系中——于是他必须带着负罪感生活。

弗洛伊德说过，我们都是杀人犯（意思是，我们某时杀死了自己的父母），这就是你提到的"带着尸体的旅行"，死者是一个人灵魂的重负。这本书本质上关于这个人杀死了自己所爱女人的父亲并隐忍杀人的愧疚。弑父永远是一件坏事，我们都知道，弑父不是摆脱父亲的好办法。实际上，被杀之人无一例外会回来，整个鬼魂传说的历史显然告诉我们这一点。所以这本书写的是鬼魂、被鬼魂纠缠、你如何应对过去、接纳过去、以及过去如何必须融入却又无法融入到现在中。无疑这是出喜剧！

问：写得也很好玩。作为读者，你体会到一种有趣的感觉，仿佛贾马尔对你说话——他向你诉说他的故事，他向你承认自己是凶手，然后他把他的世界、家庭、性生活、恐惧、希望和梦想和盘托出。作为读者，你会觉得自己像他的精神分析师。几乎好像我对他的分析知情。

答：对，说得没错。在某点上，我们都是彼此的分析师。我们为彼此所做的事之一就是我们用一种特别的方式互相倾听。这是一个真正分析师的工作，真的是一种倾听别人的独特方式。不仅仅在会诊时发生，其实你总是用你的潜意识从别人的潜意识里获取一些东西。

问：关于精神分析的用处，你的想法很好，也很有趣。我记得贾马尔说，"极少有人会在老去后后悔自己的生活不够高尚。我在房间里听到的是，大多数人都后悔自己没有犯下更多罪孽。他们还后悔没有好好保养牙齿。"有时我想，其实我不知道该不该相信所有贾马尔告诉我的话，因为我觉得说不定他又在幻想了。

答：是吗？

问：是的。我猜得对吗？

答：是的，可不是吗，很难区分……我们的意识混合了梦想、幻想、渴望、希望、欲望，以及此时此地的真实经历，但此时此地的意义被包裹在所有梦想、幻想、渴望、思索与理想等等之中。所以现实的含义如此含混不清、捉摸不定。实际上，我们活在梦想、幻想等等的奇怪空间里。所以一本书就像一场幻想或一个梦。在文学中，比如在卡夫卡、莎士比亚还有陀思妥耶夫斯基的作品里，你能感受到，肤浅的世俗意义上所谓现实与内心世界的界限是模糊的。

问：《有话对你说》的许多场景在七十年代的伦敦——所谓七十年代，听着有点大而无当——很显然，不同人有不同的七十年代。七十年代对一个人来说，可能意味着一堆孩子和尿布，对另一个人来说，则充满了毒品。你的七十年代有怎样的社会图景？

答：我常写七十年代，那时我二十出头。那是朋克的时代，生龙活虎。伦敦在腐烂，在爆炸，在坍塌。那是在1979年撒切尔夫人当选、发动大跃进①之前。但那时伦敦是年轻人的天堂，因为一切都失控了，一切都自由了。我们可以坐地铁，可以占屋（Squat）②，人人都是无业游民。

某一天我意识到自己曾多么幸运……当我看着自己的孩子……我完全成长于福利国家。我的父母不用为我付学费……不用为我花钱看病等等。我是个福利国家的孩子。之后，大学毕业，我成了无业游民。那时我们就是这样：做无业游民，然后当艺术家或音乐家，或随便什么。到了八十年代这些便不复存在，所以说七十年代有种自由的味道，虽然那也是个肮脏、腐烂、败坏的时代。

问：对享乐的追求呢？

答：我生于五十年代，那时候没什么乐趣。到六十年代，我开始意识到这点，但那个年代就是那样，而到今天我们对曾经的六十年代充满好奇。在五十和六十年代，人们觉得，如果每个人都能无时无刻地与想得到的人做爱，我们就拥有一个美好的未来。而现在是，每个人能在任何时候与任何人做爱，但我们还是过得很惨。因此，这是很有意思的历史过程。

所以这本书，与《郊区佛爷》（*The Buddha of Suburbia*）这样的书相比，要黑暗、幻灭得多。它写的是我们的希望与梦想如何消亡。毕竟，我们都相信，如果1968年那一代人掌权，一切都会好得多，但最后却是托尼·布莱尔上台。

问：你创造了一些精彩的角色。贾马尔的朋友，亨利，之前提过，还有他的姐姐，米利亚姆。亨利是个艺术家，米利亚姆很彪悍，其实她是个毒贩子，满脸耳钉鼻环。他们惺惺相惜，相处得很开心。

答：嗯，这本书里有不少欢乐，有不少愉悦。当然，这些都与主角无缘，但他身边的人乐在其中，让他也很享受，真的。书中有很多好玩的地方，写这本书让我感到很多乐趣。这是我享受写作的一个原因。书里有很多笑话，我把其中大多数放在前一百页，对没读过这本书的人是个好消息。

---

① 指撒切尔夫人上台后剧烈转变的政策。
② 占领无人房屋的行为，这是西方边缘群体常见的生存方式。

问：你在给大家打预防针……

答：不，因为我知道大多数人读书不会超过……我自己读书从没超过前……我从没读一本书超过一百页，所以我想，把笑话集中在前一百页，这样大家买书就物有所值了。后面可以不读。

问：我读完了整本书。

答：是吗？很多人对我说："我很喜欢这本书，开头写得真好。"他们这样说，你就知道他们肯定越读越失望。

问：我不认为你对自己这样的评价足够客观。八十年代他们回到巴基斯坦——米里亚姆与贾马尔去寻找从英格兰回到巴基斯坦的父亲。他真的很有意思。他说起自己离开英格兰回到巴基斯坦，是因为他感到自己想要挽救一家启蒙图书馆并去建设一些东西，因为他明白即将来临的是什么。实际上，他的心留在了印度。我觉得这真的很有意思。你能多说一点吗？

答：我的家庭，和许多别的家庭一样，从印度迁到了巴基斯坦，虽然比较晚，在五十年代初。我们天真、也许应该说是愚蠢地相信，可以用穆斯林的信条建一个国家。不久之后，人们意识到这个构想非常愚蠢：尝试失败了，可能会以灾难收场。我很不想这样说，但那里可能已经陷入劫难……可能会上明天的报纸……巴基斯坦不该存在，这个国家没法运转，你不能用宗教信条建立一个国家，这会不可避免地导致独裁。伏尔泰就说过，建立在单一宗教之上的国家只可能是独裁国家。显而易见。

现在我见到我的家人时，有的还住在巴基斯坦，我发现在他们眼里，印度是个繁荣富裕、文化艺术兴盛的民主国家。在我眼里，巴基斯坦是个极度危险、暴力、民主凋零的地方——他们明白用宗教信条建国是场噩梦。巴基斯坦处在原教旨主义与美国之间，我想不出还有什么更糟的国家形态。

问：在混乱的东方与混乱的西方大背景里，你们一路穿过，来到这里。

答：嗯，后来我们来了这里，我们来英国接管你们的国家，成为新闻播音员。

问：还有大英帝国的指挥者。

答：正是。

问：总之你已经加入这个国家，对吧？

答：女王非常高兴见到我，拉莫娜。受颁帝国司令勋章前，你得排队走到女王面前。那天我站在一个颇有气度的男人旁边，对他说："你因为什么得了勋章？"他说："我一生都致力于消除全球贫困。"然后看着我说："你做了些什么？"我当时想："老天，我做了什么呢？"我明白自己……整天陷在懒惰无能、扭曲变形的生活里，我觉得。你会真切地因此感到极度谦卑。

问：你的家人呢，他们怎么看？

答：他们笑得前仆后仰，真的。实际上他们想见的是你们国家的一个人。他们以为凯莉·米洛（Kylie Minogue）会到场——比起女王，凯莉·米洛让他们兴奋多了。那天她其实不在场。

问：见到女王，你的真实感受是什么？

答：她非常有魅力并且总是……她善于和任何人交流，会和你交谈。她很有魅力。

问：你不能说她与你谈了什么，对吧？

答：她说得不多。她不是奥斯卡·王尔德，是吧？让我感觉最好的是，勋章上写着，"为了上帝和帝国"。你可以想象，这再贴切不过了。

问：你把勋章放在什么地方？

答：放在厨房里，让每个人都能看到。我想让我的孩子们把它擦亮点，但不得不说，他们很无礼。有时他们还会戴上勋章。看到一个十岁的男孩穿着短裤从你面前跑过，脖子上挂着帝国司令勋章，在肚子上荡来荡去，这很滑稽。

问：你写过一句尖刻的对白，关于……有个同性恋角色，他羡慕贾马尔精神分析师的工作，他说，"我们同性恋奋力斗争，绝不是为了成为昏庸的自恋狂。除了自己的头发，我们难道不能想点别的吗？"这话会给你带来麻烦吗？

答：如果你是个作家，你终生都在思索自己的所作所为是不是无尽的自恋，或者说，你所做的是否对这个世界的任何其他人有用或有益。我想，如果你是艺术家，你确实会这么想，因为这个世界并不真的需要你的书。缺了哈尼夫·库雷西的任何一部作品，它都会运转如常，这我不得不承认。所以说，这种工作的价值感真的会影响你。你早上醒来，走到书桌前，然后你想，我为什么写作，我为什么活着，不如干脆自杀算了，也许我该写个短篇，也许该拍部电影，有意义吗？我觉得，一个艺术家不得不创造出意义，这是做艺术家的代价。如果你是名医生，你始终觉得自己是个好人，这会洗去你的负罪感，让你倍感舒畅。但如果你是个艺术家，大多数时候，你并不觉得自己是个好人。

问：你没觉得你为我们的对话贡献了什么？

答：我要说服自己我是所有贡献的，就是这样。就帮助别人而言，教课对我很重要。通过上课，我能教别人写作与说话……

问：和我说说——和我说说你教的课。

答：嗯，我遇到些麻烦，上回我在海伊文学节（Hay Festival）上差点被炒掉——有人向我问起创意写作课程，我把它与精神病院相提并论。我说了这话后，报纸自然给我教课的学院院长打了电话。院长火了，尤其在听说我给所有学生同样的分数后。

问：真的吗？

答：他们全得七十一分。也不完全如此，要是他们穿得更得体点，或说话优雅点，我就会给他们七十二分。反正院长为此大发雷霆，我差点被炒了。但我得说，我确实相信创意写作课程有些功效、有些作用，即它帮助人们写作、说话、了解自己，也让他们为别人写点有意义的东西。因此我不觉得课上的学生或老师是疯子。我认为这个体系可能有点不正常，但那是另一回事。

问：他们绝不会把哈尼夫·库雷西从讲台上炒掉的。

答：我对他们说，这事之后你们招到的学生会猛增，整个学院都会出名。实际情况正是如此，你可以想象。

问：但你当年上过创意写作课程，在……不是吗？

答：没，当然没。我还不至于这么绝望。

问：你没有上过马尔科姆·布拉德伯利的课？

答：没有，我父亲教我写作。我父亲是个作家，我的几个叔叔也是作家，所以我在一个作家家庭里长大。我父亲教会我写作，还有不少与我合作过的电影导演，比如史蒂芬·菲尔斯（Stephen Frears）和罗杰·米歇尔（Roger Michell），他们教我如何写作。在 Faber & Faber①，我的编辑，沃尔特·多诺须，在写作上也帮过我。我总是需要这样的帮助，总需要可依赖的人在身边，向我指出有些句子是垃圾。

问：现在也是？

答：现在也是，一直都是这样，是的。你真的需要有人给你一顿臭骂，就算你不当一回事，你明白我的意思吗？如果有人对你说："我觉得那个段落或那个想法很糟糕。"那你不得不思索它到底好在哪里。与读者的第一次接触对作家很重要。教课时，我的角色是……如果一个学生写了点东西，他们会给我看。我是他们的第一读者，然后作品从他们的脑中流入世界，这是一个重要过程。

---

① 一家很有名的文学类英国出版社。

安妮·恩莱特

Anne Enright

　　爱尔兰作家安妮·恩莱特的短篇小说总是让你在读完之际留下一声叹息，而且每一篇都会带你去一个你从未去过的地方——一个你没想到过的视角。她出色的小说《聚会》（*The Gathering*）写的是海格迪家族九个活下来的孩子，追溯了他们的往事。她因这部小说获得 2007 年的布克奖。

　　大学里她主修英文与哲学。她是著名的东英格利亚大学写作课的学生，被小说家、评论家及教师马尔科姆·布拉德伯利，还有声名卓著的安吉拉·卡特（Angela Carter）教过。恩莱特曾是电视制片人，也曾为报纸写过评论，现在她是名至实归的小说家与散文家。我们在 2008 年 5 月的悉尼作家节上进行了这场访谈。

　　拉莫娜·科瓦尔：出生在一个爱尔兰大家庭对作家来说是件幸事吗？因为你可以写出各种不同的角色、繁复的情节，也可以给出一个让他们融入彼此的理由。

　　安妮·恩莱特：这也是一个诅咒。

　　问：这既是件幸事，也是个负担，我正想说。

答：是的，准确地说，非常……我有时会说，"上帝啊，这些该死的海格迪家的人。"因为他们人太多了，你必须一个个分清。这是个相当难的技术工作，或者技术难题，好在家人经常互贴标签，帮了我不少忙。

所以说，关于莫西，你只需要知道他们叫他"疯子"，对吧？也就是"疯子莫西"。在书的末尾，薇罗妮卡惊讶地发现他们搞错了，他已经有二十年没有发疯了。家人就是这样，他们是命名者，也是贴标签的人，他们是锁住我们的箱子，我们想冲出去。你可以贴一个激怒他们的标签，这么做很有效。

问：你说过大家庭往往对孩子不管不问，仁慈地随他们去。我总觉得，这样你会失去那种幸运的小家庭中父母与孩子之间一对一的亲密。但也有好的一面，我想，如果你是九、十二、十四个孩子中的一个，而你又不想被人那么注意……在这样的大家庭里，你肯定会有完整的个人空间。

答：嗯，爱丽丝，那个神秘的姐姐就是这样的。所有人都对她一无所知，自始至终。有意思的是，小说家极少将兄弟姐妹放进书里，因为家里只有清一色的垂直关系——不知何故，总是孩子与父母的关系。所以，加入姐妹之间的关系，加入这样的水平关系，这是我的挑战，也是我的兴趣所在。尤其这么做也让母亲的缺席说得过去些，因为你无法责怪那个女人。我是说，薇罗妮卡心里充满自责，但说到底，我写的不是一个心理惊悚故事。我不打算让大家拥抱和好，突然间母亲意识到他们的存在，然后……这不是我要写的。

问：在书里的某个地方，她说，我们是各管各的一家人，我们作为人类在原始的……

答：是的，好吧，我不想写那种所谓弗洛伊德式的故事。不过，她点到了大家庭的一个特质：大家庭容易制造出自豪感。

问：此话怎讲？你是指什么？

答：我不知道这是否是爱尔兰独有。在爱尔兰，你知道自己名字的由来，你知道自己名字的意思。你的名字往往从爱尔兰本地语言翻译而来，人们会联想……他们会说，"你是凯丽·恩莱特家还是米德兰·恩莱特家的人？"你会说，"是凯丽家的。"家庭是度量一个国家的方式之一，毫无疑问。

问：就像你们是一个团队的人？

答：就像是一个团队。想想那些乡间的大家庭，家里有六个女孩，搞得邻里间所有的男人胆战心惊或手舞足蹈。这样的家庭也有很强的自豪感。其实海格迪家也不完全仁慈，但人们说那是个不正常的家庭。我不知道家庭应该如何运转。我看他们一天天过日子、相遇、争执，他们中的一些人活得比另一些人好。

问：书里有一个精彩的场景，祖母艾达过世了……在她的葬礼上，大家想分她的东西。姐妹们上楼，压低声音剧烈争吵。还有，噢，很精彩的是，因为她们每个人……

答："这件毛皮大衣是我的！"你能想象吗？

问：最后大家得到了各自不想要的东西，但她们还是疯狂地抢。

答：是的，就是那种你争我夺，没错……很典型的家庭场面，不是吗？

问：所以葬礼是制造故事的好地方。

答：黎安没留下什么影响。在他的葬礼上也没什么可说的，没什么"他爱我胜过爱你"之类，就是那些……

问：薇罗妮卡说，偏心让她难受得要死，这话说得很到位。家庭是制造偏心的地方，是吧？

答：嗯，这是典型的家庭问题……那是孩子最早能清楚表达的情绪之一，即这"不公平"，而且总是和兄弟姐妹有关。

问：而家长们总是说，"生活是不公平的，谁说它公平了？"

答：这是个有趣的战术——我回家要试试！

问：我可以告诉你，很管用！

答：嗯，是的，我们打破一切幻想。

问：你还可以……要是他们说，"我又不想被生出来。"你可以说，"我也没指定要生你。所以说，我们谁都别怪谁！"

答：我能把这话记下来吗？

问：薇罗妮卡对她母亲很生气。她对母亲的很多事都很生气，但似乎一切都源自那张床，那张婚姻的床……以及床上发生的事。

答：其实，我想主要是因为她不在身边，还有在照顾子女方面，她没有控制力，家里处于失控状态。不过，这在回忆录中那些"不正常"的家庭里很常见。尤其是母亲因为父亲是个酒鬼而遭受的责难。比如，"我父亲是个酒鬼，我母亲真蠢，她居然能受得了他。"而不是责怪父亲，责怪其实是他犯下的错。在这种事上，不堪忍受的责难都压在母亲身上。

问：你的作品里有很多关于性的内容……

答：很高兴你注意到了！

问：当然注意到了！在这本小说里它很重要，在你的短篇里也很重要，比如《留影》（*Taking Pictures*）。作家们觉得……他们自称写性很困难。你觉得吗？

答：不算难，其实，不难！

问：他们为什么说难？

答：他们为什么说难？我认为，写性就跟写游泳一样难。游泳是一种令人极度愉悦的普世体验，但描述起来相当难。关键在于谁在游泳，他们

350

从水里出来时发生了什么，以及他们为什么去游泳。所以写性的时候，道理是一样的。但我写性也出于特殊的政治原因……

问：什么原因？

答：嗯……许多男人写的书里，性成了不愉快的经历。他们把性描写成世上最可怕的事，充满了清教徒式的反感与对女人的厌恶，我真的……所以在我的写作中，比如在《林奇的欢愉》（*The Pleasure of Eliza Lynch*）里，整个第一章都是……噢，天哪……完全是性，真的。但我想展现性的另一面。女人不如男人写得多，所以这是一个新空间。

在《聚会》里，可以说，我当然写到了性，因为这本书最核心的秘密，在书的高潮部分揭示的秘密正是一个关乎性的秘密。年复一年，人们写到这些东西，却没有真实地展现，这不是……我就想："嗯，这样写不行……如果我来写，我会忠于原貌，谢谢。"另一种作家会……在这种事情已经或即将发生的时刻，把场景切到窗外探进来的丁香花上。但我不想这么写。

问：砍掉丁香花。

答：砍掉丁香花。有各种表达方式……我是说，性也是一样非常精神性的、非常有趣、诗意的东西。

问：但你对它的肉体性感兴趣。

答：是的，我感兴趣。性就是如此，它是肉体性的，不是吗？我不知道。还是先不谈这个了。

问：你游泳游得好吗？

答：（笑）。

问：现在这个国家广为接受这样的性言论，为什么六十年代艾德娜·欧布莱恩（Edna O'Brien）说的时候让公众骇然，还烧了她的书？

答：我想起艾德娜和她说的"很抱歉，为了打破禁忌、打破沉默，你只能如此喧嚣。"我希望自己是个更受人尊敬的作家……或者说，一个更安静的作家。我对自己掀起的喧哗也很抱歉。我想你也可以用低语打破沉默，可以达到同样的效果。但喧嚣是成长于一个天主教社会所留下的症状，我想。

问：但也是在这个国家，詹姆斯·乔伊斯写出了莫莉·布卢姆这样的角色。

答：实际上，有些评论说，我突然揭示事情的风格像麦克迦恩，我觉得挺有道理。那种断裂与愤怒的感觉……你知道……"噢，事情就是这样的。"……不再含蓄遮掩，不好意思。

问：这个国家有很多孩子出生，性生活进行得很热闹——这本该是个性压抑的国家。

答：爱尔兰？噢，是的。我的理论，至少这三周以来我坚信不疑的理论是，爱尔兰与其说是个性压抑的国家，不如说是个性压制的国家。因为天主教教会张口闭口都是性，同时却不让你去尝试。所以性一直在人们的意识中活跃着，从未被压抑……"噢噢噢，那是怎么回事？"人人都明白是怎么回事，因为爱尔兰是个农业社会，而农业社会中最主要的就是动物繁殖之类的事，所以性事几乎人人皆知。在一些更压抑的社会里，噤声是更温和的手段。

问：在《聚会》里，薇罗妮卡与汤姆结婚了。自从她哥哥的葬礼那晚，她丈夫想和她做爱之后，她在床上就难以进入状态了。性与死亡，性与死亡……一个传统的话题，不是吗？

答：不过，我觉得在性与死亡之间还有新生命的出生，我也写到了……

问：你想谈谈出生吗，现在？

答：你知道，孩子们……薇罗妮卡觉得……有一段时间她……她觉得不值。她说自己生了这些孩子，只是在把他们"送进坟墓"。但实际情况是，她觉得有孩子是值得的。不只是因为你很容易爱上他们，或你想都不用想就会爱上他们，还因为在我的小说里，孩子带来无限的活力，要孩子是有意为之的。那就加入出生的情节吧。性？也要有！有时候，性爱会持续九个月之久。

问：但除了对她母亲，她对丈夫也不满，是吧？她好像对一切都不满。

答：她在反抗，想让这个世界给出解释。所以，就是说，汤姆——我不会选他做丈夫，但他可以说是个通情达理的人，他不坏。她打算……她说起"所有男人"，她对男人们如何把性变成一种伤害很感兴趣。

问：她对欲望感到迷惑。他的哥哥黎安，曾被一个老人性侵犯，她感到愤怒。她在婚姻中的欲望与她家史中的性侵害，这两者的区别让她迷惑。

答：想到有人在性方面干出对大多数人来说如此陌生……或者同时又密切相关的事，这让人迷惑……这样的事……有段时间，她确实认为爱与欲是一样的，如果你想要一个人，就说明你也爱他。但最后她想出了这个艰难的结论，就是爱与欲其实不一样。

问：这本书也关于历史和家史。那种经历……几代人之前，你的祖父和祖母在……随便什么地方……比如酒吧里相见，这微妙的一瞬间引出了之后所有的生活、孩子与故事。

答：嗯。薇罗妮卡想出了这些故事，它们令她失望。她又想了一个新的故事，又失望了。对作家而言，回到祖父母一代非常有用，因为那是一个有些神秘色彩的世界。

问：这些短篇故事，我之前介绍你的时候提过，它们写得太好了。我每读完一篇都会留下一声叹息。

答：哦，很好。

问：那么，你是怎么做到的？你喜欢读短篇小说吗？

答：很喜欢。对我来说，它们是一种非常本能的形式。我其实并不知道自己是怎么写的。我告诉学生的法则是……你要写完的不是最后一句话，你所追求的不是最后一句话。你追求的是最后一句话之后的沉默。

问：嗯，是的，就是那一声叹息。

答：沉默的品质……才是你要去改变的，读故事之前与之后的沉默。这些是必须改变的，可以是微不足道的改变。我喜欢……苍蝇飞出窗户的瞬间……那种改变。所以都是微小的改变。

问：顺着你的描述，我几乎都不需要知道苍蝇飞出窗户之前发生了什么就脱口而出，"噢，苍蝇飞出窗户了。"这真是了不起的天赋！在你学习写作的过程中……我想先问一下，你小时候是那种有写作天分的孩子吗？

答：有写作天分的孩子？是的，大人们期望我将来写作。

问：谁期望？

答：你知道，作家会对因果关系很感兴趣。就好像你获了一个奖，人们说，"噢，这是注定的！"然后他们开始追寻命运的踪迹。但实际上，一件事的原因来自许多不同方面。人们说，"你何时决定当一个作家？"我想是在我白天下班后，我想……我开始以我的智慧……和我的笔来谋生的时候。

我认为在爱尔兰社会，如果你是个特立独行的人，人们最终会期望你写一本书。这也就意味着，所有特立独行却没有写出一本书的人都沮丧不已，背负着沉重的失败感。

问：特立独行的人是什么样的？某个……

答：我也希望自己能说清楚，我也希望。

问：你其中一本书……我记得其中一本书献给你的一位老师？

答：对。

问：和我说说这位老师吧。

答：我的这位老师叫做提奥·多布洛斯基。我很早就上完学，之后在国外的国际学校待了两年，那段经历带来了惊喜的改变。

问：是在加拿大？

答：对。那是一所国际学校，每个人都有奖学金。我们的目标是拯救世界、传播和平与理解。那所学校实力雄厚，班级很小。我班上有位出色的老师叫提奥·多布洛斯基。在我们第一堂课上，他教了《无情的妖女》（*La Belle Dame Sans Merci*），济慈的诗。我在教会学校学过这首诗，里面有一句，"在爱意中她看着我/传出甜美的低吟"……提奥是个喜欢嘲讽的人，他说，"嗯，我们都懂的。"但我不懂。

下课后我走上去说："你把我心目中的济慈毁了。"因为他把济慈与这么不足挂齿的东西相提并论。然而在我们不知不觉间……种子已经埋下！不知不觉间，我已被改变。还有其中的嘲讽，因为当你处在青春期，当你十五六岁，你觉得书是圣物，里面包含着秘密，书是有生命的。你不会拿书开玩笑，不会嘲讽它。你感到，我说不好，敬畏、惊叹，想深入其中……书是极为高尚的东西。所以这件事把我震醒了。

另外，提奥不允许……我以前一直只写文章不看书，你知道，"噢，我写哈克·芬没问题，能搞定。"我不读书……但我会写，"啦嘀嗒，嘀嗒，嘀嗒"滔滔不绝地用诸如此类充满韵律的诗意长句写宽阔的河流……但作为老师，他不允许你滔滔不绝地这么写，"啦嘀嗒，嘀嗒，嘀嗒，啦啦，嘀嗒嘀嗒"……就像我那样！他会用笔批道："全是废话！你想表达什么？你看书了吗？"

问：可以说他是你的第一个编辑，从某种意义上讲？

答：他的角色非常接近于一个编辑。他难以相信我没有学过如何用标点。我现在还不会用标点，对于怎么用分号我依然迟钝。他也难以相信我没学过如何组织段落之类的东西。

问：后来你去东英格利亚大学就是学这些东西吗？

答：不！……不是！在爱尔兰学校里，你每周写一篇散文或一个故事，或者每两天写一篇散文之类的……批改的形式是一个勾和一个分数。你知道，班里有三十个学生，只能如此。但后来我去东英格利亚，我们要向写作班展示自己的作品。从那时起，我才学会了害怕。

问：为什么，他们会把你怎样？

答：写作班是个非常随性的空间。马尔科姆·布拉德伯利无比温厚，他不会让作家们自相残杀，真有本事！

问：他身上也有坏坏的幽默感，他在小说里写了那些写作的人……

答：嗯，他写过。

问：他们这些人有问题……

答：是的，他说得很好玩。我就是那个愤恨地坐在教室后面，一句话也听不进去的小混蛋。

问：你对什么感到愤恨？

答：噢，我要听那堆废话……我意识到现在的学生……

问：你是怎么对付他的？

答：他还是挺喜欢我的，这让我很惊讶。

问：安吉拉·卡特呢？她肯定是个非常有趣的女人。

答：安吉拉·卡特嘛，她对我的作品只有一句评价，就是，"都挺好的。"然后她接着说："你为什么要回爱尔兰？爱尔兰，老天，那地方真土。"她还说到歌舞伎、《哈姆雷特》，她影印了不少东西。她能给人带来很多启发，但她不会刻意评价你的作品，这很有意思。所以说，我不觉得创意写作是能传授的。很明显，安吉拉·卡特也不觉得。在那种课上，你要通过创作来学习。老师们的工作，比如马尔科姆的课，是保障你的安全，或激发你的动力，比如安吉拉的课。

问：你现在就是这样教学生的？
答：不，我不是。作为老师，我好的时候，会非常非常好，但糟糕的时候，我糟糕至极……真的。比如说，我教不了连句子都写不通的人。我想让他们在开始写那些片断之类的东西前先学造句。

问：也很有道理！
答：是啊，你觉得吗？

问：我非常喜欢那本叫《屈辱》（*Mortification*）的书里你写的一篇很棒的文章，写的是你没有得奖的一次经历。我记下了那个奖，是凯丽·利斯托尔作家周的爱尔兰小说奖。
答：其实下星期我又要去评奖了！

问：说说那个故事吧，《屈辱》是一组作家故事的合集，关于他们旅行和写作生涯里的糟糕经历。
答：我勉强加入了那本选集，因为是我的编辑主编的。我怀疑，而且怀疑得很正确，其中大多数作家感到屈辱、羞愧和尴尬什么的，是因为没人知道他们。"好吧，这是一种情感。"但人们为什么要知道我们是谁，我把这些沮丧看成浪漫的体验。但我还是写了那个故事，似乎写得很对……你知道，写的是我离开宝宝，去另一个城市，开了六七个小时的车来到一个小城。那里没人听说过你，他们把奖给了别人！

然后我打了个电话给母亲，问她孩子怎么样，她说："友善点，尽量友善点，尽量对人友善点！"我做到了友善。我写了这篇文章，发在《卫报》上，传遍了全世界！嗯，我下周还要去那儿。

问：有一点你说得不对，安妮，其实那个女人打电话让你去的那个地方有九小时车程。你要带上孩子，半途又放下……折腾来折腾去……好像故意要让你产生狂热的期待。

答：哎，作家都是虚荣的傻瓜。一路上，我一边开车，一边在脑中改写演讲稿，满脑子"得奖、得奖……"你知道。最终他们都会……你知道……

问：房间里其他人似乎都得了奖。
答：其他人都得奖了。

问：有九岁以下诗歌奖和十岁以下诗歌奖。
答：还有岛屿地区剧作奖……你知道吗？然后全部这些小孩站了起来……十二岁诗歌奖，九岁诗歌奖……最后我意识到我是在场唯一没得奖的人。

问：这里面有残酷与惩罚的意味，你会怀疑人们是不是要惩罚作家，因为他们觉得作家活得太光鲜了。
答：我被告知自己没得奖的原因是，我不是这些奖"对应的作家"，我一开始就不该被提名。

问：但他们还是让你去了！
答：有一个女人，就住在那附近，她也设了个小奖。她定期会给彼得·凯里、J. M. 库切这样的人写信，信里说，"你被提名了我的……"（大笑），然后她写信告诉他们，他们没有得奖。干这件事她每年只要花五百英镑——你看，这钱花得多值。

问：布克奖呢？你得奖之后有人很恼火。

答：没错，恼火，没错。他们说，"他们有病吗？"噢，我得了布克奖。噢，是的，不好意思。

问：是什么心态？仇视加嫉妒？还是什么心态？

答：心神不宁。在爱尔兰，如果你成功了，他们就感觉对你失去了掌控。于是他们怒火中烧，因为你逃走了，你明白吗？这方面不同文化会有所不同，这是我的切身体会。

问：不同的文化有什么不同？

答：在美国，人们热爱成功，成功对他们来说，很简单，很容易得到。我们从不相信这点，因为我成长在……美国的整个成功文化其实很具诱惑力。当你置身其中，你会说，"噢，是啊，我现在也相信了，感觉很棒！"——这是美国式直率开放的回应。

问：我听说，在爱尔兰有些人希望你写另一些类型的书。

答："她应该用好自己不错的天赋！"

问：他们希望你写什么？

答：拉莫娜，我现在对这个问题的官方说辞是，评论家有义务谈论作家，而作家没有义务谈论评论家。

约翰·勒卡雷

John le Carré

约翰·勒卡雷是位出众的英国间谍小说作家，他最著名的作品是 1963 年的《柏林谍影》（*The Spy Who Came in from the Cold*）。

在他的小说《头号逃犯》（*A Most Wanted Man*）中，神秘的主角某日在汉堡现身，一个古怪、消瘦并说俄语的年轻人，他自称是车臣的穆斯林。他的父亲将数以百万的卢布悄然转移至一个私人银行的秘密账户。另外还有一个年轻而满腔热忱的人权律师，一个六十岁的苏格兰银行家，他的婚姻了无生趣，与女儿关系不和，一个德国间谍与他的女帮手，他们都入行已久。书里还写到对那个消瘦的年轻人的追捕，为的是通过他联上一个超级恐怖主义网络。不过，这些不足以概括情节，这是一部惊悚小说，你得自己去读才能体会其中的紧张。

约翰·勒卡雷是大卫·康威尔（David Cornwell）的笔名。2008 年 11 月，我在墨尔本与在英国康尔沃的勒卡雷通了电话。

拉莫娜·科瓦尔：很多年来你一直说，你认为人们太把你的书当真了，这些书不见得写出了情报网络的真实运作，你认为自己只是个讲故事的人，你编了很多东西。于是我想我们应该从故事的概念谈起。讲故事带给你什么快乐？

约翰·勒卡雷：我很高兴你用这种方式开始，因为对我来说，故事是最重要的。我想象福特·马多克斯·福特（Ford Madox Ford）那样，我想确定与我说话的那个人，我讲故事的对象，正死死地坐在椅子上，正要待在这儿。我觉得我想传递的任何讯息都必须依附一个引人入胜的故事。正因为如此，我才想引入当下的恐怖主义背景。我想展示我们所面对的恐惧，以及我们为了保护自己放弃了什么，我现在开始觉得我们把恐怖主义的威胁夸大了。我想把文字带入这些领域。

我总是以我熟悉的一个角色开篇。在这本书里，我写了一个和蔼可亲的人物，一个英国人、银行家，大致取材于我四十五年前在维也纳认识的一个人。他是那种温和亲切的苏格兰人，喜欢喝酒，总是劝我通过他开一个账号。他会说："你和我，哥们儿，这事只有咱俩知道，不要让政府搅和。"但他真正想要的，我觉得是我的友谊、我的倾慕，而不是我的钱。所以可以说，从一开始我就把他当成一个推心置腹的人。

而且我的运气也极好。那会儿我在汉堡，想写一个在汉堡发生的故事，因为当时的德国，可以说正处在要放弃公民权利的风头浪尖上，而英国早已放弃了所谓的反恐战争。于是我想德国是一个非常有趣的模本，可以诠释我们所处的道德困境。我在汉堡时正逢9·11五周年纪念日。有人介绍我认识了一个在关塔那摩关了四年半的人，进去不到一年，中情局与德国情报部门就宣布他完全无辜。他不应该被抓进去。他是个土耳其裔德国人，在不莱梅出生，在不莱梅上学，从未离开德国，直到在巴基斯坦被抓，仿佛去巴基斯坦也算是犯罪。

他刚被释放，我和他待了几天，听他的故事。他是个身型相当魁梧的家伙，非常孔武有力，想到他被囚禁……审讯者与相应的司法系统认定他无罪后，他又被关了整整四年，没人想要他回去。德国人不想让他回去，土耳其不想要他，就这么拖着。看守又不知道他是无辜的，所以他受到的待遇和其他犯人一样。

木拉提·库纳茨①让我想起我在莫斯科共处过的一群车臣年轻人。当时我在莫斯科为以前的一本书查资料，那本书部分设定在北高加索。在那群年轻人里……有一群相当孤独、恐惧的孩子，他们尽力躲避那时笼罩莫斯科的极端种族主义氛围。其实现在还是这样。你如果长得像亚洲人，就会有被捕的危险。有个孩子是俄罗斯与车臣混血儿。车臣人不信任或不尊重他，因为他是半个俄罗斯人，反过来也一样。他孤独而自豪，并且深爱自己的母亲，是个虔诚的穆斯林。

这些人物的原型一直在我脑中盘旋，当故事形成时，我仿佛是把他们拽出温室，放上舞台。在我看来事情就是这样。

问：你把故事设定在汉堡。你曾在那儿生活、工作，我待会再说这个。书里一个角色用一句很有意思的话评价汉堡，他说，"汉堡对不该来的人是个该来的地方，一座赎罪的负罪之城。"这关乎，为什么恐怖分子小组成员决定在德国谋划9·11？你能说说这个概念吗……我是说，你了解德国，你曾是德国的学者。和我说说德国对不该来的人是个该来的地方是什么意思？

答：首先，汉堡是书中一个角色，而主角真的在和这个角色交谈。汉堡是一个角色，因为它有独一无二的历史。它仿佛经历了一切，却又保留了自我。汉堡一度是拿破仑帝国的殖民地。一战后，它在共产党控制下。1933年，法西斯接管了汉堡。1933年汉堡大约有两万名犹太人，到了1945年只剩下不到一千人。1943年汉堡还遭到同盟国轰炸的重创，莫可名状的重创。一周内丧生人数超过了后来的长崎：一周死了四万五千人。

后来在战后喷涌而出的令人欣慰的新自由主义氛围中，汉堡成了巴德尔和迈因霍夫集团（Baader－Meinhof Gang）②的精神家园。这奇怪至极，但他们都以汉堡为大本营——乌尔丽克·迈因霍夫和她的男孩女孩们，那里是她的精神家园。后来人们发现，穆罕穆德·阿塔与他的共谋者

---

① 即前文所说的土耳其裔德国人。

② 德国红军派，极左翼恐怖组织，受苏联资助，在七十年代的联邦德国制造过多起恐怖袭击。创始人包括巴德尔和迈因霍夫，所以也称巴德尔和迈因霍夫集团。

在汉堡祭拜了他们凶蛮的神灵，并在那里策划了对世贸大楼的袭击。

我的问题是，汉堡当下所展现的近乎罪恶感的自由主义，是否可以说向那些恐怖分子放出了过度宽容的信号？我说过，我认为人们以错误的理由爱着汉堡，正因为这样，许多德国人与阿拉伯世界相处极其困难。有一些——不算太多，但也不少——阿拉伯人觉得德国人对犹太人的杀戮是正当的。当然，这让德国人难受和尴尬，但同时，在无道德感可言的情报领域，这是德国人招募阿拉伯人的有效工具。这就是本书的背景。

你问我对当今德国怎么看，我认为，首先，德国也许是欧洲最好的民主国家，包括我自己的国家在内。德国的宪法是最完善的，由一些非常有智慧的人制定于1945年战后。这些人希望德国永远远离中央集权，这意味着德国有好些个首都式城市，也意味着德国的每一部分、每个州都负责自己的安全保卫；反过来，当德国试图组建统一的国家安全机构，事情会搞得一团糟。

问：现在就有人说，这些不同的安全机构在对抗他们共同的敌人：彼此。

答：我想我们总是忘记情报部门为争夺猎物而爆发的内斗。在我自己的国家，冷战结束时，军情五处与六处，以及政治部（Special Brach）①和警察部门为争夺对付爱尔兰恐怖分子的任务大打出手、血流成河。历来如此。就德国的情况而言，常见的是情报构架永远无法完工，中央与地方权力的斗争延续不断。全国各地建立起零零散散的独立安全机构后，一些顽强的地盘势力随之崛起，处处维护自身的利益。

问：我们说了，这个故事设定在9·11后的反恐战争中，正如你的一个角色巴赫曼所说，"对付极端伊斯兰主义与打冷战完全不同。规则变了，而问题是，我们没变。"你认为有哪些不同？

答：有很多不同。我们现在回看自己参与的冷战，这场冷战发生在欧

---

① 英国反间谍与国安机构，2005年与伦敦警察厅反恐科合并为反恐指挥组。

洲，实际上是一场欧洲大战，战争双方都有基督教传统，不管他们是不是共产主义者，基督教是他们的共同渊源。至少就我极有限的经验而言，交战双方遵循某种基本规则。比方说，我们的对手、敌人不是那些随时准备为信念而献身的人。我们的对手不是那些以尽量多地杀死我们为胜利的人。我们对手的文化，尽管与我们不同，但我们能理解。在我们看来，这有理性根基的。

在当前的反恐战争中，我们犯了一切可能犯的错误，参战国大错特错。他们把一场意识形态战争演变成一场地区战争。恐怖主义没法用战争来对付——它是一种战术，一种自古就有的策略。从另一方面讲，我们无法用秘密手段对付恐怖分子，虽然我们必须全力以赴，但实际上，用情报网络对付伊斯兰恐怖分子极其困难，因为他们传递情报的方式不像冷战时那样，也就是说，由可破解的密码构成。与我们的理解不同，他们没有中央指挥和权力构架。因此我们无法穿透至最上层的核心以破获底层行动。他们以小细胞形式运转，由于没有中央计划，许多细胞独自运转。因此我们也很难拦截指令或预测一次恐怖袭击。

但我认为我们真的不该在思想中过于夸大这个。当我想起英国最恐怖的岁月，那时爱尔兰共和军与其他极端组织把我们炸翻了天，我记得那时大家的感受是，为了保卫完善的民主制度，我们要做一点牺牲。我们不能轻易瓦解自己的民主体制，因为那样的话，你就站到了敌人那边。我们必须坚持住，扛住威胁——当然还要尽我们所能消灭威胁。

我认为在当前反恐战争的问题上，由于我们对对手背后的动机太不熟悉，我们过度恐惧、过度焦虑了。

问：大卫·康威尔，是不是就像本书中一个角色说的，"面对伊斯兰恐怖分子，西方情报机构连一个有用的线人都招不到"？

答：我想所有事实都证明了这个结论。在伊拉克问题上自然是如此，想招到一个接近高层的活人无比困难，因为萨达姆时不时清洗自己的亲信，我们那些混进去的男女线人甚至在没被发现之前就可能被干掉。说到底，我认为我们就是没准备好。有充分证据表明中情局没有足够多会说阿拉伯语的人，许多类似的问题：在突然要深入的领域，我们非常缺乏专业人才。

之前伊斯兰恐怖分子们异常活跃……9·11以前人们……许多人说："要出事了。"但准备措施不切实际，为预测袭击招募线人的工作也不切实际。等到袭击过后才有了这样超大规模的组织动员。对于这些情报机构，我没有特殊的信息渠道，但有传言说那些地方什么有用的人都没招到。有相当多的小头目我们早晚可以抓获，我们确实抓了一些，但更重要的是在底层布上耳目，为我们预测袭击。

问：大卫，你把故事的一部分设定在一家私人银行里真是有先见之明。

答：必须承认，这纯属运气。当然，写作的时候，我和大多数人一样，感觉到银行体系在变化。所有那些藏在城市里、藏在欧洲各地的光鲜的小银行，私人银行，它们很有可能消亡。我写私人银行，是因为它适合我的主角，那个六十岁还在坚守家族银行业的老人。他古老的苏格兰银行应当悄悄隐退。而那时我们已经有私人银行倒闭了。巴林银行在新加坡倒闭，还有其他过去主要靠内部交易、老牌机构与显贵家族赚钱的私人小银行。这些银行就这么消亡了，而我认为，赶上这股浪潮，把我的银行家放入其中，可以说是个好主意。

问：其中一个角色谈起私人银行业务中的老生常谈，他说，"其实，如果你不是恰好喜欢长期处于困窘中的人，那就最好不要选择私人银行。"

答：是的，说得没错。我觉得，如果你与私人客户打交道，就像私人银行家那样，他们最喜欢大富翁，特别是对金融交易不在行的有钱人，这样的人会说，"就这样吧，帮我照管我的钱，尽量赚，今年要赚百分之八。"而实际上，这些人会变得极其难缠。他们一方面装得对金融一窍不通，同时又死盯着股票交易的价位。亏钱时他们会怒不可遏，和你死缠。这些都是私人银行的人告诉我的，我接触的几个人一致这么说。

问：你写的私人银行家与他第二任妻子米兹的婚姻平淡无味，你以前写过这样的婚姻——我记得格雷汉姆·格林也写过。在私人银行家的世界里，婚姻就是这样吗，男人都对妻子丧失了激情？

答：我想……你说得没错，现在我觉得这是我写作中的张力。有时你写了那种关系后才发觉，你不是重复自己，就是无意识地诉说自己。所以我不得不说，因为我来自一个扭曲的家庭，所以我得学习去爱，学习做父亲。我必须自己摸索，才能走入正轨。所以我是那种晚熟的糟糕的英国中年人。我想，特殊的生活经历让你对错失或荒废的岁月留恋不已。我身上有一丝这样的痕迹，我想我身上也有些浪漫的痕迹。

这本书里有三个人，组成了互相爱慕的三角关系。伊萨，这个可怜的汉堡移民，不切实际地幻想与自己的人权律师结婚。那个年轻的人权律师又是六十岁银行家无望的爱慕对象。于是他们绕着圈，却没有一个人与另一个连上，没人能释放他们的爱，不论以何种形式。我觉得对我来说，在故事里如何界定爱与责任，也包含着那种张力。

通常……比如乔治·斯迈利，他真的热爱情报工作、秘密任务，也保留了一种纯粹又无望的爱意对他的……事实上，对他来说是对他妻子，而他妻子却常骗他。但在她之外，在苍穹之上有着爱的本来面目。我觉得在本书中，比如银行家布鲁对只有他一半年龄的人的爱慕，其中包含他对过去的爱，一个他永远无法抹去的爱的记忆。当然，他爱她的另一个原因是，他把她想成与自己疏远的女儿。

问：我想告诉你在你书里我最喜欢的角色是谁，就是冈瑟·巴赫曼。

答：我很喜欢这个角色。我觉得在任何强悍的情报机构中层，你都能找到他这种人。他是个出色的派遣特工，他喜欢在现实世界里刺探情报。和做他那行的人一样，他始终与上级关系紧张，不喜欢办公室工作。在书里，我觉得他准确判断了那场针对伊斯兰恐怖分子和恐怖网络赞助人的行动，赞助人即故事里的终极目标。我认为他想恰如其分地做这件事。他想控制这个人，引诱他，也可以说，帮助他解除生命的黑暗面，同时让自己获得丰厚的情报利益。从技术角度讲，他明白，作为一个资深的老手他能成功，他能做到。当然，之后的问题是，他与体制产生了冲突，没法坚持到底。

他让我想起《柏林谍影》里的阿莱克·利马斯。在其他小说里，我会写三四个……也会写到以色列人。《女鼓手》（*The Little Drummer Girl*）里有一个摩萨德特工，他很像巴赫曼：非常出色的派遣特工，凡事亲历亲为，不一定用暴力，不一定是变态，开会时会浑身不自在。他们只是出色的老手，精通获取情报的必要程序，会用尽一切办法搞定——通过操纵他人、渗透恐怖组织，等等。这是他的技能。

我深思了一番，巴赫曼在故事里同样代表了另一样东西。即一方面每个被发现的恐怖小组都让我们疯狂，然后我们渗透进去，挫败它、摸清它。另一方面，他明白我们更需要一个政治上的解决方法，这两样东西肯定在他脑中并行。但他在情报体系中爬得越高，获得的认同就越少。

问：我觉得，人们能体会这些人物对你来说多么真实。你似乎能从每个角度把握这些角色。你是否感到，在写之前你必须深入了解他们？

答：是的。毫无疑问，我是这么觉得。我也觉得自己到了很好的写作年龄。我老得不成样子，但我现在……经过五十年多年的写作生涯，我对自己的手法了如指掌。我觉得自己进入角色要比以前快得多，也直接得多。我喜欢这种状态，这很像绘画。你刚开始画时，会在纸上画出成百上千的线条，但渐渐地，当你智慧随着年龄增长，你只画简单有效的线条，这就是我这些年努力去做的。眼前我觉得自己做到了……时间还不长。我能算出来，今年我七十七，但写这本书时，我觉得自己能掌控素材，以前不见得行，但现在我能做到。

问：当你的写作成熟之后，你有没有什么改变？是不是每个故事都对应不同的叙述方式，即使你写的还是悬疑惊悚题材，还是说对你来说，可以用直觉去创作故事结构？

答：即使写《锅匠、裁缝、士兵、间谍》（*Tinker，Tailor，Soldier，Spy*）或《柏林谍影》里的复杂情节时，我也没用学院派制作表格的方法。我觉得我总是从一两个角色、一个预设，以及关于情节进展的想法进入一本书。通常，我的预设是关于冲突的，谁在追捕谁，谁想得到谁的东西等等可能的事。在故事另一端……一会儿充满迷雾，但在故事另一端，有一块清晰的地方，就像电影屏幕。我所看到的，我所想象的，是电影故事的最后一幅画面。这就是读者从座位上起身、走出去后所感受到的……整本书展现在最后一个场景中的气息。除此之外，我漫无目的地挣扎。我不断重写，但现在重写得少了。直到感觉完全没有顾虑，我才能前进。但可以说，我是在故意漫无目的地挣扎。我也努力让角色掌控场景，告诉我这本书走向何处。

问：几周前，在《纽约客》上，你写了一篇很有意思的文章，写的是你 1949 年、1950 年在驻奥地利格拉茨的英军军事情报部门工作的时光。这是你第一次说起那段时光。为什么想写出来呢？

答：这次我第一次拿枪的故事。我把自己写得很蠢。是的，我想我遵守了五十年保密的规定，反正故事里没人会被认出来。我把它写成了喜剧，本来就是。有时情报工作好笑至极，因为总是容易搞得一团糟。情报人员会犯下各种常人的错误，就像我在故事里那样。让我陷入那个荒谬任务的搭档，本身就是个幻想家。他编了一个故事，把我拉到一个所谓重要的秘密任务中。这些东西更多地传递了情报世界的气息。

我很想以后把这个写下来，关于情报工作的混乱不堪、在大量虚假情报上花钱，有些天才的骗子会用无关紧要的情报把你搞得倾家荡产。在准备入侵伊拉克时，这些屡见不鲜。有两个天才的骗局。其中之一是尼日尔的"黄饼（Yellow Cake）"[①]情报，据说萨达姆想搞到核裂变原料来灭掉我们。全是胡说八道。

另一个是柯林·鲍威尔在联合国上提出的——他那场著名的联合国演讲是针对移动生化试验室的。这个情报出自一个伊拉克叛逃者的想象，讲给慕尼黑的德国情报部门，再传给美国人，这些人当即抹掉了其中的疑点，将情报交给柯林·鲍威尔，跟他说这绝对是致命一击，必须相信。于

---

① 从铀矿中提炼的放射性物质的俗称。

是他将这个虚假情报当成确凿事实、纯粹情报公之于众，其实毫不沾边——根本就是垃圾。

所以说，如果我坦白交待谍报工作的内幕，我不会写那些了不起的英雄事迹，我会写这个庞大的官僚体制，这个秘密的官僚体制多么直接地映射了现实世界中的愚蠢。

问：然而，我们拼命相信它，不是吗？我们真的希望有人来负责，搞清楚到底怎么了。

答：是的，这恐怕可以说有点宗教意味了。

问：于是你写道，"别管他们有多少次被斗篷绊倒，还把自己的匕首丢在去坦布里奇的火车上，因为间谍们不会犯错。"你是否认为，正是这个原因导致美国发动对伊拉克的战争？

答：我认为是我们说服了自己，是的。我的个人看法，我已经公开说过，如果我们有真实的情报——其实是可以有的，但不受欢迎，我们也没有恰当处理和上报……如果我们得到了最难处理的情报，说，"在伊拉克什么都没发生。"说这话需要很大的勇气。要是托尼·布莱尔认为不能在欧美之间左右逢源并以某种方式团结大家，要是托尼·布莱尔那时敢于发动持异议的人，比如整个欧洲那种人就非常多，我认为我们绝不会发动伊拉克战争。

其实是这两者的结合——我们想得到特定情报说服自己；而不管怎样，其实整合假情报前我们就已经做出决定……我认为真实情况是，布莱尔去了美国，听了联合国的演讲，听了英国大使的汇报，推断出英国反正要参战，随后竭力将之合法化。现在我们知道其实毫无合法性可言。那时的气氛非常非常奇怪。我认为，当气氛冷下来，当历史学家着手研究，他们会有大相径庭的看法，会非常负面地去评价当时的英美联合行动。

问：我最后想问，你对奥巴马新政府怎么看？

答：我要谨慎地……我这个年纪难免说话谨慎，但他的当选让我欣喜若狂。我觉得就算我们往最坏处想，就算他不是个出色的总统，我认为非洲裔美国人入主白宫的象征意义是这个世界无比渴望的。我认为他的当选降低了一切种族偏见的热度。我认为从世界心理学的角度讲，如果你愿意，如果存在这种东西的话，世界其他地方会变得美好。想想非洲，想想中东，我相信人们预感那里的情况会有起色，我相信操控在当权的中年白人手上的陈腐立场将有所革新并变得更积极。

所以当前，我明白我们应当更加谨慎，我们知道现在是奥巴马先得罪谁的问题，抛开所有那些不谈，我依然认为现在是历史上一个极为美好的时刻。这个时刻本该出现在冷战结束、柏林墙倒下时，但那时没有出现伟大的声音。没有一个声音说："这是我们重塑世界的历史时刻。"但现在我相信，有一个伟大演说家，一个非常严肃、非常有智慧的人。我们的确面对混乱、面对金融乱局、面对无诚信的银行体系……这些其实可成为各领域改革有建设性的助推力量，因为许多领域我们都要从头开始。在这个意义上，我认为奥巴马带来了正合时宜的气氛、正合需要的条件，以实现他承诺的改变。

巴里·洛佩兹

Barry Lopez

巴里·洛佩兹是作家与活动家。他认为作为艺术家，他有义务投身于社会活动，比如与德斯蒙德·图图主教共同筹办"治愈地球的呼声"峰会。这是一场国际性聚会，出席者有显赫要人、活动家、艺术家和作家，他们讨论宗教冲突、全球贫困、洁净的饮用水，以及其他写作以外的种种事物。

但真正让巴里·洛佩兹出名的是他的《北极梦》（*Arctic Dreams*），这本书获得国家图书奖。他的其他纪实作品包括《关于此生》（*About this Life*），即他的旅行随笔与回忆录，以及《狼与人》 （*Of Wolves and Men*）。他说狼"这种被妖魔化的动物有着神秘与复杂的本性"，他这本早期的书写的就是狼的本性。

洛佩兹曾多次获奖，他也写虚构作品。他似乎总有新作品出炉。他的纪实作品《故土：美国地貌用语》（*Home Ground：language for an American landscape*）由他与他的妻子共同编辑，在这本书里，他回到自己出生的国家。2010 年 2 月我在墨尔本与他通了话，当时他在澳大利亚另一边的柏斯参加作家节。

拉莫娜·科瓦尔：这本书汇集了美国各处微观风景的地理术语，是一部百科全书式作品，从"flat iron"、"cowbelly"与"Detroit riprap"这些词开始。让我们聊聊这些词是什么意思，它们又是如何促使你写这本书。

巴里·洛佩兹：嗯，请允许我先退一步讲，我是一个书迷，我知道你也是，我会遇到一些用语但不确定它们的意思。它们是流行用语或地方用法，我想我一直对这些东西很敏感。其实我刚读完一本蒂姆·温顿（Tim Winton）的书，我注意到书中有许多随意的……你知道，就是句子里的用法、术语。我不确定它们的意思，但我知道大多数澳大利亚读者可能一看就明白。

对于我北美故乡的风景，德普拉与我决定试试看，看能否召集到真正留意语言的人——诗人与作家们，其中我们认识很多人——列一个大概八九百词的单子，比如"cowbelly"，然后把这些词交给这些风格迥异的作家，建立一个专家评议机制，确保我们不会把它们用得太偏。我们让他们写一段定义词语的短文，不超过三百字，多数更短。

我们没想着要编一本百科全书，不过是为了赞美语言，赞美语言与人们热爱的地方之间的关系。既然我们都提到这个词，我可以告诉你"cowbelly"什么意思……

问：好，请说，我们都迫不及待想听呢。

答：你在澳大利亚一定见过类似的事情，就是一条溪流在一块相对平缓的地面上流淌，溪流边缘的水几乎静止不动，导致如果最细小的泥土与淤泥颗粒从水中跑出来的话，水流不会把它们冲走，所以如果你踏入水中，你的脚会立刻陷入最柔软的软泥里，就好像你把手按在奶牛肚子上一样。所以溪底这部分叫做"cowbelly"。

问：嗯，也许地理学家或环境学家有一个词，可用来描述全世界所有这些淤泥地带，但你感兴趣的是保存描述这一特定地貌特征的特定用语，对吧？

答：是的。其实如果有机会，我很乐意与几个澳大利亚编辑一起为澳大利亚编纂一本类似的书。我知道这里的地貌特征一定充满大量迷人的术语。"cowbelly"这样的词，科学家、环境学家或其他专家可能会用到，但创造这个词的人亲身体验过那个地方……

问：也体验过奶牛。

答：也体验过奶牛，没错，就是一个活在现实中的人。一旦你感受到那个柔软的……你知道，有个形容马的术语叫"velvet nosed"，就是说马的鼻子柔软得就像你的手抚过丝绒。一个作家能将所有那些转化为带感情色彩的触感。所以我很乐意，通过与澳大利亚作家交谈，搞清有哪些这样的用语。这么做也有实用的一面，因为一天二十四小时、一周七天都有关系到地貌命运的法律诉讼。如果你看过那些法庭论辩的卷宗，你会发现很多人不知所云。他们用"河流"、"山丘"、"沙漠"这样的词，但无法对应特定的画面，他们就像是往这些词的盒子里扔进自己的东西。如果你能用词精准描述，我认为在法庭上，你会为一片地貌的命运争取到更理想的结果。

问：这种特定用语的消失、同一化，导致所有山丘都叫山丘，所有河流都叫河流，失去特定地貌用语的同时我们还失去了什么？我想我们也失去了地貌的历史。

答：我们失去了历史，拉莫娜，你说得对。我们不再能感受一个地方的历史，我们也失去了一种归属感。在旅行中，我对泛文化立场非常非常警惕，说什么澳大利亚人、美国人、加拿大人，随便什么人，大家想法都一样。不，不一样的。在地貌命运的争论中说，"噢，我们的感受是一样的，我们的愿望是一样的。"这种争论很危险。不，我们的需要不一样。我们真正想要的是有理有据、互相尊重的对话。有理有据的对话需用到精准、能唤醒记忆的词语。这些词把人放到一种心情中，意识到自己说的东西鲜活、真实。

哲学家马丁·布伯（Martin Buber）做过一个他称之为我/它关系与我/你关系的区分。以我的经验，无论在哪儿，当人们长居一地，他们与那个地方就有着我/你的关系。他们面临伦理问题，而新来的人就没有这样的问题，对他们来说，地貌环境经常只是"它"。他们操纵、利用、扭曲和惩罚它，从它身上榨取价值，然后才尊重它。到了二十一世纪还说这些很可悲。早上你翻开报纸，会读到一些灾祸，灾祸的根源出在人们对自己生活之地责任感的脱节。这让他们感到羞愧。

所以当你失去语言时，你失去了精确性，而你也失去了亲密感。我认为，最终这也许是最坏的事。每到一处，我都会遇到饱经世故的人。他们孤独至极，濒临崩溃。他们感到孤独，因为他们几乎从一切中脱离——从自己的家人中，从自己的故土——要回归这些地方，你必须清晰准确地表达，说出自己所爱。

问：你选的一些作家，像乔恩·克拉考尔（Jon Krakauer），他是科罗拉多的登山者，也是《空气稀薄》与《荒野生存》的作者，广为人知。他给读者讲了烟囱、石墙与雪片①的故事，但说起岩石，他的表述直来直去、平淡无味，对吧——他不像威廉·德比耶斯（William Debuys）那样诗意。德比耶斯给"ripple"这个词写了段定义，当然他说到水中的波纹、沙子上的波纹，但他还说："我们的思维表面也会辐射波纹，留下意味深长的隐喻与掠影。"这个波纹的定义精妙地蕴涵着诗意，而且可爱活泼，我想在其他书里可读不到。

答：我想只有我们集合起那批作家才能创作这样一本书……你如此简明地指出，乔恩·克拉考尔对什么是"chimney"给出直截了当的定义（因为他是个登山者，所以我们分了那个词给他。我们知道他会定义得很好。）威廉是一个极其敏感的作家，他不太为人所知。这就是我想要的——我想要一组人，其中一些可以说家喻户晓，其他一些只是优秀作家，可能没有商业化。特别有些诗人是这样的。

既然现在我在澳大利亚，乔恩听不到，我想和你简单说说制作这本书的情绪的一个小插曲。德普拉与我从出版方那里得到一笔预算后，我们不得不……我坚持每个人都有报酬，每个人都应该有报酬，不管精通多少东西，每个人报酬都一样。这听上去挺专横。我告诉乔恩·克拉考尔时，我对他说："乔恩，我要向你道歉，我没法付你太多钱，只有这么多。"他

---

① 这三个词分别是"chimney"、"stockstone"和"flake"，是山地地理用语，并非本意。

说："我不好意思拿你的支票。上帝很眷顾我，让我的书卖得这么好。这本书我只要象征性的报酬，就这样吧。"还有其他非常知名的作家……毕竟，这不是什么周末就能完成的项目，它耗时四年。有些作家必须与评议会的地理学家们反复讨论，才能写出……

问：评议会的地理学家之间的关系呢？你是如何把握的？

答：可以说是心力交瘁，拉莫娜。实际上德普拉，我妻子，在我俩的编辑工作中，她发挥了神奇的作用。她抓住了每一个作家，尽管有些作家说，"跟你说，我不写了。那些人不是作家，却来审核我的文字，我受够了。"她调和所有这样的情况。我们选了一组地理评议会的男女读者，他们理解语言除了定义还有其他功效。每个词都有隐含意义与字面意义，而我们想让词语字面意义的专家与隐含意义的专家齐心协力。

威廉关于"波纹"的简明短文，正如你说的，他在定义中加入一些元素，令你对风产生非常不同的联想。今早我在珀斯起床后，我看着风刮过水面，感觉很美妙。看着风在水面上运动，一股无形的力量吹起水面的波纹，我觉得自己受了优待。我明白为什么威廉能写出这种感受、但他或许不清楚地理学家熟悉的技术问题。最后，大家握手言和。

问：地理学家方面，他们是否担心太宽泛的定义，或者不精准的、模棱两可或夸大其词的定义——其实也许可以简洁明了地说清一幅图表？

答：是的，他们有这样的顾虑。我们会与他们热情相拥，说，"谢谢，非常感谢你的想法。"我假装我们在工作中忽略了他们的想法，其实没有。德普拉与我在科学与人文之间维持平衡，我们从中学到很多。这是我所致力的领域，我认为如今许多我在大学里遇到的年轻人，都对人文学科有正式历史的事物感兴趣，但他们的兴趣也体现在……有正式历史的科学问题。

问：我正要说，在另一个领域，你曾与社会生物学家 E. O. 威尔森（E. O. Wilson）合作设计过一组大学课程，将科学与人文合并为一个新本科专业。距离 C. P. 斯诺（C. P. Snow）写出《两种文化》已经过了很久。这本书与你的观点有何联系，你设计课程背后的想法是什么？

答：如果我作为少数派呼吁，拉莫娜，背后的动力就是和解。你在谈话开头提到我与德斯蒙德·图图召集的会议。当我们第一次有机会坐下来谈事，我们当然会谈到……必然会谈到的一样东西就是南非的真相与和解的进程。我对德斯蒙德说，你知道我真正感兴趣的是内在的和解，家庭的和解——有些人所谓的厨房战争。

说到科学与人文，在人文与科学领域都有人相信他们自己，只有他们自己掌握真理。其实谁也掌握不了真理。最好的做法是敞开对话，尊重并礼貌对待对方掌握而自己未知的奇妙事物。

所以当爱德·威尔森与我受邀设计本科课程时，我认识爱德，对他说："你在那本《知识大通融》（*Consilience*）里写道，听人说科学是一种认知方式时，你会感到不安，你希望他们说科学是唯一的认知方式。如果我们为想在科学与人文方面打下扎实基础的青年们设计这组课程，最后教会他们科学地掌握了唯一真理，那我们就偏离了目标、欺骗了学生。"

我说，我们真正要做的，是设计一组……也就是，这个词比较冷门，即比较认识论（comparative epistemology）的课程。要帮助学生理解，在那些非常复杂的政治、社会组织与种族等等问题前，在全世界这些让人感到幻灭又心痛的事面前，你必须准备倾听别人的想法，而不只是坐在那里，自以为等他们说完就能告诉他们该怎么做。为了培养学生的工作能力和对政治的适应力，你必须让他们直面不同的认知方式，而不是告诉他们孰优孰劣。

问：是的，不可偏废，是吧，因为我们谈起地球与环境问题总是在用……我觉得是在用一种半宗教的语言。我们难道不可能做一个理性主义者，去相信我们掌握的科学能引领我们拯救地球，而不是把我们框在一种精神信念里？

答：噢，我不认为科学或宗教本身对我们有用。我不知道这样说是否合适——对于宗教概念请允许我提点不同看法。宗教是形式化的精神信仰，我不认为宗教对人类认识超越自身的存在起了重要作用。哲学家用"敬畏"这个词，这是一种美德。敬畏是一种能力，它能让人感知完全超越人类理解与控制的事物。所以我认为，在建立维系人与人之间的关系、人与所谓的物质世界或自然之间的关系的过程中，必定带有伦理成分、一丝敬畏以及人们说的精神性。

但我们作为理性生命能看透的……理性思维是一种特殊思维，不是每个人都选择理性。我这话不是说另一些人选择疯狂。理性思维方式只是所有方式中的一种。但科学带来了它特有的东西。比如我在读粒子物理学史或进化生物学史时，经常读到那些为自己专业奋斗的科学家们体悟了深沉的精神觉醒。这让我觉得非常有趣。

所以关键是让最优秀的人坐到一起……当我们面对极端困难的政治问题，就让最稳健、最成熟的人坐在一起，说出我们所知道的，以及我们用我们的所知能做些什么，那些政府与商人多半没有去做的事。

问：我之前在读你本人的宗教背景与你所受的天主教教育，以及你早年对修道院生活感兴趣的倾向。

答：是的，你知道，一个人年轻时被太多东西吸引，后来却实在不理解自己为什么被吸引。如果深究，你会看到有种渴望激发了你。我按部就班地上学，在一个罗马天主教家庭长大。我从未与罗马天主教决裂，只是远离了它，因为我身边有太多人，对他们来说，罗马天主教并非有意义的象征。他们竭力与身边一切事物建立伦理关系，我逐渐理解这才是我宗教经验的核心。我想我将这两样东西合而为一了。

我觉得我对修士生涯的兴趣来自我很小的时候，七八岁时，有人对我说——那时人们对当时所谓的原子弹与核武器造成的毁灭惊恐万分。我这个小孩被吓着了，我想，上帝啊，这怎么行，不能这样……有人对我说毁灭一切的战争没有爆发的原因是，在遍布全球的成百上千的修道院里，无数男女在为和平与和解祈祷。

我觉得我还是个小男孩时就认同了这一点。那时我认为自己这辈子最想做的是去修道院，整日祈祷那些我压根不认识的人们安然无恙，祈祷这些陌生人不会遭受伤害。所以说我经历了一次进化……不能说是进入了某个不同的宗教境地，只是说，对于我所受教育中所谓的"上帝"，其他人有自己的认知与信仰方式，我变得更尊重这些方式，心中充满惊叹。

问：于是你不再祈祷，转而写作。

答：你知道，这是一回事，拉莫娜，它来自同一种思维方式——对语言的尊重，清楚地意识到，读者是你的伙伴，而不是你授课的对象。很久以前我在一次访谈中对人说过……我有一阵子差不多忘了这事，然后读了一遍访谈，心想，噢，对啊，我想表达的就是这个意思。他说，"对你来说，似乎你的创作就是你的祈祷。"正是如此。

问：我记得是《乔治亚评论》上的一篇访谈，其中你说自己作为一名艺术家和作家，必须找到承担社会责任的方式。所以说，仅仅当一个艺术家与作家于事无补。你说"承担社会责任"是指什么，因为苏联历史上充满了为社会做贡献的作家与艺术家，而他们的结局并不好。

答：是的，不好。承担社会责任对作家、画家、舞蹈家、摄影师或剧场导演的意义都是不同的，对所有人都不同。我认为需要强调的一点是，每个人都有自己独特的审视世界的方式。就像我们所处的时代，并非只有末日先知才能理解，在许多层面上全人类都面临威胁。如果你多少对所爱之人心怀关切，你就一定会在自己身上找到你的、仅仅属于你自己的方式去行动。

我的想法一直是，如果你是个作家或艺术家，我认为意识到这点很有益处，即当你接触那些敏感的人……他们敞开自己的想象，你必须尊重他们的想象，这样做你会明白在自己领域里该如何承担社会责任……究竟该怎么做其实是说不清的，比如说，我在 2010 年比在 1990 年更清醒地意识到，我的创作得有一种伦理基础。这并不是否定你的艺术想象力。推动你向前的、让你身不由己的、由于全身心投入创作而让你失去友谊与婚姻的艺术想象力，在我看来是神圣之物。

任何一个尽心尽力去实践自己天赋的人，不论何种天赋，都明白前途并不平坦。你会伤害不想伤害的人。对许多人而言，这是一条艰难的路。但同时我认为，在这个世界上，如果你能讲故事、在台上跳舞或画出一幅画，为人们展现世界的奇景，不论你的主题是否黑暗，都无关紧要，重要的是你为人们展现了这个世界的复杂性。如果你有这种力量，你必须同时身兼责任。当你发现自己的责任，就会问，我能用我的艺术想象力做些什么，让别人在我临终之际评价道："她的创作有益于世。"我认为临终之际，作为艺术家或作家想得到的就是"她的创作有益于世"这句话。

问：你用了"神圣"这个词，在另一场访谈里，我记得你谈到克制的生活，去抵制你不认同的东西。你说："克制的生活意味着对诱惑保持谨慎，而邪恶如此有诱惑力，一个人几乎总会为之改变自己。"这是一种相当严苛的生活方式，对吧？

答：我不这么认为。

问：乐趣在哪儿，巴里，这种生活的乐趣在哪儿？

答：有意思的是，有数不清的人遇到我，当他们发现我是个说话随便、满口笑话、顽皮捣乱的人，并且我的个性也就是这样的，他们说："噢，天哪，我读过你写的所有东西，你从来都那么严肃庄重。"其实不是这样的，但你明白，有些时候，比如现在，与你谈话，你严肃对待你的工作，我严肃对待我的工作，你的许多听众严肃对待他们的生活。我们可以一起花时间笑个够，但时间太宝贵了。我非常享受阅读自己的作品，这个程度可能大过你的想象。

我喜欢与人玩耍。我的孙子孙女，还有我的孩子们，他们一听到爷爷想说俏皮话逗大家开心，或看到他做圣诞礼物的方式，等等，就会感到惊诧。与周围的人在一起，你必须会玩。比如，看看德斯蒙德·图图这样的人。德斯蒙德，作为大主教我对他充满敬意，但他是个淘气鬼。就是说，他很会玩。在这个名人身上，你能看到庄重与幽默的结合。而我没有这种天赋，我不知道如何在纸上结合这两者。我一坐到自己的打字机前，就会变得非常严肃——就像在你面前这般。但如果你想一起笑笑，拉莫娜，我很乐意。

问：在全球变暖问题中出现了对立的双方，在意识形态上争论不休，你对此有何看法？

答：就我所知，全球变暖，也许更恰当的说法是全球气候变化，是我们在不久的将来就要面对的。想争出个结果，对我们来说，既不容易也无益处。澳大利亚人、南非人，现实就摆在他们面前。现实也摆在阿拉斯加人面前。对于比如中纬度的美国来说，现实还不那么逼人，全球气候变化的表征还没那么显著。

但是否是人类造成了气候变化不重要。这就像说："房子着火了，在灭火前我们……"

问："谁干的？"

答：对，没错。"是小孩们干的吗？小孩们是不是玩火柴了？是不是老鼠咬穿了电线，也就是自然原因导致起火？"关键是，房子着火了。所以你要先灭火，如果你很想追究责任，事后再说。这样一个危及全人类的问题被毫无想象力的人变成了政治皮球，这让我感到无比难过，深深的难过。这些人代表了人与人之间严肃责任感的缺失。

问：你乐观吗？

答：不。我过去一直说我不乐观，但抱有希望。实际上，最近几个月我已经意识到希望对我而言是一种义务，而现在真正带给我光明的是……用另一个词表达就是"信仰"——我这样说不带任何宗教意味。这是我对在世界各地遇见的人们的信仰，他们对所有人心怀悲悯，他们是不同领域的活动家，这些人为了所有其他人的福祉日夜工作。他们中大多数人与政府没有关系。

那么我乐观吗？不，但我得告诉你我见过这个世界上某些最可怕、最令人发指的东西，而对于我在世界各地遇见的那些人身上的精神、力量与勇气，我没有失去信心。我们将行动起来。前方困难重重，但我们会行动起来，渡过难关。

著作权合同登记号　图字 01-2012-5571

图书在版编目（CIP）数据

探寻孤独斗室的灵魂：深度访谈世界文学大师/（澳）科瓦尔 著；胡坤，
王田 译. —北京：人民文学出版社，2012

ISBN 978-7-02-009483-7

Ⅰ. ①探… Ⅱ. ①科… ②胡… ③王… Ⅲ. ①作家—访问记—世界
Ⅳ. ①K815.6

中国版本图书馆 CIP 数据核字（2012）第 211436 号

选题策划：雅众文化
责任编辑：曾少美
文学统筹：薛鸿梅
封面设计：后声文化

探寻孤独斗室的灵魂
深度访谈世界文学大师
[澳] 拉莫娜·科瓦尔 著
胡坤 王田 译
人民文学出版社出版
（100705 北京市朝内大街 166 号）
山东临沂新华印刷物流集团有限责任公司印刷　新华书店经销
字数：300 千字　开本：960×1360 毫米　1/32　印张：12
2013 年 1 月北京第 1 版　2013 年 1 月第 1 次印刷
印数 1-10 000
ISBN 978-7-02-009483-7
定价：38.00 元